项目管理概论

胡建兵 编著

北京理工大学出版社
BEIJING INSTITUTE OF TECHNOLOGY PRESS

内 容 简 介

本教材以"新文科"体系建设要求和教育部十四五规划教材实施方案为指南，以项目管理知识体系（PMBOK）第 6 版的逻辑框架为主线，以培养复合型项目管理人才为目标。教材保留 PM-BOK 核心逻辑，采用星号区分核心和非核心组件，既简化内容又突出重点。教材结合大学生背景，选编的案例贴近生活，知识呈现具象化生动化，教材中丰富的栏目和数字媒体资源，为师生提供全面学习体验。全书模块化设计，共分为准备篇、核心篇、技术篇、关系篇及保障篇，可根据不同专业和教学要求灵活调整。总的来说，本教材在系统性、简洁性、针对性和资源丰富性等方面进行了创新，能够满足新时期复合型项目管理人才培养的需求。本书可作为高校（本科、研究生、专科）项目管理相关课程的教学用书。

图书在版编目（CIP）数据

项目管理概论 / 胡建兵编著. --北京：北京理工
大学出版社，2024.11.
ISBN 978-7-5763-4597-1

Ⅰ. F224.5

中国国家版本馆 CIP 数据核字第 20240QH768 号

责任编辑：武丽娟　　**文案编辑：**武丽娟
责任校对：刘亚男　　**责任印制：**李志强

出版发行 / 北京理工大学出版社有限责任公司
社　　址 / 北京市丰台区四合庄路 6 号
邮　　编 / 100070
电　　话 / (010) 68914026（教材售后服务热线）
　　　　　　(010) 63726648（课件资源服务热线）
网　　址 / http://www.bitpress.com.cn

版 印 次 / 2024 年 11 月第 1 版第 1 次印刷
印　　刷 / 涿州市京南印刷厂
开　　本 / 787 mm×1092 mm　1/16
印　　张 / 21.5
字　　数 / 502 千字
定　　价 / 99.00 元

项目管理作为一门跨学科的应用型学科，在当今社会的各个领域都发挥着重要作用。无论是企业组织的新产品研发，还是政府部门的基础设施建设，抑或是非营利组织的公益活动，都离不开项目管理的支撑。

随着社会的发展和技术的进步，项目的复杂性与不确定性不断增加，项目管理领域的知识更新速度也在加快。与此同时，近年来我国对人才培养提出了新的理念和要求。为此，本教材以"新文科"体系建设要求和教育部"十四五"规划教材实施方案为指南，以项目管理知识体系（PMBOK）第 6 版逻辑框架为主线，以培养复合型项目管理人才为目标，结合二十大精神，采用纸媒+数字媒体的方式出版，本教材有如下特点和创新：

1. 兼顾系统性与简洁性

本教材保留了项目管理知识指南（PMBOK）的核心逻辑框架，即每一个知识领域划分为若干过程，每一个过程都由依据、方法和成果三个部分构成，保持与原 PMBOK 基本一致，也保留了知识的系统性。同时，教材对原有的组件进行了区分，即用星号区分为核心组件（标有星号）和非核心组件，在不破坏原有逻辑结构的前提下，既简化了内容，又突出了重点，还可以满足不同教学层次的差异化需求。

2. 充分考虑大学生的背景和特点

教材结合大学生的年龄、背景和兴趣，选编了与之紧密相关的案例，例如挑战杯项目，更加贴合大学生的现实生活场景。其次，知识呈现过程尽量做到具象化和生动化。例如引入"典型操作"栏目，将抽象和零散的知识点串接起来，加深学员记忆。最后，教材注重引发学生思考，通过设置导入案例和正文中嵌入"思考"栏目，激发学生主动思考和探索。

3. 丰富的栏目和多形式的资源

教材设置有丰富的栏目，正文之前设置有四个栏目：学习目标（区分知识目标、能力目标和素养目标）、关键概念、知识图谱及导入案例；正文部分根据需要插入典型操作、思考、小贴士、案例、前沿研究等栏目；正文之后设置有四个栏目：本章小结、习题、延伸思考/素养话题、应用案例，能够为师生提供更为全面的学习体验。

本教材融合了纸质媒体和数字媒体，除了传统纸质媒体教材部分外，针对各章节的重点和难点录制教学短视频，帮助学生吃透教材。同时，针对正文中的习题答案、部分案例素材、前沿研究或其他知识点拓展提供了二维码链接，方便学员进行拓展和延伸阅读。

4. 能满足不同学时量的需要

全书共划分为五篇，形成模块化、积木式的知识体系，为不同专业、不同教学要求下的教学内容选用提供了一定的灵活性，例如当学时数较少时，可以删减"保障篇"或"准备篇"，对整个教材的系统性影响相对较少。

本教材的编写过程中，得到了华侨大学工商管理学院汤惟伦、何培旭、裴学亮等的帮助和支持，同时感谢北京理工大学出版社编辑的协助和支持。

目　录

第一篇　准备篇

第1章 项目管理导论

学习目标

知识目标	能力目标	素养目标
1. 了解项目管理历史与现状 2. 了解项目、项目管理的概念、特征 3. 理解项目组合、项目集与项目的联系和区别 4. 理解项目管理与日常管理的差异及联系 5. 了解不同项目生命周期类型及背后逻辑 6. 了解项目管理知识体系 7. 了解项目管理最新热点及趋势	能根据项目、项目集和项目组合的特性，为实现特定的战略目标对组织中的项目进行组合并集中管理	能认知我国古代项目管理的成就和当代项目管理取得的巨大进步，树立文化自信和制度自信

关键概念

项目、项目集、项目组合、项目生命周期、预测型生命周期、适应型生命周期

知识图谱

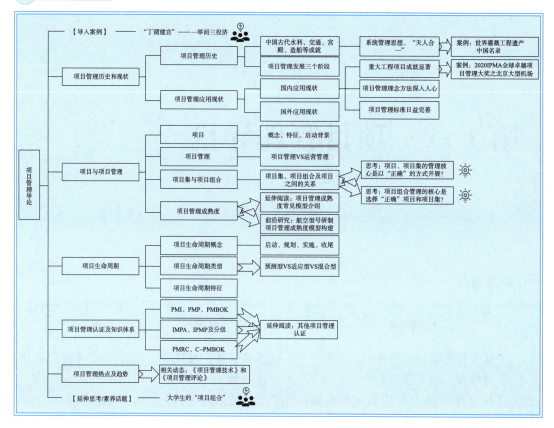

导入案例

"丁谓建宫" ——一举而三役济

"丁谓建宫",发生在北宋时期,原文出自沈括《梦溪笔谈·权智》。

【原文】祥符中（1015年）禁火,时丁晋公主营复宫室,患取土远。公乃令凿通衢取土,不日皆成巨堑。乃决汴水入堑中,诸道木排筏及船运杂材,尽自堑中入至宫门。事毕,却以斥弃瓦砾灰壤实于堑中,复为街衢。一举而三役济,省费以亿万计。

【译文】宋真宗大中祥符年间（1015年）,宫中着火,当时丁谓主持重建宫室,担忧取土太远。丁谓就命令开凿街道取土,没几天就成了巨大的沟渠。于是挖通汴水引入沟渠,各地资材都通过沟渠运至宫门口。事情完毕,又以废弃的瓦砾灰土填在沟渠里,又成了街道。一举完成三项工作,节省开支要用亿万来计算。

丁谓（966—1037）北宋大臣。字谓之,苏州人。淳化进士。历任转运使、工部员外郎、权三司使、参加政事、同中书门下平章事,封晋国公,是北宋太宗、真宗、仁宗三朝元老。

1.1　项目管理历史和现状

1.1.1　项目管理历史

中国古代在建筑和工程项目方面有着丰富的经验和成就，其中包括一些项目管理的技术和方法。

（1）道路交通建设：中国古代在道路建设方面取得了重大成就，包括长城和京杭大运河等。在这些项目中，中国古代工程师采用了一些项目管理技术，例如绘制详细的平面图和建立工程日志来跟踪进度和资源使用情况。

（2）宫殿坛庙建设：中国古代宫殿、坛庙的建设需要大量的人力和资源，并需要严格的质量控制。在这些项目中，中国古代工程师采用了一些项目管理技术，例如分阶段施工、分工合作、质量检查和验收等。

（3）水利工程：中国古代在水利工程方面取得了重大成就，例如大规模的灌溉系统（扫码了解"世界灌溉工程遗产中国名录"）和水坝。该名录中所列为中国申报世界灌溉工程遗产成功的古代项目，在这些项目中，中国古代工程师采用了一些项目管理技术，例如分阶段施工、资源管理、进度控制和质量检查等。

「扫码」了解世界灌溉工程遗产中国名录

（4）航海和造船：中国古代在航海和造船方面取得了重大成就，例如郑和七下西洋和龙舟竞赛。中国古代航海和造船的成就可以追溯到数千年前。在唐朝时期，中国进行了大规模的航海探险，其中最著名的是郑和七次远洋航行。据《星槎胜览》记载，郑和船队中最大的船"长四十四丈四尺，阔一十八丈"。当时 1 尺合今日 31.1 厘米，依此计算，郑和船队最大的船长 138 米、宽 56 米，可以搭载数千人，被认为是古代造船技术的巅峰。在船舶设计方面，中国古代造船技术十分先进，船只的设计和建造经验已经传承了几千年。其中，最著名的是"中国龙船"，其船身长达 30 米，可搭载数百人，具有良好的航速和航行稳定性。同时，宋朝时期的造船技术，还出现了在船舶中设有水密舱壁的技术，就是在舱与舱之间用舱板隔开，形成一个又一个互不相通的封闭舱区。这样在航行中如果有一两个船舱破损而导致水流涌入，但是由于舱板的分割，其他船舱中并不会进入水流，从而保证了整个船体的浮力，并不致于沉没。既增强了船舶整体的安全性，也增加了船舶的稳定性。1974 年在泉州出土的宋朝海船，船舶的整个底部被分为 13 个水密隔舱，船底板为两重木板，厚度共计 12 厘米，船舷板则为三重木板，厚度为 18 厘米。其坚固性、适航性、安全性都十分优良。中国古代航海技术也十分发达，船员可以凭借天文和地理知识来导航。此外，中国还发明了"罗盘"和"星盘"等导航工具，这些工具在航海中起到了至关重要的作用。在船舶材料方面，中国古代造船材料丰富多样，包括木材、竹子、藤条、毛皮等，这些材料可以用于建造不同种类的船只，如长途航行的大型商船和快速机动的战船。总的来说，中国古代航海和造船技术的成就十分显著，对当时的世界发展产生了深远的影响。

总的来说，在项目管理方面中国古代有着丰富的经验和成就，这些经验和成就对现代项目管理仍然具有参考和借鉴价值。

而现代项目管理的概念始于20世纪初，大致经历了以下几个阶段：

◆20世纪初期至1950年：传统项目管理阶段

这一时期，项目管理仅是一个简单的管理过程，主要关注项目的进度和成本控制。传统项目管理采用了基于工程的方法来管理项目，即将项目分解为多个任务，然后将任务分配给不同的人员，最终完成整个项目。这种方法被称为"甘特图"，是一种图形化的方法，用于展示项目进度和资源分配。例如，美国的国防工业开始广泛采用项目管理技术，以确保项目按时完成，并在预算范围内。1958年美国国防部成立了一个专门的项目管理机构，称为防务高级研究计划局（DARPA），以协调和监督国防项目。

◆1960年至1980年：网络计划和PERT技术兴起

这一时期，网络计划和PERT（包括CPM关键路径法）成了项目管理的主要工具。PERT是一种用于评估项目进度的技术，它基于统计学方法来分析项目的风险和不确定性。网络计划则是一种将项目分解为多个任务，并将它们组织成一个网络图的方法，以便更好地管理任务之间的关系和依赖性。1960年代，项目管理的概念开始应用于民用领域，尤其是在建筑和航空航天领域。1969年美国国家航空航天局（NASA）成功地将人类送上了月球，并使用了项目管理技术来确保任务完成。

◆1990年至今：敏捷项目管理和Scrum方法

该时期项目管理的方法和工具进一步发展，包括PRINCE2（英国项目管理方法）和PMBOK（项目管理知识体系）。这一时期，敏捷项目管理和Scrum成了项目管理的主流方法。敏捷项目管理强调快速响应变化和不断改进，它将项目分解为一系列小的迭代周期，以便更好地适应变化和需求。Scrum则是一种基于敏捷方法的项目管理框架，它强调团队合作、迭代开发和快速反馈，以便更好地适应变化和需求。

总体来说，现代项目管理的发展经历了从传统项目管理到网络计划和PERT，再到敏捷项目管理和Scrum的过程。随着技术和市场的不断变化，项目管理也在不断发展和改进，以适应不断变化的需求。

1.1.2 项目管理应用现状

如今，项目管理已成为一种重要的管理工具，除了工程建设领域以外，广泛应用于各种行业和领域，还包括信息技术、医疗保健、金融、体育、娱乐、科研活动、制造业等。

1）国内应用现状

①重大工程项目成就显著。在十三五期间，我国的重大工程从科技创新、结构升级、基础设施、生态环保、民生改善五个方面发力，从规划、建设、实施到全面落地见效，为开启全面建设社会主义现代化国家新征程奠定了坚实基础。

我国在量子信息等基础研究和关键核心技术攻关领域取得了一批重大原创成果。"悟空""墨子"等系列科学实验卫星成功发射，"嫦娥四号"首登月球背，"嫦娥五号"地外天体采样返回，500米口径球面射电望远镜落成启用，成功研制"海翼""潜龙""探索""海斗""海星"等谱系化深海科研设备，"奋斗者"号载人潜水器完成万米海试。

关键重大装备实现全方位提升。新一代运载火箭长征十二号完成首飞。大型客机C919 全面开启规模化运行。国产 ARJ21 飞机已交付 150 架并跻身全球喷气式支线客机十强。世界最大水陆两栖飞机鲲龙 AG600 获签首个型号检查核准书（TIA），标志着 AG600 飞机正式进入中国民航局审定试飞阶段，为后续 AG600 飞机完成适航取证奠定了坚实基础。复兴号 CR450 型电力动车组研制已进入整车装配阶段。第三艘航母福建舰出海顺利，完成首次航行试验。嫦娥六号完成人类首次从月球背面采集样本并返回。继我国首次火星探测任务取得圆满成功后，天问三号将实现接力采样和返回地球。

一批世界级标志性重大工程建成投运。"八纵八横"高速铁路网加快形成，运营总里程超过 4.5 万公里，国家高速公路网主线基本建成，北京大兴国际机场、上海洋山港四期建成运营，港珠澳大桥、深中通道正式通车。

部分战略性新兴产业率先取得突破。北斗三号全球卫星导航系统建成开通，建成世界规模最大 4G 网络，用户接近 13 亿户，5.5G 正式开启商用，7 纳米芯片量产，建成深圳国家基因库一期工程，形成全球最大规模的新能源汽车充电设施网络，在新能源七大细分领域（锂电、新能源车市、氢能源车、光伏、风电、储能、绿色电力）中国均排名全球第一。

②项目管理理念逐渐深入人心。近年来，越来越多的企业开始重视项目管理，并将其视为企业管理的重要手段。越来越多的企业开始认识到，项目管理可以帮助企业提高管理效率，提高成本效益，提高客户满意度等。

例如，2008 年北京奥运会期间，北京奥组委总体策划部面对项目群计划管理的挑战与压力时，以整合管理为指导思想，运用项目管理方法和技术，创新性地建立了一套形象直观、简单实用的项目群整合计划管理方法，指导奥组委的项目管理实践活动，为我国大型公众活动的项目管理积累了丰富经验，拓展了项目管理的实践领域[①]。在奥运会开闭幕式的转场项目中，项目管理团队采用了关键链技术管理方法，科学组织、协调，保障了奥运会开闭幕式的圆满完成以及奥运会比赛项目的顺利进行[②]。

企业项目管理应用屡获殊荣。截至 2020 年，我国企业共获得国际项目管理协会（IPMA）全球卓越项目管理大奖金奖 11 个、银奖 12 个、铜奖 2 个、入围 2 个，取得了优异的成绩。2018 年以后的获奖名单如下：

2018 年，中国石油云南石化有限公司 1 300 万吨/年炼油厂项目获得 IPMA 全球卓越项目管理大奖超大型项目银奖；重庆联盛建设项目管理有限公司实施全过程管理的内蒙古少数民族群众文化体育运动中心项目，获得 IPMA 全球卓越项目管理大奖大型项目金奖。

2019 年，国家能源集团宁夏煤业公司 400 万吨/年煤炭间接液化示范项目、国家电网有限公司直流建设分公司负责建设管理的±1 100 千伏古泉换流站工程，荣获 IPMA 全球卓越项目管理大奖银奖。

2020 年，北京大兴国际机场建设项目获得 IPMA 全球卓越项目管理大奖超大型项目金奖；中国能源建设集团有限公司总承包建设的孟加拉国帕亚拉 2×66 万千瓦燃煤电厂一期工程、巴基斯坦中电胡布 2×66 万千瓦燃煤电站项目分别荣获 IPMA 全球卓越项目管理大奖超大型项目银奖和铜奖。

2022 年，陕西建工集团承建的西安交通大学创新港科创基地项目获得全球项目卓越奖

---

① 曹蕾，孟宪和. 北京奥运会项目群整合计划管理［J］. 项目管理技术，2008，60（6）：40-45.
② 董琦，李建平. 北京奥运会开闭幕式转场项目管理应用与创新［J］. 项目管理技术，2009，7（12）：53-58.

超大型项目的金奖，同时，中广核集团承建的兴安盟一期100万千瓦风电项目获得全球项目卓越奖超大型项目银奖。

 「扫码」了解更多中国优秀项目管理案例

③项目管理标准日益完善。国内项目管理标准主要有两个：《项目管理知识体系指南》（PMBOK）和《GB/T19580—2017项目管理指南》。中国国家标准化管理委员会在2016年发布了《项目管理标准》，并在2019年进行了修订。此外，近年来国际上广泛应用的《项目管理知识体系指南》也已被国内企业广泛采用。

PMBOK是国际公认的项目管理标准，也是我国项目管理领域最广泛使用的标准之一。在中国，许多公司和组织都采用PMBOK进行项目管理。例如，中国电信、中国移动、中国石油、华为、中兴等企业都将PMBOK作为项目管理的指导标准。此外，许多大学和培训机构也将PMBOK作为项目管理课程的主要教材。由于PMBOK是一种通用的标准，因此在实施时需要根据实际情况进行调整和适应。

中国国家标准GB/T19580—2017，是在PMBOK基础上制定的国家标准，与PMBOK相比，它更加注重中国特色和实际应用。该标准于2018年5月1日正式实施。目前，已经有许多企业、政府机构和项目管理专业组织开始使用该标准。例如，中国航空工业集团公司、中国铁路总公司、中国石化集团公司等企业都将该标准用于项目管理实践。

总的来说，国内项目管理标准的实施情况不断提高，越来越多的组织和企业开始意识到项目管理的重要性，并采用相应的标准进行实践。

④项目管理软件逐渐普及。随着互联网技术的快速发展，越来越多的企业开始采用项目管理软件来管理项目。随着信息化技术的不断发展和普及，国内项目管理软件的使用情况也在不断提高。

Microsoft Project是国际上最著名的项目管理软件之一，也是国内广泛使用的项目管理软件之一。许多大型企业、政府机构和项目管理专业组织都使用Microsoft Project进行项目管理。例如，中国石油、中国电信、工商银行等企业都使用该软件进行项目管理。此外，许多大学和培训机构也将Microsoft Project作为项目管理课程的主要教学工具。

WPS Office是一款国产的办公软件套装，其中包括了项目管理软件WPS Project。由于WPS Office的价格较为实惠，因此在中小型企业和个人用户中比较受欢迎。许多小型企业和个人项目经理都使用WPS Project进行项目管理。

Teambition是一款国内知名的团队协作软件，它也提供了项目管理功能。该软件的特点是界面简洁、易于使用，因此在小型团队和个人项目中比较受欢迎。

钉钉是一款企业级即时通信软件，除了提供即时通信功能外，还提供了项目管理功能。由于钉钉在企业中的普及率较高，因此在许多企业中也得到了广泛应用。

总的来说，国内项目管理软件的普及使用情况不断提高，越来越多的组织和个人开始使用这些软件进行项目管理，以提高项目管理效率和质量。

2）国外应用现状

①项目管理理念发达：国外的许多企业在项目管理方面非常成熟，他们采用的项目管理理念很多都是领先于国内的。例如，Scrum、Agile、Lean等敏捷项目管理方法在国外的

应用就非常广泛。

②项目管理标准日益完善：国外的项目管理标准非常多，例如：PMBOK、PRINCE2、ISO21500 等。这些标准都是非常成熟和权威的，已经被众多企业广泛应用。

③项目管理软件应用广泛：国外的企业在项目管理软件方面也非常成熟，例如：Microsoft Project、Asana、Basecamp 等，这些项目管理软件已经被众多企业广泛使用。

1.2 项目与项目管理

1.2.1 项目

1）项目概念

项目是为创造独特的产品、服务或成果而开展的临时性工作。在这里，项目的"临时性"是指项目有明确的起止时间，项目何时开始、何时结束都是确定的。不过要注意，"临时性"并不一定意味着项目的持续时间短。当项目目标达成时，或项目因不会或不能达到目标而中止，抑或是项目需求不复存在，无论主观上是否愿意结束，客观上表示项目已经结束。当然从规范管理上来说，结束项目的决定必须得到有关当局的审批才行。例如，项目可以是建造一栋大楼，一座工厂，或一座大水坝，也可以是解决某个研究课题，研制一种新药，设计、制造一种新型设备或产品。这些都是一次性的，都要求在一定的期限内完成，不得超过一定的费用，并有一定的性能要求等。

2）项目特征

• 临时性（Temporary）。每一个项目都有一个明确的开始时间和结束时间，即人们常说的"一次性"。在项目目标实现后，或者由于需求已不复存在时，或因某种原因无法继续进行、实现时，都意味着项目的结束。项目从开始到结束，不论历时长短，总是受时限的制约，它与其他重复性操作、流程、运维工作有明显的区别。比如产品的生产（重复工作）不属于项目，周而复始的运维工作也不属于项目。临时性，也表现为项目组织的临时，即项目结束，组织解散。

• 独特性（Specificity）。项目是为了创建某一独特的产品、服务或成果，"独特"就意味着唯一，不会有同类现象，即人们常说的"唯一性"。事实的确如此，项目因受不同用户、不同需求、不同目标、不同时间、不同成本、不同质量标准、不同施工单位等因素制约，造就了没有完全一样的两个项目。实际实施中，虽然部分过程、功能、人员等可以复制其他项目的，但是所有因素都一样的没有，尤其时间（不同的时间，对风险的认识、应对策略不同）。有些项目即使产品或者服务相似，但由于时间、地点、内外部环境的不同，项目的实施过程和项目本身也具有独特的性质。

• 渐进明细性（Progressive Elaboration）。即人们常说的"不确定性"。因为项目的目标（产品、成果或服务）事先并不可见，前期只能粗略地定义和描述，随着项目的进展，这些目标和过程逐渐清晰、明朗、完善和精准。渐进明细也暗示着在项目进展中，一定会出现修改、纠正、补充、删除等现象，发生相应的变更。

• 制约性（Restriction）。项目在实施中，总是受质量、需求、时间、成本、人力、技术、物资、信息、环境、政策法规等条件的限制。项目的实施是企业或者组织调用各种资源和人力来实施的，但这些资源都是有限的，而且组织为维持日常的运作不会把所有的人力、物力和财力放于这一项目上，投入的仅仅是有限的资源。

3）项目启动背景

项目的启动可能基于各种背景和原因，包括外部的和内部的原因，通常是为了应对影响该组织的各种内外部因素。其大致分为四类（图1-1）：

● 为了符合法规、法律及社会要求。例如新颁布的环境法规、修订的消费者权益保护条例等。

● 为了满足相关方的要求或需求。例如股东要求公司财务更加详细透明、政府要求公司及时上报公司的排放数据等。

● 为了执行、变更业务或技术战略。

● 为了创造、改进或修复产品、过程或服务。

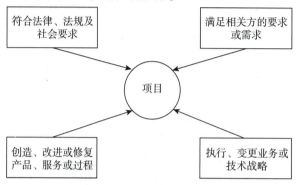

图1-1　项目启动背景分类

这些因素会影响组织的持续运营和业务战略。领导者须应对这些因素，以便组织持续运营。项目为组织提供了一个有效的途径，使其能够成功做出应对这些因素所需的变更。这些因素最终应与组织的战略目标以及各个项目的商业价值相关联。

1.2.2　项目管理

1）项目管理的概念

项目管理是为满足相关方的期望，项目管理者在有限的资源约束下，运用系统的观点、方法和理论，对项目涉及的全部工作进行管理。项目管理将知识、技能、工具与技术应用于项目活动，以满足项目的要求。

管理一个项目通常包括：

● 识别项目需求。

● 处理相关方的各种需要、关注和期望。

● 与相关方建立并维护积极的沟通。

● 管理资源。

● 平衡相互竞争的项目制约因素。

有效的项目管理能够帮助相关方达成业务目标，满足相关方的期望，提高成功的概率。有效的项目管理要能够解决问题和争议，及时应对风险，优化资源的使用，挽救或终止失败项目。有效的项目管理能够平衡制约因素对项目的影响，并在适当的时间交付正确的产品。

项目是组织创造价值和效益的主要方式。在当今商业环境下，组织领导者需要应对预算紧缩、时间缩短、资源稀缺以及技术快速变化的情况。商业环境动荡不定，变化越来越快。为了在全球经济中保持竞争力，公司日益广泛利用项目管理，来持续创造商业价值。

有效和高效的项目管理应被视为组织的战略能力。它使组织能够将项目成果与业务目标联系起来，如国外市场开拓项目；更有效地展开市场竞争，如区域销售团队优化项目；支持组织发展，如组织变革项目。

2）项目管理与运营管理的比较

企业中有组织的活动可分为两种类型，即项目（Project）和运作（Operation）。企业如要实现其长远的战略目标，首先必须定义组织使命，然后设定实现组织使命的长期目标和短期目标，将组织使命细化为一个个具体的方向或目标，最后再通过一个个不同的一次性任务（即项目）来实现。通常，一个企业最初通过一个项目使企业形成某种提供产品或服务的能力，并在此基础上重复运作，经过一段时间的运作后，又需要通过大修项目、改扩建项目、新产品（服务）开发项目、组织变革项目等，使企业恢复原有的能力或上升到一个新的运作平台。在企业的发展过程中，总是如此不断地重复着项目与运作的交替过程，运作导致企业的量变，项目使企业出现质变，项目是企业实现其战略目标的基本活动，也是推动企业发展的直接动力。

项目管理与运营管理之间差异明显，具体如下：

首先，运营管理是连续性、重复性的；项目管理是临时性的（有终止的条件）。如持续维护一个网站，属于运营；交付一个新网站，则是项目。

其次，运营管理是可持续驱动的，可以通过成本和收益，从而获得利润来保持系统持续运作；项目管理是有预算限制的，每个项目都有相对固定的预算。

再次，运营管理由职能部门完成，公司有稳定的部门去进行，由部门经理管理；项目管理则由项目团队完成，是临时性的、多变的项目团队，由项目经理牵头。

最后，运营管理注重效率，项目注重效果。运营管理的目的是持续长期的经营，要不断优化效率；项目管理则是需要完成的，追求目标、效果。

但二者之间也有一定的联系，项目往往来自运营的需要，服务于运营，在运营中孵化出项目，并通过项目化管理解决运营中的问题，不断把运营提升到更高水平（图1-2）。例如日常工作中，当一些活动不能通过日常的重复性工作而得以进行的时候，可能会从运营中分离出一些临时性任务，当作项目来做。运营能够维持并巩固项目的成果，使项目成果得以延续。

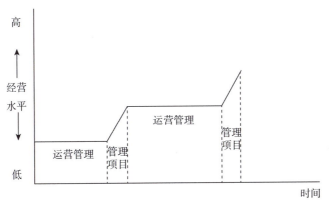

图1-2 组织中的项目管理与运营管理

1.2.3　项目集与项目组合

项目集是相互关联且被协调管理的项目、子项目集和项目集活动，以便获得分别管理所无法获得的利益。项目集内部的各项目之间通常有着紧密的关联关系或依赖关系，项目集包括了所属单个项目范围之外的相关工作，即 1+1>2，如果仅仅是当作完全独立的单个项目而不是归入项目集进行管理，可能造成项目之间的这部分相关工作被忽视，后果是可能会留下缺陷或隐患。

项目集管理是指应用知识、技能和原则以实现项目集目标，获得分别管理相关项目集组件所无法实现的效益和控制。项目集也可能包含运营性质的工作。不过，项目集不是指大项目。或者说，项目集与项目的规模不存在必然联系，规模特别大的项目通常称为"大型项目"。

以工厂建设为例，如图 1-3 所示，工厂建设的规划包括：工艺规划和工业工程（IE），这两个子项目联系紧密，可以作为子项目集（即子项目集 1）进行管理。申报各种手续可以作为单独的项目（即项目 3）进行管理。厂房建设与公辅配套存在紧密联系，故作为一个子项目集（即子项目集 2）进行管理。工厂运营可以作为项目集活动进行管理。上述划分从系统工程的角度规划管理整个项目集，以避免各项目单独管理又缺乏协调所形成的冲突和矛盾。

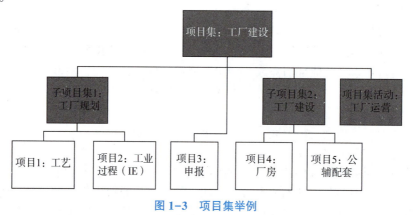

图 1-3　项目集举例

项目集管理通过授权、变更或终止项目以及管理项目间的依赖关系来支持组织战略。管理项目间的依赖关系可能包括以下行动：

- 解决影响项目集内各组件的资源制约因素和（或）资源冲突；
- 确保符合对项目集目的和目标有影响的组织战略；
- 在同一个治理结构内处理相关问题和开展变更管理；
- 应对可能影响一个或多个组件的项目和项目集风险；
- 通过有效分析、排序和监督各组件之间的依赖关系来管理项目集效益的实现。

项目组合是指为实现战略目标而协调管理的项目、项目集和子项目组合和运营工作。项目组合管理是为了实现战略目标而对一个或多个项目组合进行的集中管理。项目组合管理的重点是确保项目组合与组织的目标保持一致，并且通过评估项目组合组件来优化资源分配。项目组合中的项目集或项目不一定彼此依赖或直接相关。项目组合也可能包含（日常）运营性质的工作。例如某个公司为提升整体竞争力，计划从市场开发、研发新品、扩大生产三个方面入手，为此可能会将国际市场开发项目、新品开发项目及新厂建设项目纳入项目组合管理。其中，新品开发项目、新厂建设项目都可视为项目集。

一个项目可以采用三种不同的模式进行管理：作为完全独立的项目（不隶属于任何项目组合或项目集）、作为项目集的组成部分，或作为项目组合的组成部分。如果一个项目是项目组合或项目集的组成部分，那么项目管理就需要与项目组合和项目集管理进行互动。

图 1-4 表明了组件、共享资源和相关方之间的关系。将项目组合组件归组，有利于促进对工作的有效治理和管理，排列各组件的优先级，并实现组织战略。在开展组织和项目组合规划时，要基于风险、资金和其他考虑因素对项目组合组件排列优先级。这有利于组织全面审查战略目标在项目组合中的落实情况，开展适当的项目组合、项目集和项目治理，以及分配人力、财力或物力资源。这些资源将根据预期的绩效和收益进行分配。组织战略与优先级相关联，项目组合与项目集之间、项目组合和项目之间以及项目集与单个项目之间都存在联系。但这些联系并不总是存在严格的等级层次。

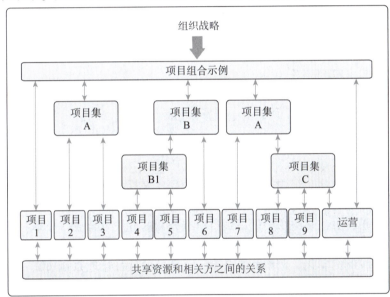

图 1-4 项目组合、项目集与项目之间的关系示例

组织级项目管理（OPM）包括开展项目组合管理、项目集管理和项目管理的战略执行框架。该框架使组织不断地以可预见的方式取得更好的绩效、更好的结果及可持续的竞争优势，从而实现组织战略。

项目、项目集及项目组合三者，以组织的视角看待：

- 项目集管理和项目管理的核心是以"正确"的方式开展项目集和项目；
- 项目组合管理的核心是选择"正确"的项目集和项目。

💡 **思考**
1. 用自己的话解释这句话：项目集管理和项目管理的核心是以"正确"的方式开展。
2. 项目组合管理的重点为何是选择"正确"的项目集和项目？

1.2.4　项目管理成熟度

所有的公司都希望在项目管理中达到成熟、卓越的效果。要在项目管理中达到卓越的效果，其基础可由项目管理成熟度模型（PMMM 或 PM3）（由 5 层或 5 个阶段组成）做出很好的表述，该模型也称 K-PM3 模型，由美国著名咨询顾问科兹纳（Harold Kerzner）博士于 2001 年提出。如图 1-5 所示，图中的每一层都表示了一个不同的项目管理成熟阶段。

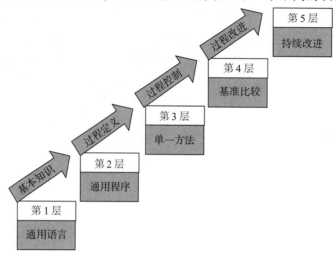

图 1-5　成熟度模型的 5 个层次

● 第 1 层：通用语言。组织意识到了项目管理的重要性，并在组织的各层次、各部门使用共同的项目管理术语。

● 第 2 层：通用程序。组织需要开发通用的程序来规范项目管理，以便让某个项目上成功应用的管理程序可重复地应用于其他项目。

● 第 3 层：单一方法。组织要认识到将所有公司的方法组合成一个单一的方法所产生的综合效果，其核心就是项目管理。由于使用的是单一方法而不是多种方法，这样的综合效果还会使程序控制简单化。例如可能会用一个标准的项目管理原则来统一管理 TQM、风险管理、变革管理、协调等各种管理方法。

● 第 4 层：基准比较。这时改进程序对于保持竞争优势非常必要。因此将自己与其他企业进行比较，获取对比信息，并通过项目管理办公室来支持这些工作。基准比较必须在连续的基础上实施，公司必须决定基准比较的对象和内容。

● 第 5 层：持续改进。在这一层，组织要对通过基准比较得到的信息进行评价，建立经验学习文档，组织经验交流，在项目管理办公室的指导下改进项目管理战略规划。

该模型除第 2 与第 3 层无法重叠外，其他任何两个相邻层次可能会有部分重叠。另外，从第 5 层到第 4 层和第 3 层存在反馈机制，表明这三个层次之间可以形成一个连续的改进环，而且三个层次重叠在一起都是有可能的。

该模型的应用采用了问卷调查方法，分不同层次给出若干自我评估题。通过这些问题的回答，可以分析、整理、判断出企业项目管理的成熟度水平及存在的问题，为改善和提高企业的项目管理水平提供依据。

衡量项目成熟度的模型还有很多，例如 CMM、PMS-PM3、PM2、OPM3 等。相比之下，K-MP3 的特点是把组织的发展与项目管理的战略规划联系起来，成熟度的评价除了涉及项目管理9大知识体系，还将组织中的其他因素考虑进来。该模型从组织项目管理战略规划的角度着手，超越了以前的单纯从项目管理实际操作出发建立的成熟度模型，将成熟度模型建立在战略规划的高度。

 「扫码」了解项目管理成熟度其他模型及应用研究

1.3 项目生命周期

1.3.1 项目生命周期概念

项目生命周期指项目从开始到完成所经历的一系列阶段。项目阶段是一组具有逻辑关系的项目活动的集合，通常以一个或多个可交付成果的完成为结束。这些阶段之间可能是顺序、迭代或交叠的关系。生命周期不同阶段的工作重心、人员组织甚至管理方式都有明显不同。项目阶段的名称、数量和持续时间取决于参与项目的一个或多个组织的管理与控制需要、项目本身的特征及其所在的应用领域。阶段都有时限，有一个起始点、结束点或控制点（有时称为阶段审查、阶段关口或控制关口，也可以用其他类似名称）。在控制点，需要根据当前环境，重新审查项目章程和商业文件。在该时点，把项目绩效与项目管理计划进行比较，以确定项目是否应该变更、终止或按计划继续。

项目生命周期会受组织、行业、开发方法或所用技术的独特性质的影响。虽然每个项目都有起点和终点，但具体的可交付成果及工作会因项目的不同而有很大差异。不论项目涉及的具体工作是什么，生命周期都可以为管理项目提供基本框架。

虽然项目规模及复杂程度各不相同，但是典型项目都呈现下列项目生命周期结构：
◆启动：开始项目
◆规划：计划、组织与准备
◆实施：执行项目工作
◆收尾：结束项目

1.3.2 项目生命周期类型

项目生命周期开发方法包括预测型、适应型或混合型，三者之间主要在迭代性和增量性上存在差异（图1-6）。

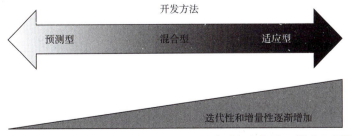

图1-6　常见三种开发方法（预测型、适应型和混合型）关系示意图

项目生命周期内通常有一个或多个阶段与产品、服务或成果的开发相关，这些阶段称为开发生命周期。开发生命周期可以是预测型、迭代型、增量型、适应型或混合型的模式：

①预测型生命周期，在生命周期的早期阶段确定项目范围、时间和成本。对任何范围的变更都要进行仔细管理。预测型生命周期也称为瀑布型生命周期。图1-7是软件行业预测型生命周期的常见例子。

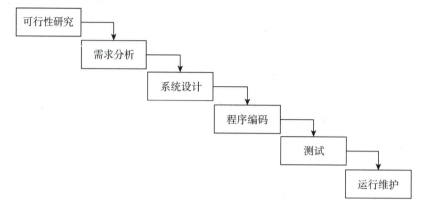

图1-7 预测型生命周期示例

②迭代型生命周期，项目范围通常于项目生命周期的早期确定，但时间及成本估算将随着项目团队对产品理解的不断深入而定期修改。迭代方法是通过一系列重复的循环活动来开发产品。图1-8是迭代型生命周期的一个示例。

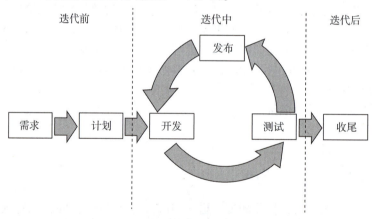

图1-8 迭代型生命周期示例

③增量型生命周期是通过在预定的时间区间内渐进增加产品功能的一系列迭代来产出可交付成果。只有在最后一次迭代之后，可交付成果具有了必要和足够的能力，才能被视为完整的。例如软件开发，先把待开发的软件系统模块化，将每个模块作为一个增量组件，从而分批次地分析、设计、编码和测试这些增量组件，如图1-9所示，增量型开发在整体上是遵照瀑布模型的流程开展实施的，只在软件实现过程中，将软件系统按功能分解为许多增量构件，并以构件为单位逐个地创建与交付，直到全部增量构件创建完毕，并都被集成到系统之中交付用户使用。

④适应型生命周期属于敏捷型、迭代型或增量型。当需求在交付期间存在极大的不确定性及需要频繁的变更来满足，需要包含采用迭代、增量等方法来快速地交付出产品原型以便客户能够快速地评估以便反馈正确的需求。适应型生命周期（也称为变更驱动方法或敏捷方法），其目的在于应对大量变更，获取干系人的持续参与。

⑤混合型生命周期是预测型生命周期和适应型生命周期的组合。针对项目中有确定性需求的那一部分，遵循预测型开发生命周期，而针对项目中仍在发展中的那些部分，遵循适应型开发生命周期，交付的产品以产品价值最大化为目标，即交付产品时要保证是对客户有价值的。具体表现形式上可能是先敏捷后预测，可能是项目的部分模块采取敏捷型另一部分采取预测型，也可能是以预测型为主敏捷型为辅或者相反。

由项目管理团队确定各个项目最适合的生命周期。项目生命周期需要足够灵活，能够应对项目包含的各种因素。可以通过以下方法实现生命周期的灵活性：

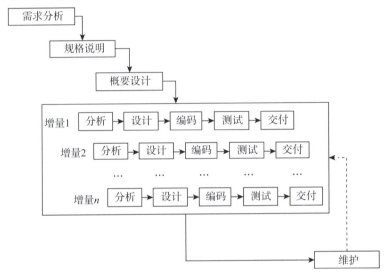

图 1-9　增量型生命周期示例

- 确定需要在各个阶段实施的一个或多个过程；
- 在合适的阶段实施确定的一个或多个过程；
- 调整阶段的各种属性（例如名称、持续时间、退出标准和准入标准）。

项目生命周期与产品生命周期相互独立，后者可能由项目产生。产品生命周期指一个产品从概念、交付、成长、成熟到衰退的整个演变过程的一系列阶段。

有关以上各类生命周期类型及对应开发方法的区分可进一步参考本书后面章节中的内容，如表 4-1 和表 4-4 所示。

1.3.3　项目生命周期特征

通用的生命周期结构一般具有以下特征：

①成本与人力投入在开始时较低，在工作执行期间逐渐增加，并在项目快要结束时迅速回落（图 1-10）。

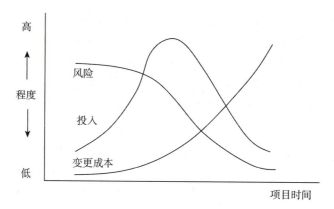

图 1-10　随时间变化的因素

②项目开始时风险最大，在项目的整个生命周期中，随着决策的制定与可交付成果的验收，风险会逐步降低。

③在不显著影响成本和进度的前提下，相关方改变项目产品最终特性的能力在项目开始时最大，并随项目进展而减弱。图 1-10 表明，做出变更和纠正错误的成本，通常会随着项目越来越接近完成而显著增高。

1.4　项目管理认证及知识体系

与项目管理有关的认证非常多，既有全球性的认证，也有国家和地区性的认证，影响力也有大有小，下面主要介绍美国 PMI、国际 IMPA 和中国 PMRC 这三大协会及其相关的知识体系。

1.4.1　美国项目管理协会及认证

1）美国项目管理协会（PMI）

PMI（Project Management Institute）是全球最大的专业项目管理组织，成立于 1969 年，总部位于美国宾夕法尼亚州的费城市。PMI 致力于推广和促进项目管理的发展，为全球项目管理专业人士提供知识、技能和资源等方面的支持。

PMI 在其 50 多年的历史中，不断发展壮大。它的会员覆盖了全球 190 多个国家和地区，会员总数超过 70 万人。PMI 所提供的项目管理认证（PMP、CAPM 等）也成为业界公认的标准，被广泛应用于各行各业。

PMI 在推广项目管理方面也做出了很大的贡献。它出版了很多有关项目管理方面的书籍和学术论文，组织了各种培训和研讨会，帮助人们更好地了解和应用项目管理的理论和实践。同时，PMI 还通过各种途径，鼓励项目管理专业人士参与各种社区服务和公益活动，提高整个行业的社会形象。

PMI 的发展历程是项目管理发展史的一个缩影。它为项目管理专业人士提供了丰富的知识和资源，帮助他们更好地应对各种项目管理挑战，推动了整个项目管理行业的发展。

2）项目管理专业认证（PMP）

PMP（Project Management Professional）是由 PMI 推出的一项全球认可的项目管理专

业证书，它是全球范围内最著名、最权威的项目管理专业认证之一。

PMP 认证的基本情况如下：

• 考试要求：考生需要具备至少 35 小时的项目管理培训经验和 3 年以上的项目管理经验，或者拥有学士学位和至少 5 年的项目管理经验。

• 考试形式：笔试，4 小时，200 道选择题，其中 25 道为试题。

• 考试内容：PMP 认证考试主要涵盖范围包括项目整体管理、项目范围管理、项目时间管理、项目成本管理、项目质量管理、项目人力资源管理、项目沟通管理、项目风险管理、项目采购管理、项目利益相关方管理等方面的知识。

• 考试通过率：考试通过率约为 60%。

• 认证有效期：3 年，到期后需要进行续认证。

• 续认证要求：需要在 3 年内获得 60 个 PDU（Professional Development Units）学分，其中至少 8 个学分需要是领导力方面的学分。

PMP 认证是项目管理专业人士提升个人职业素质和职业竞争力的重要途径，也是企业提高项目管理能力和管理水平的有效方式。

3）项目管理知识体系（PMBOK）

PMBOK（Project Management Body of Knowledge）是指项目管理知识体系。它是由 PMI 开发的一套项目管理标准，旨在为项目管理人员提供一种通用的项目管理方法论，使他们能够在不同的项目中运用这些标准和方法。

PMBOK 包含了项目管理的所有方面，包括项目管理的五个过程组和十个知识领域。五个过程组包括启动、规划、执行、监控和控制、收尾。十个知识领域包括项目整合管理、项目范围管理、项目进度管理、项目成本管理、项目质量管理、项目资源管理、项目沟通管理、项目风险管理、项目采购管理和项目相关方管理。

PMBOK 将项目管理的知识和实践体系化，使得项目管理人员能够更加系统地学习和应用项目管理的方法和技巧。它提供了一种标准化的方法，可以帮助项目管理人员更好地规划、执行和控制项目，提高项目管理的成功率和效率。

PMBOK 不仅是一套理论体系，更是一个实践指南。它通过提供标准化的方法和工具，让项目管理人员能够更加自信地处理各种项目管理问题，更加有效地实现项目目标。

PMBOK 是项目管理领域的一套比较有影响力的标准和方法，它为项目管理人员提供了一种系统化、标准化的方法和工具，可以帮助他们更好地规划、执行和控制项目，提高项目管理的成功率和效率。

1.4.2 国际项目管理协会及认证

1）国际项目管理协会 IMPA 及 IPMP 认证

国际项目管理协会（IPMA）成立于 1965 年，是一个全球性的非营利组织，总部设在瑞士。它致力于推广项目管理知识、技能和最佳实践，促进全球项目管理的发展和提高项目管理人员的职业素质。IPMA 现有近 70 个成员国组织，由代表各国最具权威性的项目管理专业组织经申请成为 IPMA 成员国代表，各成员国在各自特殊的文化背景下推动着不同类型的项目管理的专业化发展。

国际项目经理资质认证（IPMP）是国际项目管理协会（IPMA）在全球推行的四级项目经理资质认证体系的总称。

国际项目管理协会的主要工作包括：

●项目管理认证（IPMP）：IPMA 推出了一系列的项目管理认证（表 1-1），包括：

A 级：国际特级项目组合经理、国际特级项目集群经理和国际特级项目经理

B 级：国际高级项目组合经理、国际高级项目集群经理和国际高级项目经理

C 级：国际项目经理

D 级：国际助理项目经理

●项目管理研究和培训：IPMA 提供各种项目管理培训和研究，帮助项目管理人员提高职业素质和专业技能。

●项目管理标准：IPMA 制定了一系列项目管理标准，包括 IPMA Project Excellence Baseline（IPMAPEB）、IPMA Individual Competence Baseline（IPMAICB）等，为项目管理人员提供了一套标准化的项目管理方法论和工具。

●国际合作：IPMA 与各国项目管理协会和组织合作，促进全球项目管理的发展和交流。

表 1-1 IPMA 推出的认证分级分类

		领域分类（Domin）		
		项目（Project）	项目集群（Programme）	项目组合（Protfolio）
等级（Level）	A	国际特级项目经理 Certified Project Directot	国际特级项目集群经理 Certified Programme Director	国际特级项目组合经理 Certified Protfolio Director
	B	国际高级项目经理 Certified Senior Project Manager	国际高级项目集群经理 Certified Senior Programme Manager	国际高级项目组合经理 Certified Senior Protfolio Manager
	C	国际项目经理 Certified Project Manager		
	D	国际经理项目经理 Certified Project Manage Associate		

国际项目管理协会是全球范围内最具权威性和影响力的项目管理组织之一，其认证和标准被广泛应用于各行各业的项目管理领域。通过 IPMA 的认证和培训，项目管理人员可以提高个人职业水平和竞争力，同时也可以为企业提高项目管理水平和效率做出贡献。

2）IPMP 与 PMP 对比

①考核方式：IPMP 注重经验、能力的考核，能力=知识+经验+个人素质是 IPMP 考核的最基本定义，IPMP 认证有一套严格、科学、规范化的程序，每个级别有其相应的认证程序，包括笔试（题型为与项目管理经验和知识有关的问答题）、研讨会、项目报告、面试。

②引进方式：IPMP 是经 IPMA 授权由中国项目管理研究委员会（PMRC）引进的。PMRC 参照国际项目管理专业资质基准，结合中国国情，建立中国项目管理知识体系与国家项目管理专业资质基准，并获得 IPMA 的认可后，引进和推广 IPMP。PMRC 已将 IPMP 认证程序、认证培训、认证考试等全部汉化。

PMP 在中国的认证是完全由 PMI 组织考试，有关 PMP 的认证程序、培训、考试等均是英语，现在正逐步汉化，采用英汉对照式。

③证书的管理：IPMA 全权授权 PMRC 负责中国的 IPMP 认证，所以认证学员是否通过认证考核，是否获得证书以及对证书的发放与管理，是在 IPMA 的指导与监督下，由 IPMP 中国认证委员会负责。认证学员参加 IPMP 培训与考试，由中国项目管理研究委员会（PMRC）颁发 IPMP 课程进修结业证，通过认证将获得 IPMA 颁发的项目管理专业资

质证书（IPMP），证书编号与获得者姓名会在 IPMA 网站向全世界公布。

PMP 在中国认证的代理点只负责培训与考试的组织工作，至于认证学员是否通过认证考核，是否获得证书以及对证书的发放与管理，必须上报至 PMI，由 PMI 决策。

④IPMP 证书与 PMP 证书互认：国际项目管理协会（IPMA）与美国项目管理协会（PMI）签订了知识体系互相认可协议。

1.4.3 中国项目管理委员会及认证

PMRC 是中国项目管理研究委员会（Project Management Research Committee，China）的简称，成立于 1991 年 6 月，挂靠在西北工业大学，是我国唯一跨行业的、非盈利性的全国性项目管理专业学术组织。PMRC 也是唯一代表中国加入国际项目管理协会（IPMA）的项目管理专业学术组织。

PMRC 自成立以来，立足于我国项目管理学科基础的建设，建立了《中国项目管理知识体系》（C-PMBOK），致力于推动我国项目管理的专业化发展及其与国际接轨，引进并推行"国际项目管理专业资质认证体系"，为推进我国项目管理事业的发展做出了积极的贡献，为推进我国项目管理事业的发展，在促进我国项目管理与国际项目管理专业化方面做了大量实质性的工作，起着越来越重要的作用。

PMRC 于 2001 年推出既具中国特色又与国际接轨的《中国项目管理知识体系与国际项目管理专业资质认证标准》；从 2006 年起，每 5 年编撰出版《中国现代项目管理发展报告》；2012 年编撰《项目管理学科发展报告》；2013 年倡导创立"中国项目管理学派"；2017 年在西北工业大学举行首届项目学学科发展高端论坛。

1.4.4 其他认证

1）英国 PRINCE2 认证

该认证在欧洲较为知名，尤其是在英国。PRINCE2 代表受控环境中的项目管理。它由 ILX 集团授予，分为两个级别：基础级别（Foundation）和实践者级别（Practitioner），前者的考试是选择题形式，后者采用情景问题形式。考生可以参加课程培训，也可以选择不准备。与 PMP 相比，PRINCE2 更倾向于为项目管理者提供项目管理的操作性方法、流程和最佳实践指导，与 PMP 重视知识有所不同，具体见表 1-2。

表 1-2 PRINCE2 认证与 PMP 的比较

序号	PRINCE2	PMP（PMBOK）
1	以流程为导向	以知识域为导向
2	可操作的项目管理最佳实践方法	项目管理知识体系
3	基于 PBS（产品分解结构）制订项目计划	基于 WBS（工作分解结构）制订项目计划
4	持续的商业论证进行风险控制	较少关注项目论证过程
5	关注客户的商业成功	从 Sponsor 角度关注项目成功
6	如何做？（How to do?）	做什么（What to do?）
7	七大原则、七大主题、七大流程、四层项目管理组织架构、两大项目管理技术	十大知识领域、五大过程组、一百三十多个工具与技术

2）CSM 认证

CSM（Certified Scrum Master，敏捷项目管理认证专家）是敏捷项目管理领域较权威的认证，颁发机构是 Scrum 联盟。该认证包括基础级、进阶级、专家级、导师级四种认证课程，专注于 Scrum 框架，CSM 认证侧重于 Scrum 框架和敏捷团队的角色和职责。考试题型为选择题，采用线上考试，总体上重实践轻考试。

类似的项目管理或相关细分领域的认证还有很多，本书不一一列举。

 「扫码」了解更多项目管理相关认证

1.5　项目管理热点及趋势

与传统项目管理相比，当前项目管理理论和实践都有一些新的变化，了解这些变化对我们把握项目管理专业未来整体走向有一定的帮助。

项目管理将更多地以系统思维为指导，综合考虑自然、社会、人文、价值观等一系列问题，把人（团队）、科学技术、资源、科研生产、流程、时间及经济活动有效地组织起来，构成一个系统，应用数学方法和计算机等工具，对系统的构成要素、组织结构、信息交换和反馈控制等进行分析、设计、制造和服务，以便充分地发挥人力、物力和财力的作用，高效地实现项目目标和组织战略目标。

从整个经济社会发展的角度看，"双碳"、可持续发展、新基建、环保等领域的要求将会对项目管理特别是工程项目管理产生巨大影响，对工程项目的社会责任、社会目标、安全、健康、环境等方面的要求迅速提高，这将在很大程度上冲击现有的工程项目管理模式，推动工程项目管理的理论与实践的创新。

一般管理理论、运筹与管理、决策论、管理心理与行为理论、管理系统工程、评估技术、预测技术、数量经济分析方法、工业工程与工程管理、信息技术管理、复杂性研究等传统的管理工程与科学的研究内容将进一步与社会学、心理学、哲学等其他学科，以及人工智能、生物工程、信息技术等新兴学科相互融合，以充分发挥项目运行过程中人力资源的作用，使项目管理在理论和应用两个方面达到一个新的高度，最后成为项目管理研究的重要发展方向之一。

国外有学者认为项目管理将出现以下七种趋势[①]：

（1）项目工作常态化。随着项目数量和重要性的显著增加，项目将成为"新常态"。

（2）敏捷性。项目管理方法应具备适应性，依项目情况灵活选择。

（3）人工智能将支持而不是替代项目经理。

（4）以人为本，关注人的动机和心理因素。

（5）共创是实现创新解决方案的必要条件。

---

① 莱因哈特·瓦格纳，尉艳娟. 时代趋势项目力量［J］. 项目管理评论，2020，28（1）：10-12+9.

（6）项目管理的全球化和虚拟化。

（7）自我组织和自主工作。命令控制式领导风格已经不起作用了。

项目管理必须不断发展，才能跟上时代的步伐。只要我们能够让项目管理适应不断变化的时代需求，为人类、组织、社会创造价值，项目工作就会继续受到欢迎，并将变得越来越重要。

进入21世纪，我国已经成为项目管理研究和实践的主战场。现代项目管理理论在发展到成熟的过程中，以钱学森为代表的系统工程管理和以华罗庚为代表的统筹优化等，开创了具有中国特色的项目管理理论基础。如今，我国的项目管理应用已经走在了世界的前列，研究者和实践者有责任成为国际上推动项目管理发展的主要力量，为世界贡献中国项目管理的思想、理论和实践案例，引领国际项目管理的创新和发展。

如果对项目管理相关领域有兴趣，可以通过专业期刊了解专业发展动态。

 「扫码」了解《项目管理技术》和《项目管理评论》前沿研究

 「扫码」视频：项目集与项目组合

本章小结

1. 我国古代历史上有很多成功的工程建设案例，包括道路交通、宫廷建筑、水利工程、航海与造船等领域的成功实践，饱含着中国古代人民的项目管理思想和智慧。

2. 不是所有的任务都叫项目，但凡是为创造独特产品、成果而进行的临时性努力都是项目，项目都有独特性、临时性、制约性和渐进明细性等特征；为满足项目的要求，项目管理需要将相关的知识、技能、工具与技术应用于项目活动，以达到或超越相关方的需求和期待。项目管理与日常运营有着明显差异，但从全生命周期视角看，两者的联系非常紧密。当然，知道什么时候企业需要从运营管理方式切换为项目管理方式或者反向切换，同样是非常重要的。

3. 项目集、项目组合与项目之间既有联系又有区别，联系是指前两者都是建立在单个项目的基础之上，区别是它们无法依靠分别管理单个项目来实现管理目标，项目集管理可以获得分别管理所无法获得的利益，如资源共享、成本节约或规模效应。项目组合管理可以通过"正确"的选择和管理一个项目或多个项目组合以达到战略目标。

4. 项目生命周期不同阶段，因交付的成果不同，工作重心也不同，项目风险、成本投入、变更代价也会呈现不同的阶段性特征。传统项目采用预测型方法，而随着环境和需求的不确定性增加，越来越多的项目采用适应型方法或敏捷型方法，以保持灵活性，而其他项目可能介于两者之间，倾向于混合型方法。方法不同，项目的生命周期划分也因此不同。

5. 可以预见，未来项目管理将越来越注重敏捷化和人本化，而且项目管理应用也会更加广泛，成为日常工作的必备，甚至每个人都有必要学习项目管理。

习　题

一、判断题

1. 项目在开始时，它的风险性和不确定性最高。　　　　　　　　　　　　　（　　）

2. 项目具有临时性和独特性，因此一个项目通常不会重复开展。　　　　　（　　）

3. 项目管理是组织战略能力的一部分，它可以帮助组织实现业务目标和发展。

（　　）

4. 项目集管理是指对相互关联的项目和子项目进行协调管理，以获得分别管理所无法获得的利益，而且项目集通常都是大型项目。　　　　　　　　　　　　　（　　）

5. 项目组合中的项目集或项目彼此依赖或紧密关联。　　　　　　　　　　（　　）

6. 预测型、适应型或混合型，三者之间主要在迭代性和增量性上存在差异，预测型迭代性和增量性比其他两类都要高。　　　　　　　　　　　　　　　　　　（　　）

二、单项选择题

1. 以下属于项目的一个实例是（　　　　）。

A. 管理一个公司　　B. 提供技术服务　　C. 建设一栋楼房　　D. 提供金融服务

2. 以下各项都是项目的特点，除了（　　　　）。

A. 临时性　　　　　B. 渐进明细　　　　C. 重复性　　　　　D. 独特性

3. 随着项目生命周期的进展，资源的投入（　　　　）。

A. 逐渐变大　　　　B. 逐渐变小

C. 先变大再变小　　D. 先变小再变大

4. Tom 负责一个教学短视频录制项目。这个录制项目完成后，视频能够给之后所有的学员使用。在这种情况下，对于项目的临时性这一特点，正确的是（　　　　）。

A. 录制项目符合项目临时性，因为录制会结束

B. 录制项目所创造的视频也符合项目临时性的特点

C. 录制项目不符合临时性，因为录制的视频可以给之后所有学员使用

D. 录制项目符合临时性，因为录制周期很短

5. 公司正在开展一个运动会 Logo 设计项目，项目团队认为自己的项目是独一无二的，颇具独特性。团队成员 A 和成员 B 就项目独特性展开了讨论，有关项目独特性的说法，正确的是（　　　　）。

A. 项目的团队成员和别的项目团队成员都不相同

B. 可交付成果仅指独特的产品

C. 项目不会使用与其他项目相同或相似的工具

D. 即使某些项目可交付成果和活动中存在重复的元素，但是不会改变项目工作本质上的独特性

6. A 公司有三个项目准备启动，它们都是为了实现同一个战略目标而开展的，公司正在对这三个项目进行优先级排序。这些活动属于（　　　）。

　　A. 运营管理　　　B. 项目组合管理　　C. 项目启动　　　D. 项目集管理

7. 某公司有三个项目正在进行中，上个月，项目 A 的团队成员认为项目 B 的团队成员进展太慢，而影响到了项目 A 的进度，于是发生了冲突，项目 B 的团队成员与项目 C 的团队成员也会发生类似的冲突，项目经理曾组织多次会议，但无任何成效。适合来解决这类问题的角色是（　　　）。

　　A. 项目组合经理　　B. 项目集经理　　　C. 项目管理办公室　D. 项目发起人

8. 在项目执行过程中，关键相关方提出了许多新需求，并表示希望能够尽快获得成果，项目经理在启动前就预料到可能会出现这种情况，对此表现的丝毫不慌张，并表示对关键相关方的要求会尽量满足。项目经理对该项目最有可能采用的项目周期类型是（　　　）。

　　A. 预测型　　　　B. 敏捷型　　　　　C. 迭代型　　　　D. 增量型

9. 公司准备改变战略，任命你为新项目的项目经理，高层管理者认为适应型开发更能适应市场环境的变化，但团队之前一直做的是瀑布型项目，并未接触过适应型项目。面对这种情况，项目经理应该选择的生命周期是（　　　）。

　　A. 适应型　　　　B. 增量型　　　　　C. 混合型　　　　D. 瀑布型

10. 作为项目经理，你正在带领团队完成一个智能汽车的开发项目，由于项目执行过程产品的功能随时有调整，你预计要从客户那里不断获得反馈，以便及时调整项目开发方向，因此整个产品会以增量的形式迭代完成。其中的智能导航部分需要外包给供应商完成，该供应商拒绝采用渐进的方式进行合作，项目经理管理本项目应该采用的方式为（　　　）。

　　A. 以敏捷管理为核心，附带部分预测组件

　　B. 以预测方法为主，附带部分敏捷组件

　　C. 使用预测方法进行规划，使用敏捷方法执行

　　D. 在规划阶段和执行阶段均采用敏捷管理

11. 项目团队正在完成一款智能手机的研究工作，软件部分由于客户的需求并不能一开始确定下来，因此采用 Scrum 方法在开发的过程中逐渐清晰明确，而手机的硬件部分则采用传统的预测型方式进行管理，此项目在开发实现的过程中，花费时间相对较少的方面是（　　　）。

　　A. 项目章程　　　　B. 问题日志　　　　C. 变更管理计划　　D. 确认范围的过程

12. 敏捷项目管理方法近年的普及度越来越高。企业管理层宣布，你所在的项目从 7 月 1 日开始，改成用敏捷项目管理方式。然而实际进行时并没有朝着预想的方向发展，8 月 31 日公司宣布换回原来的瀑布管理模型。重回瀑布模型的可能原因是（　　　）。

　　A. 敏捷方法会让大家的信息过于透明，没有私密空间

　　B. 因为限制半成品，使得项目进度延期

　　C. 项目的可交付成果是确定型工作，不需要反复地评审和迭代

　　D. 客户的参与，大大地影响了团队成员的专注性

13. 总公司高级董事会成员开会确定了公司的最新转型战略，公司的十大子公司均根据各自的业务范围开展了对应转型项目。然而项目团队成员并不具备该类项目的实践经验，而且他们对于项目目标有不同的见解。若要很好地统筹管理该类项目，公司应该安排（　　）来管理。

A. 项目集经理　　　　　　　　　　B. 变更控制委员会

C. 项目组合经理　　　　　　　　　D. 项目管理办公室责任人

三、多项选择题

1. 下列属于项目实例的是（　　）。

A. 举办一场婚礼　　　　　　　　　B. 开发一种新的计算机软件系统

C. 提供金融服务　　　　　　　　　D. 管理一个公司

2. 项目组合管理的主要目标包括（　　）。

A. 确保项目组合与组织目标保持一致

B. 优化资源分配

C. 确保项目组合中的项目彼此依赖

D. 协调管理项目、项目集和子项目组合以及运营工作

3. 项目集管理的特点包括（　　）。

A. 管理相互关联且被协调的项目、子项目集和项目集活动

B. 应用知识、技能和原则以实现项目集目标

C. 获得分别管理相关项目集组件所无法实现的效益和控制

D. 项目集的规模一定很大

四、简答题

1. 试阐述项目和项目管理的定义。

2. 描述项目的主要特征。

3. 项目管理和日常管理有哪些区别？

五、思考题

1. 项目管理在所有的公司里都是有效的吗？如果不是，指出并未产生效用的公司，并阐述你的观点。

2. 在一个组织中，关于项目经理和职能经理谁对企业的贡献大这个争论，你持什么观点？

3. 试分析项目不同开发方法：预测型、适应型（迭代或增量）及混合型背后的逻辑或原因。

4. 你认为以下各项在项目管理环境中的重要性与在传统管理环境中的重要性相比，会有什么不同吗？

a. 时间管理　　　　　　b. 沟通　　　　　　c. 激励

延伸思考/素养话题

大学生成长与"项目组合"

如果把每一名大学生看成"项目组合经理",为了能够达成未来的职业目标(例如,成为一名优秀的企业管理者、科研工作者或政务工作者等),结合项目组合这一概念,想一想:在大学期间,应该选择让哪些项目进入你的"项目组合",它们分别能够为你的目标做出什么样的贡献?

应用案例

中国古代项目管理思想

建筑是人类基本实践活动之一。中国建筑几千年的不断发展,累积了丰富的经验,逐步形成为一个独特的工程建筑体系,创造出很多优秀的作品,不但在技术上和艺术上,而且在工程建设的管理上均达到相当高的水平。

1. 系统思想

古代早已存在系统意识。我国古代工程建设中已经懂得并成功实践了系统的思想,公元前三世纪战国时代蜀郡守李冰父子主持设计修建的四川都江堰水利工程和古代建筑奇迹之一的万里长城就是两个突出的范例。

都江堰水利枢纽工程由分水导流工程、溢流排沙工程和引水口工程组成。分水导流工程为利用江心洲建成的分水鱼嘴、百丈堤和金刚堤把岷江分为内外两江。内江一侧建有由平水槽、飞沙堰以及具有护岸溢流功能的人字堤等组成的溢流排沙工程。内江水流由上述导流和溢洪排沙工程控制并经宝瓶口流向川西平原,汛期内江水挟沙从飞沙堰顶溢入外江,保证灌区不成灾。宝瓶口是控制内江流量的引水通道,由飞沙堰作为内江分洪减沙入外江的设施,外江又设有江安堰、石牛堰和黑石堰三大引水口。整个工程的规划、设计和施工都十分合理;通过鱼嘴分水、宝瓶口引水、飞沙堰溢洪,形成一个完整的功效宏大的"引水以灌田,分洪以减灾"的分洪灌溉系统。施工中,先开凿玉垒山,解决水患,然后筑分水堰,把岷江水流分为内江和外江两股水道,根治了水害,再建飞沙堰,解决了溢洪排沙问题,最后,为了长久地发挥都江堰的作用,又创立了科学简便的岁修方法,两千多年来持续不断。都江堰工程生动地体现了严谨的整体观念和开放、发展的系统思路,从现在的观点看,仍不愧为世界上一项杰出的系统工程建设。

我国古代重大工程的施工管理已经具有把工程当作一个整体系统对待的观念,一方面注重系统整体中各个部分的相互联系和制约,另一方面又不忽略从环境的角度来观察、分析以至规划、协调和控制系统的变化。这种认识和处理事物的思路与方法,正是今天项目管理的基本特点。

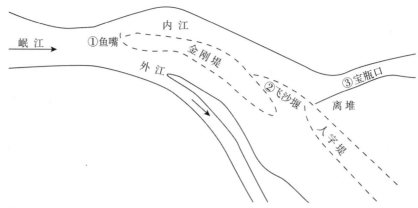

2. 优化思想

我国古代虽还不懂得"最优化学"这个概念，却在工程实践中时时、处处体现出优化的思想。

例如驰名中外的赵州桥，净跨达 37 米多的主拱圈拱顶同桥面的填土只有极薄的一层，经用现代力学原理对其进行计算和验核，发现由于 4 个小拱和采用拱顶薄面造成拱圈拱轴线与恒载压力线贴近的效果，这正是使赵州桥千年不圮的主要原因。据考证和分析，这样高明而精心的设计运用了当时数学家刘焯的"内插二项式"。难怪唐代张嘉贞《安济桥铭》中赞它"非夫深智远虑，莫能创是""目所睹者，互所难者，比于是者，莫之与大"。这项工程的主持者李春还创造性地采用纵向并列砌置的办法施工全桥的 28 道拱圈，每一道拱圈都能独立存在，施工时可以一道道地砌，使桥逐渐加宽，还可以节省拱形木架，同一拱架可以重复多次使用，拱圈如有损坏，可以局部补修，不致影响整个桥身的安全。

上述事例说明我国古代科学与建筑工艺的紧密结合，它们绝非仅凭匠师的经验组织施工。优化的方法与手段几乎已达得心应手的程度。

3. 统筹思想

现代意义的统筹思想是根据项目的要求，通过数学分析和运算作出综合性合理安排，以达到较经济、较有效地使用人力、物力。这也正是项目管理所要解决的主要问题之一。而我国早在几百年前就已出色地运用统筹思想与方法解决工程实践中的难题。

公元十三世纪的元代科学家郭守敬修浚京城附近的通惠河时，有两万以上的军、匠、水手与设官囚徒参加施工。为了加快工程进度，郭守敬反复勘察地势和水源，精心设计河道走向和施工程序；他先在京城大都西北修建一条长达 30 公里的白浮堰，把昌平以南神山白浮泉水西引，再利用天然地势使其折而南流，与西山山麓大体平行，并沿途截汇西山诸泉水，注入瓮山泊（即今颐和园昆明湖），再入大都城，这样既充分利用了地形环境，减轻了劳动强度，又解决了自古以来始终未能解决的水源问题，整个工程仅 1 年多时间便告完成。据历史记载，当时积水潭上"舳舻蔽水"，可见这条运河效用之大。

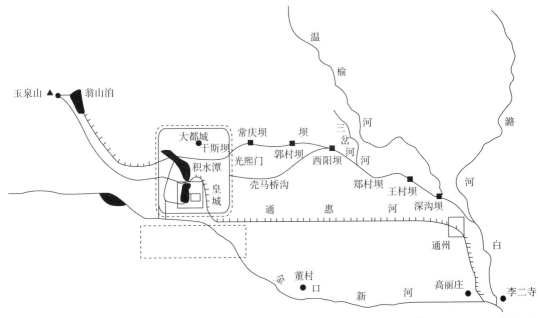

从上述几个方面，可以大致窥见我国古代项目管理的认识水平和实践经验。如我国古代重大工程都要求于短时间内完成，因而多采取大规模的施工组织，往往征集各地匠师、民夫和军工等，人数自数万到二三十万，这种工程宏大的工作范围和庞大的施工组织需要相当高的项目管理水平。又如我国古代"都料匠"或"匠师"制度，颇有"项目经理责任制"的意味，主持都江堰工程的李冰父子，规划并主持兴建大兴城的宇文恺，明、清两代分别主持修造紫禁城宫殿群的蒯祥、雷发达，主持京张铁路设计和施工的詹天佑等，都堪称相当出色的项目经理。

总之，我国古代工程建设中所体现出来的早期项目管理思想，是我国几千年建筑实践活动中所形成的优良传统的重要组成部分，对我们今天的项目管理有着积极的借鉴和参考作用。（本案例改编自：何成旗，赵君华. 我国古代工程建设中的项目管理思想 [J]. 煤炭工程，2011（S2）：5.）

思考题：

1. 中国古代成功的项目案例还有很多，请列举 3 个。

2. 根据以上材料，并结合相关历史材料，还可以总结出哪些（项目）管理思想？

第 2 章　项目论证、选择及项目成功

 学习目标

知识目标	能力目标	素养目标
1. 了解项目商业论证、效益管理计划、项目章程等概念 2. 了解项目选择的重要性，并掌握项目选择的方法 3. 理解项目假设的含义、重要性及处理方式 4. 理解项目成功标准的多样性及平衡要求 5. 了解不同程度的项目失败及原因	能根据组织的战略目标和项目可行性研究，综合利用多种项目选择方法，做出最优的项目选择	辩证地理解项目成功中所包含的商业价值与社会价值的关系，树立正确的价值观和良好的社会责任意识

关键概念

商业论证、效益管理计划、项目章程、项目假设、项目成功、计划失败

📝 知识图谱

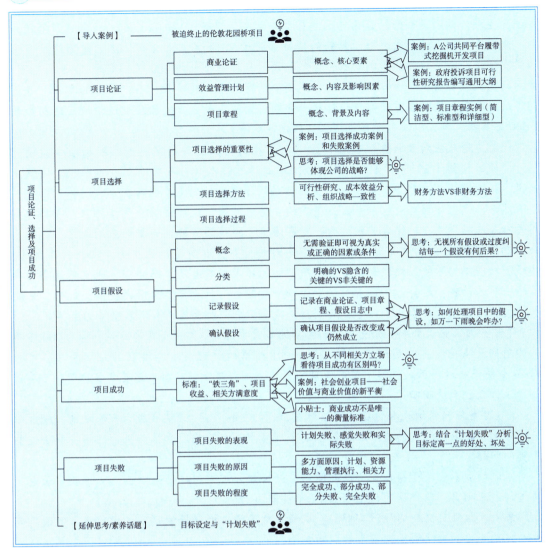

🔷 导入案例

被迫终止的伦敦花园桥项目

2017 年 8 月中旬，伦敦备受争议的花园桥（"Garden Bridge"）项目事件终获定论，在失去公众和伦敦市长 Sadiq Khan 的支持后，花园桥信托机构公布正式的"项目终止令"。

"很遗憾，委托人已经作出决定，没有市长的支持该项目很难执行。"花园桥信托机构主席 Mervyn Davies 在当天发表的陈述中说。"我们非常遗憾没能将花园桥的梦想实现，市长亦没能如最初那般，继续给予我们支持。""花园桥本是一个独特的地方，一个在伦敦中心的美丽的新型绿色空间，对公众开放并免费使用，展示英国最优秀的人才和创新。"Davies 表示"今天对伦敦来说是个悲伤的日子，因为它向全世界公布了一个信息：我们再也不能进行如此令人激动的项目了。"

该计划是一项旨在在泰晤士河上建造一座桥梁，连接伦敦南岸和北岸的公共花园的计划。这座桥梁早期预算为 6 000 万英镑，由慈善机构花园桥信托机构（Garden Bridge Trust）主导。这项计划最初是由英国演员乔安娜·兰姆丽（Joanna Lumley）和建筑师托马斯·赫斯韦克提出的。这个雄心勃勃的项目最早于 2013 年首次公布，他们想为伦敦市民和游客提供一个新的公共休闲场所。计划的设计包括一个长约 200 米、宽约 30 米的花园，桥梁两侧还设有商店和咖啡馆等设施。这项计划得到了伦敦市长 Sadiq Khan 的支持，并得到了政府和私人捐赠者花园桥信托机构的资助。伦敦市长办公室已经通过伦敦交通局拨款 3 000 万英镑，英国财政部也保证提供 3 000 万英镑。

此前，伦敦威斯敏斯特区政府和另一个涉及的伦敦兰贝斯区政府已经批准了建设计划。建桥工程预计 2015 年动工。据估计，建成后过桥人数每年将有 700 万人次。伦敦市长说，花园桥将"在市中心创造一个美丽怡神的绿洲，鼓励更多的人在市内漫步"。

然而，这项计划也引起了争议。早期的支持者认为，这座桥将产生旅游业，并作为有用的行人基础设施，批评者们则认为，对在城市已经被许多桥梁连接起来的地区，这是一个"面子工程"。地方政府说，修建这座花园式大桥可以创造就业机会，便利两岸交通，为残障人士提供方便。批评者认为，这项计划的建设成本过高，而且建造地点可能会影响泰晤士河的景观，还会影响观看圣保罗大教堂和其他伦敦地标性名胜的视线。此外，一些人还质疑这个项目是否真正符合公共利益，或者只是一种为富人和游客服务的奢侈品。

4 月份由工党议员 Margaret Hodge 主持的报告中陈述，"一项开始时预算为 6 000 万英镑的项目最终花费可能超过 2 亿英镑"，由于猛增的建设成本和潜在的维护费用，市长 Khan 今年早些时候正式收回了对该项目的支持。报告显示该项目已经花费了 3 700 万英镑公费，钱款已无法收回。

"我有责任确保纳税人的钱负责任地支出，"Khan 表示，"从我成为市长之前，我就清楚地知道，伦敦纳税人的钱不应该花在这个项目上。我给花园桥信托机构时间去解决这些严重的问题。"

暴涨的成本和关于项目合法性的问题导致公众和官方支持进一步丧失，伦敦市长也不再支持这个项目，最终这项计划在 2017 年被取消。

思考：该项目失败的原因有哪些？从项目假设的角度分析该项目成功的基本假设有哪些？哪些假设的变化影响到项目的成功？

2.1　项目论证

项目发起人通常负责项目商业论证文件的制定和维护。项目经理负责提供建议和见解，使项目商业论证、项目管理计划、项目章程和项目效益管理计划中的成功标准相一致，并与组织的目的和目标保持一致。

项目经理应适当地为项目裁剪上述项目管理文件。某些组织会维护项目集层面的商业论证和效益管理计划。项目经理应与相应的项目集经理合作，确保项目管理文件与项目集文件保持一致。表 2-1 说明了这些关键项目管理商业文件与需求评估之间的相互关系，并展示了项目生命周期内各种文件大概的生命周期。

表 2-1 需求评估、商业文件及相关文件

项目前期准备	项目启动	项目规划	项目实施	项目收尾
需求评估 ↓ 商业论证 → 项目章程 → 项目管理计划 ↓ 效益管理计划				

2.1.1 商业论证

1）基本概念

商业论证指文档化的经济可行性研究报告，也可能会以商业计划书或可行性研究报告的形式出现，用来对尚缺乏充分定义的所选方案的收益进行有效性论证。商业论证列出了项目启动的目标和理由，是启动后续项目管理活动的依据，它有助于在项目结束时根据项目目标衡量项目是否成功。

商业论证可在整个项目生命周期中使用并维护。在项目启动之前通过商业论证，可能会做出继续/终止项目的决策。

需求评估通常在商业论证之前进行，包括了解业务目的和目标、问题及机会，并提出处理建议。需求评估结果可能会在商业论证文件中进行总结。

2）核心要素

商业论证的核心要素是问题与机会、形势分析、建议及评估或预算，如图 2-1 所示。

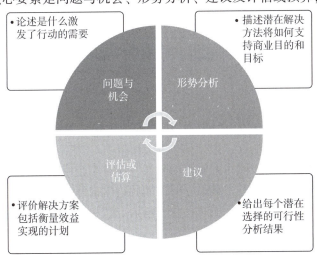

图 2-1 商业论证的四大要素

①问题与机会。包括：

• 确定促进采取行动的动机。

• 情况说明，记录了待处理的业务问题或机会，包括能够为组织创造的价值。

• 确定受影响的相关方。

• 确定范围。

②形势分析。包括：

● 确定组织战略、目的和目标。

● 确定问题的根本原因或机会的触发因素。

● 分析项目所需能力与组织现有能力之间的差距。

● 识别已知风险、识别成功的关键因素。

● 确定可能用于评估各种行动的决策准则。

用于形势分析的准则可分为：A. 必需，即必须践行的准则，可处理问题或机会。B. 预期，即希望践行的准则，可处理问题或机会。C. 可选。即非必要的准则。这一准则的践行情况可能成为区分备选行动方案的因素。

● 确定一套方案，用以处理业务问题或机会。可选方案指组织可能采取的备选行动方案。可选方案也可称为商业场景。例如，商业论证可提供以下三种可选方案：

–不采取任何行动。亦称为"一切照旧"方案。选择这种方案会使项目未被授权。

–尽最小的努力处理问题或机会。最小的努力可能指确定一系列对处理问题或机会而言极为关键的既定准则。

–以超过最低限度的努力处理问题或机会。这一方案可满足最低限度的准则以及一些或所有其他在案准则。商业论证可能会提供上述多个方案。

③建议。使用一种给出了针对项目的建议方案的说明书，说明书的内容可能包括：潜在方案的分析结果、潜在方案的制约因素、假设、风险和依赖关系、成功标准之类的内容。同时也推荐给出实施方法，可能包括内容：例如里程碑、依赖关系、角色与职责等。

④评估/估算。描述衡量项目交付效益的计划，应包含在初步实施之后，任何持续运营层面的可选方案。

 「扫码」了解 A 公司共同平台履带式挖掘机开发项目案例

3）编写要点

项目商业论证可能会包含以下行文内容：

● 执行摘要：总结关键论点，含收益和投资回报。

● 立项原因：描述项目立项的主要驱动因素，项目与企业战略的契合点。

● 商业选项：列出所有备选方案并分析，最后给出推荐选项。

● 预期收益：给出推荐选项的预期收益，包括定性和定量；相应的负面后果，给出定量分析。

● 时间及成本：项目执行所需时间及成本；预期收益实现所需时间、运营及维护成本。

● 投资回报评估：使用各种评估技术。

● 主要风险：分析项目主要风险、影响及概率，以及应对的方法。

商业文件不是项目文件，项目经理就不可以对它们进行更新或修改，只可以提出相关建议。当然，也有观点认为，项目商业论证部分应该尽早让项目经理参与制定，以便项目经理理解并监督商业论证的实现过程，更好地安排项目计划，提高项目成功概率。

为提升项目决策的科学性，我国的政府投资类项目对可行性研究报告有更多规范性要求。

「扫码」了解政府投资项目可行性研究报告编写通用大纲

2.1.2　效益管理计划

1）概念

效益管理计划描述了项目实现效益的方式和时间，以及应制定的效益衡量机制。项目效益指为发起组织和项目预期受益方创造价值的行动、行为、产品、服务或成果的结果。项目生命周期早期应确定目标效益，并据此制订效益管理计划。

2）主要内容

项目效益管理计划描述了效益的关键要素，可能包括记录以下内容：

● 目标效益。例如预计通过项目实施可以创造的有形价值和无形价值；财务价值体现为净现值。

● 战略一致性。例如项目效益与组织业务战略的一致程度。

● 实现效益的时限。例如阶段效益、短期效益、长期效益和持续效益。

● 效益责任人。例如在计划确定的整个时限内负责监督、记录和报告已实现效益的负责人。

● 测量指标。例如用于显示已实现效益的直接测量值和间接测量值。

● 假设。例如预计存在或显而易见的因素。

● 风险。例如实现效益的风险。

制订效益管理计划需要使用商业论证和需求评估中的数据和信息，例如，成本效益分析数据。在成本效益分析中已经把成本估算与项目拟实现的效益进行了比较。效益管理计划和项目管理计划描述了项目创造的商业价值如何能够成为组织持续运营的一部分，包括使用的测量指标。测量指标可核实商业价值并确认项目成功与否。

项目效益管理计划的制订和维护是一项迭代活动。它是商业论证、项目章程和项目管理计划的补充性文件。项目经理与发起人共同确保项目章程、项目管理计划和效益管理计划在整个项目生命周期内始终保持一致。

3）影响因素

在项目整个生命周期内，环境的变化会导致需求的变化、优先级的变化及可交付成果的重新定义。如果发现项目的可交付成果是有害的，那么就需要改变商业论证和效益管理计划，推迟项目甚至直接取消项目。影响效益管理计划变化的因素包括：

● 企业所有者或高级管理层的变化：项目生命周期内，领导层会发生改变。原来维护项目的高层将项目交付给了其他人。当看到其他项目的高收益时，新的高层既不愿意等待项目效益的实现，也不愿意为项目做出承诺。

● 假设的变化：在项目运行期间，假设是最可能发生变化的，尤其是那些与企业环境因素有关的假设。因此，需要制定跟踪指标，确保原有的假设或已变更的假设仍然与预期收益一致。

●约束条件的变化：市场环境或风险的变化会导致约束条件发生变化。公司会批准某些范围变更以期获得额外的机会，或因为现金流的短缺减少资金的投入。需要制定相关的指标跟踪约束条件的变化。

●资源可获性的变化：如果想要取得技术突破或寻求低风险且更好的技术方法，能否获取关键的技术资源至关重要。

2.1.3 项目章程

章程是组织、社团经特定的程序制定的规程和办事条例，是一种根本性的规章制度。项目章程是由项目发起人发布的，经项目相关方审批后正式批准项目成立，并授权项目经理动用组织资源开展项目活动的文件。项目章程是一个正式的文件，用于定义和规划项目的目标、范围、资源和约束。它是项目启动阶段的关键文件，为项目团队提供了一个共同的理解和指导，确保项目按照既定的目标和计划进行。

项目章程在项目执行组织与需求组织之间建立起伙伴关系。在执行外部项目时，通常需要用正式的合同来达成合作协议。在这种情况下，可能仍要用项目章程来建立组织内部的合作关系，以确保正确交付合同内容。项目章程一旦被批准，就标志着项目的正式启动。在项目中，应尽早确认并任命项目经理，最好在制定项目章程时就任命，且应在规划开始之前任命。项目章程可由发起人编制，或者由项目经理与发起机构合作编制。通过这种合作，项目经理可以更好地了解项目目的、目标和预期效益，以便更有效地向项目活动分配资源。项目章程授权项目经理规划、执行和控制项目。

项目章程记录了关于项目和项目预期交付的产品、服务或成果的高层级信息，例如：
- 项目背景信息和目的。
- 项目目标和相关的成功标准。
- 高层级需求。
- 高层级项目描述、边界定义以及主要可交付成果。
- 整体项目风险：列出项目可能面临的风险和应对措施。
- 总体里程碑进度计划。
- 预先批准的财务资源。
- 关键相关方名单。
- 项目评估和审批要求：描述项目评估和审批的流程和标准，例如，用什么标准评价项目成功，由谁对项目成功下结论，由谁来签署项目结束。
- 项目退出标准：例如在何种条件下才能关闭或取消项目或阶段。
- 委派的项目经理及其职责和职权。
- 发起人或其他批准项目章程的人员的姓名和职权。

项目章程确保相关方在总体上就主要可交付成果、里程碑以及每个项目参与者的角色和职责达成共识。

「扫码」了解项目章程实例——简洁型、标准型、详细型

2.2　项目选择

项目选择是指在众多备选的项目中，根据特定的标准和目标，选择一个或几个最有潜力、最有价值的项目来进行实施的过程。项目选择的目的是实现组织战略目标并带来项目商业价值。在进行项目选择时，需要考虑项目的可行性、市场需求、技术可行性、投资回报率等多方面因素，以选择出最符合公司战略和利益的项目。

2.2.1　项目选择的重要性

项目管理的影响力与日俱增，逐渐成为组织的核心竞争力之一，项目选择是项目管理的重要内容，成功的项目管理离不开正确的项目选择。

组织或个人需要对各种项目机会做出比较与选择，将有限的资源以最低的代价投入到收益最高的项目中，以确保个人或组织的发展，这就是项目选择，正确选择项目往往比正确的规划、实施项目更具有战略意义，因为项目的成功并不一定对企业的成功有帮助。项目选择关系到组织的生死存亡，很多企业的兴盛源于正确的项目选择，亦有不少企业的破产或陷入困境是由于项目选择错误所导致的，世界上成功的项目选择不乏其例，如海尔与西湖电子强强联手等。同时，项目选择的重大失误也并不罕见，如曾经名噪一时的协和式飞机项目等。

 「扫码」了解项目选择的成功和失败案例

项目选择的重要性在于它直接影响项目的成功与否。如果选择了一个不适合的项目例如与团队能力、项目资源条件、组织内外环境不匹配，可能会导致项目无法完成、超时、超预算、质量不佳等问题，最终可能导致项目失败。相反，如果选择了一个适合的项目，可以提高项目成功的可能性，减少风险，并且可以实现更好的成果。因此，对于项目经理和项目团队来说，选择合适的项目非常重要，需要充分考虑项目的目标、资源、风险等因素，以确保项目的可行性和成功性。

 思考

有这样一个说法：项目选择是企业战略的体现，你认同这一观点吗？

2.2.2　项目选择方法

大多数组织都有一个选择标准，可能是客观的、主观的、定量的或只是猜测。不管是哪种情况，选择项目都要有合理的理由。

从财务观点看，项目选择基本由两部分构成。第一部分是组织将会进行一次可行性研究以确定项目是否可以做，需要从市场、技术、生产、成本、安全等方面展开分析，可行性研究的目的是使项目满足成本、技术、安全、市场的实施要求。第二部分是做成本收益分析来看公司是否应该做。后者常使用财务方法，例如净现值法、投资效果系数法、内部收益率法、投资回收期法等，前者使用非财务方法，例如头脑风暴法、德尔菲法、（加权）评分模型、决策树法。

公司有可能用外部咨询公司或学科专家来帮助它们做可行性研究和成本收益分析。只有当可行性研究完成后才能任命项目经理。

作为项目选择中可行性研究的一部分，高级管理层经常用评分模型向中下层管理者征求所需信息。评分模型一般用于确定商业标准和技术准则。表 2-2 所示为单个项目的评分模型。表 2-3 所示为使用加权法计算项目得分的评分模型。

表 2-2　单个项目的评分模型示例

项目	准则	评分				
		-2	-1	0	1	2
高级管理者	资本要求				Y	
	竞争反应			Y		
	投资收益				Y	
	支付时间			Y		
	上市影响				Y	
工程	要求设备			Y		
	现有职员				Y	
	技术机密		Y			
	设计困难		Y			
	现有装置					Y
	管道铺设	Y				
研发	专利情况				Y	
	成功可能性			Y		
	技术机密				Y	
	项目成本			Y		
	现有职员					Y
	现有实验室					Y

续表

项目	准则	评分				
		-2	-1	0	1	2
市场	产品寿命				Y	
	产品优势				Y	
	适当推销			Y		
	市场规模					Y
	竞争者数量			Y		
生产	加工能力					Y
	技术机密					Y
	现有装备					Y
总分		1	2	7	8	7

表 2-3　加权的评分模型示例

评价指标	指标权重	项目得分（范围：0~10 分）		
		甲	乙	丙
利润	0.4	6	8	5
潜力	0.3	4	7	8
市场	0.2	8	6	5
生产	0.1	4	7	4
总分		5.6	7.2	4.4

一旦确定了项目的可行性，需要进行成本收益分析，这需要比在可行性研究中使用更多的信息。从时间上估计收益和成本是很困难的。收益通常被定义为：

- 有形收益，可以用货币合理地量化和衡量。
- 无形收益，可能用货币以外的单位量化，还可以主观地确定和描述。

成本更难量化，要确定最小的成本，尤其是同收益比较的成本，包括：

- 目前的运营成本或在当前环境中的运营成本。
- 未来期间预期或计划的成本。
- 难以量化的无形成本。如果量化对决策过程贡献很小的话，这些成本通常忽略不计。

在计算收益和成本时用的所有已知假设和约束都必须仔细记录。不现实和不被承认的假设是收益未实现的原因。项目继续或不继续的决策可能很大程度上依赖假设的有效性。

最后，如果项目被认为可行且成本收益分析也有效，仍然需要考虑项目与组织的战略是否吻合，与战略不一致的项目即便是能为公司带来潜在商业利益，但是因这类项目已经偏离组织发展方向，不仅会分散领导层的注意力，而且可能会冲击公司原有的价值观并稀释公司核心竞争力。因此，对待这类项目应当非常小心，除非组织决定转型。

2.2.3　项目选择过程

开展项目选择是项目管理中的重要环节之一，其目的是从众多项目中筛选出符合组织战略和目标的项目。以下是开展项目选择的几个步骤：

①明确组织战略和目标。项目选择需要明确组织的战略和目标，以便选择符合组织需要的项目。

②制定项目选择标准。制定项目选择标准是非常重要的，需要制定能够评估项目的关键指标和标准化方法，以便比较和评估不同的项目。

③收集项目信息。可以通过市场调查和竞争情况分析等方式收集项目信息，以便对不同项目进行比较和评估。

④评估和筛选项目。通过对项目信息的收集和分析，可以对不同项目进行评估和筛选，以便选出最符合组织需要的项目。

因此，开展项目选择需要明确组织战略和目标，制订项目选择标准，收集项目信息，评估和筛选项目，制定项目计划等步骤。这些步骤可以帮助组织选择最符合其需要的项目，从而实现组织目标的实现。

2.3　项目假设

2.3.1　概念和分类

1）项目假设概念

项目假设是指在规划过程中不需要验证即可视为正确、真实或确定的因素。由于此时人们无法得到完备的项目信息，所以必须对信息不完备的项目条件和因素作出人为假定。这些假设是项目顺利推进的前提和基础。例如，项目通常会先假设：员工的能力是符合要求的、团队内部是团结和稳定的、选用的技术和工艺是可行的、采购材料质量是合格的、设备是能正常使用的、领导和相关方对项目是支持的、市场价格是稳定的、合作伙伴是守信用的、外部环境是不会出现明显变化的……

> 💡 **思考**
> 处理项目假设时如果出现这样两种情况：①无视所有项目假设；②过度纠结于每一个假设，试问会引发什么后果？

项目假设通常包括以下方面：

●风险和不确定性的假设：包括项目实施过程中可能遇到的风险和不确定性，以及对这些风险和不确定性的假设处理方案。

●项目资源和能力的假设：包括项目所需要的人力、物力、财力等资源的假设，以及对这些资源的可用性、可靠性和使用方式的假设。

●利益相关方的假设：包括项目利益相关方的需求、期望和利益，以及对这些利益相关方的假设处理方案。

●项目管理和执行的假设：包括项目管理和执行的方法、工具、流程等方面的假设，以及对这些方法、工具、流程的可行性和有效性的假设。

项目假设是项目管理的基础，它们为项目实施和控制提供了指导和支持，帮助项目达到预期的目标和成果。

假设由团队以及团队以外的人员执行，能影响项目的成果。项目经理通常围绕事业环境因素和组织过程资产制定假设。

●事业环境因素：组织的内外部环境因素可能会影响项目的成功，如利率、市场条件、客户需求的变化、客户的参与、技术的改变、政治气候的变化及政府政策的变化。

●组织过程资产：有关公司现在或未来组织资产的一些假设也会影响项目的成功，如企业项目管理的成熟度、项目管理信息系统、表格、模板、指南、清单，以及获取和使用经验教训数据、最优方法、资源获取、技术水平等的能力。

2）项目假设分类

根据是否公开划分为：明确的假设和隐含的假设。明确的假设是明确表述、没有歧义且定量的。隐含的假设是隐藏的、未被发现的。明确的假设经常涵盖隐含的假设。例如，有一个明确的假设是完成项目需要 5 个全职人员。隐含的假设则是派遣的员工不仅全职，还具备足够的技术知识。如果隐含的假设被证实是错误的，会导致极其严重的后果。

根据假设对项目影响力划分为：关键的假设和非关键的假设，也称为主要的假设和次要的假设。关键的假设是指会对（即使很小的变更）项目造成明显损害的假设。关键的假设需要密切跟踪，而非关键的假设在变成关键的假设之前，是不需要进行跟踪和采取行动的。项目经理要制订专门的计划，用于衡量、跟踪和报告关键的假设。其中，衡量是指假设应该是定量的。

虽然假设能预测未来的成果，但除非风险诱因出现，是不需要进行测试和衡量的。敏感性分析可用于决定是否出现风险诱因。在敏捷固定总价合同中，项目经理要与客户一起识别假设，达成与关键假设有关的协议，尤其是与商业价值、风险和成本有关的假设。此外，还要达成哪些关键假设的变化会触发范围变更的一致意见。要达成这些协议和意见，项目经理与客户在整个生命周期内要密切合作。

2.3.2　记录假设

项目启动前，假设包含在项目商业论证中，项目最终的成果就是基于假设制定的。项目启动后，可以把假设记录在项目章程中，包括编制商业论证时识别的高层级的战略和运营假设条件与制约因素也应纳入项目章程。

较低层级的活动和任务假设条件在项目期间随着诸如定义技术规范、估算、进度和风险等活动的开展而生成，这些假设条件以及制约因素将记录在假设日志中。

记录假设是为了跟踪假设的变化，而假设的变化可能会触发项目变更，因此，记录假设有利于跟踪变更。假设会随项目的工期而变化，项目工期越长，假设变化的可能性也会随之增加。这样的假设可能有：

●项目的贷款和融资成本不变。

●采购成本不会增加。

●技术上的重大突破会如期发生。

●当需要的时候，资源和必要的技术都是可获得的。

- 市场很可能接受这个产品。
- 竞争对手不会赶上我们。
- 风险很低且容易减轻。
- 项目所在地的政治环境不会变化。

记录这些假设可为后续进行定期或不定期确认提供一个结构化的文档。

2.3.3 确认假设

在整个项目过程中，项目经理必须重新证实和质疑假设。改变假设可能会导致项目终止或者改变项目的目标体系。项目管理计划是在项目章程所述的假设的基础上制订的。但是，团队成员制定的额外假设也是项目管理计划的输入项。公司使用项目章程的主要原因之一是在项目选择过程和批准过程完成之后，项目经理会经常使用项目章程。因此，项目经理需要了解哪些假设需要考虑。

现实中，为什么最终的项目成果往往不能满足高级管理层的期望？尽管项目工期的长短是一个重要因素，但假设的改变（或假设最终被证实不成立）才是真正的罪魁祸首。有时，我们会存在假设"盲点"，不能意识到有些早期的项目假设已不再适用。

项目启动时，需要证实所有的假设。随着项目的进展，也需要随时跟踪和证实这些假设。如果假设发生变化或者不再适用，那么项目可能需要重新定位甚至取消。遗憾的是，许多项目经理不会跟踪确认假设的有效性，虽然项目在预算范围内、按时且合乎质量地完成，但是项目并没有为客户或者公司带来额外的价值。

要确保假设的准确程度几乎是不可能的。但是，如果假设被证实是错误的，就需要提前制订应急管理计划。

错误假设会导致错误的结论、不好的结果及客户不满意。应对糟糕假设的最好方法就是在项目启动时对项目假设条件进行充分的分析和评估，并及时调整项目计划和策略，以应对潜在的问题和挑战。此外，持续的监控和评估项目假设条件的变化也是至关重要的。一种可行的方法就是使用假设确认清单，参见表2-4。

表2-4　假设确认清单示例

序号	确认假设的清单	是	否
1	假设是不受项目团队控制的		
2	假设是不受相关方控制的		
3	假设需要证实		
4	假设的变化是可以控制的		
5	假设条件没有重大错误		
6	假设真实的可能性很清晰		
7	假设的结果会对项目造成严重危险		
8	假设中不利的变化对项目可能是致命的		

💡 **思考**

学院的迎新晚会只能在露天场地进行，假设之一：晚会当天不下雨！作为晚会负责人的你，应当如何处理这一假设？并结合该例子谈谈记录和跟踪假设的意义。

2.4　项目成功

确定项目是否成功是项目管理中最常见的挑战之一。时间、成本、范围和质量等项目管理测量指标历来被视为确定项目是否成功的最重要的因素。最近，从业者和学者提出，确定项目是否成功还应考虑项目目标的实现情况。

有一种观点认为"项目成功"是个相对的概念，因人而异、因时而异，立场不同、时间点不同，对项目成功的定义也不同。"似乎每个重大项目的成功都有失败的痕迹。在项目管理中似乎没有纯粹的成功，至少在大型项目中没有，失败总是有的。"

关于项目成功的定义和最重要的因素，项目相关方可能有不同的看法。明确记录项目目标并选择可测量的目标是项目成功的关键。主要相关方和项目经理应思考以下三个问题：

①谁来定义项目成功？

②如何评估项目成功？

③哪些因素会影响项目成功？

 思考

　　试着从不同的相关方的立场来回答以上问题，看看会有何差别？

主要相关方和项目经理应就这些问题达成共识并予以记录。

项目成功可能涉及与组织战略和业务成果交付有关的其他标准。这些项目目标可能包括：

- 完成项目效益管理计划。
- 达到商业论证中记录的已商定的财务测量指标。这些财务测量指标可能包括：

–净现值（NPV）；

–投资回报率（ROI）；

–内部报酬率（IRR）；

–回收期（PBP）；

–效益成本比率（BCR）。

- 达到商业论证的非财务目标。
- 完成组织从"当前状态"转到"将来状态"。
- 履行合同条款和条件。
- 达到组织战略、目的和目标。
- 使相关方满意。
- 可接受的客户/最终用户的采纳度。
- 将可交付成果整合到组织的运营环境中。
- 满足商定的交付质量。
- 遵循治理规则。

●满足商定的其他成功标准或准则（例如过程产出率）。

为了取得项目成功，项目团队必须能够正确评估项目状况，平衡项目要求，并与相关方保持积极主动的沟通。但在业务环境中，如果项目能够与组织的战略方向持续保持一致，那么项目成功的概率就会显著提高。

有可能一个项目从范围、进度、预算来看是成功的，但从商业角度来看并不成功。这是因为业务需要和市场环境在项目完成之前发生了变化。

项目成功标准是指最终用户、客户和利益相关者可接受的项目结果的可衡量条件。换言之，项目成功因素由确保项目成功完成所需的活动或元素组成。

为了交付项目价值，应该明确定义成功标准。定义项目成功标准应该是一种简洁的做法，避免模糊和笼统的术语，例如产品应具有客户所需的有效功能。相反，成功因素应表述为"产品应包含 X 个功能"，或"产品应在 X 天内完成"。

定义项目成功的三个关键因素包括以下几点：

◆铁三角（范围、进度、成本）

◆实现的收益

◆相关方的满意度

定义项目成功标准时最常见的问题之一是过度关注铁三角，尤其是与成本和时间相关的问题。大多数项目经理往往忽视项目所带来的收益，也忽视客户是否满意。当然，仅仅关注收益或客户满意度也会产生问题。

相反，项目经理应该尝试创造一种平衡。虽然重点应该放在铁三角上，但管理者也不应该忽视已实现的收益和利益相关者的满意度。成功的项目交付取决于项目的要求。它需要交付项目的目的和目标。

为了取得成功，你需要与利益相关者就项目目标、目的和成功标准达成一致。

除了定义成功标准之外，记录成功标准也很重要。确保在项目开始时完成标准的文档编制。该文件应包括：成功标准、将如何衡量、多久测量一次、谁将负责衡量标准等内容。

此外，请确保成功标准已正确传达给团队。这些标准还应通过有效的项目规划反映在工作管理软件上。

虽然也有一种说法：传统"铁三角"作为衡量成功的标准已经过时，但是事实上这一说法本身可能是一种误解，因为传统铁三角作为衡量项目的标准或是标准之一仍然有它的价值，如果没有这些标准，就无法客观评价项目成功。不过实现了"铁三角"，只说明项目实现了项目相关方的基本利益诉求。除此之外，项目还要进一步考虑为相关方和社会创造价值。同时用"铁三角"和"价值创造"这两大标准，可以衡量项目从"完全成功"到"完全失败"的多种不同程度的项目成功或项目成功的多种程度。既在规定的"铁三角"内完成，又创造了应有价值的项目，才是完全成功的。

例如大型基础设施项目或许有其特殊性，这类项目建成后需要持续运营，为社会和公众提供公共服务，因此除了"铁三角"外，可持续性、使用便利性等也是衡量此类项目成功的重要因素。悉尼歌剧院在建造之时，出现严重超时和超支，当时被认为是失败的项目，但如今它已成为世界上公认的最成功的标志性建筑之一。那么衡量项目成功的时间点应该是什么时候？实际上，项目存在两种生命周期划分方式：一种是项目生命周期（即建设阶段），另一种是项目全生命周期（即建设和运营阶段）。当项目全生命周期结束时，可以对项目建设及运营阶段进行全面评估，此时是衡量项目成败的科学时间点，因为此时既能够用传统铁三角评价项目建设成效，又能够评价项目运营成效——商业及社会价值。

"铁三角"可以理解为服务于项目建设阶段的项目实施方，可能并不适合于评价投资、创新、创业等项目，因为它无法从项目业主角度对项目全生命周期成败进行衡量。从时间、范围、成本来看是成功的项目，可能从商业角度上看并不成功，因为业务需要和市场环境在项目完成之前可能已经发生了变化。

📖 小 贴 士

> 商业成功并不是项目成功的唯一标准，有时候，社会认可和人民满意也是衡量标准，一旦二者冲突时，后者将成为唯一衡量标准。

传统项目或运营项目成功的衡量标准是时间、成本和范围；创新项目成功的衡量标准是为相关方创造长期、可持续的商业价值；而大型项目、公共服务项目需要从社会价值角度去评价。近年来开始出现一类新型创业项目——社会创业，它不同于传统的创业项目，它力图同时实现社会价值和经济价值双重目标。

「扫码」了解社会创业项目——社会价值与商业价值的新平衡

归根结底，成功标准不应被视为一成不变的。相反，管理者应该努力超越成功标准、超越客户的期望，这是项目成功的必经之路。

2.5 项目失败

2.5.1 项目失败的表现

失败的真正定义是最终结果不是客户所期望的，即使原来的期望可能不合理。有时客户甚至内部管理人员所设定的业绩目标是完全不现实的，最终连 80%～90% 都达不到。简言之，我们将失败定义为未满足客户的期望。

鉴于这种定义，对于那些无法满足的期望，失败是必然的，这叫作计划失败，是计划的绩效与可实现的绩效之间的差异。第二种失败叫作实际失败，是可实现的绩效与实际完成的绩效之间的差异。

感觉失败是实际失败与计划失败的混合。图 2-2 和图 2-3 解释了失败的组成。在图 2-2 中，项目管理的计划绩效水平（C）比在给定的环境和资源条件下可实现的绩效（D）低。这是指计划不充分的情形。然而，实际完成的绩效（B）比计划（C）的还要低。

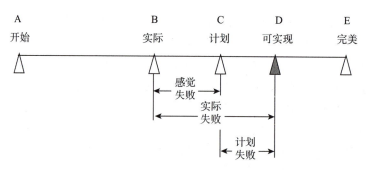

图 2-2　失败的组成：计划太低

图 2-3 说明了另一种不同的情况。在这种情况下，计划绩效指标比可实现的绩效要高。即使实际失败不发生，计划失败也是肯定存在的。在这两种情况（计划不充分和计划过高）下，实际绩效（B）是相同的，但是感觉失败却有很大差别。因为计划过高情况下，项目团队把客户的期望值人为地抬高了，忽略了团队自身能力和现实条件。

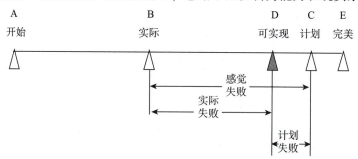

图 2-3　失败的组成：计划过高

 思考

　　有时候，我们会鼓励他人把目标定高一点，请结合"计划失败"这一概念分析这一策略有何好处或坏处？前提条件又是什么？

如今，大多数项目管理者关注计划失败。如果能减少或消除计划失败，发生实际失败的可能性就会减小。一个好的项目管理方法有助于减少这种失败。计划失败的存在很大程度上是因为项目经理无法有效地进行风险管理。在 20 世纪 80 年代，项目失败大多是量上的原因，主要有：

- 不充分的规划。
- 不充分的进度计划。
- 不充分的费用估算。
- 不充分的成本控制。
- 项目目标漂浮不定。

在 20 世纪 90 年代，对失败的看法从量转为质，主要归因于：

- 缺乏士气。
- 缺乏动机。
- 不良的人际关系。

- 生产效率低。
- 员工缺乏奉献精神。
- 没有赋予职责。
- 延迟解决问题。
- 太多未解决的政策问题。
- 管理人员、直线经理与项目经理之间的冲突。

尽管这些因素在一定程度上仍然起作用，但是如今计划失败的主要原因是风险管理的不当运用和运用得不充分，或者所使用的项目管理方法体系没有为风险管理提供指导。

有时，风险管理失败的原因是不容易识别的。如图 2-4 所示，承包商的实际绩效比客户的期望低很多。这种差异并非单纯由于技术不足或风险管理不当造成的，实际上是两者共同造成的。

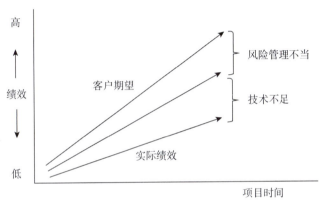

图 2-4 风险计划

2.5.2 项目失败的原因

项目失败有 1 000 种原因，项目失败可能是部分失败也可能是完全失败，而且大部分项目的失败是由多个原因引起的。有些失败原因之间还有直接或间接的因果关系。例如，商业环境分析的失败可能会导致计划和执行的失败。简单起见，项目失败可以被分成以下几类：

1）计划层面

商业论证方面，论证的依据或逻辑不充分，无法支持或高估项目商业价值。或者在项目过程中，商业论证的要求发生了重大变化，导致计划无法适应新的要求。

计划本身方面，缺乏对项目环境、风险和挑战的清晰理解和洞察力；项目的目标不清晰或不切实际；计划所使用的信息不完整或缺失；计划缺乏全面考虑，可能遗漏了重要的细节或环节；计划所做假设或前提条件不现实或不可行；计划要求在技术上难以实现；缺乏对计划的定期调整，无法应对变化。

估算方面，项目估计不是基于历史数据或同类标准，而是凭借猜测或主观判断；项目估计的时间不足，工期过于紧张，要完成的任务过多；预算和资源方面的估计不足。

在里程碑设置方面设立了无法衡量或评估进展的里程碑；设立的里程碑之间的时间间隔过长；或没有明确或具体的里程碑时间。

2）项目资源与团队

项目资源与团队包括项目所需的资源（如资金、人手、设备、材料）不足；项目管理者对项目组成员的能力、需求关注不够；不重视人力资源提升和团队协作；项目成员缺乏经验或没有掌握必要的技能；项目组成员缺乏专注力或动力；项目组成员的变动频繁（离职、调岗等）。

3）管理执行

管理执行可能会包括项目没有有效控制项目成本开支或者在成本控制方面缺乏持续性；出现问题后错过了采取补救措施的时机；实际开支超过了预算或者无法有效地控制项目的开支；对风险的评估不充分或低估；选择了不合适的合同类型；项目团队在项目管理的意识和理念上相对不足；过度关注技术而忽略了商业目标；关键技术人员或项目经理却不能全程、专职服务于项目；对项目执行缺乏有效监督和跟踪；风险管理的意识不足；项目管理缺乏明确的流程和规范。

4）相关方

相关方具体包括项目相关方在项目治理方面出现失败；项目无法满足终端用户相关方的需求或无法得到用户相关方的支持；项目没有得到足够多的相关方的支持；新的管理层对项目有不同的理解和追求；项目相关方的人员和角色在项目过程中不断发生变化；相关方对项目的要求和期望不明确、模糊不清或前后矛盾；相关方人员变动导致相关方对项目的参与和影响力减弱；项目相关方在组织流程和配置上的差异和冲突可能影响项目的执行效率和质量；项目团队与相关方之间的沟通问题引发了误解或冲突；相关方之间存在分歧无法消除或迟迟不能达成共识。

5）环境或其他因素

环境或其他因素包括所在国家政治体制发生变化、政府政权更迭或政治体系崩溃；所在国家的财政政策、采购政策或劳动法规发生重大变化（如税收政策调整、采购政策变严格或劳动法规变得不利于企业等）；将私有企业转为国有企业或者强制没收企业的资产和知识产权；发生突发性的恐怖袭击、抢劫、刺杀等事件引发的内乱或因民主战争和暴乱等原因导致的社会动荡；因高通胀率国家采取不利于企业的汇率政策；合同或协议失效（例如企业的营业执照被吊销或企业无力偿还债务）。

失败也有可能是源于行业的特殊性，譬如 IT 或建筑。有些失败可以被纠正，然而另一些失败会导致项目垮台。

2.5.3　项目失败的程度

项目终止有两种情况：项目成功或项目失败。项目成功自然导致项目终止，它意味着项目的各项标准已被达成。项目失败是由多种非自然原因导致的，譬如商业环境突然改变，缺少各种符合标准的资源，或者不能达到项目约束。前文我们已经大量罗列了项目失败的原因。项目取消是一个至关重要的商业决定，它会对企业内部的人员、流程、物资及资金产生一系列影响。项目取消的时点也会影响客户关系和合作关系。

理论上，项目的商务论证中要有一个段落，明确项目成功或终止的标准。明确项目取消的标准也很重要，这是因为多数情况下，需要取消的项目只是暂时被喊停，挂在项目上的宝贵资源遭到浪费，它们本可以用于其他项目，创造价值。

项目成功和项目失败都有一些程度。例如，项目内容得到完成，但迟了两周，也可被视为成功。一个项目超过预算 10 万美元，如果项目成果为客户带来利益，同时客户也接纳这个成果，那么项目也可以被视为成功。项目也可以半成功半失败。以下是一种可行的对项目结果的分类。

- 完全成功：项目在所有的约束条件内达到项目成功的标准，同时创造了价值。
- 部分成功：虽然突破了某一个或某几个约束，但项目结果达到了项目成功的标准，客户接纳了项目成果，创造了价值。
- 部分失败：项目未能如愿完成，或者很早就被取消。但是项目产生的知识和无形资产可能未来会被用于其他项目。
- 完全失败：项目被抛弃，毫无建树。

随着未来项目管理越来越专业，项目约束不会只局限于原始的三个方面。因此，项目完成未必能满足所有约束条件，能够满足部分约束条件也算部分成功。

 「扫码」视频：项目假设

 本章小结

1. 商业论证是项目的可行性论证文件，也是项目选择和决策的重要依据，通过调研收集数据和信息，经过各种分析（统计分析、成本效益分析、案例分析、SWOT 分析）并通过逻辑推断，得出结论，以帮助项目决策。项目效益管理计划描述了项目的目标效益和实现效益的方式、时间及衡量机制。

2. 项目选择的重要性在于：一方面它直接影响项目的成功与否，好的项目成功率更高，另一方面影响组织的生死存亡，正确的项目可推动组织更好地发展，错误的项目可能会让组织误入歧途。因此，项目选择既要考虑项目本身的可行性，又要符合组织的战略和方向。一般要综合考虑财务指标和非财务指标后选择，借助加权评分模型可以实现对备选项目的综合评估。

3. 项目假设是指在规划过程中不需要验证即可视为正确、真实或确定的因素。项目假设是项目管理的基础，帮助项目达到预期的目标和成果。通常围绕事业环境因素和组织过程资产制定假设，项目启动时，需要证实所有的假设。随着项目的进展，也需要随时跟踪和证实这些假设。

4. 衡量项目的成功比较困难，成功的标准存在不同的观点，但是一般都会指向三个方面：铁三角（范围、成本、进度）、项目实现的收益以及相关方的满意度。但项目失败的原因却更加复杂多样，可能是计划问题、资源团队问题、执行问题或相关方问题。项目失败可能表现出不同的程度：从完全失败到部分失败、部分成功再到完全成功。

习　题

一、判断题

1. 项目只能在进行了一系列正规的可行性研究之后才可以启动。（　　）

2. 可行性研究报告的结果未必都是可行的。（　　）

3. 项目选择的重要性在于它直接影响项目的成功与否。（　　）

4. 即便项目被认为可行且成本收益分析也有效，如果项目与组织的战略不一致，也应该实施该项目。（　　）

5. 项目假设是指在规划过程中不需要验证即可视为正确、真实或确定的因素，但假设的变化不会触发项目变更。（　　）

6. 效益管理计划不需要考虑与组织战略的一致性。（　　）

二、单选题

1. 一般要进行项目可行性研究是在项目的（　　）工作过程中。

A. 启动　　　　　　B. 计划　　　　　　C. 执行　　　　　　D. 控制

2. 下列表述正确的是（　　）。

A. 在进行项目方案选择时，评分模型法是必须采用的一种方法

B. 在进行项目方案选择时，评分模型法是比较公正的一种方法

C. 评分模型法中的权重与因素的重要性无关

D. 在进行单项打分时，同时要考虑权重问题

3. 在项目生命周期的（　　）阶段颁发项目的许可证书。

A. 启动　　　　　　B. 计划　　　　　　C. 执行　　　　　　D. 控制

4. 近期国家发布公告，确定即将对智能AI这一部分领域进行改革，改革的内容会影响项目对外采购机器的成本。而项目经理和发起人为了保证商业目标和目标效益的实现，正在对效益管理计划进行评审。面对这种情况，项目经理应该（　　）。

A. 更新风险登记册，确定改革对项目影响的应对策略

B. 评估改革内容对项目的影响，并依此修订效益管理计划

C. 更新采购管理计划，并改变采购渠道

D. 提交变更申请，使用管理储备来减少造成的影响

5. 一个高新产品设计项目即将启动，客户方公司的一位高管对该项目的意义存在异议，因为他之前合作一个此类项目的预计收益没有达到预期，所以他表示不看好此项目。为打消该名高层的疑虑项目经理应该向其出示的文件是（　　）。

A. 项目章程　　　B. 成本效益分析　　　C. 商业论证　　　D. 成本基准

6. 项目团队按标准完成了可交付成果，并已经获得客户正式签字的验收报告。在移交给运营部时，高级管理层发现该成果从项目完成度的角度来说没有问题，但对于现在的市场，商业价值不高。要避免这种情况项目经理应该事先（　　）。

A. 在验收时邀请管理层一起审查，确保成果符合目标

B. 制订详细的项目管理计划，确保执行流程无误

C. 请求发起人的帮助，告知正确的商业目标

D. 项目开展中根据实际情况定期确认项目目标，确保其一致性

7. 公司正准备开展一项高新技术产品项目，发起人目前正在制作商业论证，当前已经完成了业务需求的分析，要完成商业论证的制作，发起人下一步还需要准备的关键性文件是（   ）。

A. 成本效益分析　　B. 项目成本基准　　C. 项目合同　　　　D. 项目管理计划

8. 公司准备启动一个新的软件开发项目，任命你作为该项目的项目经理，在项目会议上，你提出，敏捷项目管理方法更适用于软件开发项目，建议此项目上试行敏捷管理方法，一位关键干系人担心此项目将不再与公司的战略目标保持一致，你应该（   ）。

A. 建议该干系人查看效益管理计划　　B. 向该干系人展示假设日志的内容

C. 提议干系人检查 WBS　　　　　　D. 建议该干系人向发起人询问该问题

三、多选题

1. 以下有关商业论证的描述正确的有（   ）。

A. 是文档化的经济可行性研究报告

B. 可能以商业计划书或可行性研究报告的形式出现

C. 用来对尚缺乏充分定义的所选方案的收益进行有效性论证

D. 在需求评估之前进行

E. 列出了项目启动的目标和理由，是启动后续项目管理活动的依据

2. 定义项目成功标准时，项目经理最常见的问题包括（   ）。

A. 过度关注铁三角，尤其是与成本和时间相关的问题

B. 忽视项目所带来的收益

C. 忽视客户是否满意

D. 忽视项目的社会价值

3. 导致项目实际绩效低于客户期望的原因包括（   ）。

A. 计划失败　　　　B. 实际失败　　　　C. 技术不足　　　　D. 风险管理不当

三、思考题

1. 哪种类型的项目更适用于职能部门管理方式而非项目管理方式，有相反的类型吗？

2. 以你最熟悉的项目为例，试列举 3~5 个项目假设，并区分是否是关键假设，有无必要对其进行记录和跟踪？

3. 结合"项目组合"的概念，谈一谈项目选择的重要性。

4. 项目成功的标准有哪些？有没有可能在同一组织内不同项目的成功标准完全不同？如果有，请举例说明。

延伸思考/素养话题

目标设定与"计划失败"

结合本章中的计划失败、感觉失败和实际失败等概念，想一想：制定目标时如何避免"计划失败"的现象？把未来的目标定得过高是不是一件坏事？

苹果公司的 iPhone 项目与造车项目

苹果公司 iPhone 手机项目

人类历史上有两颗重要的苹果，第一颗砸在了牛顿的头上，第二颗被乔布斯握在手中。2007 年，当乔布斯第一次举起 iPhone 时，他宣称这是"一个宽屏触控式 iPod、一款革命性手机、一个突破性的互联网通信设备"。这款产品经历了十几年的风雨，逐渐成为一个自洽的存在：极致的工业美学、流畅的操作界面和统一的生态。

iPhone 的诞生并非一帆风顺。当时市面上的诺基亚、黑莓、摩托罗拉与 iPhone 有本质差异，代表了对手机的不同理解。乔布斯敏锐地意识到，手机可能会侵蚀 iPod 的音乐市场，于是决定自行研发手机。在此过程中，乔布斯凭借直觉做出了一系列关键选择：暂停平板电脑项目转而开发多点触控技术、取消物理键盘、选用金刚玻璃屏幕。这些决定虽然看似不切实际，但最终都成功实现了。

乔布斯的"现实扭曲力场"是 iPhone 得以诞生的重要因素。他与供应商康宁公司的交涉就是一个例子。乔布斯要求康宁在 6 个月内生产出足够的金刚玻璃，这个想法足够"不切实际"。但威克斯最终还是接受了这个要求，仿佛乔布斯拥有一根能操纵现实的魔杖。这种改变现实的力量，不仅让他在医疗预测中战胜了概率，也让他在与供应商的交涉中取得胜利。

乔布斯通过不懈追求"非同凡想"，最终在 iPhone4 上实现了自己的理想。iPhone 的诞生不仅改变了手机行业，也推动了整个科技行业的创新和发展。乔布斯和苹果公司的贡献，可以说是智能手机历史上的一个重要里程碑。

苹果公司放弃造车

2024 年 2 月月底，苹果被曝出内部开会决定取消电动车项目，该项目被认为是其有史以来最雄心勃勃的项目。十年造车，却在一个十余分钟的内部会议上结束，可谓是"潦草收场"。苹果汽车梦碎，算得上是这家科技巨头史上最大的失利之一。虽然此前苹果取消过诸如电视机之类的项目，但很少有项目能持续这么久、耗费如此巨额的资金。

究其原因，苹果在造车思路和技术路线上的反复横跳，让其错失了整车产品落地的最佳时间节点。此外，高昂的研发成本、消费者承受的高价标签以及汽车项目可能出现的利润微薄甚至无利可图的局面，加上苹果高层团队的迟疑不决、左右摇摆，造车所固有的生产挑战，共同构成了项目的困局。

纠结和反复的背后，是苹果陷入了创新者的困境，行业革新者的形象维持着其超高的利润率和强大的市场号召力，而要维持这个形象，沉寂已久的苹果亟待推出一款颠覆行业的汽车。从公开的信息来看，苹果想要造一辆没有方向盘和踏板的移动起居室和 L5 级别的完全自动驾驶的车。但即使到了十年后的今天，L5 依然遥遥无期，苹果汽车的结局可知。在漫长的历史进程中，点错技能树的失意者名单注定会越来越长。

而 2023 年以来，汽车行业的价格战使资本投资逻辑发生改变，行业投资要点从"复合增长率、行业预期规模、创始人综合影响力"等维度向"退出机制、盈利时间、市场占有率"三个方向转移，资本对于汽车公司的盈利周期不再宽容。新能源车行业增速放缓、渐成红海，而电动车的低利润率会直接影响苹果的高利润率及背后的超高市值。

技术和财务分析只是一方面，决定苹果汽车命运的，还有一个更深层次的原因可能是苹果已没有了乔布斯。苹果重新定义汽车的答案，只有乔布斯、马斯克这样天马行空和极致偏执的人才能给得出。

苹果"弃"车未必就是坏事，放弃造车的苹果可以维持高利润率、高市值和更好地拥抱 AI，这是资本市场的期望，也是库克的希望。毕竟苹果已靠 iPhone 挣得盆满钵满，无须像特斯拉那样投入全部身家，去博一个不确定的电动汽车的未来。

当然，苹果本可以借鉴以往成功产品的经验，像华为、小米那样，逐步推进，而非一步到位、颠覆行业，但那就不是苹果了；库克也可以偏执地继续，直到造出理想中的 Apple Car，但那就不是库克了。

思考题：

1. 苹果公司 iPhone 手机项目成功的原因是什么？

2. 苹果公司造车项目的假设有哪些？该项目失败的原因是什么？

3. 结合以上两个项目情况，谈谈能否避免项目失败？

第 3 章　项目组织与项目经理

🎯 学习目标

知识目标	能力目标	素养目标
1. 了解组织设计的主要理论 2. 理解项目组织设计的原则 3. 理解项目组织三种类型的优缺点及组织选择影响因素 4. 了解项目管理办公室的设立背景、职能及分类 5. 了解项目经理在项目组织的内外影响力及角色 6. 掌握项目经理的三种基本技能	1. 根据不同组织类型的优缺点，并结合项目的具体情况，设计和优化项目组织 2. 能够利用自身在技术项目管理、战略与商务及领导力三方面的能力解决项目和团队管理问题	能意识到领导力不仅是能力的展现，也是良好品质的展现，虽受先天影响，但主要是后天习得的，并能够自觉培养领导者的能力和品质

✎ 关键概念

项目管理办公室（PMO）、PMI人才三角、技术性项目管理能力、战略与商务管理能力

知识图谱

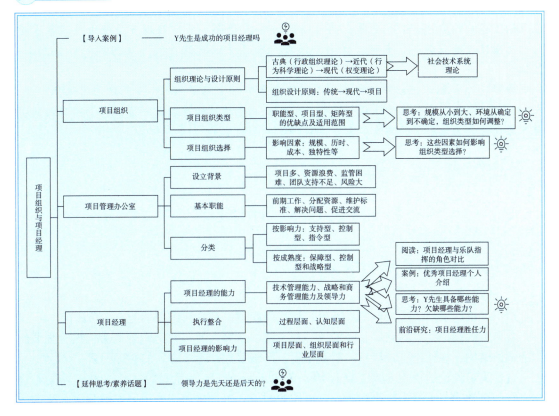

导入案例

Y 先生是成功的项目经理吗？

T 公司是一个软件开发公司，由于项目管理混乱，出现了诸多问题，特招聘了一名从大公司来的项目经理 Y 先生。

Y 先生到 T 公司后，采取了很多措施，比如，与每一个项目成员当面交流，了解项目状况；建立统一的交流平台；制定了通用和专用的工作文档模板；建立了配置管理服务器；制定了项目制度，加强了项目的制度和定期交流；进行了以前从来没有的项目培训及 CMM 推广。

三个月就取得了很好的效果。推卸责任的事少了，工作效率提高了，工作成果和会议有了文档记录，项目有了计划和控制，员工积极性高涨，得到 T 公司合作伙伴、客户对项目问题的解决速度和质量的认可，对公司的回款起到了很大的促进作用。

正在大家对项目充满信心时，公司部门经理 Z（原项目经理）以项目经理 Y 缺乏对项目业务的了解为理由，提出 Y 没有能力带领项目团队，延长试用期。而且人事经理 B 对 Y 作出的工作评价是，项目现在所取得的成果不属于 Y 的工作成绩，是 Y 来到公司之前就取得的。

Y 先生因为这事情，想提出离开公司。项目组员工知道了这件事后，一致要求 Y 不要离开公司，坚持下来，因为大家有信心一起把项目做好。Y 就没离开公司。

但事后，公司进行了两个月的封闭式开发，没有让 Y 参与，项目组留下 Y 一个人待在公司。所有的工作都没有 Y 的参与，但项目开发的进度和交流进展很顺利，项目初期成果得到了客户的认可。这时公司应部门经理的要求开除了项目经理 Y，理由是不热爱公司、对项目没有兴趣。（来源：江平，张霜. 项目管理概论［M］. 北京：科学出版社，2014.）

思考：1. 根据以上材料，想象一下：Y 先生是一个怎样的人？（包括但不限于个性、人际交往、经历、专长、价值观等）；2. 如果 Y 先生的目标是成为一名优秀的项目经理并且 5 年内晋升为该公司的高管，需要克服哪些方面的不足？

3.1　项目组织

3.1.1　组织理论与设计原则

1）组织理论

组织理论的发展经历古典组织理论、近代组织理论和现代组织理论三个阶段。

古典组织理论是以马克思·韦伯、亨利·法约尔等人的行政组织理论为依据，强调组织的刚性结构，该理论主张集权，明确职责，严格管理，不考虑人的心理因素。

近代组织理论的代表人物是斯科特（W. G. Scott），该理论吸收了心理学、社会心理学、行为科学的关于行为规律和非正式群体的知识，对古典理论作了一定的修改，强调人的因素，从组织行为的角度来研究组织结构，主张更多分权、组织扁平化、部门化。

现代组织理论则是从行为科学中分离出来，主要是以权变管理理论为依据。现代组织理论趋向于把组织看成开放的社会技术系统。这个系统由一些子系统构成，从而整合了人们围绕各种技术过程所进行的活动。现代组织理论不但反映了各子系统之间的协调关系，而且具有一种应变的观点，要求组织与其环境之间以及各子系统之间的协调一致。

社会技术系统理论是现代理论的重要分支之一。社会技术系统学派认为个人态度和群体行为都受到人们在其中工作的技术系统的重大影响。因此他们认为，必须把企业中的社会系统同技术系统结合起来考虑，而管理者的一项主要任务就是要确保这两个系统相互协调。

社会技术系统学派认为，组织既是一个社会系统，又是一个技术系统，非常强调技术系统的重要性。社会技术系统学派主张，为了更好地提高生产效率与管理效果，企业需要对社会系统和技术系统进行有效的协调。当二者之间发生冲突时，通常应在技术系统中做出某些变革以适应社会系统。该学派特别注重于工业工程、人—机工程等方面问题的研究。

组织需要权衡两个关键变量之后才可确定合适的组织结构类型，这两个变量指可以采用的组织结构类型以及针对特定组织如何优化组织结构类型的方式。不存在一种结构类型适用于任何特定组织。要考虑各种可变因素，特定组织的最终结构是独特的。

行为学家们一致认为，没有一个最佳组织结构可以面对未来的挑战。然而，最佳组织结构必须把企业中的社会系统同技术系统结合起来，因而管理者的一项主要任务就是要确保这两个系统相互协调。所用组织结构必须尽可能平衡社会系统和技术系统来使公司运转顺利。

2）组织设计原则

组织设计原则，包括传统组织设计原则和现代组织设计原则。

传统组织设计原则建立在传统组织理论基础上，而传统的组织管理理论试图通过说明和确定某些组织原则来解决组织职能的复杂性。比较权威的传统组织设计原则是林德尔·厄威克和欧内斯特·戴尔提出的。古典管理学集大成者林德尔·厄威克在其著作《管理的要素》一书中提出了组织设计的八项原则：目标原则、权责相符原则、人员与组织相适应原则、等级系列原则、控制幅度原则、专业化原则、协调原则、明确性原则。美国管理学家欧内斯特·戴尔非常推崇传统组织管理理论，并提出了组织设计五项原则：目的、专业化、协调、权限、责任。除此以外，戴尔还认为，效率、命令统一、管理幅度等原则也不能被忽视。传统的组织设计通常是职能型结构，而职能型结构适合较稳定的环境，而现代企业所面临的环境通常是快速变化的。传统职能型结构是以制造型企业为原型的，而且这种制造型企业通常还是单一产品、单一技术的企业。传统的职能型组织结构是基于对组织成员被动服从而设计的，现在这种状况已经受到严重冲击。

根据现代组织理论，现代组织设计包括以下原则：

●组织适应性原则。组织设计的一个非常重要的目标就是提高组织适应环境的能力，在不断变化的环境中获得生存和发展。环境的变化可能导致原有的组织适应性变弱，需要不断地对组织进行调整和变革，而改变自身的组织结构和组织运行规则是最为重要的一个方式，以此适应环境的变化。

●战略决定性原则。组织是为实现目标服务的，组织结构只是一种达到战略目标的手段，如果要使组织有效和健全，我们应当从组织的战略开始来设计组织结构。

●集权和分权相结合原则。集权和分权的关系是辩证统一的，在组织中通常是通过统一领导、分级管理表现出来的。从理论上来说，集权到什么程度应以不妨碍员工积极性的发挥为限；分权到什么程度，应以上级不失去对下级的有效控制为限。集权和分权也是相对的，应根据变化了的情况和需要加以调整，从现在国内外组织管理的实践情况来看，偏重于分权管理是组织发展的主要趋势。

●分工与协作相结合的原则。在分工中强调按专业化的要求来设置组织结构，突出分工的专业化和效率性；在协作中强调明确各部门之间的相互关系，找出容易发生矛盾之处，加以协调。另外应该建立具体可行的协调配合方法和使协调工作逐步程序化和规范化，避免仅仅依靠个人关系与背景来进行。

●以人为本原则。现代组织设计原则的人本主义原则是指基于对职工的尊重，认同其个体性和关注职工的需求和利益，以满足他们的个人价值取向、发展需求，以实现其职业自我实现的愿望。各种措施最终可以显著提高组织绩效，提升职工工作效率和效果。

3）项目组织设计原则

项目组织的设计在借鉴现代组织设计原则的基础上，还要遵循以下原则：

●目标统一性原则。项目组织的根本目的是形成组织功能，实现项目管理的总目标。因此所列举的工作要与目标有关，完成目标所必需的工作任务。项目组织结构应该因项目目标设事，因事设岗、定人员，以职责定制度、授权力。

• 精干高效原则。项目组织的人员配备以能完成项目的工作任务为原则，尽量简化结构，以提高项目管理的效率。人员配备力求一专多能，一人多职，避免人员冗余。如果能使成员以最有效率的方式去实现目标就是有效率的。讲求效率是管理的核心。

• 稳定性与适应相结合原则。项目的独特性和一次性必然带来项目管理时间和地点的变化，带来资源配置种类和数量的变化，要求项目组织能随时调整，以适应项目内容的变化。

3.1.2 项目组织类型

项目组织有三种典型类型：职能型、项目型和矩阵型，即以三种方式嵌入到组织结构中，下面分别介绍。

1）职能型组织

以职能为基础，按照职能划分部门或者团队，职能型组织结构是一个层次化的组织形式，是目前在企业中运用最广泛的组织形式。它像一个金字塔的结构，公司的经营活动按照技术、生产、营销、财务等职能划分成部门（图 3-1）。在这种结构中，一个项目可以作为公司中某个职能部门的一部分，这个部门（或称牵头部门）对该项目负有最终责任，其余部门则配合参与项目，项目成员是兼职参与项目，项目结束后还回各自的职能部门。

图 3-1　职能型组织

职能型组织的优点：

◆预算简单，便于控制成本

◆能实现更好的技术控制

–专业人员可以分成小组，共享资源，分担责任；

–人员可分配在各种不同的项目上；

–所有的项目都能利用最先进的技术（人员少而效率更高）。

◆人员的使用可自由决定，有充足的工作人员

◆职能纪律具有稳定性，政策、工作程序和职责规范十分明确并容易理解

◆在已有的专业化生产上容易采取大规模生产

◆人员比较容易控制，因为每个职员都有而且只有一个上级沟通渠道是垂直型的，而且十分畅通

◆具有快速反应能力，但这可能取决于职能经理的自主权的大小

职能型组织的缺点：

◆没有一个直接对整个项目负责的人（如没有正式的权力部门、委员会等）

◆协调十分困难

◆决策通常有利于实力最强的职能团队

◆对客户需求的反应十分迟钝

◆责任难以确定

◆激励和创新力下降

◆计划倾向于如何更易于实施，很少考虑正在进行的项目

总之，职能型项目组织适合长期、重复性的任务，但是在应对短期、高风险的项目时可能存在一些问题。例如传统型制造企业在实施项目时一般会选择这一方式，将研发类的项目设在研发部门、设备升级改造类的项目设在生产部门、质量改进项目设在质量管理部门、营销推广项目设在营销部门……

2）项目型组织

以项目为基础，成立专门的项目团队，具有项目目标和独立的预算、资源和管理，项目结束后解散。项目型组织与职能型组织相反，以项目组为独立运行的单位，项目组拥有专用的项目资源，团队成员通常集中办公，因此项目型组织也被称为项目驱动型组织（图3-2）。这种组织中，大部分资源都用于项目工作，项目经理拥有很大的自主性和职权。项目型组织中也有部门，但这些部门要么直接向项目经理汇报，要么为各个项目提供支持服务。

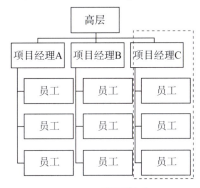

图 3-2　项目型组织

项目型组织的优点：

◆有明确的人对项目结果负责

◆拥有项目专属资源（人、财、物）

◆沟通渠道简单畅通，容易协调

◆决策速度快

项目型组织的缺点：

◆对资源的利用程度不高，不同项目重复配置，项目资源被各个项目组独占，当项目不需要这些资源的时候，很难从项目组释放，会造成一定程度的闲置和浪费

◆当项目遇到技术难题，需要调动职能部门更多专业技能时，会面临障碍

◆项目人员工作不稳定

◆项目之间缺少交流机会

选择项目型组织的企业一般面临环境不确定性高、客户需求差异大等问题，需要灵活应对。行情好的时候必须迅速抓住机会，通过设立并实施更多项目为企业创造营收和利润；反之，当行情不好的时候也能缩减成本，以便减轻企业生存压力。项目型组织通常在设计院、咨询公司、建筑承包企业、装修公司等企业中比较常见。

3）矩阵型组织

矩阵型组织是职能型和项目型组织的结合，项目团队和职能部门同时存在，项目成员同时属于项目团队和职能部门（图3-3）。

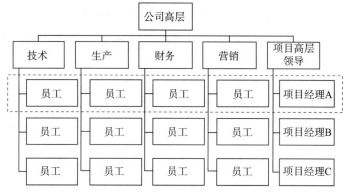

图 3-3　矩阵型组织

矩阵型组织结合职能型组织和项目型组织的优点。

◆有直接对项目负责的人

◆能够以项目为导向

◆有客户问题处理中心

◆协调工作由项目管理队伍承担

◆能够明确责任

◆资源来自各职能部门，并且这些资源可在不同项目中共享

◆专业人员在技术上可相互支持

◆各专业员工组织上仍归属其职能部门，因此项目结束后，员工"有家可归"

项目组织与职能部门同时存在，既发挥职能部门纵向专业化优势，又发挥项目组织横向统筹协调优势。专业职能部门是永久性的，项目组织是临时性的。

矩阵型组织的缺点：

◆协调和沟通复杂性增加，沟通成本高

◆双重领导下，要求员工具备良好的沟通和协调处理矛盾的能力

◆职能部门与项目部门可能会因争夺权力而引发更多矛盾，消耗了更多精力

当企业规模发展到一定程度，职能型组织必然会面临很多问题，如职能部门官僚化、横向沟通不畅、遇到问题相互扯皮、对市场反应速度慢、客户响应不及时等问题。将传统职能型组织调整为矩阵型组织可以让企业在保留原有的职能部门的同时还能解决问题。矩阵型组织可以满足企业兼顾组织稳定性与灵活性的双重特性要求。因此，矩阵型组织比较适合于大型企业或者需要在稳定和灵活之间保持平衡的企业。例如 IBM、福特、ABB、华为等大型企业在发展过程中曾经都采用过矩阵型组织。

矩阵型组织又可以划分为弱矩阵、平衡矩阵及强矩阵三种类型，这三种类型之间的主要差异是由职能经理与项目经理之间的权力分配差异造成的，弱矩阵组织中职能经理权力更大，而强矩阵组织中项目经理的权力更大，平衡矩阵组织中二者的权力大体相当。

企业的组织结构会随着企业规模和外部环境的变化而变化。以传统制造企业（职能型）和建筑公司（项目型）为例，分别描述它们在发展过程中组织结构调整的可能路径是什么？（提示：规模从小到大、环境不确定性从小到大）

3.1.3　项目组织选择

组织结构选择的考虑因素在确定组织结构时，每个组织都需要考虑大量的因素。在最终分析中，每个因素的重要性也各不相同。综合考虑因素及其价值和相对重要性为组织决策者提供正确的信息，以便进行分析。

影响选择项目组织形式的基本因素有以下这些：

◆项目规模大小
◆项目历时长短
◆项目的独特与否
◆项目定位高低
◆项目成本大小
◆高层管理经营理念（例如客户至上）
◆控制幅度宽窄
◆项目管理组织的经验多少
◆有效资源多寡

上述因素会如何影响组织类型的选择？请分别阐述。

在考虑建立一个项目的组织形式时，应该先分析以下4个方面的基本情况：

（1）整合机制。项目管理就是选择一种合适的组织形式来整合公司全部资源的手段，尤其是在研究和开发中。这种整合可以是正式的，也可以是非正式的。

（2）权力结构。高层管理者必须决定控制整合机制的权力结构，这种权力结构可以是单纯的部门管理结构（职能管理），可以是以产品为导向的授权结构（产品管理），最终达到双重权力结构（矩阵管理）。从管理的观点来看，组织形式的选择常常取决于高层管理者愿意委派或放弃多大的权力。

（3）影响力。影响力是相对于正式组织结构而言的，跨部门整合除了通过正式组织的指挥系统，也可以通过影响力来完成，在必要的时候对项目成员及相关方施加影响力，例如：参与预算编制和审批、设计更改、办公机构的选址和规模大小、薪酬激励等。

（4）信息系统。信息是项目决策的重要支撑。越是复杂、灵活的组织结构（如矩阵式、项目式、网络式等），越是需要信息完善的信息系统为项目提供支持。

3.2 项目管理办公室

3.2.1 项目管理办公室设立背景

无论是项目驱动型或传统型企业，企业内部有越来越多的项目诞生，甚至会有多个项目同时运行的现象，因此企业可能面临以下一些问题：

- 项目监管困难：缺乏项目管理标准和流程，导致项目管理混乱，对项目难以监管，好的项目经验和最佳实践得不到传播和推广，跨项目协作和知识共享困难。
- 资源分配不均、资源浪费：缺乏统一的资源分配和管理，可能导致资源分配不均，一些重要的项目无法得到足够的资源支持，同时还存在资源闲置和浪费现象。
- 对团队的支持不足：缺乏项目管理的专业团队和经验，项目管理能力不足，可能出现项目进度延误、成本超支、质量低下等问题。
- 项目风险较大：缺乏统一的风险管理框架和流程，项目风险控制难以确保，可能导致项目失败的风险增加。

因此，企业应该考虑建立项目管理办公室（PMO），以提高项目管理的效率和质量，确保项目能够按时、按质、按预算完成。

项目管理办公室是对与项目相关的治理过程进行标准化，并促进资源、方法论、工具和技术共享的一个组织结构。它的职责范围可大可小，从提供项目管理支持服务，到直接管理一个或多个项目。

3.2.2 项目管理办公室的职能

项目管理办公室可能会承担整个组织范围的职责，在支持战略调整和创造组织价值方面发挥重要的作用。从组织战略项目中获取数据和信息，进行综合分析，评估如何实现更高级别的战略目标。在组织的项目组合、项目集、项目与组织考评体系（如平衡计分卡）之间建立联系。

除了被集中管理以外，项目管理办公室所支持和管理的项目不一定彼此关联。它的具体形式、职能和结构取决于所在组织的需要。

为了保证项目符合组织的业务目标，项目管理办公室可能有权在每个项目的生命周期中充当重要相关方和关键决策者。它可以：

- 提出建议；
- 领导知识传递；
- 终止项目；
- 根据需要采取其他行动。

项目管理办公室主要职能：

（1）组织开展项目前期工作。公司依托项目管理办公室这一平台开展项目的发起、策划、评估、筛选等工作，包括作为发起人或与发起人一起对项目进行初步评估、通过调查和访谈征求相关方意见、组织专业团队开展可行性研究或委托第三方开展可行性研究、组织专家评估、筛选和审批项目、审批和发布项目章程等。

（2）提供项目所需资源。为项目提供必要的资源支持，通过建立项目管理专业人员资源库、设立项目预算、制定资源分配方案、审批项目资源计划，为项目提供必要的物资、设备、场地、人才等资源保障。

（3）协助解决项目问题。诊断项目中的问题，或对项目将要面临的挑战进行预警，指导并协助项目团队解决问题。

（4）建立和维护项目标准化管理体系。制定和管理项目管理的政策、程序和标准，统一管理公司所有项目。通过项目审计，监督项目管理政策、程序和标准的执行及落实情况，确保各项目按照公司标准和流程进行管理，提高项目管理的效率和质量。

（5）促进知识共享和传承。识别项目管理最佳实践，将其中的经验教训、工具、方法、策略等进行总结提炼，分享给其他项目。组织跨项目沟通活动，促进项目之间的相互交流和沟通。针对项目需要开展学习和培训活动，适时更新组织过程资产。

3.2.3　项目管理办公室的分类

1）按层级划分

按照项目管理办公室在组织内部的不同层级，可划分为项目级、部门级和公司级项目管理办公室，其中项目级项目管理办公室是指在项目内部设立，并以服务本项目为主；部门级项目管理办公室是指设立在部门内部，例如设立在公司研发部，服务范围限于本部门；公司级项目管理办公室是由公司设立并服务整个公司各级各类项目。

2）按控制和影响力分类

根据项目管理办公室对项目的控制和影响力大小，可以划分为支持型、控制型和指令型。具体如下：

● 支持型。支持型项目管理办公室担当顾问的角色，向项目提供模板、最佳实践、培训，以及来自其他项目的信息和经验教训。这种类型的项目管理办公室其实就是一个项目资源库，对项目的控制程度很低。

● 控制型。控制型项目管理办公室不仅给项目提供支持，而且通过各种手段要求项目服从，这种类型的项目管理办公室对项目的控制程度属于中等。服从可能包括：

－采用项目管理框架或方法论；

－使用特定的模板、格式和工具；

－服从治理。

● 指令型。指令型项目管理办公室直接管理和控制项目。项目经理由项目管理办公室指定并向其报告。这种类型的项目管理办公室对项目的控制程度很高。

3）按成熟度划分

根据项目管理在组织中的成熟度不同，可划分为保障型、控制型及战略型，随着成熟度的变化，项目管理办公室的地位、工作内容及汇报对象都会随之改变（表 3-1）。

表 3-1　项目管理办公室不同成熟度的比较

成熟度 比较项	保障型	控制型	战略型
发展阶段	初期	强矩阵型组织	高级阶段
地位	后勤	管理层	战略层

续表

比较项 \ 成熟度	保障型	控制型	战略型
工作内容	为项目经理提供管理支持、行政服务、培训、咨询顾问、技术服务、知识管理等支持类服务	项目经理任命、资源协调、立项结项审批、项目检查、数据分析、项目经理培训等	企业项目筛选、战略目标确定和分解等任务，有承上启下的双重任务
汇报人	主管副总和项目经理汇报	独立向总经理汇报	向最高领导者汇报

3.3 项目经理

理解项目经理的角色、职责及能力，可以将其与乐队指挥进行比较，从对比中看出两者的共通性，从而理解项目经理的独特要求。

「扫码」了解项目经理与乐队指挥的角色比较

随着项目管理的发展和成熟，项目经理的职能也从技术经理转向业务经理，对于一个优秀的项目经理来说，必须掌握这三项基本技能：①商务知识。②风险管理。③整合技能。其中，最关键的技能是风险管理。但是要有效实施风险管理，就必须精通商务知识，图3-4显示出了1985—2016年项目管理所需技能的变化，即对商务能力的要求越来越高，对技术能力的要求有所降低。

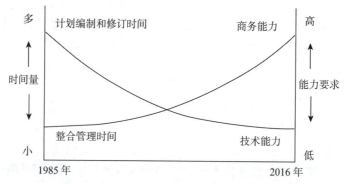

图3-4 1985—2016年项目经理的时间、所需管理技能的变化

随着项目规模越来越大，整合管理的复杂性也更加明显。图3-4说明了整合管理的重要性。在1985年，项目经理还把大量时间花在与团队进行计划编制和修订上。这是因为项目经理通常是技术出身的。如今部门经理作为技术专家承担了大部分计划制订和修订工作，项目经理则主要致力于整合各部门计划，编制一份整体项目计划。因此，一些人认为，随着风险和整合管理难度的增加，未来的项目经理将可能成为风险控制方面的专家。

3.3.1　项目经理的影响力

项目经理的角色多种多样，与其所处的环境有直接关系，不同的环境下需要运用不同的影响力，因此需要的技能也不同。如图 3-5 所示，项目至少需要在项目层面、组织层面和行业层面发挥相应的影响力。

1）项目层面

在这一层面，项目经理主要发挥"向下"影响力。项目经理负责领导项目团队实现项目目标和相关方的期望，因此项目经理要利用各种可用资源，以平衡相互冲突的制约因素。

项目经理要充当项目发起人、团队成员与其他相关方之间的沟通者，包括提供指导和展示项目成功的愿景。项目经理使用软技能（例如人际关系技能和人员管理技能）来平衡项目相关方之间相互冲突和竞争的目标，以达成共识，确保相关方支持项目决定和行动。

研究表明，成功的项目经理可以持续和有效地使用某些基本技能。这些项目经理之所以脱颖而出，是因为他们展现出了良好的人际关系和沟通技能以及积极的态度。

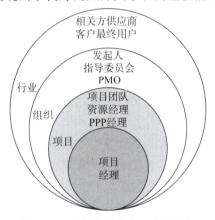

图 3-5　项目经理影响力范围示例

2）组织层面

在这一层面，项目经理主要发挥"横向"影响力。在组织中，项目经理需要积极地与其他项目经理互动。与其他项目经理互动有助于产生积极的影响，以满足项目的各种需求。这些需求可能是团队为完成项目而需要的人力、技术或财力资源和可交付成果。项目经理需要寻求各种方法来培养人际关系，从而帮助团队实现项目目的和目标。

项目经理在组织内扮演强有力的倡导者的角色。项目经理应与项目发起人合作处理内部的政治和战略问题，这些问题可能会影响团队或项目的可行性或质量。

项目经理可以致力于提高自己在组织内的总体项目管理能力和技能，并参与隐性和显性知识的转移或整合计划。项目经理还应致力于：

- 展现项目管理的价值；
- 提高组织对项目管理的接受度；
- 提高组织内现有 PMO 的效率。

项目经理还需与其他角色紧密协作，如组织经理、主题专家以及商业分析人员。在某些情况下，项目经理可以是临时管理角色的外部顾问。

3）行业层面

在这一层面，项目经理主要发挥"向外"影响力。项目经理应时刻关注行业的最新发展趋势，获得并思考这一信息对当前项目是否有影响或可用。这些趋势包括：

- 产品和技术开发。
- 新且正在变化的市场空间。
- 标准（例如项目管理标准、质量管理标准、信息安全管理标准）。
- 技术支持工具。
- 影响当前项目的经济力量。
- 影响项目管理学科的影响力。
- 过程改进和可持续发展战略。

3.3.2 项目经理的能力

PMI"人才三角"指出了项目经理需要具备的能力。人才三角重点关注三个关键能力组合：

- 技术性项目管理能力。与项目、项目集和项目组合管理有关的特定领域相关的知识、能力和行为，即角色履行的技术方面。
- 领导力能力。指导、激励和带领团队所需的知识、能力和行为，可帮助组织达成业务目标。
- 战略和商务管理能力。关于行业和组织的知识和专业能力，有助于提高绩效并取得更好的业务成果。

虽然技术项目管理能力是项目集和项目管理的核心，但 PMI 研究指出，当今全球市场越来越复杂、竞争也越来越激烈，只有技术项目管理能力是不够的。各个组织正在寻求其他有关领导力和商业智慧能力。来自不同组织的成员均提出，这些能力可以有助于支持更长远的战略目标，以实现赢利。为发挥最大的效果，项目经理需要平衡这三种能力。

 「扫码」阅读优秀项目经理的案例

1）技术性项目管理能力

技术性项目管理能力指有效运用项目管理知识实现项目（或项目集）的预期成果的能力。要获得项目成功，重要的是项目经理必须了解个人专长以及如何找到具备所需专业知识的人员。

研究表明，顶尖的项目经理会持续展现出几种关键能力，包括：

- 重点关注（项目集）各个项目中关键的（技术性）项目管理要素。最主要有：
-项目成功的关键因素
-进度
-指定的财务报告
-问题日志
- 针对每个项目裁剪传统和敏捷工具、技术和方法。

- 花时间制订完整的计划并谨慎排定优先顺序。
- 管理好项目基本要素，包括范围、进度、成本、资源和风险。

2）战略和商务管理能力

战略和商务管理能力是指运用战略思维准确定位整个组织及项目（组合、集）的目标、方向和重心并落地执行的能力。

IPMA（ICB4.0）定义了关于项目经理个人所需的三项能力（环境能力、行为能力和技术能力），其中的环境能力就包含了战略这一要素，该要素要求项目经理理解组织战略和战略管理过程，从服务于组织战略的高度来管理项目。该要素包含以下五项关键能力：与组织的使命和愿景保持一致，识别并利用各种机会影响组织战略，明确项目的立项理由并确保其持续有效，确定、评估和审核关键成功因素，确定、评估和审核关键绩效指标。

国内有学者把战略能力解读为以下四个维度[①]：环境认知、项目认知、战略认知和战略协同。

- 环境认知。一方面是评价项目背景，即项目所在组织内部的环境，包括启动项目的背景、组织的文化和组织的优劣势等。另一方面是评价战略环境，即项目所在组织外部的环境，包括宏观的政治经济状况、行业状况和各种相关方状况等。
- 项目认知。项目认知能力主要包括以下几点：①了解项目价值。了解项目对组织的益处，例如，项目将如何有助于组织战略目标的实现。②裁剪项目管理方法。根据项目的具体情况和实现项目价值的需要，制定最合适的项目管理方法。③保持向上沟通。让高级管理层始终了解项目情况，获取高级管理层对项目的重视和支持。④控制项目变更。针对组织内外部环境的变化和项目本身情况的变化来开展项目变更，确保项目能够产出价值，服务于组织的战略目标
- 战略认知。战略认知能力主要包括以下内容：①保持战略思维。始终把组织的战略方向和长远目标放在心上。②参与战略规划。关注可能影响组织战略的机会，争取参与组织战略规划工作和战略分解工作。
- 战略协同。战略协同能力的主要内容包括：①参与项目组合管理，以便了解本项目与其他项目之间的关系，了解其他项目对本项目的潜在影响，从而能够更好地考虑本项目该如何与其他项目配合来服务于组织战略。②评价战略一致性。定期或不定期地评价本项目符合组织战略的程度，特别是当组织战略发生变化时，或者其他项目的情况对本项目产生重大影响时。③参与战略调整。参与组织的战略调整工作既有利于确保项目与战略的协同，也有利于了解调整后的组织战略。

战略和商务管理能力可能还包括发展和运用相关的产品和行业专业知识。这种业务知识也被称为领域知识。这些能力可能涉及其他职能部门的工作知识，例如财务部、市场部和运营部。项目经理应掌握足够的业务知识，以：

- 向其他人解释关于项目的必要商业信息。
- 与项目发起人、团队和主题专家合作制定合适的项目交付策略。
- 以实现项目商业价值最大化的方式执行策略。

为确保组织战略与项目一致性，项目经理应考虑组织以下相关知识和信息：组织战略、组织使命、组织的目的和目标、组织战略中的优先级、策略、产品或服务（例如可交

---

① 张劲，汪小金.项目经理的战略管理胜任力 [J].项目管理评论，2020，31（4）：58-60.

付成果）等，以便将其运用于项目管理。

除了战略能力，同时项目经理还应确定为项目考虑哪些商业因素。项目经理应了解这些商业和战略因素会对项目造成的影响，这些因素包括：

- 风险和问题。
- 财务影响。
- 成本效益分析（例如净现值、投资回报率），包括各种可选方案。
- 商业价值。
- 效益预期实现情况和战略。
- 范围、预算、进度和质量。

通过运用这些商务知识，项目经理能够为项目提出合适的决策和建议。随着条件的变化，项目经理应与项目发起人持续合作，使业务战略和项目策略保持一致。

3）领导力

领导力包括指导、激励和带领团队的能力。这些能力可能包括协商、抗压、沟通、解决问题、批判性思考和人际关系能力等基本能力。随着越来越多的公司启用项目执行战略，项目变得越来越复杂。项目管理不仅仅涉及数字、模板、图表、图形和计算机系统方面的工作。人是所有项目中的共同点。人可以计数，但不仅仅是数字。

（1）人际交往。

人际交往占据项目经理工作的很大一部分。经理应研究人的行为和动机，应尽力成为一个好的领导者，因为领导力对组织项目是否成功至关重要。项目经理需要运用领导力和品质与所有项目相关方合作，包括项目团队、团队指导和项目发起人。

（2）领导者的品质和能力。

研究显示，领导者的品质和能力包括：

- 有远见、积极乐观；乐于合作。
- 通过以下方式管理关系和冲突：建立信任；解决顾虑；寻求共识；平衡相互竞争和对立的目标；运用说服、协商、妥协和解决冲突的能力；发展和培养个人及专业网络；以长远的眼光来看待人际关系是与项目同样重要；持续发展和运用政治敏锐性。
- 通过以下方式进行沟通：花大量的时间沟通（研究显示，顶尖的项目经理投入90%左右的时间是花在沟通上）；管理期望；诚恳地接受反馈；提出建设性的反馈；询问和倾听。
- 尊重他人（帮助他人保持独立自主）、谦恭有礼、友善待人、诚实可信、忠诚可靠、遵守职业道德。
- 展现出诚信正直和文化敏感性，果断、勇敢，能够解决问题。
- 适当时称赞他人。
- 终身学习，以结果和行动为导向。
- 关注重要的事情，包括：通过必要的审查和调整，持续优化工作；寻求并采用适用于团队和项目的优先级排序方法；区分高层级战略优先级，尤其是与项目成功的关键因素相关的事项；对项目的主要制约因素保持警惕；在战术优先级上保持灵活；能够从大量信息中筛选出最重要的信息。
- 以整体和系统的角度来看待项目，同等对待内部和外部因素。
- 能够运用批判性思维（例如运用分析方法来制定决策）并将自己视为变革推动者。

● 能够创建高效的团队、以服务为导向、展现出幽默的一面，与团队成员有效地分享乐趣。

（3）权术、权力和办好事情。

领导和管理的最终目的是办好事情。这些能力和品质有助于项目经理实现项目目的和目标。很多能力和品质归根究底就是处理政治的能力。政治涉及影响、谈判、自主和权力。

政治及其相关要素不局限于"好"与"不好"以及"正面"与"负面"之分。项目经理对组织运行方式的了解越多，就越有可能获得成功。项目经理应观察并收集有关项目和组织概况的数据，然后从项目、相关人员、组织以及整个环境出发来审查这些数据，从而得出计划和执行大多数行动所需的信息和知识。这些行动是项目经理运用适当的权力影响他人和进行协商之后的成果。有了权力就有了职责，项目经理应体察并尊重他人。项目经理的有效行动保持相关人员的独立自主。项目经理的行动成果就是让合适的人执行必要的活动来实现项目目标。

权力可能体现个人或组织的特征。人们对领导者的认知通常是因为权力；因此，项目经理应注意自己与他人的关系是非常重要的。借助人际关系可以让项目相关事项得到落实。行使权力的方式有很多，项目经理可自行决定。由于权力的性质以及影响项目的各种因素，权力及其运用变得非常复杂。行使权力的方式包括（但不限于）：

● 地位（有时称为正式的、权威的、合法的，例如组织或团队授予的正式职位）。
● 信息（例如收集或分发的控制）。
● 参考（例如因为他人的尊重和赞赏，获得的信任）。
● 情境（例如在危机等特殊情况下获得的权力）。
● 个性或魅力（例如魅力、吸引力）。
● 关系（例如参与人际交往、联系和结盟）。
● 专家（例如拥有的能力和信息、经验、培训、教育、证书）。
● 奖励相关的（例如能够给予表扬、金钱或其他奖励）。
● 处罚或强制力（例如给予纪律处分或施加负面后果的能力）。
● 迎合（例如运用顺从或其他常用手段赢得青睐或合作）。
● 施加压力（例如限制选择或活动自由，以符合预期的行动）。
● 出于愧疚（例如强加的义务或责任感）。
● 说服力（例如能够提供论据，使他人执行预期的行动方案）。
● 回避（例如拒绝参与）。

> **思考**
>
> 根据导入案例（Y 先生是成功的项目经理吗？）提供的材料信息，参考 PMI 人才三角，你认为 Y 先生已经具备哪些技能？他有没有欠缺的技能？如果有请列举。

在权力方面，顶尖的项目经理积极主动且目的明确。这些项目经理会在组织政策、协议和程序许可的范围内主动寻求所需的权力和职权，而不是坐等组织授权。

除了 PMI 人才三角，项目经理需要具备的能力可以从其他维度去理解，例如理解为胜任力，或者关键能力，如有兴趣可以进一步阅读相关的研究资料。

 「扫码」了解有关项目经理胜任力或关键能力——前沿研究

3.3.3 执行整合

执行项目整合时，项目经理承担双重角色：一方面，项目经理扮演重要角色，与项目发起人携手合作，即要了解战略目标并确保项目目标和成果与项目组合、项目集以及业务领域保持一致。项目经理以这种方式整合与执行项目。另一方面，在项目层面上，项目经理负责指导团队关注真正重要的事务并协同工作。为此，项目经理需要整合过程、知识和人员。

整合是项目经理的一项关键能力。重点关注以下三个不同层面发生的整合：过程层面、认知层面和背景层面。

1）过程层面的整合

项目管理可被看作为实现项目目标而采取的一系列过程和活动。各知识领域的过程，看似条块分割、泾渭分明，实则交叉重叠、相互交织、难分彼此。有些过程可能只发生一次（例如项目章程的初始创建），但很多过程在整个项目期间会相互重叠并重复发生多次。这种重叠和多次出现的过程，比如需求变更，会影响范围、进度或预算，并需要提出变更请求。范围控制过程和实施整体变更控制等若干项目管理过程可包括变更请求。在整个项目期间实施整体变更控制过程是为了整合变更请求。

虽然对项目过程的整合方式没有明确的定义，但如果项目经理无法整合相互作用的项目过程，那么实现项目目标的机会将会很小。

2）认知层面的整合

项目管理的方法工具众多，而特定的项目或项目问题可能是独特的。方法与问题之间可能不是"一对一"的关系，而是"多对一"的关系。因此，一方面项目经理应该尽可能全面地掌握项目管理各领域的知识和方法，另一方面需要将个人认知和能力进行整合。例如需要针对项目和问题的特点，将个人经验、掌握的项目管理知识和工具、个人领导风格、人际关系技能、擅长的沟通方法等整合为行之有效的策略。

3）背景层面的整合

与过去相比，当今企业和项目所处的环境有了很大的变化。项目背景的复杂性大大增加，多元文化、线上线下、虚拟与现实、新技术与传统技术、跨组织、跨职能、跨层级的复杂背景变得越来越常见。项目团队在指导项目团队进行沟通规划和知识管理时需要考虑这个背景所产生的影响。

在管理整合时，项目经理需要意识到项目背景和这些新因素，然后项目经理可以决定如何在项目中最好地利用这些新环境因素，以获得项目成功。

本章小结

1. 组织设计的相关理论经历了从古典理论、近代理论到现代理论的转变，而权变理论和社会技术系统学告诉我们，不存在一种结构类型适用于任何特定组织，特定组织的最终结构是独特的，不过，最佳组织结构必然是社会系统和技术系统平衡后的结果。

2. 传统组织设计原则可能已经过时，新的环境下，项目组织设计应以现代组织设计原则为基础，遵循目标统一、精干高效及稳定性与适应性相结合三个基本原则。

3. 职能型组织与项目型组织在很多方面表现出截然不同的特性，优缺点也正好相反，矩阵型组织试图结合以上两种的优点，但也避免不了带来新的缺点，选择项目组织时需要充分考虑项目本身特点和组织环境因素；同时也要不断优化原有组织，直到某个特定项目组织形式能够与项目和组织实现最佳匹配。

4. 随着企业内部越来越多的项目，各种管理问题频发，项目管理办公室成了一种必然的选择，不过要让项目管理办公室真正发挥好作用，必须先想清楚以下三个问题：应将其设立在组织内哪一层级、对所辖项目发挥多大控制和影响力以及项目成熟度。

5. 项目经理不能只考虑在项目内的角色，也要担负起项目外的相应角色，为此，优秀项目经理必须同时掌握技术性项目管理技能、领导力技能及战略和商务管理技能，并借助过程、认知和背景三个层面的整合以获得项目成功。

习 题

一、判断题

1. PMO 的职责包括制定项目管理标准、流程和方法论。 （　　）

2. 对于特定组织来说，必定存在一种通用的组织结构类型可以适用。 （　　）

3. 项目经理的影响力不应超出项目范围，即应主要发挥"向下"影响力。 （　　）

4. 一般来说，职能式组织结构不适用于环境变化较大的项目。 （　　）

5. 在项目式组织结构的公司中，其部门是按项目进行设置的。 （　　）

6. 项目管理过程中的各知识领域过程是相互独立的。 （　　）

7. 技术技能是项目管理人员必备的唯一核心技能。 （　　）

8. 领导力包括激励、指导和影响他人实现共同目标的能力。 （　　）

二、单选题

1. 容易造成多头领导的组织结构是（　　）。

A. 项目型 　　　　B. 矩阵型 　　　　C. 混合型 　　　　D. 职能型

2. 以下哪种项目组织结构适合规模较小、简单的项目？（　　）

A. 弱矩阵组织 　　B. 职能型组织 　　C. 强矩阵组织 　　D. 项目型组织

3. 以下哪种行为最能展现领导力？（　　）

A. 直接下达指令要求团队成员照着做 　　B. 激励团队成员充分发挥自己的能力

C. 忽视团队成员的建议和意见 　　　　　D. 避免与团队成员进行沟通和交流

4. 以下哪项不是项目经理的职责？（　　）

A. 制定项目预算   B. 领导项目团队

C. 制定公司财务政策   D. 与利益相关方沟通

5. 根据项目专业特点，将项目直接放在公司某一部门内进行的组织形式是（   ）。

A. 复合式   B. 项目式   C. 职能式   D. 矩阵式

6. 项目经理根据不同的管理对象和不同环境调整管理方式，这类管理方式属于（   ）。

A. 权变式管理方式   B. 保守式管理方式

C. 民主式管理方式   D. 人本式管理方式

7. 项目经理在哪种组织形式中权力最大？（   ）

A. 职能式组织   B. 项目式组织   C. 矩阵式组织   D. 协调式组织

8. 以下哪项不是 PMO 的职责？（   ）

A. 监督项目执行进度和成果

B. 提供项目管理培训和支持

C. 进行市场营销活动

D. 协调不同项目之间的资源分配和优先级

9. 某公司致力于各种智能机器人的研发工作，之前按传统项目管理方式进行，最近公司聘任了一位敏捷专家 TOM 帮助公司向敏捷转型。在对该公司的组织文化进行分析和评估之后，TOM 发现公司内部许多相关方都抗拒这个方式，TOM 应该（   ）。

A. 为团队提供敏捷培训

B. 同时指导所有项目向敏捷转型

C. 寻求赞同这一方式的高层管理者的支持

D. 确保工作划分为一个个孤立的模块

10. 项目团队 A 和项目团队 B 同时负责某大型项目工作，按照项目进度计划，项目应该在两年内完工。项目经理负责管理项目团队 A，最近他发现，团队中出现了大量离职的现象，这将对项目进度产生重要影响。经过调查，项目团队 A 的团队成员获得的技术补贴要远低于团队 B 的团队成员，且该补贴内容并未在合同中记录。因此，项目发起人表示既然合同中并未体现，那么他并不想插手此事。项目经理应该（   ）。

A. 上报发起人，请求裁剪项目范围以满足项目进度

B. 进行储备分析，启动管理储备支付技术补贴

C. 将该问题上报给项目集经理或 PMO

D. 重新制订项目进度计划

三、多选题

1. 社会技术系统学派认为，要提高生产效率与管理效果，组织应（   ）。

A. 强调技术系统的重要性

B. 对社会系统和技术系统进行有效的协调

C. 当社会系统和技术系统发生冲突时，应在社会系统中做出变革

D. 重点研究工业工程、人-机工程等方面的问题

2. 以下因素中倾向于支持使用项目型组织的是（   ）。

A. 项目规模大   B. 项目历时长

C. 项目具有独特性   D. 项目定位层次高

E. 项目成本高　　　　　　　　　　F. 组织经营理念倾向于客户至上

G. 控制幅度宽　　　　　　　　　　H. 项目管理组织的经验少

3. 项目管理办公室的主要职能包括（　　　）。

A. 组织开展项目前期工作　　　　　B. 提供项目所需资源

C. 协助解决项目问题　　　　　　　D. 负责项目实施和监控

E. 促进知识共享和传承

四、思考题

1. 针对项目管理内外部环境的变化，项目组织设计的原则发生了哪些变化？

2. 一家大的保险公司在考虑是否要在公司实施项目管理。其大部分项目所需时间为两周，而只有很少一部分能超过一个月。请问，这家公司的这种做法是否可取？

3. 一家公司决定使用矩阵结构来对公司进行全面的项目管理。请问，这种做法是否可行？这个矩阵是否能够部分地实施，也就是说，先在组织的某一部分实施，然后再逐步扩展到公司的其余部分？

4. 如何理解项目经理在项目外部发挥影响力的价值？举例说明。

5. 项目经理的三大技能之间有何关系？如何平衡？

延伸思考/素养话题

领导力是先天还是后天？

领导力是天生的吗？

有一个说法，幼儿园开始，在一群孩子中，总有一些孩子比其他孩子更受别人欢迎，他们精力更加充沛、胆子大、非常活跃、性格外向、好奇心强等，从小表现出领导潜质。

不过，伊利诺伊大学的最新研究发现，领导力是后天培养的而不是天生的，并且领导力的形成遵循特定的发展历程。伊利诺伊大学的教授 Kari Keating、David Rosch 和 Lisa Burgoon 提出一条培养领导力的有效路径。Keating 是该大学教授领导能力课程的老师，他说："在上了短短 15 周的入门课程后，学生已经学习到了领导力的三个关键要素：自我效能（self-efficacy），即对于自身领导能力的信心、技能（Skills）、当领导的积极性（Motivation to Lead）。"Rosch 说，最新研究显示，科学已被引入培养领导力的教学中。他解释道："就如一个三腿凳：我们称其为有准备、有意愿、有能力。学生首先要准备好学习做一个领导者；然后要愿意学习执行领导力的必备技能；最后要有能力去领导，因为他们已经具备了做领导的技能和积极性。除非一个阶段已经完成得非常好了，不然不可能直接跳到下一阶段。"他还补充说，如果在学习之初，学生的自我效能水平较低，比如他们会说，"我觉得我做不了领导"或者"我没有能力"，尽管在 15 周内，他们还没有强烈的意愿和足够的能力做领导，但是他们已经有了充分的心理准备。他强调："就像学习数学，如果不会代数的基础知识，也就不可能做微积分运算。这也说明，我们首先要在学生的前期准备上下功夫，这样他们才能在高级领导力课程上游刃有余"。Keating 说，已经准备好做领导的学生来上入门课的时候可能会说"我知道这些，我是领导"。他们都有不同的学习经历，甚至在履历平平时，他们依然有当领导的意愿。

结合以上材料，根据领导力的概念和内涵，1）谈谈你的观点：领导力是否是天生的？2）结合自己个性特点，谈谈哪些个人特质有利于展现个人领导力，哪些特质阻碍或损害领导力的发挥？

应用案例

SY 公司多项目管理难题

引言

2018 年 6 月 5 日凌晨两点，SY 公司副总办公室的灯依然亮着，王岩一脸愁容地看着桌上三份即将投标的项目计划书——Z 项目、H 项目和 D 项目。总经理吴明对每一个项目都势在必得，表示要抓住行业大发展的机会。然而在业务快速扩张、项目数激增的情况下，SY 公司以往单项目管理的经验与模式暴露出很多问题。

目前正在同时实施的三个项目由于优先级不明确，项目资源争夺与冲突不断。如果再加上这三个项目，公司资源越发紧张，管理将面临极大挑战，项目可能难以按时交付。王岩副总非常清楚，如果不能对项目进行合理取舍、有效配置资源安排施工，会出大问题。到底应如何开展多项目管理呢？他不禁满心忧虑，陷入沉思……

1. 快速发展，战略转型

SY 公司是一家剧场舞台专业系统集成公司，成立于 2008 年，主要承接国内剧场、剧院、文化中心内的舞台灯光、音响专业系统集成项目，总部位于北京。公司每年承接项目总数在 5 个左右，主要集中在北上广一线城市，项目总金额在 5 000 万元左右（多为政府投资）。单个项目金额多在百万级，一般为单一系统工程，同一时间只有一个项目进场施工。

2018 年 SY 公司提出三项新战略：一是稳固一线城市业务的同时，向二三线城市市场进行转移；二是迎合行业综合性发展要求，增强舞台机械领域施工实力，将公司打造成为一家可同时承接舞台机械、灯光、音响三个系统的综合项目的企业；三是突破承接政府投资项目的单一性，适当承接多元化投资项目，如承接地产投资的文旅类剧场项目。

但随着项目数量的暴涨，各类问题也接踵而来……

2. 各有千秋，难以选择

即将竞标的 Z 项目、H 项目和 D 项目却让王岩副总犯了难，三个项目各有优势，但也都有明显短板。第二天公司管理层会议上，王岩副总将准备好的文件投影在墙上（表3-2）。王岩说："我建议把每个项目进行细致分析后再做选择，不能再盲目求多，避免给公司今后的运营带来隐患和风险。"

表3-2　待投标项目对比

项目名称	基本情况	项目金额与结算方式	项目周期与利润率
Z 项目	国内第一个全欧式风格歌剧院，地处北京核心商圈，设备均为国际顶级，国外团队设计。承建舞台灯光系统	项目总金额 1 500 万元；Z 歌剧院是文化部九大院团之一，政府结算	3～6 个月，利润率 15%

续表

项目名称	基本情况	项目金额与结算方式	项目周期与利润率
H 项目	H 地产投资的国内大型的文旅项目地处海南；整个项目分为三期，本次为一期工程，每期项目间有着较强的技术连续性，交叉作业多。承建舞台灯光系统	项目总金额 5 800 万元；付款方式为 "10%首付款、30%进度款、20%竣工款、待整体项目审计结束后再付 35%尾款、质保金 5%三年后结清"	3 年，利润率 25%
D 项目	舞台机械、灯光、音响综合性项目，需配置总造价约 2 800 万元的机械设备；位于贵阳市	项目金额约 5 000 万元；付款方式为 "30%首付款、50%进度款、20%竣工款"；政府投资	1 年，利润率 35%

王岩说道："Z 项目建成后一定是国内的样板工程，但是这个项目竞争非常激烈，有 5～6 家公司同时参与竞标，且技术难度较高、施工周期短，利润率也不高。而 H 项目虽然便于日后跨界发展，但公司要垫付大量资金，可能会面临资金链断裂和收款遥遥无期的危险。D 项目的投资方、利润率、地理位置、综合性程度都无可挑剔，但是舞台机械技术难度很大，以我们目前的实力难以逾越，一旦后续技术不达标或是延误工期，公司将直接面临巨额违约赔偿。"

大家听完王岩的分析，市场部主管开口道："王总，这三个项目我们跟了很久了，咱们不能轻易放弃啊。H 项目机会难得，H 地产还投资有其他大规模文旅项目，抱上这条大腿以后项目可就源源不断了；D 机械部分辛苦技术部的同事多想想办法；实在不行可以放弃 Z 项目，毕竟万一做不好确实会影响公司声誉。"

"赞同。"技术部主管接过话头，"现在已经有人艺、首图、儿艺三个项目在实施，技术部人手非常紧张，不可能再支持三个新项目，尤其是 D 项目的机械技术问题根本不是加班和努力就能解决的；H 项目二、三期如果转交他人承包，那系统兼容和责任界定都是麻烦；而 Z 技术可实现，离公司近也便于人员调配，我觉得是个好项目。"

"把机械外包出去，"工程部主管说道，"完成 D 项目也不是没有可能。Z 技术难度不大，按照国家标准实施就好；倒是 H 项目，地产公司的项目现场一般比较混乱，付款时间也一拖再拖，需谨慎。"……

讨论了半天，也没出个结果。如何抉择？总经理让各部门回去继续深入分析。王岩回到办公室，揉了揉太阳穴，想起了上半年进场的三个项目的问题。

3. 多个项目，难以驾驭

人艺灯光系统、首图灯光系统和儿艺灯光系统三个项目几乎同一时间开始进场实施。没多久，各项目经理就因为资源分配的问题吵得不可开交。

以往单项目管理模式下，每个项目的项目经理只需要统筹好自己项目相关的资源需求，与采购部和技术部对接，遇到无法解决的问题时再汇报给工程部主管进行协调即可。然而多项目并行时，这种模式就行不通了。

每个项目经理都想在自己项目上预留更多的资源与缓冲时间，因此希望技术部提早做完技术方案交到现场进行调试、希望采购部能够优先把所需的物资下单到场，对于项目上配置的工程实施人员也是本着多多益善的原则。公司有限的资源无法满足全部项目需求，导致三个项目组之间争吵不断。

类似的问题也发生在采购部与财务部之间，由于公司储备资金有限，三个项目必须分批采购，否则会直接影响公司资金链的正常运转，而采购部如果不能按项目经理要求的时间订货就会直接影响项目现场的实施进度，势必导致工程延期，造成工程部的不满……一时间各个部门和项目经理都怨声载道。

4. 重建体系，初见成效

王岩意识到面对多个项目，单凭主观判断项目的技术难度和收益来取舍项目承接，仅靠以往单项目管理模式来配置资源配置，必会带来资源冲突和管理冲突不断，迟早会阻滞企业的可持续发展。在和部门和项目经理充分沟通的基础上，王岩创建了多项目选择和资源配置体系。

目前文化产业发展一片向好，公司应坚定地进行战略转型，承接项目应首先考察项目与公司战略的匹配度，保证做正确的事。在此基础上，从"对公司发展的影响""对公司收益的回报""项目成功的可能性"三个维度对项目进行二次评分筛选。对评分过低或者垫资量过大、利润率过低、技术难度过高的项目直接放弃。综合权衡后，公司最终决定竞标 D 项目、Z 项目。

对于多项目推进中的资源冲突问题，王岩认为应根据项目的优先级来分配资源。王岩结合紧急/重要性"四象限法"，优先筛选出紧急重要的项目；再构建三圈模型，从项目资金投入、项目回款和技术难度这三个维度分析确定其他项目的优先级，最终确定出同期进展的所有项目的资源分配顺序。

通过运用多项目战略匹配度以及三维度指标评分法对项目进行筛选，2019 年公司有效规避了一些与公司战略不符的项目；同时，基于优先级排序匹配资源后，项目群进展较为顺利，公司资金链安全性得到提高，公司整体收益获得提升。

5. 尾声

眼看公司多项目管理转型步入正轨，王岩的心里终于松了一口气。然而 2020 年新年伊始，一场突如其来的疫情打乱了原本的节奏，先是公司员工全部居家办公，多数项目被迫停止，项目启动时间待定；一些员工滞留家乡无法到岗，人手不足；紧接着供货商说无法按时供货，项目成本难以准确计量；跟了好几个月即将开始竞标的项目也说要推后；此前完工的项目单位不开工，收不到回款……王岩又焦虑了起来：疫情当前，多项目管理该何去何从？王岩觉得应该尽快想出新的解决方案。（素材来源：中国案例共享中心，作者：邹艳等）

思考题：

1. SY 公司适用于哪一类项目组织类型？并尝试画出该公司的组织架构图（体现多项目管理）。

2. 如何评价王岩副总的多项目选择方法？

3. 该公司有必要设立项目管理办公室（PMO）吗？说明你的理由。

4. 依据案例材料，判断王岩副总是一个怎么的人，能力如何？

第二篇　核心篇

第4章　项目范围管理

学习目标

知识目标	能力目标	素养目标
1. 了解项目范围管理的概念和重要性 2. 了解并区分范围管理的主要过程 3. 理解并区分各过程中核心组件的作用 4. 了解需求、项目范围、项目目标之间的关系 5. 了解范围变更的主要原因	能根据项目治理要求、需求稳定性及开发方法等因素，熟练运用范围管理方法和工具，制定和实施范围管理规划并解决项目中的范围问题。	能认知项目范围、项目边界的逻辑关系以及守住边界的重要性，树立边界意识，提高自我价值感，改善人际关系。

关键概念

项目范围、范围说明书、工作包、控制账户、工作分解结构（WBS）、范围基准、绩效测量基准、需求跟踪矩阵、备选方案分析、多标准决策分析

知识图谱

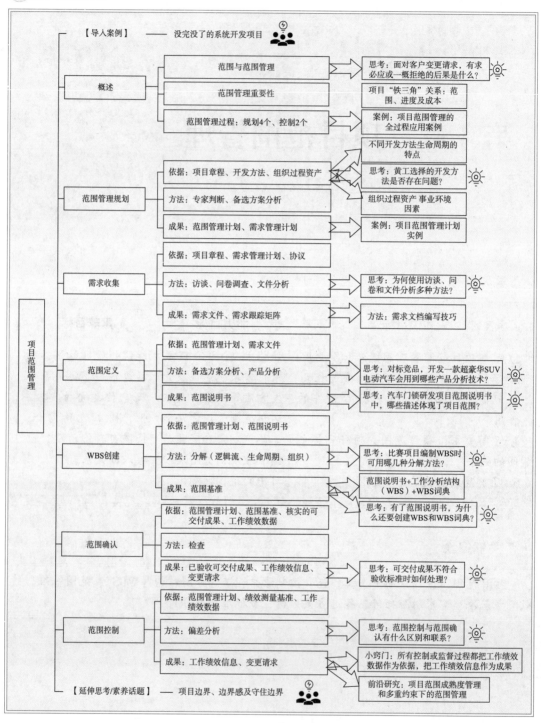

 **导入案例**

没完没了的系统开发项目

黄工负责某基金投资公司的一个证券分析系统项目的研发，率领项目组进驻该基金公司进行研发已经快一年了，现在项目已经接近尾声，但客户似乎并没有项目交付的意思。

从系统试运行那天起，用户就不断提出新需求，似乎总是有新的需求要项目研发方来做，基金公司的经理在试用系统时，经常把自己的新思路讲给黄工，要求优化系统的功能，项目变成了一个无底洞，没完没了地往下做。

黄工要求结项，但基金公司以系统功能没有满足需求为由而推迟验收，要求继续完善。黄工查阅了项目开发合同，但合同中并没有对需求的详细描述。此时，国家新出台了一项投资法规，依据这个法规，系统的一些功能肯定又要修改，虽然这些功能不影响系统的正常运行，但这些功能需求似乎仍在合同规定的范围之内，这些功能的需求开发也需要大量的时间和人力。黄工认为，含糊的需求和范围经常性的变化严重影响了项目的进展，他必须寻找良策以管理范围，促使项目早日完工。

思考题：

1. 指出项目管理中存在什么问题？
2. 你建议黄工如何解决问题？

4.1　概　述

项目范围管理是一系列过程，始于需求，终于成果，目的是确保项目的成果能够满足相关方的需求。为实现项目的成果，既要考虑所开展的项目工作能够实现成果，又要确保所开展的工作是必不可少的，而不是可有可无的。为此，项目范围管理必须紧紧围绕相关方的需求，确定产品范围，再依据产品范围来确定工作范围，即项目范围，而且这一过程可能是一个反复多次的过程，直到最终的产品得以确认。

4.1.1　范围与范围管理

项目范围是指为交付具有规定特性与功能的产品、服务或成果而必须完成的工作。其核心是在项目中区分哪些工作该做和哪些工作不该做，因此也被称为工作范围。

与之相关的另一个概念是产品范围，所谓产品范围通常是指项目最终要完成的特定成果，该成果包含了一系列功能和具体特性要求。例如研发出一种新型电子产品、为企业定制的软件系统、学校的毕业晚会等。可以是单纯的产品，也可以是单纯的服务，或是产品与服务的组合。而产品范围是依据需求来确定的，无论是外部客户还是内部客户，不同客户会有不同的需求，同一客户也会在不同时期产生不同需求，即便是在项目实施期间也是这样，需求的变化可能会导致产品范围的变化，而且一旦产品范围发生变化，项目范围也必然需要随之改变，否则就会导致项目失败。

由以上概念可知，项目范围、产品范围、客户需求及项目目标的关系可以用图4-1来表示，项目做且只做必要的工作以实现产品特定功能和特性要求，而产品范围做且只做那些能满足客户需求部分，满足客户需求是项目的主要目标，以上三个部分又都要围绕项目目标的实现而展开。

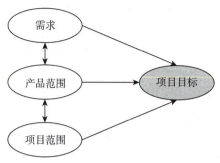

图 4-1　项目范围、产品范围、客户需求及项目目标的关系

项目范围管理是指确保项目做且只做所需的全部工作，以成功完成项目的各个过程。管理项目范围的主要任务就是定义和控制哪些工作应该包括在项目内，哪些不应该包括在项目内；项目范围管理应当避免两类错误，一是不该做的工作做了，二是该做的工作却没做。

💡 **思考**

设想项目范围管理（如导入案例中的系统开发项目）可能出现的两个极端现象：一种是，满足相关方所有的变更请求，即"有求必应"；另一种是，拒绝相关方的全部变更请求，"一概拒绝"。请分析以上两种做法可能的好处和坏处分别是什么？

当然，不同项目在范围管理上可能具体在使用上有所不同，例如面对使用不同开发方法时，预测型方法与适应型方法可能有明显不同，具体如下（表4-1）。

表 4-1　两种不同开发方法下项目范围管理的差别

开发方法 范围区别	预测型方法	适应型方法/敏捷型方法
生命周期	项目开始时建立范围基准，后续（在监控期）通过变更控制，实现渐进式范围变化	通过多次迭代来开发可交付成果，每次迭代都会有需求收集、范围定义、WBS 创建，范围确认和范围控制
范围基准	以经过批准的范围基准（范围说明书、WBS 等）作为范围确认和变更控制的基础	以未完项（包括产品需求和用户故事）反映需求
相关方参与	前期只需要相关方在需求定义时参与，后续少量间断性参与	需要相关方持续参与

4.1.2　范围管理重要性

范围管理是项目管理的基础，范围管理计划也是其他项目管理计划的关键输入，例如进度计划、成本计划（预算）、质量计划、采购计划、资源计划等几乎都严格依赖并建立在范围管理计划（尤其是范围基准）的基础之上，没有范围基准就没有办法制定其他项目管理计划，范围的任何变动必然引发其他项目管理计划的变动，因此对范围进行有效控制是项目范围管理的任务之一，否则就会导致项目计划脱节。

另外从范围管理的效果影响来看，范围管理对内既影响项目进度，也影响项目资源占用和成本费用开支，对外会影响客户满意度。

（1）影响项目进度。如果不该做的工作却做了，投入的人力、物力和财力看不到产出，不被相关方认可，走了一大堆弯路才发现项目团队做了很多的"无用功"，当发现问题时再来调整，进而引发内部员工质疑、抱怨，导致团队士气下降，项目进展缓慢。

（2）影响项目成本。如上所述，不能产生额外的价值，而且也会造成人力、物力消耗增加，成本费用增大。

（3）影响客户满意度。项目范围由产品范围决定，产品范围由客户需求决定，项目范围管理出现问题，该做的工作没做，直接后果就是产品功能或特性达不到客户要求，导致客户不满意或满意度低。

如果范围管理出现严重问题，例如范围管理失控，项目范围不断蔓延，不仅会导致项目进度延后、超期罚款、成本不断上升，而且也会导致客户的投诉、抱怨，更严重的可能会导致合同纠纷和企业声誉受损等问题。所以做好项目范围管理是项目成功的关键，也是做好进度、成本等其他相关领域管理的重要前提和基础。

不仅如此，项目范围与项目进度、项目成本之间存在紧密的关联关系，这三者中任何一个因素的变化会引发其他两个因素的变化，具体可以用"项目三角"或"铁三角"来描述（图4-2）。例如扩大项目范围必然导致项目成本增加和（或）进度延迟；赶进度可能导致项目成本增加或要求压缩项目范围，例如项目进度须提前完成，则要么缩小项目范围，要么增加项目预算成本。要想控制项目成本，就得控制好项目范围和项目进度。因此，考虑这个三角关系，应谨慎对待其中任何一个因素的变化，预估引发的系列后果并提前做好应对计划。

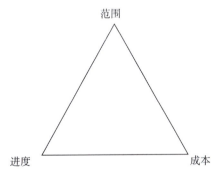

图 4-2 范围、进度、成本之间的三角关系

正是因为项目范围管理非常重要，尤其是大型项目（如 EPC），范围管理好坏直接关系到项目的成败，因此，如何更好地管理好项目范围，相关的前沿研究也一直在探索中。

4.1.3 范围管理过程

范围管理过程包括范围管理规划、需求收集、范围定义、范围确认和范围控制五个部分，其中前三个部分归属于规划过程组，范围确认和范围控制属于控制过程组，具体如表4-2所示。

表4-2　范围管理的过程组划分

项目管理过程组				
启动过程组	规划过程组	执行过程组	控制过程组	收尾过程组
	范围管理规划 需求收集 范围定义		范围确认 范围控制	

「扫码」阅读范围管理的全过程应用案例

4.2　范围管理规划

本过程的目标是，通过编制范围管理计划和需求管理计划，为范围管理过程中如何定义、确认和控制项目范围及产品范围提供指南。范围管理规划是项目管理规划的重要组成部分。范围管理规划的过程包括依据、方法及成果三部分，具体见表4-3。

表4-3　范围管理规划过程

依据	方法	成果
项目章程★ 项目管理计划 　●质量管理计划△ 　●项目生命周期描述△ 　●开发方法★ 事业环境因素△ 组织过程资产★	专家判断★ 数据分析 　●备选方案分析★ 会议	范围管理计划★ 需求管理计划★

注：
①本书中符号"★"表示核心组件，"△"表示特殊类非核心组件。
②为突出重点，在项目过程的依据和成果中，只针对标有"★"和"△"符号的组件进行具体介绍。
③考虑到方法这一部分在本书的重要性，所有组件都会介绍，标有"★"号的组件会进行重点介绍。

本过程的典型操作是，规划者根据项目章程中项目高层级需求的描述并参考执行组织范围管理的政策、程序和经验教训，先了解不同开发方法（预测型、适应型或混合型）的特点，然后利用备选方案分析这些方法的优劣势，再选择适合当前项目的开发方法，或者依据项目章程和组织过程资产，在征求专家意见基础上借鉴以往类似项目的开发方法并做适应性的调整。待开发方法选定之后进一步对后续过程（需求收集、范围定义和分解、创造产品、范围确认及范围控制）的不同方法进行备选方案分析，选择最佳方法，最后，在此基础上制订范围管理计划和需求管理计划。

4.2.1　范围管理规划的依据

在本过程的依据中，项目章程提供了方向和指南，组织过程资产提供了借鉴和参考，开发方法提供了核心内容和关键选择，其他组件会对本过程有不同程度的影响。

（1）项目章程。项目章程指由项目启动者或发起人发布的，正式批准项目成立，并授权项目经理使用组织资源开展项目活动的文件。它记录了关于项目和项目预期交付的产品、服务或成果的高层级信息。项目章程中包含了与项目有关的关键信息，例如目的、主要成果、成功的标准、边界定义、假设条件和制约因素等，具体详见 2.1.3 节。

（2）项目管理计划。

● 质量管理计划（具体详见 7.2）。该计划中有关组织的质量政策、方法和标准的方式也会影响管理项目和产品范围的方式。

例如某行业中 A、B 两家公司，其中 A 公司在竞争中强调"质量领先"，而 B 公司则强调"成本领先"。同样是新产品研发项目，A 公司可能会有更高的质量标准、更严格的质量审查流程和更为复杂的测试过程，相比 B 公司而言 A 公司的新品研发项目范围可能会更大或存在较大差异。

● 项目生命周期描述。项目生命周期描述了项目从开始到完成所经历的一系列阶段，是项目管理计划的一部分。例如预测型与适应型开发方法会分别采用不同的生命周期模式，而且不同行业的项目会采用不同的生命周期或者使用行业成熟的生命周期划分方法，特殊项目甚至还会探索开发全新的生命周期，以满足项目自身的需要。

● 开发方法。开发方法指在项目生命周期内用于创建并改进产品、服务或成果的方法，例如预测型（瀑布型）、迭代型、增量型、敏捷型（适应型）和混合型等方法，不同开发方法对应着不同的范围状态，参见表 4-4。

表 4-4 不同开发方法的生命周期特点

方法	变更程度	交付次数	目标	适用范围
预测型	低	少	管理成本	需求明确、确定性高的项目
迭代型	高	少	解决方案的正确性	复杂性高、变更频繁的项目
增量型	低	多	速度	客户愿意接受一部分成果，不愿等待全部完成
敏捷型	高	多	通过频繁交付和反馈来交付客户价值	仍在发展中的项目

💡 思考

导入案例中，黄工管理的系统开发项目，在选择开发方法上是否存在问题？请说明理由。

（3）事业环境因素。事业环境因素指项目团队不能控制的并且将对项目产生影响、限制或指令作用的各种条件，包括内部和外部因素，这些因素可能会提高或限制项目管理的灵活性，并可能对项目结果产生积极或消极影响。有些内外部环境因素可能会影响项目范围，如组织文化、基础设施、人事管理制度、市场条件等。

例如上述 A 公司因为配置的硬件设施比较齐全，在新产品研发项目中不需要再单独考虑购置质量性能方面的测试设备，而有的小企业在类似研发项目中，可能需要将此类测试设备的购置或租赁考虑进来，以确保研发过程的顺利推进。

（4）组织过程资产。组织过程资产指执行组织所特有并使用的计划、过程、政策、程序和知识库，会影响对具体项目的管理。这里是指执行组织可用于指导（或规范）项目范围管理工作的程序、政策和经验教训知识库。

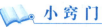 **小窍门**

> 在所有项目规划过程中，项目章程和组织过程资产不仅是该过程的输入组件，而且是核心组件。原因是前者既是执行组织与需求组织之间合作关系的集中体现，又是前期项目启动阶段的重大成果。后者代表所在组织在项目知识资产方面的长期积累，是未来项目成功的重要保证。

例如同样是新产品研发项目，如果 A 公司有零部件标准化的制度规范，在新产品研发项目中，像紧固件这类部件必须优先使用已有的系列标准紧固件，而在其他公司可能交由研发团队自行决定紧固件的设计要求，这样看来，即便是同类研发项目在不同企业也会因为组织过程资产的不同导致项目范围存在明显差异。

组织过程资产和事业环境因素是大多数过程的输入，之间尽管有着显著差异，但也存在一些联系，甚至有一定的交叉和重叠，因此有时很容易产生混淆。为此，将两者进行简单比较，如表4-5所示。

表4-5　组织过程资产与事业环境因素的比较

项目	组织过程资产	事业环境因素
内容	过程、政策、程序，知识库	设施、条件、环境、因素
特点	可选择、可裁剪、可更新	不能选择、不可裁剪、只能适应
作用	（主动）获取帮助	（被动）受到制约

★补充：例如组织表单模板，当仅供参考使用时其为组织过程资产，当需要严格按照模板编辑表单时其为事业环境因素。

4.2.2　范围管理规划的方法

范围管理规划的方法是专家判断、数据分析和会议，根据实际情况可以选择其中一部分或全部使用。

1）专家判断

专家判断是指基于某应用领域、知识领域、学科和行业等的专业知识而做出的，关于当前活动的合理判断。这些专业知识可来自具有专业学历、知识、技能、经验或培训经历的任何小组或个人。任何为项目提供专业知识、技能的集体和个人均属于专家范畴，获得渠道包括：

◆组织内的其他部门（例如营销类专家、技术类专家、管理类专家、商业经营类专家、战略类专家、财务投资类专家等）

◆顾问

◆相关方，包括客户或发起人

◆专业与技术协会

◆行业协会

◆主题专家

◆项目管理办公室（PMO）

项目管理者要善于利用内外部专家资源，在启动、规划、执行、监控和收尾整个项目管理生命周期中，尤其在项目启动和规划阶段充分运用专家，将未知变为已知，一开始就做对，提高决策水平。在执行和监控阶段，利用专家判断妥善处理各种复杂的技术和管理问题，从而提高项目成功率。在收尾阶段，善用专家归纳、提炼成功经验和失败教训，不断提高组织和个人的项目管理成熟度。不过，需要注意的是实践中专家做出的判断往往也会有主观性、偏好性和经验导向，项目经理需综合分析各方意见，做出最终决策，毕竟是项目经理对整个项目负责。

在这里，专家判断需要用到类似项目的项目经理，或是相关行业、学科和应用领域的专家。

2）数据分析

这里是指备选方案分析。本技术用于评估需求收集、详述项目和产品范围、创造产品、范围确认和范围控制的各种方法。

备选方案分析是一种对潜在方案进行评估的技术，用来对各种方案进行筛选。主要作用是评估各个领域的内容、方法、步骤是否是最合适的，并做出恰当的选择。很多活动有多个备选的实施方案，例如：

◆资源能力（内部开发或开发外包）

◆技能水平（新手或熟手）

◆不同规模或类型机器

◆不同工具（手工或自动）

◆进度压缩技术

◆关于资源自制、租赁或购买的决策等

如果现在使用的方案没有达到预期效果，可以通过回溯，查看未满足要求的关键点，查看是否有替代方法，可以让项目达到预期。

备选方案分析需要先列出满足条件的所有的方案或方法，再根据标准进行评估，得出各方案的预估效果，做方案比较，最后综合判定。举例：如表 4-6 所示，某一项目在规划时，在原有规划基础上提出了 6 种优化方案，并分别从投资、工期和利润的三个方面进行了评估。从表格中可以看出，如果希望项目投资少、工期快，那么方案 2 可能是最佳选择，其他方案或需要追加投资或工期长；如果希望获得更高利润，方案 5 可能是最佳选择，其他方案明显利润相对较少。

表 4-6　项目备选方案分析举例

方案序号	方案名称	追加投资/元	完工时间/月	项目利润/元
1	无变化	0	6	1 000 000
2	聘请高薪者	0	5	105 000
3	翻新设备	10 000	7	110 000
4	购买新机器	85 000	9	94 000
5	改变规格	0	5	125 000
6	转包合同	0	6	103 000

（资料来源：改编自项目管理：计划、进度和控制的系统方法（第 12 版））

3）会议

项目团队可以参加项目会议来制订范围管理计划。会议的目的可以是收集和传达信息、分享观点建议、讨论策略、解决问题、制订计划等。参会者可包括项目经理、项目发起人、选定的项目团队成员、选定的相关方、范围管理各过程的负责人，以及其他必要人员。当然把会议与专家判断或备选方案分析结合起来也是一种可行选择。

4.2.3 范围管理规划的成果

1）范围管理计划

描述如何定义、制定、监督、控制和确认项目范围，即就以下工作如何开展做出安排：

◆制定项目范围说明书

◆根据范围说明书创建 WBS

◆正式验收已完成的项目可交付成果

◆确定如何审批和维护范围基准

项目范围管理计划是项目管理计划的组成部分，范围管理计划可以是正式或非正式的，非常详细或高度概括的。通常范围管理计划要考虑以下几个方面：哪些人（主导、配合）、遵照哪些规则、以什么方式、参考什么框架/模板、按照什么流程/步骤，开展项目范围管理的系列工作。

2）需求管理计划

需求管理计划是项目管理计划的组成部分，描述将如何分析、记录和管理项目和产品需求。

需求管理计划与范围管理计划分开制订，有必要单独制订需求管理计划，一方面是因为范围管理计划以对内管理为主，而需求涉及对外管理；另一方面是因为需求管理的重要性。如果合并在范围管理计划中，可能会被忽略或不被重视，只有单独列出来，才能避免被弱化或淡化，能够被项目经理重视。

需求管理计划主要明确以下关键要素：

◆项目团队成员的角色和职责

◆定义需求收集和分析过程

◆如何记录和跟踪需求

◆需求如何传达给相关方

◆验收标准和验证过程

◆变更控制过程

思考

选择适合特定项目的开发方法时，如何考虑不同因素（如项目复杂程度、客户需求和期望、团队技能、时间和资源限制等）的影响？

4.3 需求收集

本过程的主要目标是，通过编制需求文件和需求跟踪矩阵以记录、确认并管理相关方需求。这包括明确需求来源并确定其具体需求，并详细准确描述需求属性，并对需求的优先级进行排序。全面准确的需求是项目成功的保证，也是项目最终获得相关方认可并获得项目价值最大化的必然要求。产品范围和项目范围均建立在需求的基础上，无论这种需求是外部需求还是内部需求。

这里的需求是指根据特定协议或其他强制性规范，产品、服务或成果必须具备的条件或能力。它包括发起人、客户和其他相关方的已量化且书面记录的需要和期望。必须足够详细地探明、分析和记录这些需求，将其包含在范围基准中，并在项目执行开始后对其进行测量。需求将成为工作分解结构（WBS）的基础，也将成为成本、进度、质量和采购规划的基础。

需求的收集要考虑多个来源并有多种方法可供使用，目前不同行业、不同组织没有标准和统一的做法。总体上，需求收集是一个渐进式过程：从不确定到确定，从模糊到清晰，从粗略到详细。需求收集的过程往往面临很多困难和挑战，例如，相关方对需求的理解有一定的模糊性、动态性，表达时可能会有不清晰、不准确现象，甚至可能前后矛盾，收集人记录需求时也要结合自己的理解进行，难免带有个人偏好和选择倾向，加上需求描述对表达能力也有较高要求，不同相关方的需求有时会相互冲突，要克服以上问题和困难，需要灵活运用多种工具方法并相互验证，以保证需求收集的全面和准确。

需求收集的过程如表 4-7 所示，包括依据、方法及成果。

表 4-7　需求收集过程

依据	方法	成果
项目章程★ 项目管理计划 　●范围管理计划 　●需求管理计划★ 　●相关方参与计划△ 项目文件 　●假设日志△ 　●经验教训登记册△ 　●相关方登记册△ 商业文件 　●商业论证△ 协议★ 事业环境因素 组织过程资产	专家判断 数据收集 　●头脑风暴 　●访谈★ 　●焦点小组 　●问卷调查★ 　●标杆对照 数据分析 　●文件分析★ 决策 　●投票 　●独裁型决策 　●多标准决策分析 数据表现 　●亲和图 　●思维导图 人际关系与团队技能 　●名义小组技术 　●观察/交谈 　●引导 系统交互图 原型法	需求文件★ 需求跟踪矩阵★

需求收集的典型操作是，项目团队依据需求管理计划中的相关安排，先运用文件分析

法从项目章程、协议、商业论证等文件中获取相关方的需求信息，然后通过问卷调查、访谈等方法进一步了解并确认相关方（例如顾客、用户）需求，并将这些需求记录在需求文件和需求跟踪矩阵中，以便后续过程对其进行管理和跟踪。

4.3.1 需求收集的依据

很多时候，项目经理和项目团队在进驻项目前并没有参与项目启动前期工作，所以对于项目需求并不了解，但其实项目需求已经部分得以确立，对项目团队来说需求收集工作并非从零开始。通常情况下是先整理汇总现有资料中已有的需求信息，在此基础上再开展进一步的需求收集。

在本过程的依据中，需求管理计划方法指南、项目章程和协议提供了核心内容，其他组件对本过程有不同程度的影响。

1）项目章程

项目章程（参见 2.1.3 节）记录了一些简略的、高层级的需求信息，例如项目概述部分会对项目的目标、背景、业务需求和预期成果进行描述。另外章程会列出项目的关键需求和预期结果。这些需求通常是以总体性描述的形式呈现的，不涉及具体的技术细节。以上需求信息有助于项目团队在此基础上制定详细需求。

2）项目管理计划

●需求管理计划。需求管理计划描述了如何收集、分析、确认、变更及跟踪项目需求的信息，为需求收集提供了具体方法指南。

●相关方参与计划。从相关方参与计划中了解相关方的沟通需求和参与程度，以便评估并适应相关方对需求活动的参与程度。

3）项目文件

●假设日志。假设日志是在整个项目生命周期中用来记录所有假设条件和制约因素的项目文件。其中假设条件是指无需验证即可视为正确的条件，限制因素是指限制项目团队选择余地的内外部因素，包括主客观因素。假设日志中对项目的假设条件会影响需求。譬如，假定公司给予的项目经费低于项目实际预算，那么项目团队就不得不对需求进行压缩，这就影响到需求了。假设条件是基于已有信息和经验进行的，但并不代表它们是事实或确切的情况。在实际执行中，我们应该根据实际情况对假设条件进行验证和调整。本过程中假设日志识别了有关产品、项目、环境、相关方以及会影响需求的其他因素的假设条件。

●经验教训登记册。作为项目文件之一的经验教训登记册创建于项目初期，在整个项目期间，它可以作为许多过程的成果而不断添加和更新。同时也作为很多过程的输入，目的是避免犯重复性错误并改进项目绩效。在项目或阶段结束时，经整理后部分可归入经验教训知识库，成为组织过程资产的一部分。经验教训登记册可为本过程提供有效的需求收集技术，对用迭代型或适应型开发方法的项目来说，建立经验教训登记册并在团队内部积累和利用经验比外来经验效果更好，因为上述开发方法更加依赖隐性知识。

●相关方登记册。相关方登记册用于了解哪些相关方能够提供需求方面的信息，及记录相关方对项目的需求和期望。

4）商业文件

影响需求收集过程的商业文件是商业论证，它描述了为满足业务需要而应该达到的必要期望及可选标准。

5）协议

协议中描述了项目和产品需求的有关信息。

4.3.2 需求收集的方法

需求收集是一个复杂且可能没有标准方法的过程。可选方法很多，实际用到的方法也很多。一方面是因为不同项目的需求差异很大，没有一个方法可以做到既适用不同类型的行业和项目又能收集到项目需求的全面信息。另一方面，需求本身也会比较复杂且具有独特性，好比盲人摸象一样，每个人摸到的（每种方法收集的需求）都有一定的局限性，也许只是大象（项目需求）的一部分，综合大家的意见（不同的方法）才能"窥见"大象（需求）全貌。

1）专家判断

在需求收集阶段，需要很多不同领域的专业知识或专家意见，例如商业分析师可以指导和分析项目的商业运作背景和计划，从而帮助项目团队从商业和市场角度理解项目需求；在需求获取、分析及需求文件制作时，最好有做过类似的项目需求的专家协助项目团队完善需求收集过程；在图解技术、引导和冲突管理方面的专家可以指导团队有效地进行数据表现和处理需求收集过程中可能面临的沟通和人际关系冲突问题。

2）数据收集

数据收集的方法有头脑风暴、访谈、焦点小组、问卷调查及标杆对照。

• 头脑风暴：适用于创新型项目，这类项目的需求往往是非结构化的，也没有太多类似项目经验可以借鉴。

• 访谈：一般适用于常规项目，且需求相对集中于若干相关方，或作为其他方法的重要补充，以便深入了解相关方的需求信息。

• 焦点小组：也称小组座谈法，由一个经过训练的主持人以无结构、自然的形式与邀请的相关方和主题专家，就项目的产品、服务或成果进行互动式、启发式讨论。目的是深入了解参与者的观点、意见、期望和态度，通过集体讨论来获取多样化的观点。

• 问卷调查：指设计一系列书面问题，向众多受访者快速收集信息。作为需求收集的工具，往往针对一些受众面较广又相对分散的群体时使用。

• 标杆对照：运用该方法需要一定的前提条件，那就是先要找到在需求收集方面有可借鉴经验的标杆项目，识别出最佳实践，标杆项目可来自组织内部或外部。

3）数据分析

这里的数据分析是指文件分析，通过审核和评估相关文件，识别出需要的信息，与需求相关的文件中，有些文件包含需求的直接信息（如协议、商业计划），有些文件提供了规则规范方面的需求信息（例如业务流程、业务规则库、政策程度、法规文件等），有些是提供了有借鉴参考意义的需求信息（例如建议邀请书、用例、问题日志等）。

4）决策

决策的方法有投票、独裁型决策以及多标准决策分析。

投票常用于某些需要民主式表决的场合，例如技术领域，对产品或服务需求进行排序时也经常使用投票，上述领域如果采用中央集权式决策（独裁型决策）效果往往更糟糕，相比之下投票更科学或更符合民意。

独裁型决策适合在决策最终需要有人承担最终责任和风险时才会使用，如果无法找到其他方法进行科学、民主的决策，则只能交由领导来裁决，因为领导是最终责任的承担者，下属是无法代替领导来承担决策引发的责任的。

多标准决策分析也是一种量化分析技术，利用多指标加权评估，找出影响决策的多个标准，设立多重指标，并给出合理的权重，最后进行综合评分，排序后即可得出各个决策的好坏或是优先序。

5）数据表现

• 亲和图又称 KJ 法或 A 型图解法，是一种用来对大量创意进行分组的技术，以便进一步审查和分析。头脑风暴用来提出设想，而亲和图则用来整理这些设想（图 4-3），换句话说，在头脑风暴的基础上可以使用亲和图把这些新奇的主张进行分门别类，并根据亲近关系排列，将整个数据信息以结构化或半结构化形式展现出来，避免了杂乱无章，更加方便理解。

• 思维导图是一种可视化工具，用于组织和展示思维过程中的概念、想法和关系。它以中心主题为起点，通过分支和节点的方式展示相关的子主题和关联信息。思维导图的主要目的是帮助人们整理复杂的思维内容。在本过程中，思维导图主要用于整理创意，在头脑风暴中获得大量创意后，把这些创意整合为一张思维导图，用来反映创意之间的共性与差异，并在此基础上激发新创意。

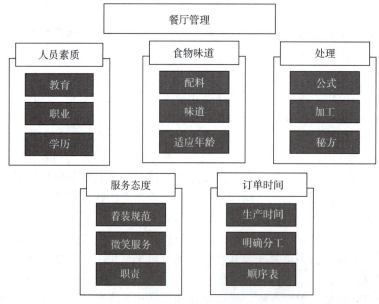

图 4-3 亲和图示例

6）人际关系与团队技能

在处理人际关系和团队方面，需要用到名义小组、观察/交谈、引导等方法。

• 名义小组技术。名义小组技术（NGT）是一种结构化的小组头脑风暴方法，用于产生问题的想法或解决方案并确定其优先级。它涉及一组参与者，他们各自产生想法，在小组内分享和讨论。然后对这些想法进行集体评估和排序，以确定最重要或可行的选项。该技术经常用于决策过程和解决问题的会议，以确保所有小组成员的平等参与，并促进产生多样化和创造性的想法。

● 观察/交谈。观察/交谈指直接观察个人在他们的工作环境中如何完成任务和执行流程。当产品使用者无法明确表达他们的需求时，观察变得尤为重要，通过观察可以了解他们的工作细节。观察也被称为"工作跟随"，通常由旁观者观察业务专家的工作方式，但也可以由"参与观察者"通过实际执行流程或程序来体验并发现隐藏的需求。

● 引导。引导指通过指导、引领或指示等方式，帮助他人或团体朝着特定的方向发展或行动。其包括提供信息、建议、指导或示范等人际关系技能，以帮助他人或团队做出决策、解决问题或达到目标，常应用于非结构化的场景中。在需求收集过程中，涉及跨职能需求可能存在需求上的差异，因此可以利用研讨会来协调相关方的需求差异，引导的作用是帮助大家建立信任、改进关系、改善沟通，从而在研讨会上更好地达成一致意见。

7）系统交互图

系统交互图是一种以图形方式直观描述系统内部组件之间交互关系及与其他系统之间接口关系的图表。系统交互图在软件行业中运用得最为普遍，旨在帮助开发人员和设计师更好地理解系统的各种交互关系，并从信息交互这一维度中确定系统需求和产品功能。图4-4显示了交易系统内部及其与其他系统之间的交互方式。

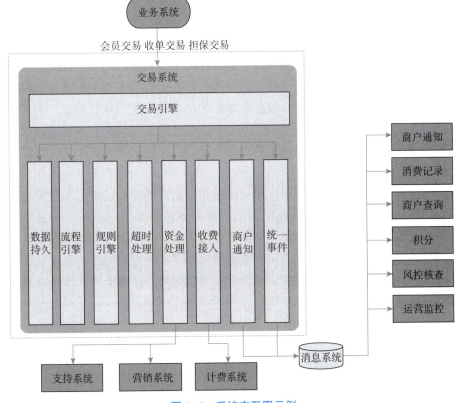

图 4-4　系统交互图示例

8）原型法

原型法是在实际制造产品之前，先制作产品的模型，并以此获得早期需求反馈的方法。使用传统的文字和语言表达需求通常存在局限性，比较抽象。但通过制作包括微缩产品、计算机生成的二维和三维模型、实体模型或模拟，相关方可以提前体验到最终产品的模型，有形的实物大大方便了需求的分析和确认。原型法也可以从粗到细、从简单到复杂，不断修改和完善原型，直至收集的需求信息足够进入下一步。

相比于传统按照生命周期模式开发的瀑布模型，原型法因更为灵活、更易于交互、更好沟通而得到广泛使用。并且因为遵循了人们认识事物的发展过程，这种方法更容易被各方掌握和接受，同时原型法以原型为基础建立起模拟系统，演示、观摩真实的操作体验过程，显著提高了相关方的沟通效率和质量，让需求的收集、分析、讨论过程变得简单高效，避免了传统方法那些晦涩难懂的专业术语、高度抽象化的语言文字、纷繁复杂的逻辑关系等。不过，原型法适用于过程明确、小型简单的系统，对于大型、复杂系统，很难实现模拟。

4.3.3　需求收集的成果

1）需求文件

需求文件描述各种单一需求将如何满足与项目相关的业务需求。一开始可能只有高层级的需求，然后随着有关需求信息的增加而逐步细化。只有明确的（可测量和可测试的）、可跟踪的、完整的、相互协调的，且主要相关方愿意认可的需求，才能作为基准。需求文件的格式多种多样，既可以是一份按相关方和优先级分类列出全部需求的简单文件，也可以是一份包括内容提要、细节描述和附件等的详细文件。

业务需求还会衍生出各种相关的需求，具体如图4-5所示。需求的源头是组织的高层级需求，通常是解决某一业务问题，这个叫业务需求，也是需求产生的真正原因，同时还有一类需求叫相关方需求，通常是由业务需求衍生出来的相关方特定需求；为了解决业务需求和相关方需求而产生的需求叫解决方案需求，它描述了为解决业务需求和相关方特定需求，产品、服务或成果所必须具备的特性和功能。其中解决方案需求又可以细分为功能需求和非功能需求。

由解决方案需求派生出过渡需求、项目需求和质量需求等。过渡需求会描述从"当前状态"过渡到"将来状态"所需的临时能力，如数据转换和培训需求。项目需求是指项目需要满足的行动、过程或其他条件，例如里程碑日期、合同责任、制约因素等。质量需求是用于确认项目可交付成果的成功完成或其他项目需求的实现的任何条件或标准，例如测试、认证、确认等。例如客户要求定制产品需要获得某一权威检测机构的检测认证（如汽车碰撞测试）。

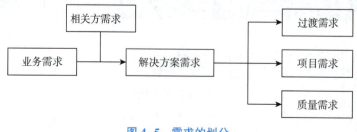

图4-5　需求的划分

需求文件通常为一个需求清单形式，可能包括需求编号、需求描述、来源、优先级排序、假设条件、制约因素、验收标准、确认方法等（表4-8）。

表 4-8　需求文件举例

需求类型	需求编号	需求描述	来源	优先级排序	假设条件	制约因素	验收标准	确认方法
业务需求	Req-B001							
	Req-B002							
	……							
相关方需求	Req-S002							
	Req-S002							
	……							
解决方案需求	Req-F002							
	Req-F002							
	……							
项目需求	Req-P002							
	Req-P002							
	……							
过渡需求	Req-M002							
	Req-M002							
	……							

 「扫码」了解需求文档的编写技巧

2）需求跟踪矩阵

需求跟踪矩阵提供了在整个项目生命周期中跟踪需求的一种方法，有助于确保需求文件中被批准的每项需求在项目结束的时候都能交付。一方面，需求跟踪矩阵把需求文件中的每个需求都与组织业务或项目目标关联起来，从而确保了需求的作用与价值得以实现，一开始就避免了收集来的需求偏离业务和项目的总方向；另一方面，需求跟踪矩阵是把产品需求从业务需求的源头一直连接到最终的可交付成果，让每一个需求从设计、开发到最后的测试和验证都持续有一个不间断的跟踪过程并记录在案（表4-9），确保在需求满足的过程中不打折扣、不走样。当然，如果在中途因需求变化导致范围变更，那么需求跟踪矩阵还能为管理范围变更提供一个框架，可以把范围变更的控制落实并体现在需求跟踪矩阵中，实现对需求和范围变更的跟踪和控制。

跟踪需求主要包括以下内容和环节：

◆业务需要、商业机会

◆项目目标

◆项目范围和 WBS 可交付成果

◆设计

◆开发

◆测试

上述内容可以简略，也可以详细。

表4-9   需求跟踪矩阵样例

标识	关联标识	需求描述	商业需求/理由	项目目标	需求者	部门	WBS编号	说明书	设计	测试用例
1	1.1	登录页面	顾客需要获取受保护的内容	创建最小化可行程序	尼古拉斯	内容部	2	完成	完成	1001
	1.2	忘记密码的链接	有助于减少支持部门的工作负担	创建最小化可行程序	尼古拉斯	内容部	2.1	完成	完成	1002，1003
	1.2.1	登录页	客户必备起点	创建最小化可行程序	尼古拉斯	内容部	3	完成	进行中	
	1.2.2	注销页	出于安全考虑需要注销用户	创建最小化可行程序	安全官	技术控制部	2.2	未开始	未开始	
2	2.1	欢迎电子邮件序列	购买后必备的初始信息	创建最小化可行程序	尼古拉斯	内容部	3	未开始	未开始	
	2.2	取消订阅链接	反垃圾邮件法案要求	创建最小化可行程序	邮件服务供应商		3.1	未开始	未开始	

💡 思考

在需求收集过程中，为什么需要综合运用文件分析法和问卷调查、访谈等方法来获取相关方的需求信息？

4.4 范围定义

本过程的主要目标是，通过制定项目范围说明书，详细描述项目及产品，明确其边界和验收标准。范围定义的过程见表4-10。

表 4-10　范围定义的过程

依据	方法	成果
项目章程 项目管理计划 　•范围管理计划★ 项目文件 　•假设日志 　•需求文件★ 　•风险登记册△ 事业环境因素 组织过程资产	专家判断 数据分析 　•备选方案分析★ 决策 　•多标准决策分析 人际关系与团队技能 　•引导 产品分析★	项目范围说明书★ 项目文件更新 　•假设日志 　•需求文件 　•需求跟踪矩阵 　•相关方登记册

　　范围定义的典型操作是，项目团队依据范围管理计划的预先安排，针对需求文件中描述的需求（例如，比亚迪发现高端客户需要一辆能原地调头、车辆落水后能实现自救的豪华汽车）展开全面、系统的产品分析，当实现需求（或产品范围）存在多种可选方案时（例如原地调头功能，方案一：左侧轮顺时针转运的同时右侧轮逆时针转运；方案二：将后车轮设计成方向可调且与前轮转向相反），比较分析它们的优劣势，综合权衡后做出选择，并建立起项目及产品的明确描述（是什么和不是什么、做什么和不做什么），包括（但不限于）项目概述、功能要求、产品规格属性、验收标准、假设和制约条件，从而为下一步项目分解为更小组件和制定范围基准做好准备。

4.4.1　范围定义的依据

　　在本过程的依据中，范围管理计划提供了方法指南，需求文件提供了核心内容，其他组件对本过程有不同程度的影响。

　　1）项目管理计划

　　这里主要是指范围管理计划，范围管理计划中关于范围定义的记录直接可用来指导范围定义工作该如何展开，例如范围管理计划中记录的范围定义的方法、技术、步骤、注意事项等信息，为范围定义过程提供了指南。

　　2）项目文件

　　•需求文件：范围定义的核心输入组件，记录了各种应纳入项目范围和产品范围的相关需求，为划定范围边界提供了关键信息，不过也不是所有需求都会进入范围。例如有些需求虽然对组织来说确实有必要，但是考虑到项目预算费用紧张和需求优先级，可能最终决定不纳入项目范围，或是列入下一期项目中。

　　•风险登记册：包含了可能影响项目范围的应对策略，例如缩小或改变项目和产品范围，以规避或缓解风险。

4.4.2　范围定义的方法

　　范围定义需要对项目成果和项目工作展开详细描述，是对项目和产品全面深入分析的过程，需要运用专家判断、备选方案分析、多标准决策分析、引导、产品分析等方法。

　　（1）专家判断。越是深入到细节，对专业知识和经验要求就越高，征求有类似项目经验的专家意见无疑是一个获取细节的快捷方法。

（2）数据分析。这里是指备选方案分析，备选方案分析通过评估实现需求和项目目标的各种不同方法，以便进行筛选。

（3）决策。这里是指多标准决策分析，多标准决策分析是多维度的、综合性的评估方法，与备选方案分析方法结合使用可以全面评估各方案综合表现，从而得出优先排序，为方案选择做参考。

（4）人际关系与团队技能。这里是指引导，在研讨会和座谈会中，关键的相关方可能在项目和产品的边界上存在分歧，这时候就需要运用引导技巧来协调关键相关方，即通过指导、引领或指示等方式，消除误会和偏见，建立信任和相互理解，帮助各方朝着一致的方向发展，最终建立起共识。

（5）产品分析。产品分析是范围定义过程中最重要的方法，旨在把高层级的产品或服务描述转变为具体的可交付成果，即获取高层级需求后将其细化并详细描述。产品分析技术包括产品分解、需求分析、系统分析、系统工程、价值分析、价值工程等。

产品分解是指按照产品本身的构成，将产品构成中的各个部分、零部件分别进行分析，以便进一步了解并明确产品功能和特性的更多具体细节，有助于在产品构成上将产品的边界进一步细化和具体化，为后续 WBS 创建奠定基础。例如传统燃油汽车可分解为四大系统：发动机、底盘、车身和电气设备，而发动机、底盘、车身、电气设备又可以进一步分解。

系统分析是一种科学决策的方法，该方法的特点是完整地而非零碎地处理问题，考虑各种变化因素及相互影响，全面地思考和解决问题，避免当整体与部分产生冲突时为了局部最优牺牲了整体最优。例如，企业制定战略时所开展的战略分析就要求系统化分析，具体是指外部环境分析和内部环境分析，外部环境分析又分为宏观环境分析、产业竞争环境分析和市场环境分析；内部环境分析又分为资源分析、能力分析、竞争力分析和企业价值链分析。

系统工程是从系统观念出发，以最优化方法求得系统整体的最优的综合化的组织、管理、技术和方法的总称，是为了最好地实现系统的目的，对系统的组成要素、组织结构、信息流、控制机构等进行分析研究的科学方法。它运用各种组织管理技术，使系统的整体与局部之间的关系协调和相互配合，实现总体的最优运行。系统工程是建立在大系统理论、信息论和控制论的基础上形成的，历史上中国都江堰水利工程、美国阿波罗登月计划都成功地运用了系统工程。

价值工程法又称为价值分析，是降低成本提高经济效益的有效方法，价值工程是一种用最低的总成本可靠地实现产品或劳务的必要功能，着重于进行功能分析的有组织的活动。价值的表达式为：价值（V）＝功能（F）/成本（C），以提高价值为目的，要求以最低的寿命周期成本实现产品的必要功能；以功能分析为核心；以有组织、有领导的活动为基础；以科学的技术方法为工具。产品量产之前仍在工程设计与开发阶段进行的价值提升活动称为价值工程，量产之后产品基本定型，主要通过价值分析活动寻找价值改善点，以应对成本竞争压力。

💡 **思考**

假如比亚迪公司计划研发一台高端豪华电动 SUV（U8），产品定位要对标奔驰 G 级，甚至关键性能要超越对手，那么需要运用哪些产品分析技术？

4.4.3　范围定义的成果

◆项目范围说明书

项目范围说明书是对项目范围、主要可交付成果、验收标准、假设条件和制约因素的描述。其是在项目章程和需求收集的基础上对项目和产品范围更详细、更明确的界定，也代表了项目各相关方对项目范围形成的共识。

为消除相关方的理解偏差或避免产生误会，有时候项目范围说明书需要指出哪些工作不属于项目范围（即排除在项目范围之外的部分）。项目范围说明书是范围基准的一部分，也是后续范围展开的基准。具体而言，项目范围说明书可发挥以下作用：

- 明确范围：描述了可交付成果和所要完成的工作。
- 沟通基础：表明项目相关方之间就项目范围达成的共识。
- 规划和控制依据：使项目团队能开展更详细的规划，并在执行过程中指导项目团队的工作。
- 变更基础：为评价变更请求或额外工作是否超出项目边界提供基准。

详细的项目范围说明书包括以下内容：①产品范围描述。②可交付成果。③验收标准。④项目的除外责任，即排除在项目之外的内容，有助于管理相关方的期望及减少范围蔓延。例如某汽车门锁研发项目的范围说明书（表4-11）。

表 4-11　项目范围说明书举例

分项	内容描述
项目名称	××汽车门锁研发项目
项目描述	为满足客户新的需求而研发的配套汽车门锁，需具备高强度、易操作特点，能实现遥控、密码识别等功能
交付成果	①项目计划书 ②图纸 ③100套样件 ④样件测试报告 ⑤每月一次项目进展报告 ⑥项目验收报告
验收标准	①设计图纸获得客户确认 ②样件符合图纸要求 ③12月月底提交样件并获得客户接受 ④次年3月形成批量生产能力
制约因素	①样件必须在正式生产线上完成 ②样件测试必须在客户生产线上进行
假设条件	①具备开发技术 ②客户对样件的几何尺寸、材料结构参数、性能要求明确 ③样件制作工具和设备齐全

 思考

阅读某汽车门锁研发项目的范围说明书（表4-10），你认为哪些描述体现了项目范围？

4.5　WBS 创建

本过程的主要目标是，通过将项目工作分解成较小、更易于管理的组件，对各层级组件进行详细描述，确定边界和验收标准，建立起范围基准。

如果说范围定义是为了把项目的边界定义清楚，那么 WBS 创建就是为了把项目边界内的各个组件进一步梳理清楚，使之更易于操作和管理。因此，工作分解结构（WBS）创建就是通过将项目可交付成果和项目工作分解成较小、更易于管理的组件，具体就是将交付成果创建一个分层结构化的视图。WBS 创建过程见表 4-12。

表 4-12　WBS 创建过程

依据	方法	成果
项目管理计划 　●范围管理计划★ 项目文件 　●项目范围说明书★ 　●需求文件 事业环境因素 组织过程资产	专家判断 分解★	范围基准★ 项目文件更新 　●假设日志 　●需求文件

WBS 创建过程的典型操作是，项目团队依据范围管理计划的安排，将范围说明书所描述的项目逐级分解为更小、更易于管理的组件，从最上层的项目、中间层的控制账户到最低层的工作包，构成一个分类严谨、层级清晰的结构——工作分解结构（WBS），再用 WBS 词典对分解出来的每个组件进行详细描述。一旦经正式批准，范围说明书、WBS 和 WBS 词典共同成为项目的范围基准。

4.5.1　WBS 创建的依据

在本过程的依据中，范围管理计划提供了方法指南，项目范围说明书提供了内容基础，其他组件对本过程有不同程度的影响和制约。

1）项目管理计划

这里是指范围管理计划，它提供一个分解项目范围的具体方法或者现成的标准模板，可供团队使用借鉴参考。

2）项目文件

●项目范围说明书：提供了范围描述和可交付成果描述，包括项目边界和验收标准，为 WBS 创建提供了关键信息。

4.5.2　WBS 创建的方法

本过程的工具和技术是专家判断和分解，分别如下：

（1）专家判断：如果个人或小组具备类似项目知识或经验，包括 WBS 创建的经验和教训，可向其征求专业意见。

（2）分解：分解是逐步将项目范围和可交付成果分解为更小、更易管理的组成部分的技术；WBS 的最底层单元是工作包，项目团队可以在这一层级对成本和持续时间进行估算和管理。工作包的详细程度取决于项目的规模和复杂程度。

分解的思路有自上而下、自下而上、模板法等，常用分解方法有逻辑流、生命周期和组织，见表 4-13。

表 4-13　WBS 分解常用方法

层次	方法		
	逻辑流	生命周期	组织
项目集	项目集	项目集	项目集
项目	系统	生命周期	事业部
任务	子系统	系统	部门
子任务	人	子系统	组织
工作包	人	人	人

逻辑流方法将工作分解成系统和子系统，这种方法适合不到两年的项目。对长期项目，建议使用生命周期方法，它同逻辑流方法相似。组织方法用于那些可能重复性的或很少需要职能单位间整合的项目。

WBS 包含了全部的产品和项目工作，包括项目管理工作。通过把 WBS 底层的所有工作逐层向上汇总，来确保既没有遗漏的工作，也没有多余的工作。"不重""不漏"，即每一个层次分解，满足不交叉、不重复，同时也要确保没有遗漏。有时也被称为 MECE 原则，即相互独立、完全穷尽，逻辑上讲，就是每一次分解均要满足充分且必要条件。

从技巧方面，每一次分解必须使用同一分解逻辑（类似于分类逻辑），每一次分解都可以看作是一次分类，要使用同一分类维度进行分解，这样通常能够确保分解结果的独立性和完整性，即便有错误也容易被发现，因此要极力避免让不同分类维度出现在同一层次分类中，否则就会出现重复或遗漏现象。例如统一用生命周期维度分解（图 4-6）、用成果构成维度（图 4-7）。但是图 4-8 中第二层和第三层均出现分解维度不统一问题，这类分解会导致出现重复多余或遗漏的问题，是常见的错误。要确认 WBS 较低层组件是完成上层可交付成果的必要且充分的工作，以此来验证分解的正确性。

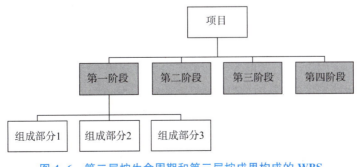

图 4-6　第二层按生命周期和第三层按成果构成的 WBS

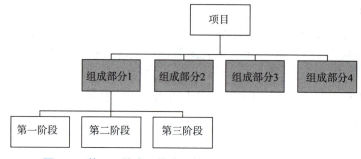

图 4-7　第二层按成果构成和第三层按生命周期的 WBS

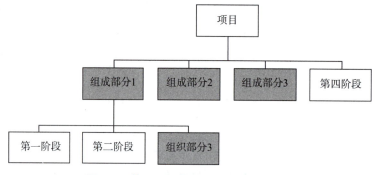

图 4-8　第二层和第三层分解维度不统一

> 💡 **思考**
>
> 　　每年学校都会组织举行大学生挑战赛，今年李竞同学作为大二学生，第一次作为队长带领 5 名同学共同参加比赛，为了带领大家取得满意的成绩，他决定运用项目管理方法开展这次比赛项目的规划，问题：编制项目 WBS 时，可用哪几种分解方法，并分别说明。

4.5.3　WBS 创建的成果

◆ 范围基准

　　范围基准是经过批准的范围说明书、WBS 和相应的 WBS 词典，只有通过正式的变更控制程序才能进行变更，它被用作比较的基础。范围基准是项目管理计划的组成部分。范围的基准，也称基线，是确保整个项目将来可控的基础，范围基准会定义清楚项目中需要做哪些工作才算完成这个项目。

　　范围基准包括以下部分：

　　● 项目范围说明书。项目范围说明书包括对项目范围、主要可交付成果、验收标准、假设条件和制约因素等的描述。详情可参考 4.4.3。

　　● WBS。WBS 是对项目团队为实现项目目标、创建所需可交付成果而需要实施的全部工作范围的层级分解。工作分解结构每向下分解一层，代表对项目工作更详细的定义。图 4-9 显示了某工作分解结构的一部分，其中若干分支已经向下分解到工作包层次。图 4-10 代表了本教材编写项目工作分解结构示例。

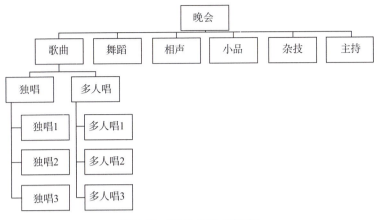

图 4-9 WBS 示例（部分）

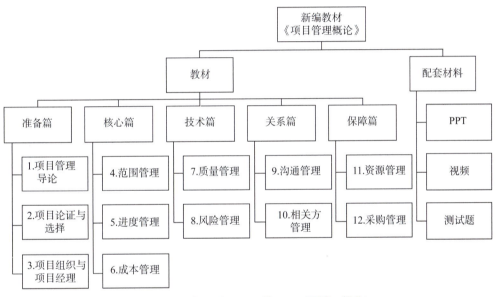

图 4-10 本教材编写项目的 WBS 示例（部分）

● 工作包。WBS 的最低层级是带有独特标识号的工作包。这些标识号为进行成本、进度和资源信息的逐层汇总提供了层级结构，构成账户编码。每个工作包都是控制账户的一部分，而控制账户则是一个位于 WBS 中间某个层级的管理控制点（图 4-11）。在该控制点上，把范围、预算和进度加以整合，并与挣值相比较，以便项目经理测量和监控绩效。在控制账户以下层级（包括工作包层级），考虑到管理成本和效率，不需要开展绩效测量和监控，或者授权工作包责任人进行自主控制，控制账户拥有两个或更多工作包，但每个工作包只与一个控制账户关联。根据项目规模大小、项目经理的时间精力、管理精细度，控制账户可以位于 WBS 的更高层或更低层（例如小型项目，项目经理可将控制账户直接设在工作包层级），以便平衡项目经理的时间精力投入与管理精细度要求。项目中被外包的部分，通常也被当作一个控制账户来管理。

● 规划包。一个控制账户可以包含一个或多个规划包（图 4-11），也是一种低于控制账户而高于工作包的工作分解结构组件，规划包的工作内容是已知的，但详细的进度活动未知，即部分或全部有待确定。随着项目的推进，很多项目信息由模糊变得清晰，当规划包的进度活动逐渐明确以后，再将规划包转为一个或多个工作包。项目中必须有控制账户和工作包，但不一定有规划包。

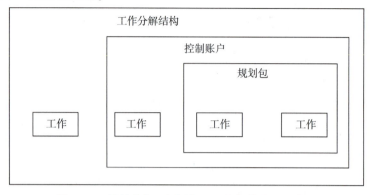

图 4-11　控制账户、规划包、工作包的关系示意图

● WBS 词典。WBS 词典是针对 WBS 中的每个组件，详细描述可交付成果、活动和进度信息的文件（表 4-14）。WBS 词典是为了对 WBS 提供支持，其中大部分信息由其他过程创建，然后在后期添加到词典中，如果仅凭范围管理这部分知识领域的规划仍不足以完成 WBS 词典。

表 4-14　WBS 词典示例

WBS 词典			
控制包编号#	工作包编号#	更新日期：	负责人/单位：
工作包说明：			
验收标准：			
交付成果：			
假设条件和制约因素：			
分配资源：			
工作历时：			
里程碑：			
成本估算：			
依赖关系：	紧前：		紧后：
批准人：	项目经理：		日期：

下面对项目范围说明书、WBS 及 WBS 词典的关系做一下解释说明。

项目范围说明书定义了项目范围的边界，但是这还不够，因为对于未来的计划和执行来说项目范围说明书仍然过于粗略，不便于制作详细的计划指导实际工作，因而需要进一步展开，而 WBS 就是对项目范围说明书的深入和细致化展开，其中工作包就是 WBS 最具体的工作展开，不过，对工作包的认识和理解能否做到各方的统一，这将是一个现实的问题，于是有了 WBS 词典，利用 WBS 词典对 WBS 工作包进行解释和补充说明，避免了分歧和争议，可确保每个相关方对每一个工作组件建立起统一的认识。

思考

有了范围说明书以后，为什么还要创建 WBS 和 WBS 词典？

4.6　范围确认

本过程的主要目标是对符合验收标准的可交付成果给予确认和正式验收，以便为项目的整体验收做准备。

该过程应根据需要在整个项目期间定期开展。由客户或发起人审查质量控制过程核实的可交付成果，确认这些可交付成果已经圆满完成并通过正式验收。范围确认与质量控制有一定的关联，但两者的不同之处在于，前者关注可交付成果的验收，而后者关注可交付成果的正确性及是否满足质量要求。质量控制过程通常先于范围确认过程，但二者也可同时进行。

范围确认的具体过程详见表 4-15。

表 4-15　范围确认过程

依据	方法	成果
项目管理计划 　●范围管理计划★ 　●需求管理计划 　●范围基准★ 项目文件 　●经验教训登记册 　●质量报告△ 　●需求文件 　●需求跟踪矩阵 核实的可交付成果★ 工作绩效数据★	检查★ 决策 　●投票	验收的可交付成果★ 工作绩效信息★ 变更请求★ 项目文件更新 　●经验教训登记册 　●需求文件 　●需求跟踪矩阵

范围确认过程的典型操作是，由获得授权的相关方代表，根据范围管理计划的预先安排，按照范围基准中规定的验收标准，对（经质量控制过程）核实的可交付成果进行检查，例如，查看图纸、测量产品、试用功能等，以判断是否符合验收标准：如果是，即给予验收通过；如果否，可能需要针对这些可交付成果提出变更请求（如开展缺陷补救），为项目的整体验收做准备。

4.6.1　范围确认的依据

在本过程的依据中，范围管理计划提供了方法指南，范围基准、可交付成果分别提供了确认的标准和内容，工作绩效数据提供了范围管理整体绩效表现的分析依据，其他组件对本过程有不同程度的影响和制约。

1）项目管理计划

●范围管理计划。项目范围管理计划定义了如何正式验收已经完成的可交付成果。例如明确项目正式验收的具体步骤和标准，包括确定验收的时间和地点、确定验收的参与方、确定验收的标准和方法等内容。

● 范围基准。在范围基准中，项目范围说明书和 WBS 词典中均明确了项目以及工作包的验收标准。将范围基准与实际结果比较，以决定是否有必要进行变更、采取纠正措施或预防措施。注意，范围基准与进度基准、成本基准一样都归属于项目管理计划之列，但不属于项目文件。

2）项目文件

● 质量报告。质量报告的内容可包括由团队管理或需上报的全部质量保证事项、改进建议，以及在质量控制过程中发现的情况的概述。在验收产品之前，需要查看所有这些内容。

3）核实的可交付成果

核实的可交付成果是指已经完成，并被质量控制过程检查为正确的可交付成果，来自质量控制过程的成果（详见 7.4.3）。

4）工作绩效数据

通常是在执行项目工作的过程中，从每个正在执行的活动中收集到的原始观察结果和测量值。本过程中的工作绩效数据是指范围管理工作的绩效数据，即单个或整体项目工作（或可交付成果）的符合程度、在某时间段内开展范围确认的次数等。这里所说的符合程度一般理解为，范围基准建立后，项目工作的执行和可交付成果符合范围基准的程度。例如范围确认时，有时发现个别细节需要修改，有时发现重大偏差，甚至需要推倒重做，这是符合程度不同。再例如：3 月项目共确认 10 次，其中验收通过 9 次；4 月项目共确认 20 次，其中验收通过 17 次，这代表了项目一段时间内整体的范围符合程度及变化。

4.6.2　范围确认的方法

1）检查

检查指对工作和可交付成果进行审查、验证或评估的行为或过程。用于确认是否符合需求和验收标准、要求或预期。这些术语的含义在不同应用领域可能会有些许不同，可能会包括实地查看、测量、专业工具检测、产品试运行、文件审核等活动。

2）决策

该过程的决策技术是指投票。投票是通过表决的方式让人们就多个可选项表达自己的意见或做出选择的一种决策方法，以确保过程的公平性和民主性。在本过程的验收环节中，让验收组成员通过投票来共同决定验收结果。例如以户名或不户名方式表决，再根据范围管理计划中明确的投票表决规则，判定是否给予正式验收通过。

4.6.3　范围确认的成果

在"验收可交付成果"的过程中，同步收集、生成项目的"工作绩效信息"，并针对已经完成但未通过验收的成果进行原因分析，必要时提出"变更请求"，以便做出补救，最后对项目文件进行更新：从源头的需求文件到执行时用到的需求跟踪矩阵以及得到的经验教训。

1）验收的可交付成果

符合验收标准的可交付成果应该由客户或发起人正式签字批准。通常是从客户或发起

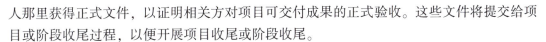

人那里获得正式文件，以证明相关方对项目可交付成果的正式验收。这些文件将提交给项目或阶段收尾过程，以便开展项目收尾或阶段收尾。

2）工作绩效信息

信息与数据既有联系又有区别，数据本身没有意义，但是把数据进行处理和解释后得到的有意义的数据，这就是信息。信息是有组织、有结构的，具有特定的上下文和含义。对数据进行分析、解读和关联后可以利用有用的信息，以便为决策和行动提供支持。

工作绩效信息是指从控制过程中收集，并结合相关背景和跨领域关系进行整合分析后而得到的包含绩效意义的数据。

本过程中的工作绩效信息包括项目范围推进的信息，例如，哪些可交付成果已经被验收，哪些未通过验收以及原因。

3）变更请求

对已经完成但未通过正式验收的可交付成果及其未通过验收的原因，应该记录在案。可能需要针对这些可交付成果提出变更请求，并开展缺陷补救。变更请求应该由实施整体变更控制过程并进行审查与处理。

本书中，变更请求是指关于修改任何文档、可交付成果或基准的正式提议。变更请求被批准之后将会引起对相关文档、可交付成果或基准的修改，也可能导致对项目管理计划其他相关部分的更新。变更请求通常包括纠正措施、预防措施、缺陷补救、更新等 4 种情形。纠正措施是指在偏离项目计划的情况下，利用纠正措施让项目重新回到计划上来。预防措施是为避免未来的项目偏离计划而进行的有目的的活动。纠正和预防措施通常不会影响项目基准，而只影响相对于基准的项目绩效。缺陷补救是为了修正不一致的产品而进行的有目的的活动。更新是指变更正式受控的文件或计划。

思考

范围确认过程中，如果发现可交付成果不符合验收标准，应该如何处理？

4.7　范围控制

范围控制的主要目的是，通过监督范围状态和管理范围变更，确保整个项目期间对范围基准的维护，防止项目无序变更和范围蔓延。范围控制是指监督项目和产品的范围状态，管理范围基准变更的过程。范围控制的主要作用是在整个项目期间保持对范围基准的维护，可以防止项目执行中的无序变更和范围蔓延，因此需要在整个项目期间开展。

首先项目范围控制应确保所有变更请求、推荐的纠正措施或预防措施都通过实施整体变更控制过程进行处理；其次在变更实际发生时也要采用范围控制过程来管理这些变更；最后范围控制过程应该与其他控制过程协调开展。

未经控制的产品或项目范围的扩大（未对时间、成本和资源做相应调整）被称为范围蔓延。不过变更难以避免，因此对每个项目都有必要强制实施某种形式的变更控制。

范围控制过程的依据、方法及成果如表 4-16 所示。

表 4-16　范围控制过程

依据	方法	成果
项目管理计划 • 范围管理计划★ • 需求管理计划 • 变更管理计划△ • 配置管理计划△ • 范围基准 • 绩效测量基准★ 项目文件 • 经验教训登记册 • 需求文件 • 需求跟踪矩阵 工作绩效数据★ 组织过程资产	数据分析 • 偏差分析★ • 趋势分析	工作绩效信息★ 变更请求★ 项目管理计划更新 • 范围管理计划 • 范围基准 • 进度基准 • 成本基准 • 绩效测量基准 项目文件更新 • 经验教训登记册 • 需求文件 • 需求跟踪矩阵

范围控制过程的典型操作是，团队项目根据范围管理计划的预先安排，通过对项目实施过程的监督，持续收集项目范围在执行、验收及变更等方面的工作绩效数据，并对照绩效测量基准（例如挣值分析），进行偏差分析，判断偏差大小及产生原因，以决定是否采取及采取何种措施；如果产生偏差的原因是项目实施过程，而非范围基准和范围管理计划，则应采取纠正和补救措施。例如，针对未经审批的范围变更（即事实上的变更），不合理的部分要求恢复原样，合理的部分允许补办变更审批手续。如果范围基准和范围管理计划本身存在不合理的地方，则应调整范围基准和范围管理计划，为此需要提出变更请求并经整体项目变更控制过程的处理。

4.7.1　范围控制的依据

在本过程的依据中，范围管理计划提供了方法指南，工作绩效数据、绩效测量基准分别提供了范围控制的依据和标准，其他组件对本过程有不同程度的影响和制约。

1）项目管理计划

• 范围管理计划。该计划记录了范围监督和控制的要求和方法，为范围控制过程提供了方法和指南。

• 变更管理计划。该计划定义了管理项目变更的过程。

• 配置管理计划。该计划定义了哪些是配置项，哪些配置项需要正式变更控制，以及针对这些配置项的变更控制过程。

• 绩效测量基准。绩效测量基准是指整合在一起的范围、进度和成本基准。使用挣值分析时，将绩效测量基准与实际结果比较，以决定是否有必要进行变更、采取纠正措施或预防措施。

2）工作绩效数据

工作绩效数据是指在执行项目工作的过程中，从每个正在执行的活动中收集到的原始观察结果和测量值。本过程中工作绩效数据可能包括变更请求的数量、变更请求批准数量，或者可交付成果的完成和确认数量。上述数据，经分析后将在本过程的成果中以"工作绩效信息"的形式体现。

4.7.2 范围控制的方法

本过程中的数据分析包括对当前状态的偏差分析和对未来的趋势分析。

• 偏差分析。范围控制时，需要将实际工作及结果与范围基准进行比较，以确定偏差是否超出了临界值，是否有必要对偏差采取纠正或预防措施。

• 趋势分析。趋势分析是一种通过观察和分析数据的变化趋势，来预测未来发展方向或做出决策的方法。这里用于分析项目绩效（接收、处理、确认变更请求的数量）的变化，以判断范围管理在改善还是在恶化。

确定偏离范围基准的原因和程度，并决定是否需要采取纠正或预防措施，是项目范围控制的重要工作。

思考

　请用自己的话解释，范围控制与范围确认有哪些区别，又有何联系？

4.7.3 范围控制的成果

范围控制的成果部分，首先通过数据分析将工作绩效数据转化为工作绩效信息；其次通过偏差分析确定范围偏离程度及原因，以判断是否需要提出变更请求，包括纠正措施、预防措施和缺陷补救等，以消除不利影响；再次，范围变更批准后需要对项目管理计划进行同步更新，以便能够指导当前和未来的项目执行；最后，范围控制过程中产生的经验教训和需求调整均要记录下来。

1）工作绩效信息

该过程产生的工作绩效信息是有关项目和产品范围实施情况（对照范围基准）的、相互关联且与各种背景相结合的信息，包括收到的变更的分类、识别的范围偏差和原因、偏差对进度和成本的影响，以及对将来范围绩效的预测。

通常，在项目执行过程中收集到的"工作绩效数据"，通过（控制过程的）检查与核实，并与项目管理计划组件、项目文件及其他项目变量比较后，分析是否存在偏差，以生成工作绩效信息。这些信息应该被记录下来，未来制作成工作绩效报告并传递给相关方。有关工作绩效数据、工作绩效信息及工作绩效报告三者之间的关系如图 4-12 所示。

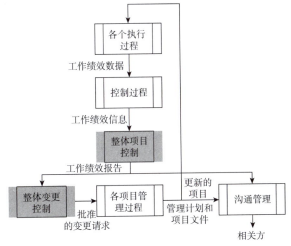

图 4-12　工作绩效数据、工作绩效信息及工作绩效报告的关系

　　各执行过程是指范围管理、进度管理、成本管理等实施过程，即制订计划后的执行过程；控制过程是上述执行过程所对应的控制过程（或监督过程），如范围基准执行过程中对应的范围确认和范围控制过程；或进度计划实施过程中对应的进度控制过程等。整体项目控制和整体变更控制是项目整合管理过程中的两个连贯动作，前者整合所有的工作绩效信息为工作绩效报告，后者依据工作绩效报告，对各个变更请求进行综合评审，考虑这些变更对整体项目目标或计划的影响，以决定是否批准。批准后的变更请求再次回到各个项目管理过程中（例如采取纠正、预防或补救措施并更新项目管理计划和项目文件），并按照最新的项目管理计划执行，同时将工作绩效报告、批准的变更请求和更新后项目管理计划和文件发送给相关方。

小窍门

　　所有的控制或监督过程都会把"工作绩效数据"作为过程的依据，并通过相关技术（如"数据分析"技术），得到相应的成果——"工作绩效信息"，也可能会据这些信息提出"变更请求"。

　　2）变更请求

　　根据项目绩效信息，可能会就项目基准或某些项目管理计划提出变更请求。变更请求需要经过实施整体变更控制过程的审查和处理（图4-12）。因为项目管理计划（或基准）的任何变更都以变更请求的形式提出，且通过组织的变更控制过程进行处理。所以，变更请求和项目管理计划更新是两个紧密相关的活动，有变更请求可能就会有计划更新，有计划更新必然要求先有变更请求。

 「扫码」了解项目范围管理的理论与实践——前沿研究

 「扫码」视频：项目范围及范围基准

本章小结

　　1. 项目范围包括工作范围和成果范围，两者都是建立在需求的基础上，都为了实现项目目标，通俗地说，项目范围是指项目做什么和不做什么，明确项目的边界。

　　2. 范围管理就是为了防止出现：因项目范围蔓延，导致项目进度延误、成本超支，最终项目失败。

　　3. 范围管理过程：范围管理规划、需求收集、范围定义、WBS 创建、范围确认、范围控制。

　　4. 范围基准包括范围说明书、WBS 及 WBS 词典，其中 WBS 的分解思路包括自上而下、自下而上及模板法，常见分解方法有逻辑流、生命周期和组织三种分解方法，不同项目会使用不同分解方法，而且同一项目的不同层级也可以使用不同分解方法。

5. 做好范围管理主要有两个关键技巧：一是尽可能准确地识别需求，客户的需求越明确，项目范围就越明确；二是项目内外各种因素影响下项目范围变更不可避免，但要尽一切可能让项目范围处于可控状态。

习　题

一、判断题

1. 项目的范围就是为了交付特定的产品或服务必须进行的工作。　　　　（　　）

2. 控制账户可以建立在比工作包更低的层级。　　　　（　　）

3. 有了项目范围说明书，范围基准就已经建立完毕。　　　　（　　）

4. 项目范围的变化一般不会影响项目的成本、进度、质量或其他目标。　　（　　）

5. 需求收集过程的主要目标是通过编制需求文件和需求跟踪矩阵来记录、确认并管理相关方需求。　　　　（　　）

6. 范围控制主要是通过检查方法对可交付成果进行验收。　　　　（　　）

二、单选题

1. 下列有关项目范围表述正确的是（　　）。

A. 确定项目施工地点的范围　　　　B. 确定项目相关方和施工地点的范围

C. 确定项目都要做什么工作　　　　D. 确定项目产品的范围

2. 项目经理正在为一家公司开发一款数据库收集系统，在项目的执行期间，团队成员向项目经理报告说，客户发现该系统缺少数据库操作语言，这些语言可以方便用户对数据的追加和删除，要求团队增加。团队认为这些内容不在范围之内。项目经理首先应该（　　）。

A. 与客户一起审查合同，以澄清范围

B. 与团队成员沟通，执行客户提出的内容

C. 要求客户提出变更请求，以添加功能

D. 与客户沟通增加所操作语言带来的影响

3. 项目经理识别相关方后，发现该项目相关方众多，并且来自不同的国家。项目经理需要为定义产品范围和项目范围奠定基础，确保项目的成功，应该使用（　　）。

A. 问卷调查　　　　B. 访谈　　　　C. 焦点小组　　　　D. 名义小组

4. 项目经理被安排管理一个客户的项目，项目经理经过了解之后，发现该项目与刚完成的项目类似。发起人希望能够尽快交付该项目，于是项目经理在指示团队完成了范围说明书之后，便直接进行任务安排，让团队成员进行开发工作。项目经理在本周对项目进行审查后，惊奇地发现，进度比预期的慢了很多，最有可能造成该情况的原因是（　　）。

A. 没有使用自上而下估算

B. 团队做了一些当初未识别出来（故也没有加入进度计划）的工作

C. 项目与上一个项目差异太大

D. 团队成员遇到了技术难题

5. 项目范围变化是不可避免的，对项目管理者来说，关键问题是（　　　）。

A. 应寻找引起项目范围变化的原因

B. 应弄清项目范围变化的规律

C. 应预测可能发生的变化，采取预防措施

D. 应控制项目范围变化对项目产生的影响

6. 你负责的项目正在计划阶段，需要制定工作分解结构，但是你没有现成的模板，第一步需要做的工作是（　　　）。

A. 确定项目的所有可交付成果　　　　B. 确定主要的项目可交付成果

C. 确定主要的任务　　　　　　　　　D. 确定项目成本

7. 发起人想知道项目完工时间，于是项目经理将工作包逐层分解后估算得到项目需要 5 个月完成。但是发起人对这个结果不满意，说客户要求必须在 3 个半月内交付，而且不会提供多余的预算。请问项目经理应该（　　　）。

A. 减少质量检测环节，节约工期　　　B. 与其他团队合作，加快进度

C. 与客户沟通，建议去除部分项目需求　D. 按客户要求压缩工期

8. 项目经理已经完成项目管理计划，并且已经获得批准，可以正式实施了。但是项目成员对于可交付成果最终可以交付给客户的验收标准不是很清晰，项目经理应该将哪份文件分享给成员？（　　　）

A. 工作分解结构　　　　　　　　　　B. 项目章程

C. 项目范围说明书　　　　　　　　　D. 范围管理计划

9. 项目经理被任命管理一个工艺改进项目，在制订项目管理计划前，项目经理审查了组织过程资产，发现以往项目中由于没有妥善处理相关方需求，导致范围蔓延。项目经理应该如何收集相关方需求？（　　　）

A. 规划阶段收集所有需求，与相关方就范围达成一致意见后，创建 WBS

B. 规划阶段收集所有需求，与相关方就范围达成一致意见后，不再接受新需求

C. 规划阶段只收集关键相关方的需求，以这些关键相关方的需求作为项目范围

D. 规划阶段通过一对一开会，将所有相关方的需求记录到范围中，再实施整体变更，控制处理额外需求

10. 项目的周期为三个月，在第二个月的项目状态评审会议上，项目经理发现因为团队成员直接根据相关方提出的需求对可交付成果进行了修改，使项目出现范围蔓延的问题。项目经理应该采取的做法是（　　　）。

A. 告知项目发起人及相关方项目蔓延的情况

B. 将其识别为一项风险

C. 实施整体变更控制流程，以更新项目基准

D. 进行根本原因分析并更新风险管理计划

11. 团队成员发现，近期生产的部分产品的防锈涂层厚度不够，存在潜在的安全隐患。项目经理指导团队找到了产生缺陷的原因，是喷涂部件老化造成的，于是立即更换了新的喷涂部件。为了稳妥起见，项目经理通知销售部门召回了存在缺陷的产品并重新加工，另外增加了喷涂部件定期检查、更新的规定。项目经理分别采取（　　　）。

A. 纠正措施、预防措施、缺陷补救　　B. 纠正措施、缺陷补救、预防措施

C. 缺陷补救、纠正措施、预防措施　　D. 缺陷补救、预防措施、纠正措施

12. 项目经理负责一个空调系统改造项目，该系统由制冷系统、通风系统、电气控制系统和箱体系统四部分组成，电气控制系统内部暂时无法完成，公司推荐某特定供应商完成这部分工作，项目经理在查看组织过程资产的过程中发现，该供应商在之前的几个项目中存在交付的产品不满足规定要求的情况，项目经理应该（   ）。

A. 另外寻找一家供应商提供项目所需内容

B. 在合同中规定不满足标准的惩罚条款

C. 使用相关记录上提议和推荐的做法

D. 与供应商沟通以获得他们对标准的承诺

三、多选题

1. 为了更好地管理项目需求，项目经理创建了需求跟踪矩阵，需求跟踪矩阵是把产品需求从其来源连接到能满足需求的可交付成果的一种表格，其内容可以包括（   ）。

A. 需求的来源和所有者　　　　　B. 完成单个需求所需时间

C. 需求的当前状态　　　　　　　D. 相关方的沟通需求

E. 需求的优先级别

2. 项目经理正在完成公司的一个项目，在制订项目管理计划时，考虑了各种会影响项目的环境、文化、政策等事业环境因素和组织过程资产。关于事业环境因素和组织过程资产，以下说法正确的是（   ）。（选3项）

A. 员工的专业技能属于事业环境因素

B. 事业环境因素的影响力大于组织过程资产

C. 组织架构的调整属于组织过程资产的变动

D. 历史经验教训属于组织过程资产

E. 事业环境因素一般是客观存在的，项目可控的

F. 事业环境因素可能来自组织内部

四、思考题

1. 范围是指什么？项目范围与产品范围有何联系？项目范围和产品范围是否完成分别依据什么来衡量？

2. 预测型生命周期与适应型/敏捷型生命周期，在范围管理上有何不同？

3. 回头再看本章的【导入案例】"没完没了的系统开发项目"，黄工的项目管理有什么问题？你建议黄工怎么做？

延伸思考/素养话题

项目边界、边界感及守住边界

俄罗斯作家邦达列夫曾说：人类一切痛苦的根源，都源于缺乏边界感。你有没有遇到过这种情况：

因为是父母，就翻看孩子的日记；

因为是情侣，就检查对方的手机；

因为是亲戚，就操心别人的对象，催别人生孩子；

因为是朋友，屡屡借钱或要求帮忙，不帮就是不够朋友……

边界感的本质，是对所有权的认知。要知道，什么是你自己的，什么是他人的。你在你的范围内做事，他也在他的范围内做事，如果要跨越边界，就需要先征求对方的同意。

反之，当你遇到一个缺乏边界感的人（配偶、父母、亲戚、朋友、同学/同事、邻居等），例如在亲密关系中，有对方属于主动付出型，每次都主动打电话给你，主动关心你，帮助你，替你考虑这个，分担那个，但对方的付出并不是不求回报，当付出多了得不到回报的时候，对方可能就会抱怨你，甚至要求你对等地回馈，这时候，你可能很为难，不回馈就感觉对不起对方，但是回馈又感到各种难受和尴尬，心里并不情愿。

1）这种情况下，应该怎么做？

2）结合项目范围蔓延现象（如导入案例），谈谈如何守住项目边界？

应用案例

待定的项目技术规格

多年前，D先生当时正在为国外一个海上石油钻井平台做一个系泊系统项目。项目采用固定价格合同，但技术规格中有许多待确定部分，这给项目团队及客户项目经理造成了巨大麻烦。

在十几个待定规格中，有一个是不锈钢表面的粗糙度，必须与客户项目经理围绕这个待确定的规格进行深入谈判。D先生不想接受太严格的技术规格，因为那将需要对不锈钢表面进行额外的精细加工。后来双方商定了粗糙度测量技术，采样测量位置和测量轨迹长度，并商定了表面粗糙度 Ra 的最大值。D先生给客户项目经理发了一封电子邮件，详细描述了已经达成共识的粗糙度规范，并请他通过邮件发回这个待确定规格的正式批文。在收到客户项目经理的批文后，D先生在文件控制系统中启动了项目规格变更任务，并把最终版本的不锈钢表面的粗糙度规格发布给了所有参与不锈钢表面制作的工程师和制造人员。同时，向客户项目经理发送了已发布的项目规格文件副本。

D先生和团队一个接一个地就所有待确定规格进行谈判并达成了一致意见。其中，有一个关于接口图纸的规格。客户应该在项目开始后4周内交付，但他们花了6周的时间才把接口图纸交给D先生。不过幸运的是，这并没有对D先生的项目进展产生影响。因此，对于这次至关重要的延误，D先生没有对客户提出任何异议。并把客户的这次延期作为自己口袋里的一张王牌，以换取将来可能发生的项目延期。

项目团队按时完成了所有应力计算和系统部件设计，并已经为系泊系统的设计评审做好了准备。D先生和团队在工厂里开了两天的设计评审会。会上，客户的总工程师告诉他们，系泊系统中的插槽设计对锚链通道很好，但是对于锚链连接器的通道尺寸不合适。对于客户这条意见，团队都感到惊讶。因为项目规格明确规定了锚链的尺寸，也确定了在这个系泊系统中不会有锚链连接器。D先生给客户看了规格说明书，客户团队意识到他们在项目规格中出现了失误，感到很尴尬。

客户项目经理强调需要重新设计系泊系统的锚链连接通道。唯一的解决方案是评估这个重大变更对项目人力、成本和进度的影响。D先生要求客户项目经理给他两天时间来分析这个重大变化的影响，并向他提供一份修改后的书面提案。客户项目经理接受了 D 先生的建议，在确定对项目进行重大调整后，离开了 D 先生的工厂。

D 先生和团队需要重做一遍应力计算，并对图纸进行重新设计。最重要的是，D 先生甚至不确定团队中的设计师是否都能参与到这个扩展项目中来。D 先生召开了一个团队内部会议，大家对客户最新工程变更产生的拓展项目完成时间进行估计，并对其对整个项目工期和成本影响进行了预判。D 先生与团队中每个成员的经理进行了会面，讨论他们是否可以参与扩展项目。

在掌握了全部的相关情况之后，D 先生召集公司高层管理团队开会，向他们汇报了工程变更对工期和成本估算的影响，并得到了上级主管部门对变更命令的批准。然后，D 先生给客户项目经理写了一封正式回复邮件，询问他们的修改建议。

这个项目将被推迟两个月，客户在规格这一重大失误上需要多付出 20% 的成本。客户项目经理与他的高层管理人员讨论了工程变更对时间和成本的影响，他们没有谈判的筹码，只好接受 D 先生的建议。D 先生的团队比承诺提前两周完成了这个项目，他们的努力得到了客户项目经理的好评。（改编自：M. 凯末尔·阿特斯曼. 观千剑而后识器：项目管理情景案例 [M]. 越丽坤，刘心男，译. 北京：中国电力出版社，2020.6.）

思考题：

1. 如果项目的技术规格没有确定下来就开始推进项目实施，会对项目产生什么样的影响？

2. 针对客户要求（重新设计系泊系统的锚链连接通道），项目经理为何没有直接答复客户而是要求给两天时间？这两天时间项目经理做了哪些工作？

3. 与本章的导入案例相比较，从范围管理的角度分析，黄工的做法缺少了什么？D 先生的做法有哪些值得借鉴的地方？

第 5 章 项目进度管理

🎯 **学习目标**

知识目标	能力目标	素养目标
1. 了解项目进度管理的概念 2. 了解并区分进度管理的主要过程 3. 理解各过程中核心组件的作用 4. 掌握进度计划编制的主要方法（里程碑法、甘特图法、网络法） 5. 理解进度控制的主要任务	能根据项目类型、特点及资源可用性等因素，熟练运用进度管理方法和工具，制定和实施进度管理规划并解决项目中的进度问题	能辩证地看待规划时所面临的远期与近期、模糊与清晰之间的关系，树立起既敢追求梦想又能脚踏实地的创新精神和科学素养

✏️ **关键概念**

进度模型、滚动式规划、提前量和滞后量、三点估算、自下而上估算、应急储备、管理储备、进度基准、赶工法、快速跟进法、紧前关系绘图法、关键路径法、敏捷发布规划、资源平衡、资源平滑、假设情景分析

知识图谱

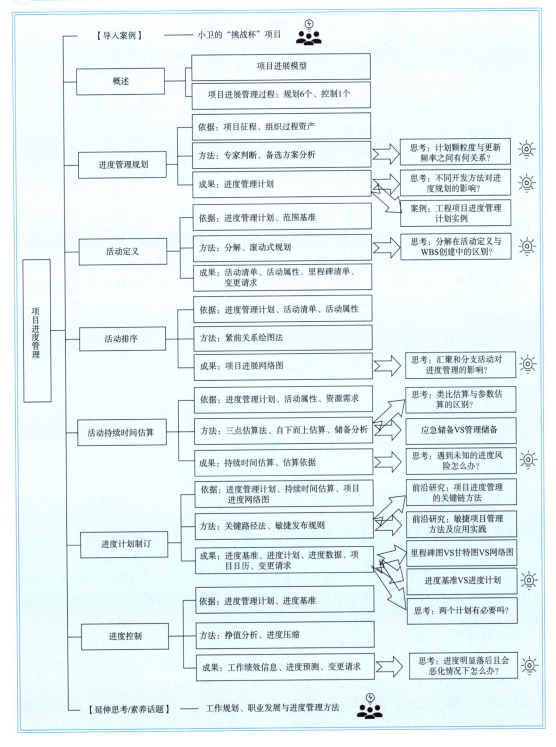

 **导入案例**

小卫的"挑战杯"项目

在大学校园里，大三学生小卫这段时间非常忙碌，他带领的小团队正在为即将举行的大学生挑战杯省赛做准备。回想起之前，在校级参赛过程中遇到的进度延迟等问题，整个团队手忙脚乱，甚至差一点就进不了决赛。尽管最后团队表现还算不错，但是这次经历让他觉得不能再这样随性地管理团队，为此小卫决定要做出改变。

幸运的是，在一堂项目管理课上，小卫学习到了甘特图这一项目管理工具，他意识到这可能是解决团队进度问题的一个契机。于是，决定将甘特图应用到自己的项目管理上。他花了半天时间，详细规划了项目的主要任务、分工及起止时间，并将它们用甘特图展示出来。

这期间，小卫定期与团队成员们讨论任务完成情况。每周一次的讨论会成为团队沟通合作的重要环节，团队成员们通过讨论会及时了解自己的任务进度，交流遇到的问题和困难，共同寻找解决方案。小卫也利用这个机会对团队的整体进度进行监督和调整。神奇的是，随着比赛的临近，整个团队准备工作都有条不紊地进行，没有再出现进度延迟。最后，小卫带领的团队表现也很出色，获得了满意的比赛成绩。

问题讨论：

1）甘特图在小卫的项目管理中发挥了什么样的作用？

2）除了甘特图，小卫还采取了哪些重要措施？

5.1　概　述

5.1.1　进度模型与进度计划

项目进度管理，又称项目时间管理、项目工期管理，是项目目标管理的重要组成部分，项目进度管理与范围管理、成本管理、质量管理有着密切的关联关系，被并称为"项目四大约束"，后三个中的任何一个发生变化都将影响项目进度，项目范围的变更、成本预算调整以及特定的质量要求都会给项目进度管理带来直接影响和冲击，因此经常需要通过整体变更控制来协调它们之间的关系，以求取得平衡。

项目进度管理的核心部分是项目进度计划，该计划详细说明了项目如何以及何时交付项目产品、服务和成果，也是一种用于沟通和管理相关方期望的工具。通常由项目团队先选择一种进度计划方法（例如关键路径法或敏捷方法），再将项目特定信息和参数（如工作分解结构、活动、持续时间、资源、依赖关系、制约因素、日历等）输入进度计划编制工具（如里程碑图、横道图、网络图、迭代等），创建起进度模型，最后输出项目进度计划（图5-1）。在项目执行过程中，依据进度计划持续监督项目状态并更新项目进度，同时管理进度变更，确保项目如期完工。

进度模型是指项目活动执行计划的一种表现形式，其中包含持续时间、依赖关系（紧前紧后关系）和其他规划信息，用以生成项目进度计划及其他进度资料。经过批准的进度模型即进度基准，进度模型的成果即进度计划。进度模型本质上是一个时间模型，采用合适的进度管理技术，输入项目信息和参数后能够进行计算，提供所需的进度时间数据。

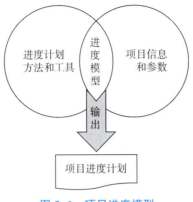

图 5-1　项目进度模型

5.1.2　进度管理的过程

进度管理过程由活动定义、活动排序、活动持续时间估算、进度计划制订及进度控制五个部分构成，其中前四个部分同属于项目规划过程组，最后一个属于项目控制过程组，具体如表 5-1 所示。

尽管进度管理过程被划分为多个具有明确界限的不同阶段，但是项目实践操作中，以上活动并非完全独立开展，往往存在相互交叉甚至于多次循环往复。

表 5-1　进度管理的过程组划分

项目管理过程组				
启动过程组	规划过程组	执行过程组	控制过程组	收尾过程组
	活动定义 活动排序 活动持续时间估算 进度计划制订		进度控制	

5.2　进度管理规划

本过程的主要目标是，通过制订进度管理计划，为规划、实施和控制项目进度提供指南。根据项目需要，进度管理计划可以是正式或非正式的，非常详细或高度概括的，其中应包括合适的控制临界值。

进度管理规划的主要作用是，为如何在整个项目期间管理项目进度提供指南和方向。该过程仅开展一次或仅在项目的预定义点开展。表 5-2 描述该过程的依据、方法和成果。

表 5-2　进度管理规划过程

依据	方法	成果
项目章程★ 项目管理计划 　●范围管理计划 　●开发方法★ 事业环境因素 组织过程资产★	专家判断★ 数据分析 　●备选方案分析★ 会议	进度管理计划★

本过程的典型操作是，规划者根据项目章程中项目高层级需求的描述并参考执行组织范围管理的政策、程序和经验教训，先了解不同开发方法（预测型、适应型或混合型）的特点，然后利用备选方案分析这些方法的优劣势，再选择适合当前项目的开发方法，或者依据项目章程和组织过程资产，在征求专家意见基础上沿用以往类似项目的开发方法并做适应性的调整。待开发方法选定之后，进一步对后续过程（活动定义、排序、时间估算、进度计划及进度控制）的不同方法进行备选方案分析，选择最佳方法，在此基础上制订进度管理计划。

5.2.1　进度管理规划的依据

在本过程的依据中，项目章程提供了方向和指南，组织过程资产提供了借鉴和参考，开发方法提供了核心内容和关键选择，其他组件会对本过程有不同程度的影响。

1）项目章程

项目章程是规划的核心组件，在项目章程中有关于项目总体里程碑的进度安排（见2.1.3节），可作为进度管理计划的重要依据。比如工程建筑项目的总体里程碑可能会明确开工时间、封顶时间、竣工时间等，这会对项目的进度安排产生约束，规划项目进度时必须考虑这些里程碑。

2）项目管理计划

●开发方法。产品开发方法有助于定义进度计划方法、估算技术（例如三点估计法、类比估算法等）、进度计划制订工具以及用来控制进度的技术。不同的开发方法对应不同的项目生命周期（表4-4），从而需要采用不同的进度计划方法。

预测型开发方法适用于计划驱动型项目生命周期，包括启动、规划、执行和收尾，进度计划编制方法通常采用关键路径法。

敏捷开发方法适用于适应型生命周期，经常使用迭代型进度计划和拉动式按需进度计划。前者是一种滚动式进度计划，而且使用越来越普遍，这种方法的好处在于，它允许在整个开发生命周期期间进行变更，例如具有未完项的迭代型进度计划，这种方法将需求记录在用户故事中，然后在建造之前按优先级排序并优化用户故事，最后在规定的时间盒内开发产品功能。而拉动按需进度计划，这种方法通常用于看板体系，是基于制约理论和来自精益生产的拉动式进度计划概念，经常用于此类项目：在运营或持续环境中以增量方式研发产品，且任务可以被设计成相对类似的规模和范围或者可以按规模和范围进行组合的工作。根据团队的交付能力来限制团队正在开展的工作。因为任务被设计成相对类似的规模和范围（例如基本相同的人工小时数），如果团队交付能力不足以在约定时间内完成全部任务，即形成制约因素，按制约理论解决（例如突破瓶颈）；如果交付能力超出，应利用富余时间提前处理部分后续任务，防止交付能力浪费，且防止后续交付能力可能成为制约因素。

不过，每个项目都是独特的，项目经理要根据实际情况并考虑以下因素决定进度计划方法：

- 生命周期方法。哪种生命周期方法最适合制订详细的进度计划？
- 资源可用性。影响资源可持续时间的因素是什么？
- 项目维度。项目复杂性、技术不确定性、产品新颖度、速度或进度跟踪（如挣值、完成百分比、"红黄绿"停止信号灯指示）如何影响预期的控制水平？
- 技术支持。是否采用技术来制定、记录、传递、接收和存储项目进度模型的信息以及是否易于获取？

3）组织过程资产

这里是指执行组织用于指导或规范进度管理规划的程序、政策和知识库，例如：历史信息和经验教训知识库、与进度计划制订和进度控制相关的正式和非正式的政策（或程序、指南）、模板和表格、监督和报告工具。

5.2.2　进度管理规划的工具和技术

1）专家判断

如果个人或小组在进度管理的编制、管理和控制，包括计划编制方法、编制工具、进度模型、行业知识和经验等方面拥有专业知识、丰富经验，可向其征求意见。

2）数据分析

这里主要指备选方案分析。备选方案分析包括评估各种不同进度计划方法，滚动计划的不同周期时间，计划不同的颗粒度、不同的更新频率等的差异及优缺点，找出项目的最佳进度计划，以便为进度管理服务。

3）会议

以会议形式召集相关人员一起商讨进度管理计划，参会人员包括项目经理、项目发起人、选定的项目团队成员、选定的相关方、进度计划或执行负责人，以及其他必要人员。会议方式有利于集思广益，收集好的建议，征求各方意见，建立共识，为后续计划的执行做好铺垫。为了确保会议的顺利进行，通常需要事先准备议程、邀请参会人员、提供必要的资料和设备，并在会议结束后进行记录和跟进，确保会议效果。

5.2.3　进度管理规划的成果

进度管理规划通常需要明确以下内容：项目进度模型制定、进度计划的发布和迭代长度、准确度、计量单位、组织程序链接、项目进度模型维护、控制临界值、绩效测量规则、报告格式等，具体如下：

- 项目进度模型制定。确定适合于进度模型的进度规划方法论（例如针对传统预测型项目选用 CPM 法，或针对需求快速变化的项目使用敏捷方法）和工具（例如预测型项目使用网络图，敏捷项目使用迭代计划）。
- 进度计划发布和迭代长度。当项目采用适应型生命周期时，会指定进度计划发布和迭代的时间限定期。时间限定期就是团队稳定工作直至完成目标的持续时间。采取时间限定，有助于最大限度减少范围蔓延，因为它迫使团队先处理必要功能，然后在时间允许时才处理其他功能。

- 绩效测量规则。需要规定用于绩效测量的挣值管理（EVM）规则或其他测量规则。
- 组织程序链接。工作分解结构（WBS）为进度管理计划提供了公用框架，确保与成本估算及对应进度的一致性。即基于同一 WBS 框架下的成本估算和进度计划，管理上实现了统一性，避免了成本管理和进度管理"各自为政"现象。

其他包括：准确度水平、计量单位、控制阈值（例如±5%）、报告格式、测试与评估方法和时机等。

 思考

选择适合特定项目（例如黄工的系统开发项目和小卫的"挑战杯"项目）的开发方法时，需要考虑哪些因素？这些因素对于项目进度管理规划有什么影响？

5.3　活动定义

本过程的主要目标是，通过将工作包分解为更具体的进度活动，为后续的进度估算、规划、执行、监督和控制奠定基础。该过程需要在整个项目期间开展，在后续的活动排序、时间估算和进度计划制订时均可以看到"活动清单"或"活动属性"的持续更新。

活动与工作包之间有着密切联系，活动是由工作包分解而来的，是实现工作包所需的具体动作。不过，工作包是 WBS 底层的可交付成果，是 WBS 的一部分，活动不是 WBS 的一部分；而且工作包通常是部分可交付成果，不与特定的时间、顺序进行关联，只代表项目范围；活动则会围绕工作包的执行过程展开，依照时间、顺序逐步分解，目的是完成工作包这个成果范围。这时候活动就是一系列动作和过程，工作包就是这一系列动作和过程的目标成果。例如"毕业论文撰写"项目的一个底层工作包可能是"文献搜集"，而像进入图书馆、登录文献数据库主页、输入关键词、下载文献等执行过程属于项目活动，都服务于"文献搜集"工作包。表 5-3 描述了该过程的依据、方法和成果。

表 5-3　活动定义过程

依据	方法	成果
项目管理计划 • 进度管理计划★ • 范围基准★ 事业环境因素 组织过程资产	专家判断 分解★ 滚动式规划★ 会议	活动清单★ 活动属性★ 里程碑清单★ 变更请求★ 项目管理计划更新 • 进度基准 • 成本基准

活动定义的典型操作是，项目团队按照进度管理计划的预先安排，将范围基准中的各工作包分解为一系列的进度活动，并记录在活动清单中，并以渐进明细的方式描述每个活

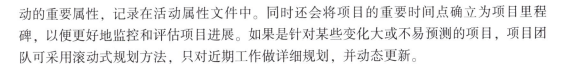

动的重要属性，记录在活动属性文件中。同时还会将项目的重要时间点确立为项目里程碑，以便更好地监控和评估项目进展。如果是针对某些变化大或不易预测的项目，项目团队可采用滚动式规划方法，只对近期工作做详细规划，并动态更新。

5.3.1　活动定义的依据

在本过程的依据中，进度管理计划提供了方法指南，范围基准提供了内容基础，其他组件会对本过程有一定影响。

◆项目管理计划

●进度管理计划。该计划不仅制订了进度计划方法，例如与预测型生命周期对应的关键路径法或与适应型生命周期对应的迭代式计划，而且也明确了滚动式规划的持续时间，如 3 个月、6 个月或其他。当然，该计划还包括其他与活动定义有关的内容，如管理工作的详细程度。

●范围基准。活动定义需参考范围基准中的范围说明书、WBS 及 WBS 词典，重点是参考 WBS 词典的描述，从中了解每一工作包的可交付成果、验收标准、假设和制约因素，把活动定义建立在对工作包全面和准确认识的基础上。当然，如果活动定义中发现范围基准的问题，需要通过变更程度进行变更。

5.3.2　活动定义的方法

（1）专家判断：向那些了解以往类似项目和当前项目并拥有专业知识经验的个人或团队征求专业意见，以便更快、更好地展开项目活动。

（2）分解：分解是一种把项目范围和项目可交付成果逐步划分为更小、更便于管理的组成部分的技术。本过程中的分解就是将工作包分解为一系列进度活动。所以活动是由工作包分解而来的，不过，工作包是 WBS 的一部分，而活动不是 WBS 的一部分。工作包通常是部分可交付成果，不与特定的时间、顺序进行关联，只代表项目范围，而活动则会围绕工作包的执行展开，与时间、顺序关联，是资源、时间和成本估算的依据。

分解过程可以单独进行，也可以与范围管理中的 WBS 创建和 WBS 词典一同进行。相比个人单独进行这项工作，让团队成员一起参与进来，可能会得到更好、更加准确的结果。

💡 思考

1. 在"晚会"项目中（图 4-9），针对"独唱 1"这一工作包，活动定义该如何展开？并举例说明；2. 从该案例看，活动定义的分解与 WBS 分解有何不同？

（3）滚动式规划：滚动式规划是采用迭代的方法来详细规划近期工作的同时粗略规划远期工作的一种规划方法。即表现为近细远粗、先粗后细、定期更新。在滚动式规划中，我们首先详细规划近期要完成的工作，然后在较高层级上粗略规划远期工作。而且，在项目的不同生命周期阶段，规划的详细程度也会不同。项目早期阶段由于信息相对不充分，工作包只能分解到较粗略的程度。随着项目信息量的增加，近期的工作包就可以分解为更具体的活动，实现了渐进明细（图 5-2）。这种规划方式适用于工作包、规划包以及采用敏捷或瀑布式方法的发布规划。

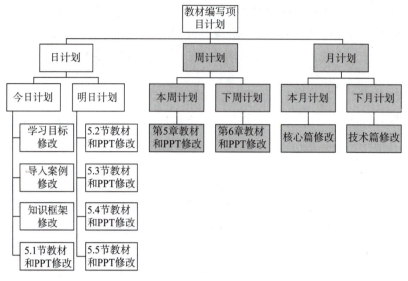

图 5-2　滚动式规划示例

（4）会议：可以召集团队成员或专家，进行面对面会议或虚拟会议，以正式或非正式方式均可。目的是定义完成工作所需的活动。

5.3.3　活动定义的成果

1）活动清单

活动清单是项目工作包经分解后的进度活动汇总。对采用滚动式规划或敏捷技术的项目来说，该文件会在项目实施过程中进行定期更新。另外，该文件还会描述各活动的编码和工作范围。

2）活动属性

活动属性是指为扩充对活动的描述而识别出来的活动的多重属性。活动属性也符合渐进明细的特点。项目早期，活动属性可能只记录了活动标识（ID）、WBS 标识和活动标签或名称等；项目后期可能会增加活动描述、紧前活动、紧后活动、逻辑关系、提前量和滞后量、资源需求、强制日期、制约因素和假设条件等属性。活动属性可用于指导活动如何开展、编制进度计划及在报告中作为进度活动分类和排序的依据。

3）里程碑清单

里程碑是指项目中的重要事件或重要节点，例如软件项目中，通常将产品定义、需求说明、体系结构、详细设计、编码、系统测试和产品发布等设为里程碑。在"毕业论文"项目中，论文开题报告、中期检查、预答辩、正式答辩等可能作为项目里程碑。里程碑清单列出了所有项目里程碑，并指明每个里程碑是强制性的（如合同要求的）还是选择性的（如根据历史信息确定的）。设立里程碑的意义包括：

●监控项目进展。里程碑可以帮助项目管理者跟踪项目的进展，了解项目是否按计划进行。通过设立里程碑，管理者可以清晰地了解项目的状态，确定是否需要采取措施来解决问题或调整计划。

●提高项目可见性和团队责任感。设立明确的里程碑并在可见且易于访问的平台上跟踪团队的进展，可以提高项目的可见性和团队成员的责任感。这有助于确保团队按时完成任务，并及时发现和解决潜在的问题。

● 评估项目成果。里程碑是项目中的重要节点，代表着项目的关键阶段或完成的重要成果。通过设立里程碑，可以评估项目的成果是否达到预期目标，以及是否满足了相关方的需求和期望。

4）变更请求

项目管理是一个渐进明细的过程，活动定义过程中可能会发现某些工作其实并不属于项目基准，需要修改基准。考虑到项目基准是受控文件，任何变更都需要先提出变更请求，并经项目整体变更控制过程的审查处理后才可更新。

5.4 活动排序

本过程的主要目标是，通过识别、记录活动间关系以及排列活动顺序，将项目活动清单转化为有一定逻辑关系的图表。该过程需要在整个项目期间开展。该过程可以用项目管理软件、手动方法或自动方法来进行活动排序，目的是将项目活动清单转化为图表。该过程的依据、方法及成果见表 5-4。

表 5-4 活动排序过程

依据	方法	成果
项目管理计划 　●进度管理计划★ 　●范围基准 项目文件 　●活动属性★ 　●活动清单★ 　●假设日志 　●里程碑清单 事业环境因素 组织过程资产	紧前关系绘图法★ 确定和整合依赖关系 提前量和滞后量 项目管理信息系统	项目进度网络图★ 项目文件更新 　●活动属性 　●活动清单 　●假设日志 　●里程碑清单

本过程的典型操作是，项目团队根据进度管理计划的预先安排，依照活动属性中描述的逻辑顺序关系（例如紧前/紧后活动、依赖关系、提前量或滞后量），运用紧前关系绘图法（PDM），以手工、软件或自动工具，将活动清单中的所有活动绘制成项目进度网络图（表），例如可以用简单的里程碑图、横道图，或者是较为复杂的网络图，也可以从上述图表中选择多种同时使用。

5.4.1 活动排序的依据

在本过程的依据中，进度管理计划提供了排序的要求和方法，活动清单和活动属性提供了排序的具体对象和参数信息，其他组件对本过程有不同程度的影响。

1）项目管理计划

●进度管理计划。进度管理计划规定了活动排序的方法，例如单代号网络图 PDM、双代号网络图 ADM，或规定其他要求。

2）项目文件

●活动属性。该文件可能描述了活动的紧前/紧后关系、提前量与滞后量及活动之间的逻辑关系（或称依赖关系）。

●活动清单。该文件列出了项目的全部进度活动，这些活动的依赖关系和其他制约因素会对活动排序产生影响。

5.4.2 活动排序的方法

为了进行活动排序，需要借助紧前关系绘图法，依据活动之间的依赖关系确定先后顺序，然后为某些活动设定提前量或滞后量以缩短项目工期或增加进度计划弹性，最后在项目管理信息系统的辅助下高效开展编制进度网络图。

1）紧前关系绘图法

紧前关系绘图法（PDM）是创建进度模型的一种技术，用方框或矩形（节点）表示活动，用箭线代表紧前或紧后逻辑关系，也称前导图法或单代号网络图。具体如图 5-3 所示：

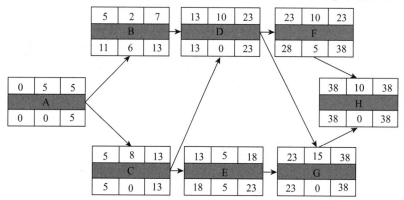

图 5-3　紧前关系绘图法示例

紧前活动是指在逻辑路径上，排在某个活动（例如活动 B）之前的活动（例如活动 A），即相对于活动 B 来说，活动 A 就是紧前活动。反之，活动 B 相对于活动 A 来说就是紧后活动。该方法共有四种依赖关系：

●完成-开始（FS）。先完成紧前活动后，才能开始紧后活动的逻辑关系（图 5-4，下同）。例如，晚会上只有上一节目（紧前活动）结束，才能开始下一个节目（紧后活动），毕业论文只有完成开题报告才能开始正文写作。

●完成-完成（FF）。先完成紧前活动后，才能完成紧后活动的逻辑关系。例如，只有完成文件的内容编写（紧前活动），才能完成文件的格式编辑（紧后活动）。

●开始-开始（SS）。先完成紧前活动后，才能开始紧后活动的逻辑关系。例如，开始地基浇灌（紧前活动）之后，才能开始混凝土的找平（紧后活动）。

●开始-完成（SF）。先完成紧前活动后，才能完成紧后活动的逻辑关系。例如，只有启动新的应付账款系统（紧前活动），才能关闭旧的应付账款系统（紧后活动）。

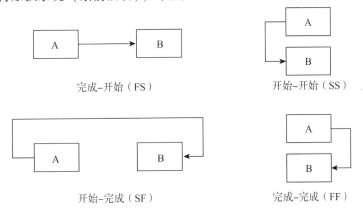

图 5-4 活动依赖关系类型示意图

2）确定和整合依赖关系

依赖关系分类有两个维度，一个按照有无强制性约束划分为强制性依赖关系和选择性依赖关系，另一个按照依赖关系的来源划分为内部依赖关系和外部依赖关系。下面分别介绍：

● 强制性依赖关系：是指因为法律、合同或内在性质决定的依赖关系，且为客观存在，又称为硬依赖关系。例如房屋建筑项目，先打地基才能建造地面工程；晚会项目中，必须先进行节目彩排，才能正式演出。

● 选择性依赖关系：也被称为首选逻辑关系、优先逻辑关系或软逻辑关系。选择性依赖关系通常会参考具体领域的最佳实践或行业惯例来进行。例如室内装修项目中，一般是先铺地面瓷砖，再粉刷墙面，而不是反过来。但这并不是强制性的，只是行业惯例，因为理论上也可以先粉刷墙面再铺地面瓷砖，但是这就要求行业改变传统的一整套做法；不管顺序如何，在做后道工序前都必须确保之前完成的那一部分工程得到合理"保护"，否则可能会对前道工序的成果造成破坏。

● 外部依赖关系：是指项目活动与项目外部活动之间存在的某种依赖关系，且这类依赖关系通常不在项目团队管辖范围之内。例如，晚会的演出取决于外部供应商的音响设备到场调试；毕业论文项目中，毕业论文答辩必须等到论文盲审（校外）结束后才能开始。

● 内部依赖关系：内部依赖关系是项目（内部）活动之间的紧前/紧后关系，通常在项目团队的控制之中。例如，只有机器组装完毕，团队才能对其测试，这是一个内部的强制性依赖关系。

3）提前量和滞后量

提前量是相对于紧前活动，紧后活动可以提前（开始）的时间量。加入提前量可以在条件允许的情况下提早开始紧后活动，因此可以缩短工期。例如，工程建设项目中，景观绿化可以在编制尾工清单结束前 2 周开始，这就是带 2 周提前量的完成–开始（FS）关系，这两个活动有两周时间是并行的，因此工期时间可能会缩短 2 周，如图 5-5（a）所示。在进度计划软件中，提前量往往表示为负滞后量。

滞后量是紧后活动，相对于紧前活动需要推迟（开始）的时间量。例如撰写方案开始等待 15 天后才开始编辑方案，这是带 15 天滞后量的开始–开始（SS）关系，如图 5-5

（b）所示。滞后量是在某些限制条件下，在紧前和紧后活动之间增加一段自然时间，其作用是增加计划的弹性。图 5-6 的项目进度网络图中，H 和 I 之间加入了 10 天滞后量，表示为 SS+10（带 10 天提前量的开始-开始关系），F 和 G 之间加入了 15 天的提前量，表示为 FS-15（带 15 天提前量的完成-开始关系）。

需要注意的是，首先提前量和滞后量并不代表进度活动之间的逻辑关系。其次，在估算活动持续时间时，不应该包含任何提前量或滞后量，尽管这些量在项目进度计划中会得到体现。例如，某活动持续 3 天外加 2 天的滞后量，则该活动历时就是 3 天，不能计算为 5 天。

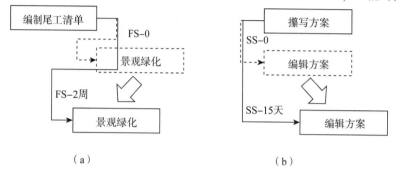

图 5-5　提前量与滞后量示例
（a）提前量；（b）滞后量

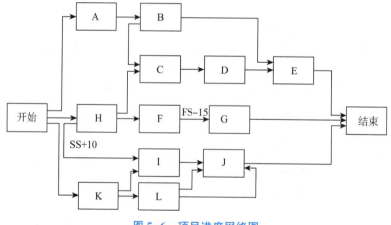

图 5-6　项目进度网络图

4）项目管理信息系统（PMIS）

项目管理信息系统是指用于支持项目管理活动的计算机化系统。它包括了一系列的软件工具和技术，用于收集、存储、处理和传递与项目相关的信息。项目管理信息系统可以提供实时的项目数据和报告，帮助项目团队做出准确的决策，并提高项目的执行效率和成功率。本过程中，项目管理信息系统中的进度计划软件可协助项目团队开展规划、组织和调整活动顺序，插入逻辑关系、提前和滞后值，以及区分不同类型的依赖关系。

5.4.3　活动排序的成果

◆项目进度网络图

项目进度网络图是指用来展示项目进度活动之间逻辑关系（也称依赖关系）的图形，

可以通过手工绘制或使用项目管理软件来制作。网络图可以包含项目完整的项目信息，也可以只列出一些概括性的活动。此外，网络图应附上简要的文字描述，例如活动排序所使用的基本方法、异常的活动序列等。

> **思考**
>
> 　　带有多个紧前活动的活动（如图5-6中的 I 活动）代表着路径汇聚，而带有多个紧后活动的活动（如图5-6中的 K 活动）则代表着路径分支，带汇聚和分支的活动受到多个活动的影响或能够影响多个活动。与一般活动相比，I 活动、K 活动对进度管理将带来什么影响？

5.5　活动持续时间估算

　　本过程的主要目标是，通过先估算每个活动所需时间量（＝工作量/资源投入量），再结合项目日历和资源日历，估算活动持续时间（工作时段数）。该过程需要在整个项目期间开展。

　　除了活动本身以外，影响活动持续时间的因素主要是可用资源数量。一般来说资源数量越多，活动持续时间就越短，不过也不是简单的线性关系，因为还受到技术水平、员工激励以及收益递减规律等因素的影响。活动持续时间估算过程的依据、方法及成果见表5-5。

表 5-5　活动持续时间估算过程

依据	方法	成果
项目管理计划 　●进度管理计划★ 　●范围基准 项目文件 　●活动属性★ 　●活动清单 　●假设日志 　●经验教训登记册 　●里程碑清单 　●项目团队派工单△ 　●资源分解结构△ 　●资源日历△ 　●资源需求★ 　●风险登记册 事业环境因 组织过程资产	专家判断 类比估算 参数估算 三点估算★ 自下而上估算★ 数据分析 　●备选方案分析 　●储备分析★ 决策 会议	持续时间估算★ 估算依据★ 项目文件更新 　●活动属性 　●假设日志 　●经验教训登记册

　　活动持续时间估算的典型操作是，项目团队根据进度管理计划的预先安排，综合考虑活动所需工作量（活动属性）、可用资源数量（资源需求）及其他影响因素，运用三点估

算法估算出活动所需时间量；再结合资源日历和项目日历，估算出活动持续时间；同时可能需要在活动和（或）工作包层级设立应急储备时间、在项目层级设立管理储备时间，以便分别应对已知–未知风险和未知–未知风险带来的进度不确定性。估算完活动持续时间后，再利用自下而上估算，逐级向上汇总至控制账户并直至项目层级；最后将整个估算的方法、过程、基本假设等记录在估算依据文件中，方便今后对估算过程及结果进行追溯和复盘。

5.5.1 活动持续时间估算的依据

在本过程的依据中，进度管理计划提供了方法指南，活动属性、资源需求分别提供了估算的基础信息；其他部分对本过程有一定的影响和制约。

1）项目管理计划

● 进度管理计划。该计划明确了活动持续时间估算的方法（如三点估算、参数估算）和准确度。

2）项目文件

● 活动属性。该文件描述了紧前/紧后关系、提前量与滞后量以及可能影响持续时间估算的活动之间的逻辑关系。

● 资源需求。资源需求是活动资源估算过程的成果之一（参考11.3）。估算资源需求会对活动持续时间产生直接影响。因为在工作量确定的情况下，资源数量及质量成为活动时间的决定性因素，或者，任何活动持续时间的估算值都建立在特定数量和质量的资源需要条件之上。一旦分配的资源不能满足预期要求，活动持续时间将受到很大影响。例如，如果将额外或较低技能的资源分配给一项活动，则由于沟通、培训和协调需求的增加，可能会降低效率或生产力，从而导致更长的持续时间。

● 项目团队派工单。该文件源自资源获取的成果（参考11.4）。将合适的人员分配给项目，为其配备团队成员。本过程中，可参考配备人员的具体情况，估算活动持续时间。

● 资源日历。资源日历是指一种能展示每种具体资源何时可用及可用时长的日历类型。资源日历源自资源获取过程（参考11.4）的成果。在资源日历中，资源可用性、资源类型和资源特性都对进度活动的持续时间产生影响。例如，如图5-7所示，10月份除去法定假日（国庆节和周末），只剩下19个工作日（含12号补班）。

一	二	三	四	五	六	日
	休 01 国庆节	休 02 三十	休 03 九月	休 04 初二	休 05 初三	休 06 初四
休 07 初五	08 寒露	09 初七	10 初八	11 重阳节	班 12 初十	末 13 十一
14 十二	15 十三	16 粮食日	17 十五	18 十六	末 19 十七	末 20 十八
21 十九	22 二十	23 霜降	24 廿二	25 廿三	末 26 廿四	末 27 廿五
28 廿六	29 廿七	30 廿八	31 廿九			

图5-7 项目日历样例

● 资源分解结构。该文件源自活动资源估算的成果（参考 11.3）。资源分解结构按照资源类别和资源类型，提供了已识别资源的层级结构，为活动持续时间估算提供参考。

5.5.2　活动持续时间估算的方法

1）专家判断

如果个人或小组在进度计划的编制、管理和控制方面拥有知识经验，或者时间估算或相关学科应用方面具备专业知识，则可征求其专业意见。

2）类比估算

类比估算是一种基于类似情况的推理方法，通过比较一个已知情况（项目、工作、活动等）与一个未知情况的相似之处，用已知情况的参数来推断未知情况的同类参数。在估算持续时间时，类比估算技术以过去类似项目的实际持续时间为依据，来估算当前项目的持续时间。即从历史项目中寻找类似项目，通过类比分析估算项目时间。例如新建一栋 15 层、总面积 6 000 平方米的住宅楼，项目经理根据以往个人类似项目经验估算大概工期 13 个月。

通常情况下，当缺少足够的数据或信息来进行准确估计时，可以通过类比已知情况来推断未知情况的结果。类比估算的关键在于找到合适的类比对象，确保它们在某些方面具有相似性。同时，还需要注意两者之间的差异，以避免不合理的估计。例如，前文的例子中如果依据的历史项目是别墅工程项目，那么估算结果的可信度会显著下降。

相比其他估算技术，类比估算主要依靠个人主观经验，类比估算用时短、成本低，但准确性较低。其适用于针对整个项目或主要部分的粗略估算，也可以在项目早期因缺乏详细数据时使用，之后再结合其他估算方法做进一步修正。

3）参数估算

参数估算是一种利用历史数据和项目参数，通过某种算法来估算成本或持续时间的技术。它通过分析历史数据之间的统计关系和其他变量，例如建筑施工中的平方英尺，来估算活动的成本、预算和持续时间等参数。与类比估算比，参数估算更接近于一种定量分析，不仅有历史数据，还有模型（算法）和参数，因此理论上持续时间估算的结果要比类比估算更为准确些。

该技术通常是把需要实施的工作量，乘以完成单位工作量所需的工时，即可计算出持续时间。例如，根据历史数据，现有 B 住宅项目共 10 层，住宅楼平均盖一层需要 300 人/天，据此估算 B 项目约需 3 000 人/天。或者，历史数据显示，住宅每平方米需要 0.8 人/天，一栋 4 000 平方米住宅楼大约需要 3 200 人/天。

参数估算的准确性取决于参数模型的成熟度和基础数据的可靠性，且参数进度估算可以针对整个项目或项目中的某个部分，并可以与其他估算方法联合使用。

思考

类比估算与参数估算之间有什么区别？

4）三点估算

考虑现实中活动时间存在一定程度的不确定性，为提高估算的准确性，利用三点估算可能要比单点估算更接近真实。

● 最可能时间（t_M）。考虑到以最大可能性获取的资源、资源生产率、资源可用时间、资源的依赖关系及各种干扰等，所估算出的活动持续时间，即最可能值，这在数学上称之为众数（Mode），最可能值就是在这个最大值和最小值范围内出现最多次数的值。

● 最乐观时间（t_O）。考虑最理想情况下，估算的活动持续时间，即最小值。

● 最悲观时间（t_P）。考虑最糟糕情况下，估算的活动持续时间，即最大值。

根据持续时间的不同分布情况，期望持续时间 t_E 计算公式为：

$$t_E = (t_O + t_M + t_P)/3（基于三角分布）$$
$$或 t_E = (t_O + 4t_M + t_P)/6（基于贝塔分布）$$

当历史数据不充分时，通常使用三角分布，而贝塔分布公式适合在最可能值评估很准确的情况下使用，其他情况下选用三角分布公式效果更好。

5）自下而上估算

自下而上估算通常先从项目工作分解结构（WBS）的下一层级任务或工作包开始，逐步将估算结果汇总到上一层级或整个项目的估算，即先估算下一层级的活动持续时间，然后再向上汇总得到上层活动持续时间。相比其他方法，这种估算方法的结果较为精细和准确。

如果条件允许，该方法可以与类比估算、参数估算、三点估算等方法，相互补充、相互验证，结合使用效果会更好。

6）数据分析。

数据分析技术主要有以下两种：

● 备选方案分析。

该方法用来识别各种不同方法并进行评估分析，针对活动持续时间估算可以通过评估不同的资源能力（或技能水平）、不同的进度压缩技术、不同工具（手动和自动、租赁或购买决策）等，在持续时间、成本及资源等方面进行权衡，帮助项目进行方案筛选。

举例，项目可以选择用一个工资要求 8 000 元的职场老手还是工资要求 5 000 但经验为 0 的职场新人？前者干活速度快，完成时间短，但成本也高。

● 储备分析。

储备分析是指为解决进度或成本的不确定性问题对项目所需的（时间或费用）储备展开分析的技术，以应对不可预见工作量（或工作）带来的时间或费用。这里，项目所需储备包括应急储备和管理储备，应急储备与管理储备虽然都是储备的一部分，但有明显区别，主要区别如表 5-6 所示。

应急储备是为了应对进度方面的不确定性，考虑到项目存在"已知-未知"风险①，这意味着，尽管识别出了风险，却不能确定风险发生的概率和后果。为解决这个问题，风险应对是不可或缺的，但无法确定具体要付出多大的工作量。这就需要做好应急储备（时间）并合理估算储备时间。应急储备可取活动持续时间估算值的某一百分比（例如 8%）或某一固定的时间段（例如每个月的最后 3 个工作日），亦可把应急储备从各个活动中剥离出来并汇总。应急储备也是项目进度基准的一部分，并在项目各个层级均可设立。项目经理有权支配应急储备。

① 已知-未知风险是指已经识别出的风险事件，但是不了解风险发生的概率和后果。通常使用应急储备来解决。

管理储备是用来应对项目存在的"未知–未知"风险①，由于风险情况不明，因此项目进度规划阶段暂时无法为此展开具体的风险应对工作，只能在整个项目层面预留项目时间，用来应对项目范围中不可预见的工作。这部分储备不属于进度基准，但属于项目总工期的一部分。与应急储备不同的是，管理储备需要经过变更控制并获得批准后才可支配。

表 5–6　应急储备与管理储备的区别

区别	应急储备	管理储备
应对风险类型	已知–未知	未知–未知
与项目基准的关系	项目基准的一部分，也是基准内的一部分预算/时间	不属于项目基准，只是项目总预算/总工期的一部分。不过获准动用后会（导致项目基准变更）进入项目基准
项目经理支配权限	可自主支配	支配前需获得批准（经由正式的变更控制流程）
应用范围	小到项目活动，大至整个项目，各个层级均可预设	只针对整个项目预设

7）决策

本过程的决策技术是指投票。投票是通过表决的方式让人们就多个可选方案表达自己的意见或选择的一种决策方法。敏捷项目中经常使用举手表决这种投票方式，举手表决一般用于快速测量与会者对某个问题的支持或反对程度，以便做出决策或统计结果。

8）会议

项目团队可以召开会议来估算活动持续时间。如果采用敏捷方法，则需要举行迭代计划会议，在敏捷开发中，项目被划分为多个迭代周期，每个迭代周期通常为 2~4 周。迭代计划会议的目标是让团队成员共同讨论、评估和确定下一个迭代周期内要完成的任务和目标。在会议中，团队会回顾上一个迭代周期的成果和教训，讨论优先级和任务的分配，以及制订下一个迭代周期的计划。

5.5.3　活动持续时间估算的成果

该过程的成果主要有持续时间估算、估算依据及项目文件更新。

1）持续时间估算

持续时间估算是以定量方式对活动、阶段或项目所需时间的估计，它不考虑任何滞后量，即不考虑可能出现的延迟或等待的时间。不过，持续时间估算可以是一个变动的范围，在该范围内可能存在一定的波动。例如：20 工作日 ±2 天，表明活动至少需要 18 天，最多不超过 22 天。

2）估算依据

尽管在不同领域活动持续时间估算所需的支持信息不同，但是有关支持文件都要清楚地说明活动持续时间是怎样估算出来的，包括估算依据（如估算是如何编制的）、全部假设条件、各种已知的制约因素、对估算区间的说明（如"±10%"）、最终估算的置信水平说明、影响估算的单个项目风险等。

① 未知–未知风险是指未识别出来的风险事件，而且也无法预测发生的概率和后果，一般通过管理储备来应对。

思考

假设你是一个项目经理，正在进行一个软件开发项目。你的团队正在使用三点估算法来估算项目活动的时间量。在进行估算时，你发现有一个活动可能存在一些未知的风险，可能会导致进度不确定性。请列举出你可能会采取的一些措施来处理这种情况，并解释为什么这些措施是有益的。

5.6 进度计划制订

本过程的主要目标是利用进度模型及相关的项目信息，创建起进度基准及进度计划，从而确定项目、活动及里程碑的计划开始时间和完成时间。该过程需要在整个项目期间开展。

表5-7描述了该过程的依据、方法和成果。

表5-7 进度计划制定过程

依据	方法	成果
项目管理计划	进度网络分析	进度基准★
●进度管理计划★	关键路径法★	项目进度计划★
●范围基准	资源优化	进度数据★
项目文件	数据分析	项目日历★
●活动属性	●假设情景分析	变更请求★
●活动清单	●模拟	项目管理计划更新
●假设日志	提前量和滞后量	●进度管理计划
●估算依据	进度压缩	●成本基准
●持续时间估算★	项目管理信息系统	项目文件更新
●经验教训登记册	敏捷发布规划★	●活动属性
●里程碑清单		●假设日志
●项目进度网络图★		●持续时间估算
●项目团队派工单		●经验教训登记册
●资源日历		●资源需求
●资源需求		●风险登记册
●风险登记册		
协议（供应商）		
组织过程资产		
事业环境因素		

本过程的典型操作是，项目团队根据进度管理计划的预先安排，将活动持续时间输入进度模型（例如项目进度网络图）中，传统项目运用关键路径法，计算项目活动的开始时间和结束时间，找出项目的关键路径和关键活动，创建一个简单的（如里程碑图、横道图）或复杂的进度计划（如网络图），必要时开展进度压缩以缩短项目工期；针对敏捷型项目会采用敏捷发布规划，包括基于产品路线图的系列发布计划、每一发布计划所包含的若干迭代计划及每一迭代计划所包含若干功能开发任务（基于用户故事），从而创建迭代

型进度计划，其中进度模型和项目开始时间和结束时间经批准后成为进度基准。

进度计划制订时，通常是一边审查和修正持续时间估算、资源估算和进度储备，一边制订项目进度计划，这个过程通常经历多次反复后才能完成，最后经批准成为进度基准。

一旦活动的开始和完成日期得到确定，通常由相关项目人员审查其被分配的活动。之后，项目人员确认开始和完成日期与资源日历没有冲突（例如，计划日期是不是法定节假日？使用设备是不是处于定期保养时间？），与其他项目或任务没有冲突（例如，活动当事人有无出差、学习、会议等安排？场地使用、设备共享、活动参与人等是否与其他项目或任务有冲突？）；最后分析进度计划，确定是否存在逻辑关系冲突（如紧前/紧后关系、依赖关系），以及在批准进度计划并将其作为基准之前是否需要资源平衡[①]。同时，需要修订和维护项目进度模型，确保进度计划在整个项目期间一直切实可行。

5.6.1 进度计划制订的依据

在本过程的依据中，进度管理计划提供了方法指南，项目进度网络图和活动持续时间估算分别提供了进度模型和时间参数等内容基础，其他组件对本过程有不同程度的影响。

1）项目管理计划

●进度管理计划。该计划明确了进度计划的制订方法和工具（例如，针对预测型项目的关键路径法和紧前关系绘图法 PDM），以及推算进度计划的方法。

2）项目文件

●持续时间估算。估算的持续时间是进度模型中最主要的时间参数，可用于进度计划的推算。

●项目进度网络图。项目进度网络图是一种图形化的工具，用于展示项目中各个活动之间的逻辑关系。图中的箭头表示活动之间的依赖关系，箭头的起点表示紧前活动，箭头的终点表示紧后活动。通过分析这些逻辑关系，可以推算出项目的进度计划，确定各个活动的开始时间、结束时间和持续时间。

5.6.2 进度计划制订的方法

1）进度网络分析

进度网络分析是创建项目进度模型的一种综合技术，它采用了其他几种技术，例如关键路径法、资源优化技术和建模技术。进度网络分析是一种建立项目进度模型的综合性分析技术，不仅结合了关键路径法、资源优化技术和建模技术等多种技术，而且也结合了其他分析技术，例如：在多条路径同时汇聚或分叉时，需要评估整合进度储备的必要性，以降低可能出现进度滞后的风险；审查整个网络，以判断关键路径是否存在高风险活动或具有较多提前量的活动，为降低关键路径的风险是否需要使用进度储备或执行风险应对计划。上述分析是一个反复进行的过程，直到创建出可行的进度模型。

2）关键路径法

在进度模型中，关键路径法主要用来估算项目最短工期和确定逻辑网络路径的进度灵活性（浮动时间）大小。该技术沿着进度网络路径，先使用顺推法计算出所有活动的最早

---

① 资源平衡：一种资源优化技术，对项目进度计划进行调整以优化资源分配，并可能会影响关键路径。参见"资源优化技术"和"资源平滑"。

开始（ES）和最早结束（EF），然后再用逆推法计算最晚开始（LS）和最晚结束（LF）。为此，活动持续时间参数可以采取以下方式进行标注，如图 5-8 所示，其中 DU 代表活动持续时间，TF 代表总浮动时间，中间 ID 代表活动名称。

图 5-8　活动持续时间参数的标注方式

具体计算公式如下：

• 对于当前活动：顺推法 $EF = ES + DU$；逆推法 $LS = LF - DU$，浮动时间 $TF = LS - ES = LF - EF$。

• 对于紧后活动：顺推法 $ES(i+1) = EF(i)$；逆推法 $LF(i) = LS(i+1)$。这里 i 表示紧前活动，$i+1$ 表示紧后活动。

在进度网络图中，从开始到完成的所有路径中，最长的路径即为关键路径，图 5-9 中，A-C-D 为关键路径，它决定了项目的总工期，

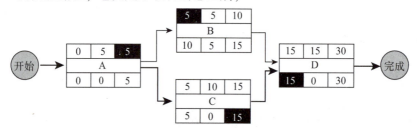

图 5-9　关键路径法推算活动持续时间参数过程示例

利用该方法找出关键路径，并对各关键活动，优先安排资源，挖掘潜力，采取相应措施，尽量压缩时间。而对非关键路径的活动，在不影响工程完工时间的条件下，抽出适当的资源，用在关键路径上，以达到缩短工期、合理利用资源等目的。

不过，关键路径法在实际应用中仍然面临一些挑战，关键路径法能够较好地处理单个项目的资源优化配置问题，但是没有充分把资源约束和人的行为等因素考虑在内，在实际运行中不能很好地解决多目标问题。对于项目的资源优化与平衡管理的问题，理论上可以用数学规划的方法来解决。但随着项目数量和影响因素的增多及项目之间关系的复杂化，采用传统的数学规划法很难有效求解。为此，以色列物理学家高·德拉特提出了关键链方法（也被称为约束理论），详细内容可参考最近相关研究。

「扫码」了解项目进度管理的关键链方法——前沿研究

3）资源优化

资源优化用于调整活动的开始和完成日期，以调整计划使用的资源，使其等于或少于可用的资源。资源优化技术是根据资源供需情况来调整进度模型的技术。

• 资源平衡。资源平衡是指当资源供给不能满足资源需要时对活动开始和完成日期进

行调整的一种技术。其作用就是在考虑资源供给约束的情况下通过调整资源的需求来实现供需的平衡，如图 5-10 所示，活动 B 与 C 使用同一个资源，例如只能由同一个团队成员来完成，因无法兼顾两个活动，故需要等活动 B 完成后，活动 C 才能开始，即延迟 1 天，因此总工期由 8 周变成 9 周。所以，资源平衡通常会导致关键路径发生改变。

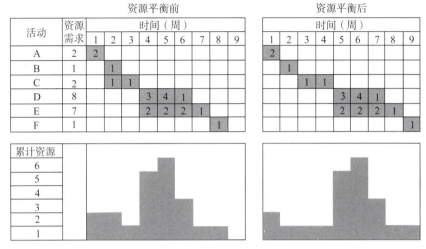

图 5-10　资源平衡示例

● 资源平滑。资源平滑是在确保项目资源需求不超过预定的资源限制的前提下调整项目进度模型活动的一种技术。资源平滑能起到一种"削峰"的效果（图 5-11），经过资源平滑后，超过限定的资源部分被削至限定水平之下，这样的好处就是资源使用成本会降低，因为满足"高峰"时期对资源需求的代价——即边际成本可能要高于正常水平，例如需要临时聘请人员、短期租用设备等，都需要付出额外成本。与资源平衡相比，资源平滑不会改变项目的关键路径，故不会导致工期延迟。调整只在活动的自由和总浮动时间内进行，不过，资源平滑可能无法让所有资源实现优化。

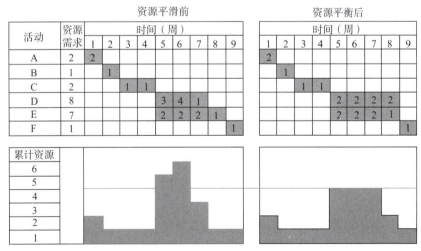

图 5-11　资源平滑示例

如图 5-11 所示，假定项目的资源预定量为 4（例如项目团队总共只有 4 人），活动 D 对资源的需求量波动较大，且第 5、6 周的资源需求总量超出预定量，超出部分需要进行调整。超出的部分可能需要临时增加资源，而且第 7 周开始这些增加的资源又处于闲置状态，因此资源安排的大幅波动不仅增加了管理难度，而且也会明显增加项目成本。为此，通过资源平滑，D 活动的资源保持了相对稳定，关键路径维持不变（活动 D 在浮动时间内），不影响项目工期。

综上所述，资源优化的目标就是在解决资源供需矛盾的基础上提升资源效率和降低资源成本。

资源平滑与资源平衡有所区别，具体见表 5-8。

表 5-8　资源平衡与资源平滑的区别

项目	资源平衡	资源平滑
应用场景	（特定时间）资源需求超出资源供给	资源使用不均匀且超出预定的资源数量
是否影响关键路径	有影响	无影响
使用时机	使用关键路径法（CPM）之后和资源平滑之前	资源平衡之后
调整对象	针对关键资源	针对非关键资源

4）数据分析

● 假设情景分析。假设情景分析是进度计划制订过程所用建模技术的一个子技术，是对各进度活动可能出现的各种情景及其对进度计划的影响进行综合评估。通常是对诸如"如果某某情景出现了，情况会怎样？"这样一种可能性进行评估，从而预测某情景对项目进度计划的影响。通过假设情景分析，就可以评估项目进度计划在不利情况发生后的可行性。例如：如果某设备的供应商延迟交货会怎样影响项目进度，如果某个工作包所涉及的技术问题没有解决会怎样影响项目进度，从而评估进度计划可行性并制订应急计划和进度储备。

> **💡 思考**
>
> 将假设情景分析技术应用于"毕业论文"项目，试列举可能发生的情景，并思考以上情景的应对办法。

● 模拟。模拟指使用一种或多种技术来创建一个虚拟的环境，并通过模仿、复制或模拟真实世界的某个对象、过程或系统的行为，以便进行实验、研究或训练的过程。进度计划制订过程中，模拟是通过建立模型来综合分析各种不确定性因素，评估这些因素对目标的潜在影响。作为一种常见模拟技术的蒙特卡罗法，可用于计算整个项目可能的进度结果。蒙特卡罗法通过考虑风险和其他不确定因素，模拟多种不同的活动假设、制约因素、风险、问题或情景，并使用概率分布和其他形式的不确定性来计算多种可能的工作持续时间。需要注意的是，蒙特卡罗法是一种随机模拟方法，结果可能受到随机性的影响。因此，需要进行足够多的模拟次数，以获得可靠的结果。此外，模型的准确性和变量的选择也会对结果产生影响，需要进行适当的验证和敏感性分析。图 5-12 模拟某项目完成日期的概率分布，结果显示项目 31 天内完工的概率为 9%，40 天内完工的概率为 90%。

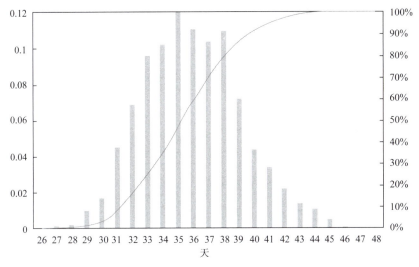

图 5-12　项目完成日期概率分布示例

5）提前量和滞后量

提前量和滞后量是项目进度网络计划中常用的调整方法，用于制订可行的进度计划。通过调整紧后活动的开始时间，提前量可以在条件允许的情况下提前开始紧后活动，为缩短工期创造条件。而滞后量则是在某些限制条件下，在紧前和紧后活动之间增加一段自然时间（不需要开展实际工作、没有资源消耗），增加进度计划的弹性。更多详情可参考 5.4.2。

6）进度压缩

进度压缩是指在不缩减项目范围的前提下，缩短或加快进度工期，以满足进度制约因素、强制日期或其他进度目标。缩短工期可能出于各种考虑包括：避免超出合同期限遭到处罚，释放项目资源以用于其他地方等。

● 赶工。赶工也称应急法。通过增加资源，以最小的成本代价来压缩项目工期的一种技术，故也被称为时间−费用平衡法。例如：加班、追加资源或支付加急费用等措施可以缩短关键活动时间。不过赶工也不是没有限制，首先活动本身时间上要有压缩空间，即通过追加资源能缩短时间；其次，活动必须位于关键路径之上。如果不考虑以上两个条件，盲目赶工可能是一件费力不讨好的事情，不仅如此，还应该考虑赶工引发潜在风险增加的可能性。

● 快速跟进。快速跟进是指将原本串行方式开展的活动（或阶段）调整为部分并行开展，故也称平行/并行作业法。例如，总体设计结束前就开始详细设计，或者详细设计结束前就开展代码编写。在关键路径上采用快速跟进能够缩短项目工期，但可能增加项目的质量风险或返工风险，而且还有可能增加项目成本。

7）项目管理信息系统

可以利用项目管理信息系统中的进度计划软件（如 P6、MSProject、PingCode 等），辅助项目团队进行进度规划。不仅提供进度计划制订的众多工具，也可以协助开展进度优化，显著提高进度规划的效率和效果。

8）敏捷发布规划

敏捷发布规划基于产品发展愿景和产品路线图，提供了高度概括的发布进度时间轴（通常是 3~6 个月）。同时，敏捷发布规划还确定了发布的迭代或冲刺次数，使产品负责人和团队能够决定需要开发的内容，并基于业务目标、依赖关系和障碍因素确定达到产品放行所需的时间。对客户而言，产品功能就是价值，因此，该时间轴定义了每次迭代结束时交付的功能，提供了更易于理解的项目进度计划，而这些就是客户真正需要的信息。

图 5-13 为产品愿景、发布计划和迭代计划之间的关系。

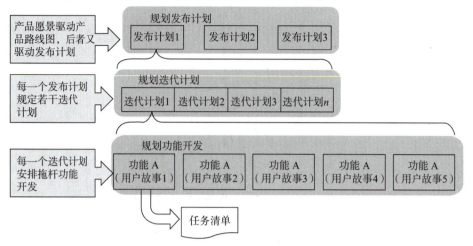

图 5-13　产品愿景、发布计划和迭代计划之间的关系

敏捷发布规划是敏捷管理方法的核心部分之一，后者在软件行业应用尤其广泛，由此产生了敏捷开发和敏捷项目管理等相关概念，相关的研究可参考相关文献资料。

「扫码」了解敏捷项目管理的最新研究

5.6.3　进度计划制订的成果

1）进度基准

进度基准是项目管理计划的组成部分之一。进度基准是进度模型得到相关方正式批准后的版本，具有基准开始日期和基准完成日期，在后续进度监控过程中，将批准的基准日期与实际起止日期进行比较，以确定是否发生了差异。进度基准是受控文件，只能通过正式的变更控制程序才能进行变更，并用作与实际结果进行比较的基础。

2）项目进度计划

项目进度表是进度模型推算的一个成果，其中进度模型是用计划日期、持续时间、里程碑和资源等参数信息来展现一组相互关联的项目活动。项目进度计划通常会给出每个活动的计划开始日期和计划完成日期。不过，这个进度计划仍然是初步计划，直至资源计划做完并且资源分配得以确认以后，才能获得正式的计划开始日期和完成日期。可以采用以下一种或多种图形来呈现：

● 里程碑图。仅标示出主要可交付成果和关键外部接口的计划开始或完成日期，可参考图 5-14 中的菱形图标，对应的活动有 1.4 开工仪式和 3.5 主体完工。

● 横道图。横道图也称为"甘特图"，是展示进度信息的一种图表方式。在横道图中，纵向列示活动，横向列示日期，用横条表示活动自开始日期至完成日期的持续时间。横道图制作相对简单，而且易读易懂、直观方便，比较常用。可参考图 5-14 中显示为"概要任务"的部分，例如编号为 1、2、3、4（对应活动名称分别为：前期准备、基础施工、主体施工和装修施工），它们会按 WBS 的结构罗列更为详细的相关活动。

● 网络图。这些图形通常用活动节点法绘制，没有时间刻度，纯粹显示活动及其相互关系，有时也称为"纯逻辑图"，如图 5-6 所示。项目进度网络图也可以是包含时间刻度的进度网络图，有时称为"逻辑横道图"，如图 5-14 中的详细进度计划所示。这些图形中有活动日期，通常会同时展示项目网络逻辑（对应图中显示的依赖关系）和项目关键路径活动（对应图中的活动 1.1、2.1、2.2、3.2、3.4、4.1、4.2、4.3、4.4、4.5）等信息。本例子也显示了如何通过一系列相关活动来对每个工作包进行规划。项目进度网络图的另一种呈现形式是"时标逻辑图"，其中包含时间刻度和表示活动持续时间的横条，以及活动之间的逻辑关系。它们用于优化展现活动之间的关系，许多活动都可以按顺序出现在图的同一行中。

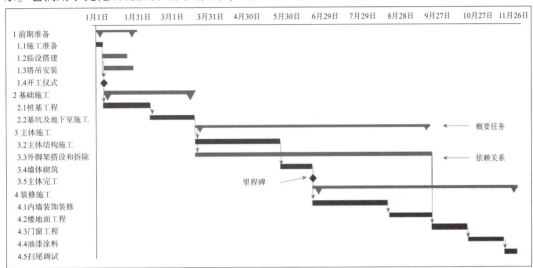

图 5-14　里程碑计划、概括性进度计划和详细进度计划

虽然进度基准和进度计划都是该过程的主要成果，都用于指导进度控制，但是两者之间仍有明显差别，具体详见表 5-9。

表 5-9　进度基准与进度计划的区别

对比项	进度基准	进度计划
计划特点	概括性的、高层次	详细
作用性质	指令性、权威性	指导性、灵活性
变更程序	经过正式的变更程序才能变更	无须经过变更控制程序
是否属于项目管理计划	项目管理计划的组成部分	否，只是项目文件之一
对应的计划	与范围基准、成本基准对应	进度基准

💡思考

进度计划制订过程中，输出了"进度基准"和"进度计划"，结合两者的区别，请解释：为什么同时需要以上两个"计划"？

3）进度数据

项目进度模型中的进度数据是用以描述和控制进度计划的信息集合，它是进度计划的补充说明和相关方面的解释，以方便对进度计划和执行的诸多条件、备选计划、资源、储备等细节的理解。

进度数据至少包括进度里程碑、进度活动、活动属性，以及已知的全部假设条件与制约因素，而所需的其他数据因应用领域而异。经常可用作支持细节的信息包括（但不限于）：

- 按时段计列的资源需求，往往以资源直方图表示。
- 备选的进度计划，如最好情况或最坏情况下的进度计划、经资源平衡或未经资源平衡的进度计划、有强制日期或无强制日期的进度计划。
- 使用的进度储备。

进度数据还可包括资源直方图、现金流预测，以及订购与交付进度安排等其他相关信息。

4）项目日历

在项目日历中规定可以开展进度活动的可用工作日和工作班次，它把可用于开展进度活动的时间段（按天或更小的时间单位）与不可用的时间段区分开来。

在一个进度模型中，可能需要采用不止一个项目日历来编制项目进度计划，因为有些活动需要不同的工作时段。因此，可能需要对项目日历进行更新。

5）变更请求

在进度计划制订过程中，可能会因范围或进度的修改导致范围基准和或其他管理计划的同步修改，为此需提出变更请求，并通过实施整体变更控制过程对其审查和处理。预防措施可包括推荐的变更，以消除或降低不利进度偏差的发生概率。

5.7　进度控制

本过程的主要目标是，通过监督项目状态、更新项目实际进度，以确保整个项目期间对进度基准的维护。进度控制需要在整个项目期间开展。表5-10描述该过程的依据、方法和成果。

表5-10　进度控制过程

依据	方法	成果

项目管理计划
  ●进度管理计划★
  ●进度基准★
  ●范围基准
  ●绩效测量基准★
项目文件
  ●经验教训登记册
  ●项目日历
  ●项目进度计划
  ●资源日历
  ●进度数据
工作绩效数据★
组织过程资产
	数据分析
	  ●挣值分析★
	  ●迭代燃尽图
	  ●绩效审查
	  ●趋势分析
	  ●偏差分析
	  ●假设情景分析
	关键路径法
	项目管理信息系统
	资源优化
	提前量和滞后量
	进度压缩★
		工作绩效信息★
		进度预测★
		变更请求★
		项目管理计划更新
		  ●进度管理计划
		  ●进度基准
		  ●成本基准
		  ●绩效测量基准
		项目文件更新
		  ●假设日志
		  ●估算依据
		  ●经验教训登记册
		  ●项目进度计划
		  ●资源日历
		  ●风险登记册
		  ●进度数据

本过程的典型操作是，项目团队根据进度管理计划的预先安排，持续监督项目进度，收集进度方面的绩效数据，并与进度基准（使用挣值法时与绩效测量基准对比）对比，分析进度偏差。如果偏差仅限于对非关键路径的有限影响，只需继续监控即可；如果会影响关键路径，则需要采取纠正和补救措施（例如加班、增加项目投入等）进行赶工，以避免影响整体工期；如有必要（例如内部管理混乱、人心涣散、项目绩效有恶化趋势等），还需采取预防性措施，以避免今后更严重的进度问题。无论是哪种情况，通过增加提前量、减少滞后量、进度压缩等方法缩短项目工期或减少项目延迟的努力都值得做。当然，上述过程如果涉及基准或计划调整，就需要提出变更请求且通过整体变更控制过程的处理。

进度控制作为整体变更控制过程的一部分，要关注以下内容：

- 判断项目进度的当前状态；
- 对引起进度变更的因素施加影响。（以上两个可用来制定补救措施以追赶进度）
- 重新考虑必要的进度储备。（根据工作绩效信息考虑是否减少或增加进度储备）
- 判断项目进度是否已经发生变更。（变更是否未经变更控制程序？）
- 在变更实际发生时对其进行管理。（提出变更请求，更新进度基准、进度计划等）

如果采用敏捷方法，进度控制要关注如下内容：

- 通过比较上一个时间周期中已交付并验收的工作总量与已完成的工作估算值，来判断项目进度的当前状态。
- 实施回顾性审查（定期审查，记录经验教训），以便纠正与改进过程（如果需要的话）。
- 对剩余工作计划（未完项）重新进行优先级排序。
- 确定每次迭代时间（约定的工作周期持续时间，通常是两周或一个月）内可交付成果的生成、核实和验收的速度。
- 确定项目进度已经发生变更。
- 在变更实际发生时对其进行管理。

将工作外包时，定期向承包商和供应商了解里程碑的状态更新是确保工作按商定进度进行的一种途径，有助于确保进度受控。同时，应执行进度状态评审和巡检，确保承包商报告准确且完整。

5.7.1　进度控制的依据

在本过程的依据中，进度管理计划提供了方法指南，进度基准、绩效测量基准提供了项目进度绩效的标准，工作绩效数据提供了项目进度绩效的实际表现，其他组件对本过程有不同程度的影响。

1）项目管理计划

- 进度管理计划。进度控制过程可参考该计划（详见 5.2.3）提供的规则、要求和方法进行，进度管理计划中除了描述项目进度模型制定、进度计划的发布和迭代长度、准确度、计量单位、组织程序链接、进度模型维护、控制临界值、绩效测量规则、报告格式等以外，还可能规定与进度控制相关的内容，例如进度的更新频率（每周或每月更新一次）、进度储备的使用方式（如，使用应急储备须经项目经理审批，使用管理储备须经项目经理审核并由其直接上司和（或）PMO 负责人审批）及进度的控制方法（例如，如何检查和核实进度数据，如何协调项目进度，如何处理进度滞后和进度变更等）。

● 进度基准。因为进度基准通常包含了基准开始日期和基准结束日期，所以在进度控制时，将用实际开始和完成日期与批准的基准日期进行比较，以确定是否存在偏差，并判断是否需要进行变更或采取纠正或预防措施。

● 绩效测量基准。使用挣值分析时，将绩效测量基准与实际结果比较，以决定是否有必要进行变更、采取纠正措施或预防措施。

2）工作绩效数据

工作绩效数据是在执行项目工作的过程中，从每个正在执行的活动中收集到的原始观察结果和测量值。本过程的工作绩效数据主要是指有关项目进度方面的实际数据，例如哪些活动已经开始，它们的进展如何（如实际持续时间、剩余持续时间和实际完成百分比），哪些活动已经完成。上述数据将用来与进度基准、绩效测量基准进行对比，以便进行数据分析。上述数据，经分析后将在本过程的成果中以"工作绩效信息"的形式体现。

5.7.2 进度控制的方法

1）数据分析。

● 挣值分析。进度绩效测量指标，如进度偏差（SV）和进度绩效指数（SPI），用于评价项目进度偏离进度基准的程度。进度偏差（SV）是实际完成工作量与计划完成工作量之间的差异，用于衡量项目进度是否提前或延迟。进度绩效指数（SPI）则是实际完成工作量与计划完成工作量之比，用于评估项目进度的效率。通过监测和分析这些指标，可以及时发现项目进度偏差，并采取相应的措施进行调整和纠正。详细情况见 6.5.2。

● 迭代燃尽图。迭代燃尽图是一种用于敏捷项目管理的图表工具，用于跟踪和可视化项目的进度和剩余工作量。它以时间为横轴，剩余工作量为纵轴，通过绘制两条线来表示计划工作量和实际工作量的变化趋势。通过观察燃尽图，团队可以清晰地了解项目的进展情况。如果实际工作量线在计划工作量线之上，表示项目进展较慢，可能需要调整计划或增加资源。如果实际工作量线在计划工作量线之下，表示项目进展较快，团队可以考虑增加新的任务或提前完成一些任务。图 5-15 是迭代燃尽图的一个例子。

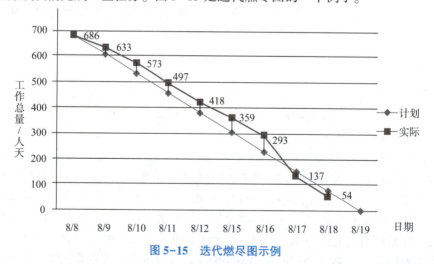

图 5-15　迭代燃尽图示例

● 绩效审查。绩效审查是将项目实际的绩效表现与基准（或计划）进行对比分析的一种方法。例如实际开始与计划开始，实际完成时间与计划完成时间，已完成百分比与计划完成百分比。

●趋势分析。趋势分析是一种通过观察和分析数据的变化趋势，来预测未来发展方向或做出决策的方法。这里用于分析（进度方面）项目绩效变化，以确定绩效是在改善还是在恶化，从而为未来的进度预测提供参考。

●偏差分析。进度控制过程中，偏差分析主要用于比较项目活动的实际时间（开始时间、结束时间及持续时间）与计划时间（进度基准）的偏差、原因及可能的后果，以便确定是否需要采取纠正或预防措施。例如，在非关键路径上的活动存在延误，可能对整体项目进度不会有影响；但关键活动的延误，哪怕很少也可能导致严重后果，必须立即采取行动。

●假设情景分析。假设情景分析基于项目风险管理过程的成果，对各种不同的情景进行评估，促使进度模型符合项目管理计划和批准的基准。例如假设采购的设备交付延迟或者假设出现严重的自然灾害，会如何影响项目进度，该如何确保项目进度不出现延误

2）关键路径法。考虑到关键路径上的活动在进度上出现延误将会对项目的总工期产生直接影响，因此要重点检查关键路径的进展情况。同时，也要评估次关键路径（项目中第二长的路径）上的活动的进展情况，避免出现过多延误（即超出浮动时间范围）影响项目总工期，从而及时识别进度风险。

3）项目管理信息系统（PMIS）。项目管理信息系统通常具有进度监控的功能，可以利用软件来记录进度数据，并将实际进度数据与进度计划对比分析，如开展挣值分析、计算进度偏差、计算进度绩效及进行趋势分析等，利用软件的强大功能来制作各种直观、形象的进度分析图表，帮助团队开展进度监控。

4）资源优化。资源优化技术是在同时考虑资源可用性和项目时间的情况下，对活动和活动所需资源进行的进度规划。资源优化包括资源平衡和资源平滑，前者主要通过调整资源的需求来实现与资源供给的平衡，后者通过"削峰"将超出限定水平的那一部分资源需求进行调整，以确保任一单位时间的资源需求量不会超出该水平。资源优化的目的是在资源供需平衡的基础上提升资源效率和降低资源成本。

5）提前量和滞后量。在进度计划网络分析中，通过调整提前量与滞后量，以便让进度滞后的项目活动赶上计划。例如，工程建设项目中（图5-5（a）），增加活动的提前量，把景观绿化施工调整到大楼外墙装饰完工之前开始；在大型技术文件编写项目中（图5-5（b）），消除或减少滞后量，把编辑方案调整到撰写方案开始之后尽快开始。更多详情可参考5.4.2。

6）进度压缩。采用进度压缩技术，例如关键路径上对剩下的工作运用赶工法或是采取并行作业法，可以加快项目进度，减少进度延误。

5.7.3　进度控制的成果

1）工作绩效信息

工作绩效信息是在收集工作绩效数据的基础上对工作绩效表现作出分析和评估后获得的绩效信息。这里的工作绩效信息是将项目的实际进度与进度基准进行比较后，从不同层面（包括工作包、控制账户）进行比较，测量开始和完成日期的偏差以及持续时间的偏差。如果使用挣值法，需要计算进度偏差（SV）和进度绩效指数（SPI）来评估进度信息。

2）进度预测

进度预测是根据现有的信息对项目未来的进度情况进行估计。随着项目的推进，进度预测会定期更新。对未来进度进行预测，主要根据项目剩余工作量和未来团队绩效水平这两个主要因素，前者不需要预测即可算出，后者取决于当前绩效水平及针对绩效问题所采取的纠正或预防措施，以及可能在未来对项目造成影响的进度储备信息，例如如果进度储备存在不足，可能导致进度延迟。

3）变更请求

依据进度偏差、绩效信息和进度或范围的调整，可能会对项目基准和或项目管理计划提出变更请求，并通过实施整体变更控制过程对其审查和处理。预防措施可包括推荐的变更，以消除或降低不利进度偏差的发生概率。

思考

在项目进度控制过程中，项目团队发现项目进度落后于计划，并且预测进度绩效水平会进一步恶化。在这种情况下，项目团队应该采取哪些措施来纠正和预防进度偏差？

「扫码」视频：项目进度管理中的几个概念

 本章小结

1. 项目进度管理是项目管理"四大约束"之一，其中任何一个发生变更都可能会影响到其他三个，项目进度管理也不例外，因此做好相互间的平衡很重要。

2. 项目进度管理涉及规划过程组和控制过程组，包括5个主要过程：活动定义、活动排序、活动持续时间估算、进度计划制订以及进度控制。其中前4个过程是进度计划制订的准备工作，而进度计划制订又是为进度控制做准备的。

3. 根据项目的特点识别所需要的开发方法（预测型、适应型或混合型），并据此选择适合的进度编制方法，包括分解活动时一次分解到位还是使用滚动式规划方法采用渐进明细，编制计划时使用关键路径法还是敏捷发布规划，计划的详细程度是可以简略（如里程碑图）还是详细（如甘特图法、网络图法）。

4. 项目进度控制重点是监督项目进度的状态及变化，对引起进度变更的因素施加影响，判断项目进度是否已经发生变更，并在变更实际发生时对其进行控制。

习 题

一、判断题

1. 进度控制的目标是通过监督项目状态、更新项目实际进度，以确保进度基准不被修改。
（　　）

2. 活动是由工作包分解而来，但活动不是 WBS 的一部分。　　　　　　　（　　　）

3. 应急储备是用来应对项目存在的"未知-未知"风险。　　　　　　　　（　　　）

4. 管理储备是项目进度基准的一部分，项目经理有权支配。　　　　　　（　　　）

5. 滚动式规划是采用迭代的方法来详细规划近期工作同时粗略规划远期工作。
　　　　　　　　　　　　　　　　　　　　　　　　　　　　　　　　　（　　　）

二、选择题

1. 目前一个建筑型的项目正在执行中，发起人要求项目经理将项目的绩效报告发过去，审查后发现，目前的进度只完成了 40%，比预期计划延迟了 10%，发起人告知项目经理，需要按时完成。项目经理应该（　　　　）。

A. 对非关键路径上的活动，采用快速跟进

B. 申请增加资源，为拥有自由浮动时间的活动提供支持

C. 将非关键路径上的部分资源调到关键路径上

D. 把非关键路径上的活动的总浮动时间缩短

2. 公司为了拓展业务范围，接管了一项全新的项目，但是当前没有该行业内的项目经验。项目经理被任命管理该项目，在项目进行到一半时，一名关键干系人告知项目经理，受政府新规制约，为避免对项目造成损失，项目的完工日期必须提前一个月的时间。项目经理如果想要提前完工应该（　　　　）。

A. 重新考虑必要的进度储备

B. 审查工作分解结构，并更新项目进度计划

C. 审查关键路径，考虑通过快速跟进或赶工的方式完成

D. 实施激励机制促使项目团队快速完工

3. 项目经理负责一款智能化手机的项目，一位高层管理人员获得消息，另一家公司也有类似项目在开展，为了能够尽快进入市场抢占份额，要求项目提前一个月完成。团队成员报告称关键路径上的活动不能并行，项目经理应该（　　　　）。

A. 提交变更请求，在非关键路径上快速跟进

B. 提交变更请求，在关键路径上快速跟进

C. 提交变更请求，申请额外资源在非关键路径上赶工

D. 提交变更请求，申请额外资源在关键路径上赶工

4. 项目经理负责一个篮球公园建设项目。项目中期，项目经理发现项目进度落后，项目经理决定使用快速跟进的策略来追赶进度。请问项目经理有可能（　　　　）。

A. 为关键路径上的活动增加资源

B. 为关键路径上的活动设置提前量

C. 在关键路径上执行资源平衡

D. 提交变更请求，减少不重要的功能，以满足交付日期

5. 某工程项目发起人要求项目经理估算项目完工时间。团队成员表示按目前情况看项目需要 30 天完工，如果项目顺利的话 18 天就可以完工，但也表达出了担忧，之前类似项目遇到特大暴雨，导致项目花了 54 天才完工。此次项目完工预计要花费（　　　　）天。

A. 29　　　　　　　　B. 32　　　　　　　　C. 34　　　　　　　　D. 36

6. 某智能语音系统研发项目的项目经理正在规划进度计划，团队成员也在组织进行项目的活动持续时间估算，他们在翻看以前的项目文件时，发现当前项目的一部分活动在先前的

项目中也出现过，但是其他部分活动没有出现在先前文件中，而且团队成员也没有相关经验。那么，项目经理则应采用（　　）的估算方法来估算这两类活动的时间比较合适。

A. 参数估算和专家判断　　　　　　　　B. 类比估算和专家判断

C. 参数估算和三点估算　　　　　　　　D. 自下而上估算和类比估算

7. 一个公路建设项目正在进行中，项目执行三个月后，一名团队成员由于发生交通事故需要请假，若要保证计划的工作不延期，项目经理首先应该审查的文件是（　　）。

A. 执行、负责、咨询和知情（RACI）矩阵

B. 资源日历

C. 资源管理计划

D. 项目进度计划

8. 一个建筑项目准备正式实施，但是当地政府的环境听证会还迟迟不肯召开。若要制订合理的进度计划，项目经理应该（　　）。

A. 考虑进度压缩技术　　　　　　　　　B. 考虑外部依赖关系

C. 运用关键路径法　　　　　　　　　　D. 进行进度网络分析

9. 在规划一本教科书的进度计划时，项目经理确定只有在所有章末尾的思考题均已编写完成后才能完成一章内容。项目经理使用的依赖关系类型是（　　）。

A. 完成到开始（FS）　　　　　　　　　B. 完成到完成（FF）

C. 开始到开始（SS）　　　　　　　　　D. 开始到完成（SF）

10. 项目团队成员正在开发几个组件，开发工作从周四（5号）开始，需要4天才能完成。在开发结束后，需要预留2天时间进行单元测试，完成测试后才能进行集成，集成工作持续3天。如果一切顺利，且考虑周末双休的情况，可以得出的结论是（　　）。

A. 从开发到集成完成所经历的日历天数为13天

B. 在周五（13号）可以完成集成工作

C. 三项活动的持续时间为8天

D. 单元测试和集成是属于开始到开始关系

三、多选题

1. 工作包的特点包括（　　）。

A. 通常是部分可交付成果　　　　　　　B. 与特定的时间、顺序进行关联

C. 是WBS的一部分　　　　　　　　　　D. 是资源、时间和成本估算的依据

2. 以下有关应急储备（时间）描述正确的有（　　）。

A. 用来应对进度方面的不确定性　　　　B. 可取活动持续时间估算值的某一百分比

C. 属于项目基准的一部分　　　　　　　D. 需要经过变更控制并获得批准后才可支配

E. 针对"已知-未知"风险　　　　　　　F. 针对"未知-未知"风险

3. 以下对滚动式规划描述正确的有（　　）。

A. 先粗后细，定期更新

B. 适用于工作包、规划包以及采用敏捷或瀑布式方法的发布规划

C. 在项目的不同生命周期阶段，规划的详细程度不同

D. 在项目早期阶段，信息较充分，工作包可以分解到较具体的活动

四、思考题

1. 在VUCA环境下，项目进度计划需要做出哪些适应性调整？

2. 如何理解"项目进度计划是沟通和管理相关方期望的工具"?

延伸思考/素养话题

工作规划、职业发展与进度管理方法

假如你的朋友小张是某高校的一名大四学生,即将毕业进入职场,他希望能够在 10 年内顺利实现自己的职业理想。例如评上高级职称、进入企业中高层管理层、晋升处级干部、创建一家公司并将产值做到千万以上……他正在跟分享他对未来工作和职业方面的规划,如果你希望他未来的工作表现更好、职业发展更加顺利,请尝试用本章所学的进度管理方法(如滚动式规划、关键路径法、敏捷发布规划等)给他一些实用的建议或有意义的启发。

应用案例

丁经理的首个项目

某系统集成公司现有员工 50 多人,业务部门分为销售部、软件开发部、系统网络部等。经过近半年的酝酿后,在今年一月份,公司的销售部直接与某银行签订了一个银行前置机的软件系统的项目。合同规定,6 月 28 日之前系统必须投入试运行。在合同签订后,销售部将此合同移交给了软件开发部,进行项目的实施。项目经理丁先生做过 5 年的系统分析和设计工作,但这是他第一次担任项目经理。丁经理兼任系统分析工作,此外项目还有 2 名有 1 年工作经验的程序员,1 名测试人员,2 名负责组网和布线的系统工程师。项目组成成员均全程参加项目。在承担项目之后,丁经理组织大家制定了项目的 WBS,并依照以往的经历制订了本项目的进度计划,简单描述如下:

1. 应用子系统

1)1 月 5 日—2 月 5 日需求分析

2)2 月 6 日—3 月 26 日系统设计和软件设计

3)3 月 27 日—5 月 10 日编码

4)5 月 11—5 月 30 日系统内部测试

2. 综合布线:2 月 20 日—4 月 20 日完成调研和布线

3. 网络子系统:4 月 21 日—5 月 21 日设备安装、联调

4. 系统内部调试、验收

1)6 月 1—20 日试运行

2)6 月 28 日系统验收

春节后,在 2 月 17 日丁经理发现系统设计刚刚开始,由此推测 3 月 26 日很可能完不成系统设计。

问题:

1)丁经理发现的问题为什么会出现?

2)如何保证项目整体进度不延迟?

第6章　项目成本管理

学习目标

知识目标	能力目标	素养目标
1. 了解项目成本管理的概念和分类方法 2. 了解并区分成本管理的各个过程 3. 理解各过程中核心组件的作用 4. 掌握挣值法及应用	能根据所在组织的治理政策、成本政策及项目的敏捷要求，熟练运用成本管理方法和工具，制定和实施成本管理规划并解决项目中的成本问题	能认知传统成本管理存在多方面的不足，并树立全面成本管理和战略成本管理的思想

关键概念

备选方案分析、三点估算、自下而上估算、储备分析、成本基准、资金限制平衡、挣值分析、完工尚需绩效指数

知识图谱

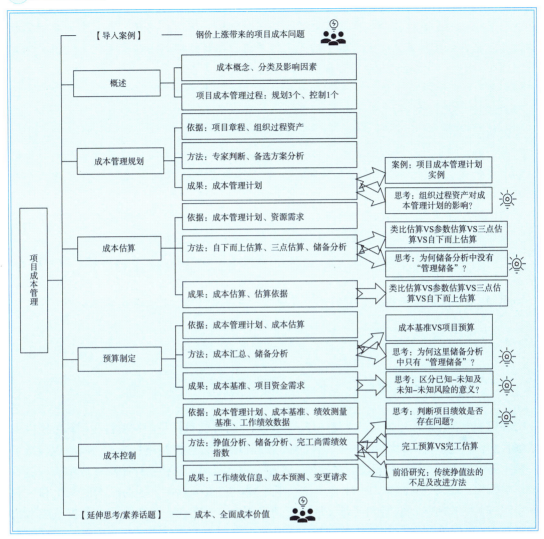

导入案例

钢价上涨带来的项目成本问题

李先生管理这样一个项目，该项目要为国外客户设计、制造和测试 20 个高负荷高压液压缸。每个液压缸售价 20 万元，项目总收入为 400 万元。每个液压缸的成本包括设计成本、加工成本和测试成本，合计 12 万元。另外每个液压缸的材料成本为 4 万元。合同约定采用工厂交货的方式，由客户负责液压缸的包装和运输。因此，每个液压缸的总成本为 16 万元，项目总成本为 320 万元，项目利润率为 20%。

材料成本的主要部分是制造液压缸所需的特种钢材成本。项目只能使用客户认证过的国家和供应商的钢材。采购代理当时正在筛选所有合格的钢材制造商和经销商。由于国内对钢材的需求量很大，项目期间钢材价格飞涨，而定价时没有考虑到这一点。随着钢材价格升高，每个液压缸的材料成本将增加 50%，即 6 万元。钢铁成本的意外增长将使项目利润率降低到 10%。李先生与项目团队及高管层召开了一个会议，针对如何解决飞涨的钢铁价格对项目的影响进行了讨论。

公司一位副总裁建议李先生与客户项目经理也讨论一下这个问题，客户有大型的钢结构项目，也许依托在客户的大订单下购买项目所需的钢材能得到一些价格优惠。但是李先生仍然忧心忡忡，对此也不抱很大希望，毕竟客户没有义务配合。（改编自：M. 凯末尔·阿特斯曼. 观千剑而后识器：项目管理情景案例 [M]. 赵丽坤，刘心男，译. 北京：中国电子出版社，2020.6.）

分析与讨论：

第一种观点认为，李经理应当签订一个成本补偿合同，合同约定材料成本与钢材价格挂钩，当价格上涨后，成本随之上涨同等比例，并向客户收取一定比例的费用作为企业利润。

第二种观点认为，李经理应该提前预测价格变化，并将价格上涨的风险考虑进来，预估上涨比例，并将其计入成本报价中转嫁给客户，从而降低企业损失。

第三种观点认为，合同报价没有问题，问题是签订合同后马上采购钢材或购买期货，锁定价格，避免价格风险。

思考： 1）上述观点中，你赞同哪一种观点？并阐述理由。2）还有其他办法吗？

6.1 概 述

项目成本是影响项目效益的关键一环，项目成本管理的目标是确保项目在预算范围内完成项目交付，是项目四大约束之一。项目成本管理包括了合理控制项目成本，同时也包括了一些重要前提条件，例如项目交付的时间、质量及项目范围，这些条件是项目成本管理的重要影响因素。如果仅从成本单一视角考虑，既不现实，也无意义。因为成本的产生和来源与资源有关，而资源的数量和质量又取决于项目范围、时间和质量要求，如果仅从成本角度进行管理，不但不能实现成本管理目标，甚至还可能会阻碍项目目标的实现。项目成本管理同样需要从项目整体管理视角，在关注成本管理的同时也兼顾相关的项目活动。

根据项目需要，项目成本的管理范围，除了考虑项目实施阶段的成本，还要考虑项目后期的使用和维护成本甚至结束处置成本，即全生命周期成本。全生命周期成本是指在产品或系统的整个生命周期内，包括实施阶段（设计、生产、安装和测试等活动）、运营与维护阶段及生命周期结束阶段对产品的处置所发生的全部成本费用。

项目成本的分类，有以下几种划分方式：

1）固定成本与变动成本。其中固定成本是相对于变动成本的，是指其成本费用在会计期间和业务量范围内，不受业务量的增减变动而保持不变的成本费用。如厂房和机器设备折旧、房屋租金和管理人员工资等。变动成本是其成本费用的增减变化是随着业务量的变化而发生增减变动，与业务量有着直接的联系。如原辅材料、汽电消耗和生产人员工资等。

2）直接和间接成本。直接成本是指费用的发生与特定的产品或劳务存有直接的关联，例如消耗的原材料、备品配件、外购半成品、生产工人计件工资通常属于直接成本；间接成本是不能或不便于直接计入某一成本计算对象，而需先加以归集分类，按一定的分配方法计入的费用。例如管理人员工资、房屋折旧、办公水电费等。将成本分为直接生产成本与间接生产成本，便于采取不同的方法来降低产品成本。对于直接生产成本一般应从改进生产工艺、降低消耗定额着手来降低产品成本。对于间接生产成本一般应从加强费用的预算管理、降低各生产单位的费用总额来着手降低产品成本。

项目成本管理过程包括成本管理规划、成本估算、预算制定及成本控制，前三个过程属于规划过程组，最后一个过程属于控制过程组，具体详见表 6-1。

表 6-1　成本管理的过程组划分

项目管理过程组				
启动过程组	规划过程组	执行过程组	控制过程组	收尾过程组
	成本管理规划 成本估算 预算制定		成本控制	

6.2　成本管理规划

本过程的主要目标是，通过制订成本管理计划，为后续的成本估算、预算、监督和控制过程提供指南和方向。该过程仅开展一次或仅在项目的预定义点开展。表 6-2 描述该过程的依据、方法和成果。

表 6-2　成本管理规划过程

依据	方法	成果
项目章程★ 项目管理计划 　●进度管理计划 　●风险管理计划 事业环境因素 组织过程资产★	专家判断★ 数据分析 　●备选方案分析★ 会议	成本管理计划★

本过程的典型操作是，规划者根据项目章程中有关资源和成本的描述，并参考执行组织在成本管理方面的政策、程序和知识库（如财务规则、预算程序），运用备选方案分析法，对成本估算、预算制定、成本控制、资金获取及资金使用等方面的多种备选方案进行优劣势比较，选出最佳方案；或者在专家指导下，借鉴以往类似项目在成本管理方面的优秀做法，并在此基础上制订本项目的成本管理计划。

6.2.1　成本管理规划的依据

1）项目章程

作为本过程的核心组件，可利用项目章程（见 2.1.3 节）中相关的项目高层次信息开展后续成本管理规划活动。项目章程中规定了项目可用的财务资源，例如限定的资金、人员及设备数量等，是项目成本管理规划的现实约束条件，也明确项目了成本管理的审批要求。

2）组织过程资产

这里是指执行组织用于指导或规范成本管理规划的程序、政策和知识库。例如：财务控制程序（如定期报告、必需的费用与支付审查、会计编码及标准合同条款等）、历史信息和经验教训知识库、财务数据库、现有的正式和非正式的与成本估算和预算有关的政策、程序和指南等。

6.2.2　成本管理规划的方法

1）专家判断

如果个人或小组：做过类似项目，或拥有相关行业、学科和应用领域的丰富信息，或者在成本估算、预算、挣值管理等方面具备专业知识，则可征求其意见。

2）数据分析

适用于该过程的数据分析技术包括备选方案分析。例如评估项目资源获取方法的优劣，如自制、采购、租赁等。评估各种筹资方法的利弊，如自筹资金、股权投资、借贷投资等。

3）会议

项目团队可能以会议形式就成本管理规划内容进行讨论和交流，以便拟定、补充和完善成本管理计划方案。参会者可能包括项目经理、项目发起人、选定的项目团队成员、选定的相关方、项目成本负责人，以及其他必要人员。

6.2.3　成本管理规划的成果

成本管理计划是项目管理计划的组成部分，描述将如何规划、安排和控制项目成本。成本管理过程及其方法应记录在成本管理计划中。

成本管理计划中通常包括：计量单位、精确度、准确度、组织程序链接、控制临界值、绩效测量规则、报告格式和编制频率及其他细节（例如筹资方案说明、汇率波动处理程序、记录项目成本的程序等）。

与进度管理计划（详见本书5.3.3）相比，两个计划的大部分内容是相似的，例如计量单位、准确度、组织程序链接、控制临界值、绩效测量规则、报告格式等，在两个计划都有相似的内容，其中组织程序链接是把计划建立在共同的工作分解结构WBS之上，使用同一个项目基础框架，以保证项目计划之间（尤其是范围管理、进度管理及成本管理这三者的计划）及与执行组织的相关管理可以实现协调性和一致性，避免计划之间无法兼容、相互矛盾的问题。控制临界值是要明确允许出现最大偏差，一旦突破这一临界值，就需要加以控制。

 思考

　在项目成本管理规划过程中，为什么要参考项目所属组织在成本管理方面的组织过程资产？这些资料对成本管理规划有什么重要作用？

6.3　成本估算

本过程的主要目标是，在资源估算的基础上，通过估算项目工作所需的成本及应急储备，以明确项目所需的成本。该过程应根据需要在整个项目期间定期开展。表 6-3 描述该过程的依据、方法和成果。

表 6-3　成本估算过程

依据	方法	成果
项目管理计划 　●成本管理计划★ 　●质量管理计划 　●范围基准 项目文件 　●经验教训登记册 　●项目进度计划 　●资源需求★ 　●风险登记册 事业环境因素 组织过程资产	专家判断 类比估算 参数估算 自下而上估算★ 三点估算★ 数据分析 　●备选方案分析 　●储备分析★ 　●质量成本 项目管理信息系统 决策 　●投票	成本估算★ 估算依据★ 项目文件更新 　●假设日志 　●经验教训登记册 　●风险登记册

成本估算的典型操作是，项目团队根据成本管理计划的预先安排和项目资源的需求估算清单，考虑到已知-已知风险带来的时间不确定性，利用三点估算法，先估算每个活动的成本，然后在活动和（或）工作包层级估算应急储备费用，以应对已知-未知风险产生的成本不确定性；估算完活动成本后，再利用自下而上估算，汇总工作包；最后将整个估算的方法、过程、假设制约因素等记录在估算依据文件中，方便今后对估算过程及结果进行追溯和复盘。

6.3.1　成本估算的依据

在本过程的依据中，成本管理计划提供了方法指南，资源需求分别提供了估算的基础信息；其他部分对本过程有一定的影响和制约。

1）项目管理计划

●成本管理计划。成本管理计划明确了估算方法、准确度和精确度要求，为成本估算指明了方向、明确了具体要求。

2）项目文件

●资源需求。资源需求明确了每个工作包或活动所需的资源类型和数量，这为成本估算提供了关键信息。该文件来自活动资源估算过程的成果，详情可参考 11.3.3。

6.3.2　成本估算的方法

1）专家判断

如果个人或小组在以往类似项目、相关行业（或学科、应用领域）的信息、成本估算方法等方面具备专业知识或经验，则可征求其意见。

2）类比估算

类比估算是一种基于类似情况的推理方法，基于两个项目的相似性，用以往类似项目的参数来推断当前项目的同类参数。类比估算的准确性取决于两个类比对象之间的相似程度和对差异的合理处理。当两个项目之间存在多个不同维度的差异时（范围、持续时间、规模等），估算难度会显著增加，或者该方法的适用性可能会下降，对估算者的经验和专业要求也会更高。更多详情参见5.5.2的"类比估算"。

3）参数估算

参数估算是指利用历史数据中的统计关系和其他变量（如建筑施工中的平方米）构建的模型或算法，来进行项目成本估算。参数估算的准确性取决于参数模型的成熟度和基础数据的可靠性。参数估算可以针对整个项目或项目中的某个部分进行，而且可以与其他估算方法结合使用。更多详情参见5.5.2的"参数估算"。

4）自下而上估算

使用该方法估算成本时，通常先从项目工作分解结构（WBS）的下一层级任务或工作包开始，估算出成本后，再将估算结果汇总到上一层级或整个项目的成本，这是一种较为精细和准确的估算方法，不过使用该方法本身投入的时间和人力成本也较多。

5）三点估算

考虑到现实中估算过程中存在不确定性，利用三种估算要比单一估算值更接近真实。因此根据不同分布情况，预期成本（c_E）的计算公式分别为：

三角分布：$c_E = (c_O + c_M + c_P)/3$

贝塔分布：$c_E = (c_O + 4c_M + c_P)/6$

其中，c_O 为最乐观成本，c_M 为最可能成本，c_P 为最悲观成本。基于三点的假定分布计算出期望成本，并说明期望成本的不确定区间。

估算活动持续时间和成本时，都要用到类比估算、参数估算、三点估算及自下而上估算，这四种估算方法存在一定的差别，具体参见表6-4。

表6-4　四种估算方法的比较

估算方法	内容	特点
类比估算	使用类似项目（或活动）的历史数据估算当前项目（或活动）	成本低、耗时少、准确性低
参数估算	施工工作量×单位工作量所需工时或成本（历史数据）	准确性取决于参数模型的成熟度和基础数据的准确性
三点估算	考虑最乐观、最悲观及最可能三种估算值并利用三角分布或贝塔分布计算	考虑估算的不确定性和风险
自下而上估算	自下而上逐级估算，最后向上汇总	耗时长、准确性高

6）数据分析

成本估算时的数据分析技术通常有：

●备选方案分析。备选方案分析是指在识别多种可用方案后，对各方案开展评估分析，以便为最后的方案选择作参考。例如评估购买和自行制造的可交付成果分别对成本、进度、资源和质量的影响。

•储备分析。这里的储备分析是为解决成本的不确定性问题对项目所需的时间储备展开分析的一种技术，用于应对不可预见工作量带来的时间问题。考虑到项目存在"已知-未知"风险，即尽管识别出了风险，却不能确定风险发生的概率和后果。而且风险应对必不可少，但无法确定风险应付的工作量。因此，需要预设应急储备并合理估算储备费用。应急储备可取活动费用的某一百分比（例如4%）或某一固定的费用（例如每个月3万）。应急储备是成本基准的一部分，也是项目整体资金需求的一部分。小到具体活动，大到整个项目，都可设立应急储备，项目经理也有权支配应急储备。如，可以预知有些项目可交付成果需要返工，却不知道返工的工作量是多少。可以预留应急储备来应对这些未知数量的返工工作。而随着项目信息越来越明确，可以动用、减少或取消应急储备。应该在成本文件中清楚地列出应急储备。

思考
　　这里的"储备分析"技术只介绍应急储备而没有介绍管理储备，请想一想为什么？

•质量成本。质量成本指为保证和提高产品或服务质量的支出成本，以及未达到产品质量标准、不能满足用户和消费者需要产生的损失。前者被称为一致性成本，后者被称为不一致成本。在估算成本时，可能会用到质量成本的分析方法和思路。例如，是前期增加投入确保产品或服务的一致性，还是后期承担质量不达标的代价；是寻求项目建设期的成本降低，还是承担项目的产品全生命周期的成本降低。不同的选择也意味着成本不同。质量成本的更多详情可参考 7.2.2。

7）项目管理信息系统

项目管理信息系统可能包括电子表单、模拟软件和统计分析工具。它可以帮助项目管理人员进行成本估算。电子表单用于收集、记录和保存基本数据，模拟软件可用来结合各种参数（概率、分布、方法）进行模拟估算，统计分析工具则可对成本估算数据进行不同维度的统计分析。通过运用上述工具，团队能够提高成本估算的效率和效果。

8）决策

本过程的决策技术是指投票。投票是通过表决的方式让人们就多个可选方案表达自己的意见或选择的一种决策方法，以确保过程的公平性和民主性。使用投票有助于提高成本估算的准确性，还可以提高团队成员的参与感，从而在后续项目执行过程中有助于增强团队责任意识、减少执行阻力。

6.3.3　成本估算的成果

1）成本估算

成本估算时应将项目全部成本费用包含在内，可以是汇总的或详细分列的。如按不同风险类型划分，成本估算应包括对完成项目工作可能需要的成本（例如，针对已知-已知风险使用三点估算法估计的项目成本）、应对已知-未知风险的应急储备费用及应对未知-未知风险的管理储备费用。如按资源类型划分，成本估算应包含项目全部资源，包括直接人工、材料、设备、服务、设施、信息技术，以及一些特殊的成本种类。成本估算的分类通常参考所在组织的财务成本费用科目划分及名称规范来执行。

2）估算依据

成本估算所需的支持信息的数量和种类，因应用领域而异，不论其详细程度如何，支持性文件都应该清晰、完整地说明成本估算是如何得出的。

成本估算的支持信息可包括：估算依据的文件（如估算是如何编制的）、全部假设条件的文件、各种已知制约因素的文件、已识别的且在成本估算时应考虑的风险的文件、对估算区间的说明、对最终估算的置信水平的说明等。

6.4　预算制定

本过程的目标是，通过汇总所有单个活动或工作包的成本估算，建立一个用于监督和控制项目绩效的成本基准。该过程仅开展一次或仅在项目的预定义点开展。表6-5描述了该过程的依据、方法和成果。

表 6-5　预算制定过程

依据	方法	成果
项目管理计划 　●成本管理计划★ 　●资源管理计划 　●范围基准 项目文件 　●估算依据 　●成本估算★ 　●项目进度计划 　●风险登记册 商业文件 　●商业论证△ 　●效益管理计划 协议 事业环境因素 组织过程资产	专家判断 成本汇总★ 数据分析 　●储备分析★ 历史信息审核 资金限制平衡 融资	成本基准★ 项目资金需求★ 项目文件更新 　●成本估算 　●项目进度计划 　●风险登记册

本过程的典型操作是，项目团队根据成本管理计划的预先安排，在成本估算的基础上，沿着 WBS 自下而上逐级成本汇总，从工作包到控制账户，最后汇总至整个项目，汇总后的项目成本经批准后即为成本基准。同时为应对未知–未知风险产生的成本不确定性，通过储备分析在项目层面建立一定的管理储备（费用），成本基准与管理储备共同构成了项目预算，最后根据项目预算制定项目总资金需求及阶段性资金需求计划。

项目预算包括经批准用于执行项目的全部资金，而成本基准是经过批准且按时间段分配的项目预算，包括应急储备，但不包括管理储备。

6.4.1　预算制定的依据

在本过程的依据中，成本管理计划提供了方法指南，成本估算分别提供了预算基础，其他组件对本过程有不同程度的影响。

1）项目管理计划

•成本管理计划。成本管理计划中包括了将项目成本估算转化为项目预算的方式方法，及项目预算的制定规则和要求，例如成熟的企业会由财务部门联合项目管理办公室（PMO）共同制定项目预算规则，并通过 PMO 对组织内所有项目的预算进行监督。

2）项目文件

•成本估算。前期在活动层面或工作包层面的成本估算，可作为后续向上汇总至高一层级（控制账户、整体项目）成本的基础。

3）商业文件

•商业论证。商业论证识别了项目成功的关键因素，包括财务成功因素。例如商业计划书在成本控制方面可能设定了一定比例的限制（如直接材料成本不超过 30%，直接人工成本占比不超过 25%），类似的因素可能会给预算制定带来一定的约束，是本过程的参考之一。

6.4.2 预算制定的方法

1）专家判断

如果个人或小组在以往类似项目、相关行业（或学科、应用领域）的信息、财务原则、资源需求和来源等方面具备专业知识或经验，则可征求其专业意见。

2）成本汇总

沿着 WBS 自下而上汇总成本，先汇总到工作包层级，再由工作包往上汇总至控制账户，最后汇总出项目的总成本。

3）数据分析

这里的数据分析主要是指储备分析，为了应对项目存在的"未知-未知"风险，由于风险情况不明，因此项目成本规划阶段暂时无法为此展开具体的风险应对活动，只能在整个项目层面预留项目费用，用来应对项目中不可预见的工作。这里的管理储备（费用）不属于成本基准，却是项目总预算的一部分。管理储备需要经过变更控制并获得批准后才可支配。

> 💡思考
> 这里的"储备分析"技术为何只提及管理储备而没有应急储备呢？请想一想，为什么？

4）历史信息审核

考虑到类比估算和参数估算的成本及准确性可能差别很大，历史信息审核的目的是提升参数估算或类比估算的准确性。历史信息可包括各种项目特征（参数），通过审核这些信息，例如确保模型的历史信息准确、将模型的特征参数量化、让模型面向不同项目或项目不同阶段时具备较强的适应性，从而确保项目总成本的预测更加准确。

5）资金限制平衡

一旦发现预算支出受制于某些资金约束条件，例如某段时间项目资金相对不足、另一段时间资金闲置或某笔资金有支出时间限制等，就需要对资金支出进行平衡。为此需要对进度计划进行适当的调整，以确保资金支出水平的平衡。具体来说，就是通过在项目进度计划中设置强制日期。例如考虑到项目 3 月份资金相对不足，将项目设备采购时间由原计划 3 月推迟至 4 月。

6) 融资

融资是指为项目获取外部资金，包括股权融资、债权融资。如果项目使用外部资金，出资方可能会提出一些资金使用要求，并对预算产生一定的限制。

6.4.3　预算制定的成果

1) 成本基准

成本基准是经过批准的、按时间段分配的项目预算，即项目预算的一部分，不包括任何管理储备，只有通过正式的变更控制程序才能变更，用作与实际结果进行比较的依据。成本基准是不同进度活动经批准的预算的总和。

项目预算和成本基准的各个组成部分的关系如图 6-1 所示。将工作包中所有活动的成本和应急储备汇总成为工作包成本，再将控制账户中包括工作包的成本估算及对应的应急储备汇总成为控制账户成本，然后将项目所有控制账户的成本汇总后得到成本基准（须经批准），最后在成本基准的基础上加上管理储备即是整个项目预算。

在自下而上的估算方式中，成本估算是以进度活动为基础的，因此成本估算其实是与时间段相对应的，也就是说，特定时间范围内开展的特定进度活动，就会有一个特定的成本基准与之对应（如某项目中计划第 1 个周有 15 个活动完成，预算为 1.2 万元，计划第 2 周有 20 个活动完成，预算为 1.8 万元，计划第 3 周有 28 个活动，预算为 2.7 万元，等等）。按照累积的时间统计成本基准，可到一条 S 形曲线（接上一举例：第 1 周结束时，项目累积预算为 1.2 万元，第 2 周结束时累计预算为 1.2+1.8＝3 万元，第 3 周结束时项目累积预算为 3+2.7＝5.7 万元，等等），如图 6-2 所示。对于使用挣值管理的项目，成本基准指的是绩效测量基准。

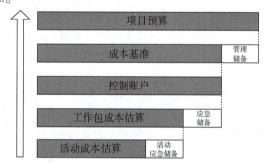

图 6-1　成本估算、储备、成本基准及预算之间的关系

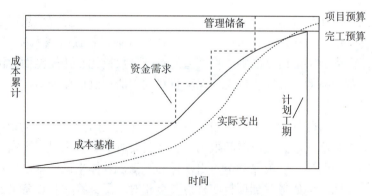

图 6-2　成本基准、支出与资金需求

2）项目资金需求

有了成本基准就可以确定项目的资金需求，包括总需求和阶段性（如月度、季度或年度）需求。项目资金通常以增量的方式投入，即分阶段不断投入，并且可能是非均衡的，不同阶段投入强度不同，例如前期和后期较少，中期较多，则呈现出图 6-2 中所示的阶梯状。如果将预计支出和收入考虑进来，项目的成本基准可能会包括预计支出和预计债务，前者与成本基准不同，因为预计支出相对于成本基准通常会有一个滞后时间，见图 6-2 中的虚线，例如 3 月份的员工工资可能要在 4 月份某个时间点才发放，10 月的材料采购款可能会到次年 1 月才会支付（按季度结算）。如果再将项目实际支出与项目收入结合在一起比较，就会产生项目的债务或盈余。在资金需求文件中，也可说明资金来源。

💡 思考

在项目成本估算和预算过程中，为什么要区分已知-已知、已知-未知及未知-未知风险对成本的影响？有何意义？

6.5　成本控制

本过程的主要目标是，通过监督项目状态、更新项目实际成本，以确保整个项目期间对成本基准的维护。该过程需要在整个项目期间开展。表 6-6 描述该过程的依据、方法和成果。

表 6-6　成本控制过程

依据	方法	成果
项目管理计划 ●成本管理计划★ ●成本基准★ ●绩效测量基准★ 项目文件 ●经验教训登记册 项目资金需求 工作绩效数据★ 组织过程资产	专家判断 数据分析 ●挣值分析★ ●偏差分析★ ●趋势分析★ ●储备分析★ 完工尚需绩效指数★ 项目管理信息系统	工作绩效信息★ 成本预测★ 变更请求★ 项目管理计划更新 ●成本管理计划 ●成本基准 ●绩效测量基准 项目文件更新 ●假设日志 ●估算依据 ●成本估算 ●经验教训登记册 ●风险登记册

成本控制过程的典型操作是，项目团队根据成本管理计划的安排，通过持续监督项目成本并收集成本开支数据，对照成本基准（使用挣值法是对照绩效测量基准），运用挣值法，分析成本的偏差情况，必要时通过变更请求开展纠正和补救措施，消除成本偏差；同时通过趋势分析，判断成本绩效在改善或是恶化，剩余的预算是否足以完成项目剩余工作，必要时通过变更请求采取预防措施（如提高成本绩效水平），包括调整成本基准及相

关计划和文件；最后也要开展储备分析，以判断最新的储备是否足以应对不确定性，以便补足或释放多余的储备。

在成本控制过程中，关键在于对成本基准的管理和维护，同时应重点分析项目资金支出与相应完成的工作之间的关系。具体包括：首先，要监督项目的日常成本开支，成本异常时及时预警，同时对影响成本基准的各因素保持敏感（如计划的缺陷、需求的变化、范围的变更、重要岗位人员调整等），适时进行干预，确保成本支出不超过批准的资金限额，既不超出按时段、按 WBS 组件、按活动分配的限额，也不超出项目总限额。其次，定期展开成本分析，找出偏差，评估工作绩效和项目绩效，找出偏差原因，提出解决方案。同时，对各种变更请求进行及时处理，防止出现未经批准的变更发生。最后，一旦变更得到批准，应向相关方披露所有经批准的变更及其相关成本，并设法把预期的成本超支控制在可接受的范围内。

6.5.1　成本控制的依据

在本过程的依据中，成本管理计划提供了方法指南，成本基准、绩效测量基准提供了项目成本绩效的标准，工作绩效数据提供了项目成本绩效的实际数据，其他组件对本过程有不同程度的影响。

1）项目管理计划

●成本管理计划。成本管理计划描述将如何管理和控制项目成本，包括成本控制的组织安排、原则、程序、方法和注意事项等。

●成本基准。成本基准是项目预算中的核心部分，在成本控制时，将项目实际成本费用开支与之比较，以判断偏差、分析原因并采取应对措施。

●绩效测量基准。绩效测量基准是整合在一起的范围、进度和成本基准，例如按照计划，项目第一季度（从 1 月 1 号到 3 月 31 号）（进度基准）要完成 16 个工作包（范围基准），对应项目预算为 35 万元（成本基准）。使用挣值分析时，将绩效测量基准与实际结果比较，以决定是否有必要进行变更、采取纠正措施或预防措施。

2）工作绩效数据

工作绩效数据是在执行项目工作的过程中，从每个正在执行的活动中收集到的原始观察结果和测量值。本过程的工作绩效数据主要是指有关项目成本方面的实际数据，例如哪些成本已批准、发生、支付和开具发票。

6.5.2　成本控制的方法

1）专家判断

如果个人或小组在挣值分析、偏差分析、预测、储备分析等方面具备专业知识或经验，则可征求其专业意见。

2）数据分析

适用于控制该过程的数据分析技术包括：

◆挣值分析（EVA）

挣值分析将实际进度和成本绩效与绩效测量基准进行比较。挣值管理（EVM）把范围基准、成本基准和进度基准整合起来，形成绩效测量基准。它针对每个工作包和控制账户，计算并监测以下三个关键指标：

- 计划价值。计划价值（PV）是计划工作的预算价值，即为某活动或工作包分配的预算，但不包括管理储备。在某个给定的时间点，计划价值代表着应该已经完成的工作（按计划本该完成）。PV 的总和有时被称为绩效测量基准（PMB），项目的总计划价值又被称为完工预算（BAC）。
- 挣值。挣值（EV）是已完成工作的预算价值，即以预算标准来计算已完成工作的价值。EV 常用于计算项目的完成百分比，应该为每个 WBS 组件规定进展测量准则，用于考核正在实施的工作。项目经理既要监测 EV 的增量，以判断当前的状态，又要监测 EV 的累计值，以判断长期的绩效趋势。
- 实际成本。实际成本（AC）是已完成工作的实际成本，是为完成与 EV 相对应的工作而发生的总成本。在计算 AC（实际成本）时，必须与计算 PV（计划价值）和 EV（挣值）的方法保持一致。即在计算这三个指标时，可以选择只考虑直接小时数或直接成本，或者计算包含间接成本在内的全部成本。使用一致的成本计算方法才能准确地评估项目的实际进展和成本情况。

◆偏差分析

在挣值管理（EVM）中，偏差分析用以解释成本偏差（CV＝EV-AC）、进度偏差（SV＝EV-PV）和完工偏差（VAC＝BAC-EAC）[①] 的原因、影响和纠正措施。偏差分析包括：

- 进度偏差。进度偏差（SV）是衡量实际进度与计划进度之间差异的指标。它表示实际完成的工作量与计划完成的工作量之间的差异。SV 的计算公式为：SV＝EV-PV，其中 EV 表示挣值，表示已完成工作的预算价值；PV 表示计划值，表示按计划应完成工作的预算价值。如果 SV 的值为正数，表示实际完成的工作量超过了计划完成的工作量，项目进度超前；如果 SV 的值为负数，表示实际完成的工作量少于计划完成的工作量，项目进度延后。SV 的正负值可以帮助项目管理人员判断项目进度的偏差程度，并采取相应的措施来调整项目进度。
- 成本偏差。成本偏差 CV 是一个用于衡量项目成本偏离预算的指标。CV 表示成本偏差，是实际成本与预算成本之间的差异。CV 的计算公式为：CV＝EV-AC，其中 EV 表示已完成工作的预算成本，AC 表示已完成工作的实际成本。如果 CV 为正数，表示实际成本低于预算成本，项目的成本控制得好；如果 CV 为负数，表示实际成本高于预算成本，项目的成本超支。
- 进度绩效指数。进度绩效指数（SPI）是衡量项目进度执行情况的一种指标。SPI 的计算公式为：SPI＝EV/PV。SPI 的取值范围为 0 到 1，当 SPI 大于 1 时表示项目进度执行良好，进度超前于计划；当 SPI 小于 1 时表示项目进度滞后于计划。SPI 等于 1 时表示项目进度与计划一致。
- 成本绩效指数。成本绩效指数（CPI）是项目管理中的一个重要指标，用于评估已完成工作的成本效率。CPI 的计算公式为：CPI＝EV/AC。CPI 大于 1 时表示项目的实际成本低于计划成本，项目在成本方面具有良好绩效；CPI 小于 1 时表示项目的实际成本高于计划成本，成本方面存在问题。

[①]　EAC 表示完工估算成本。

💡 **思考**

请判断以下情况中项目绩效是否存在问题？当 CV<0 且 SV>0 时，或者当 CV>0 且 SV<0 时。

●趋势分析。趋势分析是一种通过观察和分析数据的变化趋势，来预测未来发展方向或做出决策的方法，这里主要用于判断成本绩效是在改善还是在恶化，从而为成本预测提供参考。趋势分析技术包括：

●图表。在挣值分析中，对计划价值、挣值和实际成本这三个参数，既可以分阶段（通常以周或月为单位）进行监督和报告，也可以针对累计值进行监督和报告。图6-3以S曲线展示了某个项目的 EV 数据，该项目预算超支且进度落后。

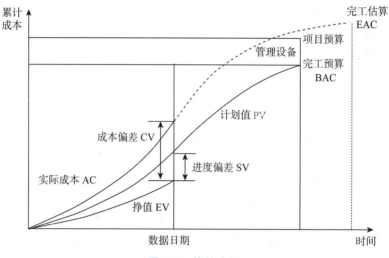

图6-3 挣值分析

◆预测

随着项目进展，项目团队可根据项目绩效，对完工估算（EAC）进行预测，预测的结果可能与完工预算（BAC）存在差异。如果 BAC 已明显不再可行，则项目经理应考虑对 EAC 进行预测。预测 EAC 是根据当前掌握的绩效信息和其他知识，预计项目未来的情况和事件。预测要根据项目执行过程中所提供的工作绩效数据来产生、更新和重新发布。工作绩效信息包含项目过去的绩效，以及可能在未来对项目产生影响的任何信息。在计算EAC 时，通常用已完成工作的实际成本，加上剩余工作的完工尚需估算（ETC）。项目团队要根据已有的经验，考虑实施 ETC 工作可能遇到的各种情况。把挣值分析与手工预测EAC 方法联合起来使用，效果会更佳。由项目经理和项目团队手工进行的自下而上的汇总方法，就是一种最普通的 EAC 预测方法。项目经理所进行的自下而上的 EAC 估算，就是以已完成工作的实际成本为基础，并根据已积累的经验来为剩余项目工作编制一个新估算。公式：EAC=AC+自下而上的 ETC。如此可以很方便地把项目经理手工估算的 EAC 与计算得出的一系列 EAC 作比较，这些计算得出的 EAC 代表了不同的风险情景。在计算EAC 值时，经常会使用累计 CPI 和累计 SPI 值。尽管可以用许多方法来计算基于 EVM 数据的 EAC 值，但下面只介绍最常用的三种方法：

●假设将按预算单价完成 ETC 工作。这种方法承认以实际成本表示的累计实际项目绩效（不论好坏），并预计未来的全部 ETC 工作都将按预算单价完成。如果目前的实际绩效不好，则只有在进行项目风险分析并取得有力证据后，才能做出"未来绩效将会改进"的假设。公式：EAC＝AC＋（BAC−EV）。

● 假设以当前 CPI 完成 ETC 工作。这种方法假设项目将按截至目前的情况继续进行，即 ETC 工作将按项目截至目前的累计成本绩效指数（CPI）实施。公式：EAC＝BAC/CPI。

● 假设 SPI 与 CPI 将同时影响 ETC 工作。在这种预测中，需要计算一个由成本绩效指数与进度绩效指数综合决定的效率指标，并假设 ETC 工作将按该效率指标完成。如果项目进度对 ETC 有重要影响，这种方法最有效。使用这种方法时，还可以根据项目经理的判断，分别给 CPI 和 SPI 赋予不同的权重，如 80/20、50/50 或其他比率。公式：EAC＝AC＋［（BAC−EV）/（CPI×SPI）］。

◆ 储备分析

成本控制过程中，储备分析可以用来监督储备费用的使用情况，包括应急储备和管理储备，实际情况可能会有多种，随着项目的进行，储备费用逐步开支用来开展应急活动，这时候就需要通过储备分析判断：是否存在储备不足，从而需要额外的储备？或剩余储备足以应对剩余风险无须调整？抑或存在储备过多（节约），需要将节约的储备剥离或转为项目利润？

3）完工尚需绩效指数

完工尚需绩效指数（TCPI）是指完成剩余工作所需的成本与剩余预算之比，也是为了实现预定的目标（如完工预算 BAC 或完工估算 EAC），剩余工作的实施必须达到的成本绩效指标。

如果完工预算 BAC 仍可行，基于 BAC 的 TCPI 公式：TCPI＝（BAC−EV）/（BAC−AC）。即用剩余工作（BAC 减去 EV）除以剩余资金（BAC 减去 AC）。如果 TCPI＞1，则难以完成，因为对剩余工作的成本绩效要求高于之前阶段。如果 TCPI＜1，则容易完成，对剩余工作的成本绩效要求低于之前阶段。如果 TCPI＝1，则正常完成，对剩余工作的成本绩效要求与之前阶段一样。

如果发现完工预算 BAC 不再可行，应考虑使用完工估算 EAC。经批准后，即可用 EAC 取代 BAC。故基于 EAC 的 TCPI 公式为 TCPI＝（BAC−EV）/（EAC−AC）。如果 TCPI＞1，表示难以完成；如果 TCPI＜1，表示容易完成；如果 TCPI＝1，表示能够正常完成。

4）项目管理信息系统

项目管理信息系统可以用来做挣值管理（EVM），通过计算计划值 PV、挣值 EV 和实际成本 AC、成本偏差 CV、进度偏差 SV 及完工偏差 VAC 等指标，监测指标的走势，并预测完工成本。

另外，挣值法本身也存在一些局限性，例如数据反映的是项目整体效果，如果项目中一个二级子项目所获得的挣值盈余足以抵消另一子项目的挣值亏空，这样累加得到的项目整体挣值数据表面上看起来却很正常，实际的进度—成本问题却得不到真实的反映。另外，传统挣值法没有区分其所取得的挣值是来自关键路径，还是来自非关键路径，这样在进度偏差的计算中就有可能会产生误导性的信息。因为在挣值法中，是用货币量来表示项目的进展，掩盖了不同工作包在重要性方面的差别。如果非关键路径上的工作包进展速度较快，即取得挣值较多，而关键路径上的工作包没有及时完成，则非关键路径上所取得的挣值就有可能掩盖了关键路径上进度的延迟，依此做出的判断可能就是错误的。针对上述问题，关于传统挣值法的改进已经取得了一些成果，详情参考相关文献研究。

 「扫码」了解传统挣值法的改进方法——前沿研究

6.5.3　成本控制的成果

1）工作绩效信息

工作绩效信息是在收集工作绩效数据的基础上通过数据分析所获得的绩效评估信息。其包括对照成本基准，在工作包和控制账户层级，利用数据评估已执行的工作及成本方面的偏差（预算成本 VS 实际成本）。如果使用挣值法，可以评估成本偏差（CV）、成本绩效指数（CPI）、完工估算（EAC）、完工偏差（VAC）和完工尚需绩效指数（TCPI）等方面的绩效信息。

2）成本预测

成本预测是指根据过去的数据和当前的情况，预测未来的成本支出情况。无论是计算得出的完工估算（EAC）值，还是自下而上估算的完工估算（EAC）值，记录后并传达给相关方。

3）变更请求

在了解当前项目绩效之后，可能会就项目基准和（或）项目管理计划提出变更请求，如针对项目的某工作包建议增加成本基准 3 万元，同时要求将进度基准增加 5 个工作日。变更请求应通过实施整体变更控制过程对其进行审查和处理。

 「扫码」视频：项目成本管理中的几个概念

本章小结

1. 项目成本管理是通过对成本进行规划、估算、预算、融资、筹资、管理和控制的各个过程，以确保项目在批准的预算内完工。项目有时候仅考虑项目实施阶段成本，但有时需要考虑全生命周期成本。

2. 项目成本管理过程包括：成本管理规划、成本估算、预算制定、成本控制。其中成本管理规划是后续过程的指南，成本估算是预算制定的基础，预算是成本控制的依据和基准，成本控制是预算的应用和目的。

3. 成本管理规划通常是在确定合适的开发方法后再选择与之相适应的成本管理方法，成本估算要么沿用以往类似项目方法，要么就采用三点估算并考虑应急储备，预算制定时通过成本汇总得到成本基准，再加上管理储备即可得到项目总预算，成本控制是一边进行成本的偏差分析，一边判断成本的趋势，以便维护好成本基准。

4. 挣值分析同时从成本偏差和进度偏差两个方面一起对项目的绩效进行分析，这比单一使用成本偏差或进度偏差分析更为全面和准确，因为成本与进度之间存在显著的关联关系，单一维度的偏差分析可能会误导我们的判断。

习 题

一、判断题

1. 挣值（EV）是以预算标准来计算已完成工作的价值。（ ）

2. 成本基准是经过批准的、按时间段分配的项目预算，故项目预算就是成本基准。（ ）

3. 计划价值（PV）是已完成工作的预算价值。（ ）

4. 项目刚启动时，项目信息比较充分，三点估算法比类比估算法更适合成本估算。（ ）

二、单选题

1. 为了制作项目原型，项目经理必须采购三盎司的黄金。当前的市场价值为每盎司 1 200 美元。但是，由于黄金市场的波动，价格可高达 1 724 美元，低至 976 美元。利用三角分布法，项目经理采购黄金的预算应为（ ）。

A. 1 250 美元　　B. 1 300 美元　　C. 3 750 美元　　D. 3 900 美元

2. 项目经理以 5 000 万美元，7 500 万美元以及 1.2 亿美元来分别计算一个项目的乐观、最可能以及悲观估算，使用贝塔分布，项目经理应使用的估算为（ ）。

A. 7 830 万美元　　B. 8 167 万美元　　C. 10 083 万美元　　D. 15 667 万美元

3. 项目团队正在完成某产品的开发工作，目前已经进入第四阶段，此时项目的 CPI 为 0.89，团队将这个情况告知了项目干系人，高级管理层了解这个情况后，发来邮件询问预计全部工作完成的成本是多少，项目经理应该计算（ ）。

A. 完工偏差（VAC）
B. 完工尚需估算（ETC）
C. 完工估算（EAC）
D. 完工预算（BAC）

4. 项目执行阶段期间，客户提出想要了解一下项目目前的成本绩效指数是多少。项目经理整理数据经过分析后，发现此时项目完成度已经达到了 30%，并且耗费了 1 500 美元，存在成本偏差为 –600 美元。项目经理应该告知客户的信息是（ ）。

A. 项目此时的 CPI 为 0.6
B. 项目此时的 CPI 为 1.6
C. 项目此时的 CPI 为 2.5
D. 项目此时的 CPI 为 0.3

5. 项目经理在进行当前绩效分析时得到以下数据：完工预算 1 000 万元，计划工期 1 年，目前工期 6 个月，已完成工作量 40%，已花费预算 550 万元。根据这些数据可知，当前的项目状态是（ ）。

A. 进度落后，成本节约
B. 进度落后，成本超支
C. 进度超前，成本超支
D. 进度超前，成本节约

6. 公司招聘了一位新项目经理，项目管理经验比较少，你作为拥有丰富经验的项目经理，公司要求你帮助新项目经理迅速成长。现在新项目经理被指派去管理公司新启动的项目，发起人要求他制定项目预算，于是向你请教预算需要包括哪些部分，你应该告诉他（　　）。

A. 需要关注成本基准以及管理储备

B. 应该将成本基准和应急储备包括在内

C. 把每个活动的成本估算和其应急储备计入其中

D. 估算每个工作包的成本，汇总后加上管理储备

7. 项目经理所在公司承接了一个施工项目，项目在规划过程中，团队成员抱怨，无法进行成本的估算，项目经理应该确定最可能的原因是（　　）。

A. 范围定义不充分　　　　　　　B. 客户对质量要求高

C. 未确定项目的完工时间　　　　D. 预算不够

8. 某个政府环保项目已开始，项目发起人希望知道该项目的大概估算，项目经理需要迅速给发起人提供估算，项目经理通过公司的组织过程资产了解到有一个类似的项目刚结束，为此，项目经理应该使用的方法是（　　）。

A. 类比估算和专家判断　　　　　B. 数据分析和自下而上估算

C. 三点估算和成本汇总　　　　　D. 类比估算和备选方案分析

9. 一家上市公司三年前聘请了一位资深的专家比尔到公司指导项目，在此期间比尔指导过多个项目，项目中遇到问题大家就会去找他。在之前一个项目中，他估算的项目成本为实际成本的85%。项目经理在新项目中需要与他合作，为降低对项目工作低估的风险，项目经理应该（　　）。

A. 与比尔在估算期间内定期查阅项目目标和范围，安排其他人员对已完成的估算进行审查

B. 告知相关方，由于比尔会低估成本，所以他提交的任何估算都必须增加15%，以确保估算的准确性

C. 每个项目都有独特性，不用在乎比尔上次的低估问题，继续按照原过程执行

D. 请求估算更准确的资源，拒绝与比尔合作

10. 项目经理负责一家公司改装办公楼的项目，该项目的预算为160万美元，客户要求在八个月内完成。在项目开始四个月后，高层管理者视察项目工作，需要知道项目的当前情况。项目经理得知当前已花费90万美元，完成了40%的工作。则成本绩效指数（CPI）和进度状态的描述应该是（　　）。

A. 成本绩效指数（CPI）为0.71，进度符合

B. 成本绩效指数（CPI）为0.71，进度延迟

C. 成本绩效指数（CPI）为0.8，进度符合

D. 成本绩效指数（CPI）为0.8，进度延迟

二、多选题

1. 项目经理正在管理一个工程项目，团队成员来自不同的地区，也属于不同的部门，该项目正在执行过程中。在进行季度绩效审查时，发现进度绩效指数（SPI）为0.79，成本绩效指数（CPI）为0.88，项目经理应该如何判断状态，以及应该采取的措施有（　　）。（选2项）

A. 进度落后，成本超支　　　　　B. 进度超前，成本结余

C. 请求发起人增加预算　　　　　D. 增加资源并考虑加班

E. 快速跟进　　　　　　　　　　　　F. 无需采取措施

2. 在成本控制过程中，需要重点关注的内容包括（　　　）。

A. 监督项目的日常成本开支，及时预警成本异常

B. 确保成本支出不超过批准的资金限额

C. 定期进行成本分析，找出偏差原因并提出解决方案

D. 及时处理各种变更请求，防止未经批准的变更发生

E. 能不开支的，尽量不开支

三、计算题

假设您是一个软件项目经理，负责开发一个新的应用程序。该项目计划工期为 6 个月，总预算为 10 万元。下面是项目的一些关键信息：

第 1 个月：计划完成 15% 的工作，预算 2 万元，实际完成 12% 的工作，实际花费了 2.5 万元。第 2 个月：计划完成 35% 的工作，预算 3.8 万元，实际完成 32% 的工作，实际花费了 4 万元。第 3 个月：计划完成 50% 的工作，预算 6 万元，实际已完成 55% 的工作，实际花费了 6.2 万元。

试利用挣值法来评估该项目的实际进度和成本绩效。

 延伸思考/素养话题

成本、全面成本与价值

材料1：在传统成本管理中，成本管理的目的被简化为降低成本，节约成了降低成本的基本手段。但是，成本降低是有条件和限度的，在某些情况下控制成本费用，可能会导致产品质量和效益的下降。因而，传统的成本管理是一种偏向消极的管理方式。随着市场经济的发展，企业不能再将成本管理简单地等同于降低成本，而应是资源配置的优化和资本产出的高效管理。传统成本管理观念过于狭隘。同时如何适应瞬息万变的外部市场经济环境，以获得持续性的竞争优势，是现代企业必须考虑的首要问题。

传统成本管理的对象主要是企业内部的生产过程，注重生产过程成本控制和事后成本核算。在现代企业中，产品研发和销售在作业链两端变得越来越重要，费用也日益上升；中间端的生产环节相对弱化。只重视生产过程的成本核算而轻视研发和销售环节的成本核算是不合理的。近些年人力资源效能分析和效能管理引发了理论界和实业界的广泛关注，并激发出一波热潮，也表明了传统成本管理已经难以满足现代管理的要求。

传统成本管理体系难以满足多目标要求。成本管理为财务管理服务，传统成本管理视追求利润最大化为己任。以利润最大化为目标，能够促使企业讲求核算、加强管理，但利润最大化不仅未考虑企业的远景规划，而且忽略了市场经济条件下最重要的一个关注点——风险。其结果是增大了企业的财务风险，削弱企业长远发展能力。当今股东财富最大化已成为企业财务管理的追逐目标，传统成本管理的短期效益性暴露无遗。另外，传统成本计算基础是以币值不变为假定，以历史成本和权责发生制为原则。这套成本管理体制符合财务报告准则要求，但不能很好满足企业内部成本的过程控制和决策支持要求。

大部分情况下，我们都把成本看成是独立的、必须消耗的要素，所以，很多企业会一

直想办法降低成本。但这些认知与做法会把你带向歧途，譬如廉价劳动力不能保证获得成本优势，同样寻求低成本不能保证获得成本优势。

材料2：学者陈春花认为，在成本上如果没有整体的理解，牺牲的会是价值本身。比如，创业企业不需要有管理结构，因为那是巨大的管理成本，这个成本没有价值。但如果规模到了100亿，还没有结构，企业可能就没人去做未来的事，也没有人去做控制风险的事。此时你有两件事更重要，就是风险控制和布局未来。这两件事情跟当期都没有关系，但这个成本必须支付，它是整体价值的一部分。因此，是牺牲价值还是创造价值？是该叫"成本"还是叫"投入"或"投资"？叫法不同，背后的理念相去甚远。她还认为，成本的核心概念是节省顾客的时间，是降低顾客的成本。成本并不只是内部的事情，它实际上是顾客的成本、顾客的时间、顾客的效率。如果能回到顾客，就能真正理解"成本"，所付出的成本就有意义。

材料3：有的人把时间花在努力奋斗上，有的人把时间花在日常消遣上。有一个富人与渔夫的故事，故事如下：

有一个美国富人坐在墨西哥海边一个小渔村的码头上，看着一个墨西哥渔夫划着一艘小船靠岸，小船上有好几尾大黄鱼。

这个美国富人问渔夫，要多少时间才能抓这么多？渔夫说，一会儿工夫就抓到了。

富人问，你为什么不多抓一些鱼？渔夫说：这些鱼已经足够我一家人生活所需啦！

富人又问：那么你一天剩下那么多时间都在干什么？渔夫解释：我每天睡到自然醒，出海抓几条鱼，回来后跟孩子们玩一玩，中午睡个午觉，黄昏时到村子里喝点小酒，跟哥儿们玩玩吉他，就这些。

富人不以为然，帮他出主意说：我是美国哈佛大学的企管硕士，我倒是可以帮你忙！你可以每天多花一些时间去抓鱼，到时候你就有钱去买条大一点的船。自然你就可以抓更多鱼，卖了鱼就能买更多渔船。然后你就可以拥有一个捕鱼船队。到时候你就不必把鱼卖给鱼贩子，而是直接卖给加工厂。然后你可以自己开一家罐头工厂。如此你就可以控制整个生产、加工处理和行销。然后你可以离开这个小渔村，搬到墨西哥城，再搬到洛杉矶或是纽约，在那里你可以不断扩充你的企业。渔夫问：这又花多少时间呢？富人回答：十五到二十年。

渔夫问：然后呢？富人大笑着说：然后你就可以在家当皇帝啦！时机一到，你就可以宣布股票上市，到时候你就发财啦！

渔夫问：然后呢？富人说：到那个时候你就可以退休啦！你可以搬到海边的小渔村去住。每天睡到自然醒，出海随便抓几条鱼，跟孩子们玩一玩，中午再睡个午觉，黄昏时，晃到村子里喝点小酒，跟哥儿们玩玩吉他。渔夫疑惑地说：我现在不就是这样了吗？

思考：1）结合材料1和材料2，总结一下传统的成本管理和成本控制存在哪些方面的不足？如何辩证地看待成本和成本管理？2）从材料3描述的这一故事中，你想到了什么？（包括但不限于：付出、回报及它们之间的关系；工作与消遣及各自价值；人生的真正意义等）

应用案例

F 公司产品开发项目的挣值分析

F 公司获得一个由 S 公司提供的为期 18 个月的劳动密集型产品开发合同。合同是一个成本偿还合同，预计花费 26.6 万元，固定费率是 6.75%。这个合同是 F 公司第一次正规化地尝试使用项目管理，包括一个新开发的项目管理方法。

F 公司以前就接了很多 S 公司的合同，但是这些合同都是固定总价合同，且没有要求正式使用项目管理的挣值报告。合同的条款和条件包含以下几个关键点：

- 使用项目管理（正式的）。
- 要求使用挣值报告。
- 首个挣值报告要在工作开始之后的第 2 个月月末提交，且以后每个月都要提交。
- 要有 2 次技术交流会议，一次在第 6 个月月末，一次在第 12 个月月末。

对于 F 公司来说，挣值报告是新颖的。为了和原来的建议邀请书保持一致，公司雇用了一个顾问就挣值法专门进行了一次 4 小时的研讨会。参加研讨会的人包括指派到 S 公司 RFP 的项目经理，该项目经理还要负责合同授予后的管理整个会计部门及两名直线经理。会计部门并不乐意学习挣值法，但是为了获得合同，他们还是同意学习。在以前与 S 公司的项目中，每个月都要举行交流会议。但是对于这次的项目，S 公司认为没有必要举行那么多次会议，因为信息可以通过挣值报告轻松获得。S 公司坚信挣值衡量系统有能力提供足够的信息。过去，S 公司从来没有考虑在未来的项目中使用挣值法。

F 公司是靠最低的投标价格获得合同的。在规划阶段，工作分解结构设计了 4~5 个工作包，但是在项目的头 4 个月里只有 4 个工作包。F 公司为项目设计了很简单的状况报告。表 6-7 包含了提供给 S 的第 3 个月月末的财务数据。

表 6-7　财务数据表　　　　　　　　　美元

2 月末合计				
工作包	PV	EV	AC	CV	SV
A	38 000	30 000	36 000	−6 000	−8 000
B	17 000	16 000	18 000	−2 000	−1 000
C	26 000	24 000	27 000	−3 000	−2 000
D	40 000	20 000	23 000	−3 000	−20 000
3 月末合计				
工作包	PV	EV	AC	CV	SV
A	86 000	74 000	81 000	−7 000	−12 000
B	55 000	52 000	55 000	−3 000	−3 000
C	72 000	68 000	73 000	−5 000	−4 000
D	86 000	60 000	70 000	−10 000	−26 000

注：BCWS＝PV，BCWP＝EV，ACWP＝AC。

　　在将状况报告提交给 S 公司后的 1 个星期，F 公司的项目经理就被要求参加一个紧急会议，这个会议是由 S 公司负责工程的副总裁提出召开的，他也是这个项目的发起人。由于绩效不好，项目面临终止的危险。会议中，他提出："在过去的一个月中，成本超支了78%，从 14 000 美元增加到 25 000 美元；进度落后了 45%，从 31 000 美元增加到 45 000 美元。从这些数据可以得出，成本超支至少 500%，进度滞后会长达 1 年。如果你们不能制订一个比过去 3 个月更好的计划控制时间和成本，我就要取消合同，我们也会另外寻找一名承包商继续项目。"（来源：哈罗德·科兹纳．项目管理：计划、进度和控制的系统方法[M]．12 版．北京：电子工业出版社，2018.）

　　问题：

1. 副总裁对成本偏差和进度偏差的看法是正确的吗？
2. 有哪些信息是副总裁没有分析的？
3. F 公司的项目经理应该发表什么意见为自己辩护？

第三篇　技术篇

第7章 项目质量管理

学习目标

知识目标	能力目标	素养目标
1. 了解项目质量管理的概念和作用 2. 了解质量管理的各个过程 3. 理解各过程依据和成果中的核心组件 4. 理解质量管理与质量控制的关系 5. 理解质量成本的原理	能结合行业属性和项目相关方要求，熟练运用质量管理方法和工具，制订和实施质量管理计划，并解决项目中的质量问题	能领悟到高质量来自源头上的预防、敬业专注的员工、精益求精的过程和优良的组织质量文化，树立起一丝不苟、追求卓越的工匠精神

关键概念

质量测量指标、质量成本、测试与检查规划、测试与产品评估、面向X的设计、质量报告

📝 **知识图谱**

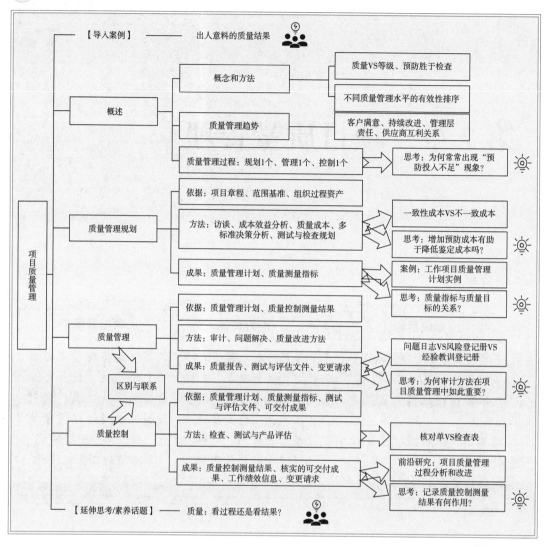

🔷 **导入案例**

出人意料的质量结果

罗经理负责一个电动工具的开发。在开发初期，确定了各个阶段的质量目标。如：通过内部试验来判断其可靠性，并以得出的综合分值为目标。如：在生产线上小批量的目标是综合值2.8（缺陷率），批量起步的目标是综合值2.4。当然其中还有很多阶段，各自有自己的目标值。各个阶段目标值的依据是用户调查的数据，而且测量的手段和方法也是在公司内部从用户角度来看待产品，这些没有人怀疑，而且以前开发新款时，一直采用这些方法，内部测量的结果与外部的结果差异很小。

在项目运行中，基本正常，偶尔有几个阶段的测量值超过目标值，但经过评审，质量经理及其他相关人都认为，已经制定了措施，可以进入下一阶段。总之，过程进展顺利。项目进展到最后阶段，即批量起步阶段，连续2批的测试结果小于2.4，第三批的结果达到 2.7，第四批的结果又小于 2.4。在这样的情况下，质量经理、项目经理等多人经过评审，认为达到目标，可以结束批量起步阶段，进入大批量生产阶段。项目结束数月后，产品已开始销售，进行了用户质量调查。

项目启动时定下的质量目标是根据用户质量调查的方法制定的，也就是说，批量起步阶段结束时的目标是 2.4，用户调查的结果也应是 2.4。

但出人意料的是，调查结果是 5.1，非常不好，与当初项目阶段过程良好的质量状况形成了鲜明的对比。

思考：

1. 项目开发过程中质量控制得很好，但用户的质量调查结果却表明产品的质量相当的差，可能是什么原因导致的？

2. 用户的质量调查结果受什么影响？如何界定？

7.1　概　述

项目质量管理包括把组织的质量政策应用于规划、管理、控制项目和产品质量要求，以满足相关方目标的各个过程。此外，项目质量管理以执行组织的名义支持过程的持续改进活动。

"质量"与"等级"不是相同的概念。质量作为实现的性能或成果，是"一系列内在特性满足要求的程度"（ISO9000）。等级作为设计意图，是对用途相同但技术特性不同的可交付成果的级别分类。项目经理及项目管理团队负责权衡，以便同时达到所要求的质量与等级水平。质量水平未达到质量要求肯定是个问题，而低等级产品不一定是个问题。等级高低只代表功能多寡（如精装书与平装书），不代表质量高低。等级低也可以实现高质量（无缺陷），但高等级产品也可能质量低下（缺陷多）。

预防胜于检查。最好将质量设计到可交付成果中，而不是在检查时发现质量问题。预防错误的成本通常远低于在检查或使用中发现并纠正错误的成本。

组织选择投资缺陷预防，因为它对产品生命周期有利。由于项目的临时性，针对产品生命周期的质量成本决策，通常是项目集管理、项目组合管理、PMO 或运营的关注点。

按有效性递减排列的五种质量管理水平如图 7-1 所示。

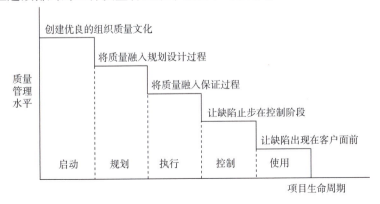

图 7-1　不同质量管理水平按有效性递减排列

思考

既然预防胜于检查，那质量管理过程中为何常常出现"预防投入不足"现象？请给出2个以上的理由。

项目质量管理的趋势包括：

● 客户满意。了解、评估、定义和管理要求，以便满足客户的期望。这就需要把"符合要求"（确保项目产出预定的成果）和"适合使用"（产品或服务必须满足实际需求）结合起来。在敏捷环境中，相关方与项目管理团队合作可确保在整个项目期间始终做到客户满意。

● 持续改进。由休哈特提出并经戴明完善的"计划—实施—检查—行动（PDCA）"循环是质量改进的基础。另外，诸如全面质量管理（TQM）、六西格玛和精益六西格玛等质量改进举措也可以提高项目管理的质量以及最终产品、服务或成果的质量。

● 管理层的责任。项目的成功需要项目团队全体成员的参与。管理层在其质量职责内，肩负着为项目提供具有足够能力的资源的相应责任。

● 与供应商的互利合作关系。组织与其供应商相互依赖，相对传统的供应商管理而言，与供应商建立合作伙伴关系对组织和供应商都更加有益。组织应着眼于长期关系而不是短期利益。互利合作关系增强了组织和供应商互相为对方创造价值的能力，推动他们共同实现客户的需求和期望，并优化成本和资源。

项目质量管理过程由质量管理规划、质量管理、质量控制三个过程组成。虽然以上三个过程通常以相互独立的形式出现，但在实践中它们会相互重叠、相互作用（表7-1）。

表7-1　质量管理的过程组划分

项目管理过程组				
启动过程组	规划过程组	执行过程组	控制过程组	收尾过程组
	质量管理规划	质量管理/保证	质量控制	

7.2　质量管理规划

本过程的主要目标是，在识别项目及可交付成果的质量要求（标准）的基础上，通过制订质量管理计划和质量测量指标，为管理和控制项目质量提供指南。本过程仅开展一次或仅在项目的预定义点开展。表7-2描述了本过程的依据和成果。

表 7-2　质量管理规划过程

依据	方法	成果
项目章程★ 项目管理计划 　●需求管理计划 　●风险管理计划 　●相关方参与计划 　●范围基准★ 项目文件 　●假设日志 　●需求文件 　●需求跟踪矩阵 　●风险登记册 　●相关方登记册 事业环境因素 组织过程资产★	专家判断 数据收集 　●标杆对照 　●头脑风暴 　●访谈★ 数据分析 　●成本效益分析★ 　●质量成本★ 决策 　●多标准决策分析★ 数据表现 　●流程图 　●逻辑数据模型 　●矩阵图 　●思维导图 测试与检查规划★ 会议	质量管理计划★ 质量测量指标★ 项目管理计划更新 　●风险管理计划 　●范围基准 项目文件更新 　●经验教训登记册 　●需求跟踪矩阵 　●风险登记册 　●相关方登记册

本过程的典型操作是，根据项目章程中有关质量的高层级描述、范围基准中项目和各层级组件的验收标准，参考组织质量管理的政策、程序和知识库（如质量宗旨、质量管理体系、质量模板等），项目团队先通过访谈法获取重要相关方对质量的要求，比较不同质量活动及方法的成本效益（如公差小或公差大、检验频率高或低、全检或抽检等），在质量成本中的一致性成本和不一致性成本之间找到平衡点，以确立项目的质量目标、方案、工具等，再利用多标准决策分析法筛选并确定质量指标的优先顺序。同时，提前规划产品或服务的检查和测试的过程和方法，最后在上述工作基础上制订质量管理计划和质量测量指标。

7.2.1　质量管理规划的依据

在本过程的依据中，项目章程提供了总体方向，组织过程资产提供了借鉴和参考，范围基准提供了核心内容，其他组件也会对本过程有不同程度的影响。

1）项目章程

项目章程中包含对项目和可交付成果的高层级描述，可能会涉及质量管理的审批规则、项目的目标和成功标准的说明，后者可能包含质量标准及验收要求的信息。

2）项目管理计划

●范围基准。无论是制定项目的质量目标和标准，还是在对项目的质量审计，均需考虑范围基准中有关项目整体及工作包的详细说明，尤其要考虑的是有关验收标准的信息，因为该标准直接影响质量成本进而对项目成本有重大影响。

3）组织过程资产

这里是指执行组织用于指导（或规范）质量管理规划的程序、政策和知识库。例如：

组织的质量管理体系（包括政策、程序及指南、质量模板，例如核查表、跟踪矩阵及其他）、历史数据库、经验教训知识库等。

7.2.2 质量管理规划的方法

1）专家判断

如果个人或小组在质量保证、质量控制、质量测量结果、质量改进、质量体系等方面具备专业知识、丰富经验，则可征求其意见。

2）数据收集

适用于本过程的数据收集技术包括：

● 标杆对照。运用标杆对照的前提条件，就是先要找到质量管理方面有可借鉴经验的标杆项目，识别出最佳实践，标杆项目可来自组织内部或外部。

● 头脑风暴。作为数据收集方法的头脑风暴，就是让团队成员或专家们围绕一个质量管理主题，在遵循自由畅想、多多益善、不作评价、创意叠加的原则下收集信息，以制订最适合新项目的质量管理计划。

● 访谈。访谈是获取信息的常见方法，通过访谈相关方，可以了解他们对项目和成果质量的要求和期待，访谈内容可以是结构化或非结构化。访谈方式可以是正式或非正式，采用一对一或团体访谈。

3）数据分析

适用于本过程的数据分析技术包括：

● 成本效益分析。成本效益分析是一种财务分析工具，主要用于评估备选方案的成本和效益，以便选出最佳备选方案。通过成本效益分析，能够确定项目质量方案在成本效益方面的优势或劣势。质量方面的效益可能包括减少返工和报废、提高生产率、降低成本、提升相关方满意度及提升赢利能力等。该方法可用于项目质量标准的高低选择，如采用行业内最高标准、平均质量水平标准还是最低门槛的质量标准。

● 质量成本。质量成本指为保证和提高产品或服务质量的支出成本，以及未达到产品质量标准、不能满足用户和消费者需要产生的损失。前者是一致性成本，后者是不一致成本。表7-3提供了质量成本的分类及内容说明。该方法用于平衡一致性成本与不一致性成本的关系。

表7-3　质量成本的划分

一级分类	二级分类	内容举例
一致性成本	预防成本	质量计划工作费用，新产品评审费用、质量培训费用，质量情报费用、工序能力研究费用、质量审核费用、质量改进措施费用
	鉴定成本	进料检验费用、工序检验费用、产品产量评审费用，检测设备折旧费、检测设备维修费、检测材料消耗及劳务费
不一致成本	内部失效成本	废品损失、返修品损失、复检费（返修品再检费用）、由于质量原因而引起的停工损失、不合格产品降级损失、产量损失、事故分析处理费用
	外部失效成本	退货损失、保修费用、索赔及诉讼费用、折价损失

考虑到一致性成本与不一致成本之间存在此消彼长的关系（图 7-2），要确保质量总成本最低，质量水平既不能太低，也不能太高。在最佳点 A 的左面时，即当质量总成本处于质量改进区时，应增加预防费用，采取质量改进措施，以降低质量总成本。若处于最佳点 A 的右面，即处于质量过剩区时，则应撤消原有的过严质量要求措施，减少一部分预防和鉴定费用，使质量总成本退回到最低点 A 处。

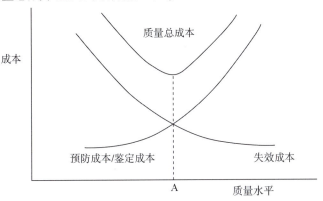

图 7-2　质量成本与质量水平的平衡

💡 思考
　　①增加预防成本可在一定程度上降低鉴定成本；②增加鉴定成本，可降低外部损失，但可能增加内部损失成本。请分别判断以上表述是否正确并说明理由。

4）决策

适用于本过程的决策技术包括多标准决策分析。其是一种用于处理含多因素的决策问题，并建立多维度评价标准（投入、收益、风险）的分析方法。通常借助决策矩阵，即将决策选项与评价标准结合起来，把决策问题转化为一个矩阵，其中决策选项（事先提供多个备选决策）列为表格的行，而考虑因素（识别关键因素作为评价标准）列为表格的列，然后对每个选项进行评分（可能要考虑权重），以便将备选决策排出优先序。在质量管理规划过程中，该技术用于确定质量测量指标的优先顺序。

5）数据表现

适用于本过程的数据表现技术包括：

● 流程图。流程图显示输入转化为输出的步骤、顺序和可能分支。它展示了活动、决策点、分支循环、并行路径和整体处理顺序。图 7-3 展示了 SIPOC 模型。流程图有助于了解和估算过程的质量成本。逻辑分支细分为（符合输出的）一致性工作和非一致性工作。流程图也可帮助改进过程并识别质量缺陷。

● 逻辑数据模型。逻辑数据模型是一种图形化的展现方式，有效组织来源多样的各种业务数据，使用统一的逻辑语言描述业务。常见逻辑数据模型包括层次模型、网状模型、关系模型和面向对象模型。逻辑数据模型通常用来设计数据库结构和数据流程，以便在软件开发和系统设计过程中进行数据管理和操作。在本过程中，逻辑数据模型可用于识别会出现数据完整性或其他质量问题的地方。

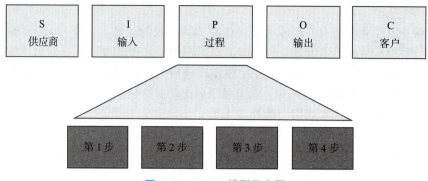

图7-3　SIPOC 模型示意图

• 矩阵图。矩阵图在行列交叉的位置展示因素、原因和目标之间的关系强弱。根据可用来比较因素的数量，项目经理可使用不同形状的矩阵图，如 L 型（表7-4）、T 型、Y 型、X 型、C 型和屋顶型矩阵。在本过程中，它们有助于识别对项目成功至关重要的质量测量指标。

表7-4　L 型矩阵图示例

设计要求 客户要求	材质	颜色	装配精度	外观形状	模具技术	产品标准	测量技术	包装
不着火	●					●		
环保	●					●		
外观漂亮		●	○	●	●		○	○
无噪声	○		●	○		○		
耐久可靠			●		△	●	●	
开关灵活			●	△	△	●	●	
适合装车			○	○	○		●	
价格低	○				△	○		

• 思维导图。思维导图是一种可视化工具，用于组织和展示思维过程中的概念、想法和关系，主要目的是帮助人们整理复杂的思维内容。在本过程中，思维导图用于快速收集项目的质量要求、制约因素、依赖关系和联系等。

6）测试与检查规划

在规划阶段，项目经理和项目团队决定如何测试或检查产品、可交付成果或服务，以满足相关方的需求和期望，以及满足产品的绩效和可靠性目标，例如常见的测试可能包括：针对服务的体验测试、针对成果的性能测试、针对产品的功能测试、安全性测试、兼容性测试、可靠性测试等。当然，不同行业需要不同的测试与检查，例如软件项目的 α 测试和 β 测试、建筑项目的强度测试（图7-4）、制造和实地测试的检查，以及工程的无损伤测试。

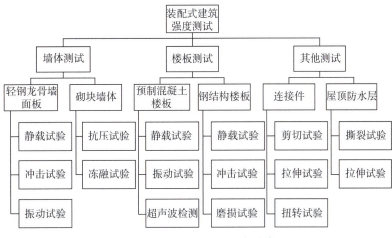

图 7-4 装配式建筑强度测试

7）会议

项目团队可能以会议形式就质量管理规划内容进行讨论和交流，以便拟定、补充和完善质量管理计划方案。参会者可能包括项目经理、项目发起人、选定的项目团队成员、选定的相关方、项目质量管理活动的负责人，以及其他必要人员。

7.2.3　质量管理规划的成果

1）质量管理计划

质量管理计划是描述如何实施适当的政策、程序和指南以达成质量目标，包括为实现一系列项目质量目标所需的活动和资源，它是项目管理计划的组成部分。

质量管理计划包括以下组成部分：

●项目采用的质量标准。例如，制造业常见的质量标准体系包括 ISO 9001（质量管理体系）、TS16949（汽车行业质量管理体系）；IT 行业常见的质量标准体系包括 CMMI（能力成熟度模型集成）、ISO 20000（服务管理体系）和 ISO 27001（信息安全管理体系）等。医疗行业常见的质量标准体系包括 ISO 13485（医疗器械质量管理体系）、GMP（药品生产质量管理规范）和 JCI（国际医疗卫生机构认证联合委员会）等。

●项目的质量目标。从相关方角度考虑，制定项目质量目标一方面需要考虑业主（标书或合同）的要求，另一方面需要考虑项目实施方的投标承诺和所在组织的质量方针和宗旨。从项目角度考虑，项目质量目标应考虑项目的特点、项目的重要性和项目的社会影响大小三个方面的因素。并根据行业验收评定标准将目标分解到各部门和具体责任单位。

●质量管理组织机构、角色与职责。例如某工程项目组的主要角色有：项目经理、副经理、QA、QC、技术工程师、设计负责人、采购工程师、计划工程师、文控/行政工程师、合同费用工程师等。

●项目质量管理和质量控制活动。前者如质量分析会、质量审计、设计评审、持续改进、质量评比等活动；后者如自查、检查、测试等活动。

●与项目有关的主要程序。例如不合格的处理、纠正措施、预防措施以及持续改进程序。

●项目使用的质量工具。

「扫码」查看项目质量管理计划的典型实例

2）质量测量指标

质量测量指标用于描述项目或产品属性，以及质量控制过程将如何验证符合程度。通常使用的质量测量指标可能有：故障率、缺陷数量、每月总停机时间、每个代码行的错误、客户满意度分数、客户投诉率，以及测试计划所涵盖的需求的百分比（即测试覆盖度）。

 思考

1. 在制订项目质量管理计划时，为什么需要参考组织质量管理的政策、程序和知识库？2. 质量测量指标与（质量管理计划中的）质量目标之间有何关系？

7.3 质量管理

本过程的主要目标是，通过执行质量管理计划安排的有计划、有组织、系统性的活动，以提高实现质量目标的可能性。质量管理使用质量控制过程的数据和结果向相关方展示项目的总体质量状态。质量管理的工作属于质量成本框架中的一致性工作。本过程需要在整个项目期间开展。表7-5描述本过程的依据、方法和成果。

表7-5　质量管理过程

依据	方法	成果
项目管理计划 ●质量管理计划★ 项目文件 ●经验教训登记册 ●质量控制测量结果★ ●质量测量指标 ●风险报告 组织过程资产	数据收集 ●核对单 数据分析 ●备选方案分析 ●文件分析 ●过程分析 ●根本原因分析 决策 ●多标准决策分析 数据表现 ●亲和图 ●因果图 ●流程图 ●直方图 ●矩阵图 ●散点图 审计★ 面向X的设计 问题解决★ 质量改进方法★	质量报告★ 测试与评估文件★ 变更请求★ 项目管理计划更新 ●质量管理计划 ●范围基准 ●进度基准 ●成本基准 项目文件更新△ ●问题日志 ●经验教训登记册 ●风险登记册

本过程的典型操作是，项目团队根据质量管理计划的预先安排，将各项质量管理活动付诸实施，在此过程中，可授权项目外部的审计小组（成员可由组织审计部、PMO 及外部审计人员等组成）对项目实施过程进行结构化且独立的审查；针对识别出的问题（如违规做法、差距或不足）或从质量控制测量结果中发现的问题，项目团队进行分析并解决。成熟的管理团队通常还会采用质量改进方法，例如 PDCA 和（或）六西格玛，将项目质量稳步提升至目标水平。上述质量活动过程与结果、问题与建议及质量控制过程的概述，均可记录在每月（或其他周期）的质量报告中，既是阶段性质量的评估和总结，又是组织过程资产的一部分。另外，为评估质量目标的实现程度和找出产品或服务中存在的错误、缺陷、漏洞等问题，成熟的行业（如汽车、建筑、软件等）和组织通常会制定一整套质量测试和评估文件，以便在质量控制过程中开展结构化的测试和评估。

质量管理被认为是所有人的共同职责，包括项目经理、项目团队、项目发起人、执行组织的管理层，甚至是客户。所有人在项目质量管理方面都扮演一定的角色，尽管这些角色的人数和工作量不同。参与质量管理工作的程度取决于所在行业和项目管理风格。在敏捷项目中，整个项目期间的质量管理由所有团队成员执行；但在传统项目中，质量管理通常是特定团队成员的职责。

7.3.1　质量管理的依据

在本过程的依据中，质量管理计划提供了方法指南，质量管制测量结果提供了质量管理和控制效果的反馈信息，其他组件对本过程有不同程度的影响。

1）项目管理计划

● 质量管理计划。参考 7.2.3，该计划明确了项目和产品质量的可接受水平，如质量目标、验收标准，并描述了如何确保可交付成果和过程达到这一质量水平，如人员组织、角色职责、制度程序、质量活动和资源等方面。

2）项目文件

● 质量控制测量结果。参考 7.4.3，质量控制测量结果是质量控制过程的主要成果，是对质量控制活动结果的书面记录，例如质量检查结果、测试结果或试验评估结果等，目的是分析和评估项目过程和结果的质量是否符合标准。

7.3.2　质量管理的方法

1）数据收集

这里的数据收集技术是指核对单。核对单是指用于核对和确认的文件或清单。它是一种结构化工具，通常列出需核对的项目、事项或步骤，并提供一个空白栏目供核对人员填写核对结果。核对单的目的是确保每个步骤或事项都得到正确执行，以减少错误和遗漏的发生。有些组织制定了标准化的核对单，质量核对单应该将范围基准中定义的验收标准全部纳入清单。

2）数据分析

适用于本过程的数据分析技术包括：

● 备选方案分析。其是一种对潜在方案进行评估的技术和方法，即通过评估各种方案的利弊得失，找出最合适的质量方案或方法。

● 文件分析。审核和评估相关的文件，如质量报告、测试报告、绩效报告等，识别出需要的信息，尤其是超出范围控制之外的异常信息。

●过程分析。过程分析是指对质量管理过程进行详细的分析和评估，以确定其中存在的问题和改进的机会。这种分析可以帮助项目团队找出导致质量问题的根本原因，并提出有效的解决方案，从而提高产品或服务的质量水平。

●根本原因分析（RCA）。根本原因分析是一种分析技术，用来识别、追溯导致问题（偏差、缺陷或风险等）的根本性原因。针对质量问题需要探究其本源，并找到彻底解决的办法，就需要运用根本原因分析。鱼骨图、5W1H 分析、5WHY（连续追问为什么）等工具常用来识别潜在的根本原因。作为一种数据分析技术，根本原因分析最好是依托收集数据对潜在的主要原因进行分析。

3）决策

适用于本过程的决策技术包括多标准决策分析。在讨论影响项目或产品质量的备选方案时，可以使用多标准决策评估多个标准。"项目"决策可以包括在不同执行情景或供应商中加以选择，"产品"决策可以包括评估生命周期成本、进度、相关方的满意程度，以及与解决产品缺陷有关的风险。

4）数据表现

适用于本过程的数据表现技术包括：

●亲和图。亲和图指将处于混乱状态中的语言文字资料，利用其内在相互关系（亲和性）加以归纳整理，然后找出解决问题新途径的方法。本过程中亲和图可以对潜在缺陷成因进行分类，展示最应关注的领域。

●因果图。因果图又称"鱼骨图"和"石川图"，指将问题原因按照不同来源进行逐级细分，从而帮助识别问题的主要原因或根本原因。例如，现场质量问题可从人、机、料、法、环五个方面入手。

●流程图。流程图展示了引发缺陷的一系列步骤。

●直方图。直方图又称质量分布图，是一种统计报告图，由一系列高度不等的纵向条线或条块表示缺陷数量、缺陷成因的数据分布。通常是横轴表示数据类型，纵轴表示分布情况。

●矩阵图。矩阵图内容详见 7.2.2，针对若干成对的事项，如目标–手段、原因–结果，可用行列交叉的矩阵图来描述这些成对关系的强弱。

●散点图。散点图是一种展示两个变量之间的关系的图形，横轴表示质量问题原因或影响因素，纵轴表示质量缺陷。

5）审计

审计是一种系统性、结构化且独立的审查和评估过程，并提供独立和客观的意见和建议，目的是确保相关活动的规范性和有效性。审计会要求所有管理过程形成闭环，例如PDCA，以防止问题得不到重视和解决或没有改进和提高，长期处于较低水平。质量审计目标可能还包括：识别违反组织政策、程序和过程的行为，识别出项目最佳实践、分享项目以外的最佳实践，为质量改进提供支持、总结提炼经验教训等。质量审计一般由执行组织的审计部门、项目管理办公室（PMO）、组织外部的审计师等项目外部团队进行。

6）面向 X 的设计

面向 X 的设计（Design for X，即 DFX）是指面向产品生命周期的设计，其是一种设计方法，旨在提高产品在整个生命周期中的性能和价值。DFX 包括许多不同的设计技术，这些技术可以帮助设计人员在产品开发的早期阶段考虑产品的整个生命周期，包括设计、制造、装配、使用、维修、回收和报废等。

DFX 的主要目标是提高产品在整个生命周期中的质量、可靠性、可维护性和可制造性。DFX 还可以帮助企业降低成本、提高生产效率和减少对环境的影响。

7）问题解决

质量审计过程通常能够发现一些问题，还有一些问题是在质量控制过程中发现的，使用结构化方法解决这些问题，可能要用到以下要素：

- 定义问题：明确问题的性质、范围和影响，了解问题的根源和原因。
- 收集信息：收集相关的信息和数据，了解问题的背景和现状，分析问题的各个方面。
- 制定解决方案：基于收集到的信息和分析结果，制定可行的解决方案，考虑各种可能的解决方案，评估每种方案的优缺点，选择最佳方案。
- 实施方案：选择最佳的解决方案，制订实施计划，协调资源和人力，执行方案。
- 监控和评估：在实施过程中对方案进行监控和评估，及时调整和纠正方案，确保解决方案的有效性和可持续性。

8）质量改进方法

质量改进指的是通过采取一系列措施和方法，提高产品或服务的质量水平，满足客户需求和提高竞争力。一般可从质量控制过程的结果、质量审计的过程或本过程问题解决中发现问题并作为质量改进的出发点。常用的质量改进工具有 PDCA、六西格玛、质量控制圈、质量功能展开、FMEA 等。

7.3.3　质量管理的成果

1）质量报告

质量报告是记录和评估产品或服务质量的文件。它对于帮助项目团队监控和改进质量非常重要。报告内容通常包括：

- 产品或服务质量检查的目的和范围。
- 质量检查的方法，如抽样检查、100%检查等。
- 检查结果，如不合格率、主要质量问题等。
- 对问题原因的分析。
- 改善建议和纠正措施建议，如更换设备、修改工艺流程等。

质量报告通过定期提交，能够帮助企业了解产品质量水平，发现问题，采取改进措施，从而提高整体质量管理水平。

2）测试与评估文件

该文件也被称为测试与评估指导方案，可根据行业需求和组织模板创建。文件中列出了一些活动，通过这些活动来确定项目是否满足质量目标，该文件可能包括专门的质量核对单、详细的需求跟踪矩阵等。例如，针对某一装配式建筑项目，可参考该行业成熟实践（图 7-5）制定一套强度测试文件，它可能包含：封面目录、项目概述、测试目标及范围、测试内容清单、测试记录表等，从而为项目下一步质量控制过程展开系列测试做好准备。

3）变更请求

本过程的相关活动一旦影响到项目管理计划或受控项目文件，应提交变更请求且应该通过实施整体变更控制过程对其审查和处理。

4）项目文件更新

•问题日志。问题日志指记录和监督问题信息的项目文件，在本过程中提出的新问题记录到问题日志中。

•经验教训登记册。项目中质量方面的问题、挑战、风险等，以及合理的应对策略，有必要记录在经验教训登记册中。

•风险登记册。在本过程中识别的新风险记录在风险登记册中，并通过风险管理过程进行管理。

显然，问题、风险和经验教训存在密切联系，它们之间也可在一定条件下进行转换。不过三者之间仍然有着较为明显的区别，这些区别主要表现在是否发生、发生时间、影响、目的等方面，详情见表7-6。而且项目中的问题、项目风险及经验教训又有一定的联系，一定条件下还可以进行转换，详见图7-5。即项目问题可能隐藏着项目风险，需要及时妥善解决，避免引发项目风险并造成不良的后果，这一过程后要总结项目问题处理和项目风险管理中的经验和教训，避免重复犯错，提升项目及风险管理的水平

表7-6　问题日志、风险登记册及经验教训登记册的比较

对比项	问题	风险	经验教训
是否发生	已发生	尚未发生	已发生
发生时间	现在	未来	过去、未来
影响	有负面影响	潜在负面影响	对未来绩效有影响
记录目的	解决问题	预防风险和控制风险	总结知识，防止再次发生，改进未来绩效
关联文件	《问题日志》	《风险登记册》	《经验教训登记册》

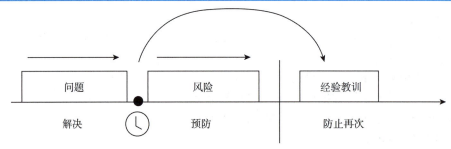

图7-5　项目问题、风险及经验教训之间的关系图

💡 思考

在项目质量管理过程中，为什么结构化且独立的审计是如此重要？审计如何有助于确保项目质量的提升和持续改进？

7.4　质量控制

本过程的主要目标是，通过监督和记录质量管理活动执行的结果，以核实可交付成果和工作是否已经达到质量要求。质量控制过程确定项目成果是否达到预期目的，这些成果

需要满足所有适用标准、要求、法规和规范。本过程需要在整个项目期间开展。表7-7描述本过程的依据、方法和成果。

表7-7 质量控制过程

依据	方法	成果
项目管理计划 　●质量管理计划★ 项目文件 　●经验教训登记册 　●质量测量指标★ 　●测试与评估文件★ 批准的变更请求 可交付成果★ 工作绩效数据★ 事业环境因素 组织过程资产	数据收集 　●核对单 　●核查表 　●统计抽样 　●问卷调查 数据分析 　●绩效审查 　●根本原因分析 检查★ 测试/产品评估★ 数据表现 　●因果图 　●控制图 　●直方图 　●散点图 会议	质量控制测量结果★ 核实的可交付成果★ 工作绩效信息★ 变更请求★ 项目管理计划更新 　●质量管理计划 项目文件更新 　●问题日志 　●经验教训登记册 　●风险登记册 　●测试与评估文件

本过程的典型操作是，项目团队根据质量管理计划的预先安排和质量测量指标要求，对可交付成果进行检查，同时依据测试与评估文件要求开展系列测试或评估，上述检查和测试评估的结果记录在"质量控制测量结果"文件中，符合质量要求的可交付成果由授权人员（质检员）给予核实确认（如签字、盖章、出具质量合格证明或质量检测报告）。同时，依据质量工作的绩效信息，尤其是检查和测试评估结果达不到标准时，可能会提出变更请求，经整体项目变更控制过程的处理，对项目管理计划及文件进行更新。

在整个项目期间应执行质量控制，用可靠的数据来证明项目已经达到发起人和/或客户的验收标准。在敏捷项目中，质量控制活动可能由所有团队成员在整个项目生命周期中执行，而在瀑布式项目中，质量控制活动由特定团队成员在特定时间点或者项目或阶段快结束时执行。

7.4.1 质量控制的依据

在本过程的依据中，质量管理计划提供方法指南，质量测量指标提供项目质量符合程度的标准，测试与评估文件提供了系列测试和评估的范围、内容和方法，可交付成果提供了检查和测试评估的具体对象，工作绩效数据提供质量管理和控制工作绩效的实际表现，其他组件对本过程有不同程度的影响。

1）项目管理计划

●质量管理计划。参考7.2.3，该计划明确了如何在项目中开展质量控制，例如质量控制的人员、职责、活动、资源、程序等。

2）项目文件

• 质量测量指标。参考7.2.3，该文件专用于描述项目或产品属性，以及质量控制过程将如何验证符合程度。

• 测试与评估文件。该文件是本过程开展系列质量测试和评估的依据和准备材料，以评估质量目标的实现程度。

3）可交付成果

可交付成果指的是项目（阶段性、部分或全部）完成后所能交付的结果或成果。这些成果可能是产品、服务、文件等，该成果将在本过程中进行检查和验收，验收标准依据范围基准中的范围说明书和 WBS 词典。

4）工作绩效数据

工作绩效数据是在执行项目工作的过程中，从每个正在执行的活动中收集到的原始观察结果和测量值。本过程的工作绩效数据主要是指有关项目质量方面的实际数据，例如实际质量指标、测试结果和问题报告等数据，用于评估质量方面的工作绩效表现。

7.4.2 质量控制的方法

1）数据收集

适用于本过程的数据收集技术包括：

• 核对单。核对单是指用于核对和确认的文件或清单，目的是确保每个步骤或事项都得到正确执行，以减少错误和遗漏的发生。核对单有助于以结构化方式管理质量控制活动。

• 核查表。核查表又称计数表，是一种记录和跟踪质量控制数据的工具。它通常是一个表格或表格，用来记录产品或过程中出现的问题或缺陷，例如用核查表收集属性数据或缺陷数量（表7-8），以便及时发现和解决这些问题，有助于提高质量管理和生产效率。

表7-8　核查表示例

日期/缺陷	尺寸不良	倒角不良	气泡	掉角	裂纹	划伤	崩边	夹杂物	结石
日期1	0	0	1	2	1	0	0	0	1
日期2	1	1	2	0	0	1	0	0	0
日期3	0	1	0	1	2	2	1	1	0
日期4	0	1	1	0	0	0	3	3	1

核对单与核查表都是用于记录和确认事项的工具，服务于质量控制过程，但它们也有明显区别，详见表7-9。

表7-9　核对单与核查表的区别

项目	核对单（Check list）	核查表（Check sheet）
内容	通常是一份列有要做事项的清单，用于确认和核对已完成的任务或步骤	用于收集数据和统计信息的表格或工具，用于记录特定事件或情况的发生频率或数量
侧重点	侧重于任务确认和核对	侧重于数据收集和分析

• 统计抽样。统计抽样是一种统计学方法，通过从总体中抽取一部分样本来进行统计分析和推断。这种方法在不需要对整个总体进行调查的情况下，通过对样本的研究和分

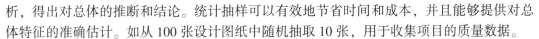

析，得出对总体的推断和结论。统计抽样可以有效地节省时间和成本，并且能够提供对总体特征的准确估计。如从 100 张设计图纸中随机抽取 10 张，用于收集项目的质量数据。

●问卷调查。问卷调查指设计一系列书面问题，向众多受访者快速收集信息。问卷调查可用于收集客户满意度数据，在产品或服务部署后进行。通过问卷调查，可以发现与产品或服务相关的缺陷问题。这些问题所带来的额外成本可以看作是质量成本（COQ）中的外部失效成本，而且超出了仅仅成本本身的影响范围。

2）数据分析

适用于本过程的数据分析技术包括：

●绩效审查。绩效审查是一种将项目实际的绩效表现与基准（或计划）进行对比分析的方法，在这里，基准是指质量管理规划过程成果的质量测量指标。

●根本原因分析（RCA）。根本原因分析是一种分析技术，用来识别、追溯并最终确定导致问题（偏差、缺陷或风险等）的根本性原因。这里用于识别缺陷成因。

3）检查

检查是指对工作和可交付成果进行审查、验证或评估的行为或过程，以确认是否符合标准。这些术语的含义在不同应用领域可能会有些许不同，可能会包括实地查看、测量、专业工具检测、产品试运行、文件审核等活动。

4）测试/产品评估

测试是一种根据项目需求提供被测产品（或服务）质量客观信息的有组织、结构化的调查活动，目的是找出产品或服务中存在的错误、缺陷、漏洞或其他不合规问题。测试的类型、数量和程度是项目质量管理计划的一部分，也会同时在需求跟踪矩阵中有所体现。测试时机可以分阶段进行，也可以最终交付时进行并作为测试规划的一部分。通常来说，早期测试修补代价较低但测试成本相对高，如果等到最终交付时集中统一进行虽然可降低测试成本，但可能后续产生的修补代价高，因此合理的测试时机需要考虑以上两类成本，并做好平衡，如定期或分阶段进行集中测试，表 7-10 中所列即是某信息化系统工程项目开发生命周期主要阶段测试任务。当然，也可以针对不同测试选择不同的测试时机，分类开展。例如有的测试需要尽早开始，有的测试分阶段集中测试，有的测试待最终交付时统一测试。

表 7-10　某信息化系统工程项目主要测试任务

序号	分阶段测试任务	具体内容
1	单元测试	对每个独立组件（通常是一个程序）进行测试，确保尽可能无缺陷，并在集成测试之前进行
2	集成测试	测试功能性的成组组件，确保整个系统的各子集模块协同运行
3	系统测试	着重从宏观上确保整个系统正常工作
4	用户验收测试	系统交付前单独进行，由最终用户实施，重点测试系统对组织业务的适应性而非技术问题

5）数据表现

适用于本过程的数据表现技术包括：

●因果图。详见 7.3.2，因果图用于识别质量缺陷和错误可能造成的结果。

●控制图。控制图是一种用于监控和改进过程稳定性和一致性的统计工具。它能够显示过程数据的变化情况，并帮助识别任何异常或偏差。通过监控控制图，可以及时发现问题并采取相应的改进措施,以确保过程的稳定性和一致性。控制图除了用于跟踪重复性生产活动外,在项目管理中也可用来监测项目的进度偏差、成本偏差、范围变更频率或其他工作成果等是否处于受控状态。

● 直方图。详见7.3.2,直方图可按缺陷的不同原因或缺陷的不同构成展示缺陷数量,以便直观展现质量问题的详细情况。

● 散点图。详见7.3.2,散点图可在一支轴上展示计划的绩效,在另一支轴上展示实际绩效。

6) 会议

质量控制经常需要就以下内容以会议形式进行:

● 审查已批准的变更请求。在质量控制过程中,可以通过召开会议来审查已批准的变更请求。会议的目的是核实这些变更请求是否按照批准的方式进行了实施,以确保变更请求的实施符合批准的要求(不偏离);并确保所有的部分(不遗漏)都已经得到了适当的执行、测试和确认。

● 回顾/经验教训。回顾/经验教训旨在通过会议形式的讨论和反思,总结项目或阶段的经验教训,以便改进未来项目或下一阶段项目,会议通常要总结成功经验、不足之处、当前和未来项目待增加内容、有必要增加到组织过程资产中的内容等。

7.4.3 质量控制的成果

1) 质量控制测量结果

该文件是以质量管理计划所确定的格式,对质量控制活动的结果进行书面记录,包括质量检查结果、测试或试验评估结果等。

思考

在项目质量监督过程中,为什么要记录质量控制测量结果?这些记录有什么作用?

2) 核实的可交付成果

在质量控制过程中,经检查和测试后符合质量标准的可交付成果,即为核实的可交付成果。它又是范围确认过程的依据(见4.6节),以便正式验收。不过,如果待核实的可交付成果涉及变更事项,必须慎重处理,确保可交付成果按照已批准变更进行核实。

3) 工作绩效信息

工作绩效信息包括有关项目质量方面的信息:质量检查不通过的原因、返工要求、纠正措施、核实的可交付成果列表、质量测量指标的状态,以及过程调整需求。

4) 变更请求

本过程中的活动一旦影响项目管理计划或项目文件,应提交变更请求且通过实施整体变更控制过程对其审查和处理。

 「扫码」查看项目质量分析和改进——前沿研究

「扫码」视频：质量管理与质量控制

 本章小结

1. 项目质量管理是将组织的质量政策应用于项目质量管理过程以满足相关方期望的过程。

2. 项目质量管理分为规划、管理和控制三个过程，规划是为了识别项目和可交付成果的质量标准或要求并阐述项目将如何来符合标准/要求；管理是把组织质量政策应用于项目并执行质量管理计划，以便消除无效过程，实现更高的质量；控制是对质量管理活动执行结果的监督和记录。

3. 理解质量管理与质量控制的关系。质量管理关注管理整个项目期间的质量过程。在质量管理过程期间，在质量管理规划过程中识别的质量要求成为测试与评估工具，将用于质量控制过程，以确认项目是否达到这些质量要求。质量控制关注工作成果与质量要求的比较，确保结果可接受。

4. 质量成本包括一致性成本（也称控制成本，包括预防和评估）和不一致成本（失效成本），两者存在此消彼长关系，最优项目质量成本是为了降低总体质量成本而选择了适当地增加一致性成本，即找到平衡点。

 习 题

一、判断题

1. 预防错误的成本通常远低于在检查或使用中发现并纠正错误的成本。 （ ）

2. "质量"与"等级"是相同的概念。 （ ）

3. 增加预防成本总是能够降低鉴定成本。 （ ）

4. 增加鉴定成本，可降低外部损失，但可能增加内部损失成本。 （ ）

5. 项目经理和项目团队在规划阶段决定如何测试或检查产品、可交付成果或服务。

（ ）

二、选择题

1. 一个软件项目目前已经正式得到了批准，团队要想保证可交付成果的质量达标应该（ ）。

A. 增加举办质量评审会议的频率   B. 在质量日志中记录产生的质量问题

C. 在规划阶段纳入质量保证   D. 在最后一次迭代时安排更多质量检测员

2. 团队成员向项目经理报告说，一位经验丰富的质检人员并没有按照完整的流程进行质检，在质检环节中会省略一些流程，表示虽然目前还未出现由此引发的产品质量问题，但担心继续这样下去会引发问题。质检人员本人却表示之前类似项目也是这样操作的，并没有发生任何问题。项目经理应该（　　）。

    A. 邀请外部质检团队来保证质量

    B. 参考质检人员的意见，简化检测流程

    C. 由于质检人员经验丰富，可以同意这种做法

    D. 要求质检人员明确质量保证的重要性并严格按照流程执行

    3. 进行产品质量管理必须要了解，什么因素会影响产品的质量。项目经理知道有很多因素都可能影响可交付成果的质量，为了理清产品质量和这些因素的相关程度如何，项目经理应该使用的工具是（　　）。

    A. 散点图　　　　　B. 因果图　　　　　C. 帕累托图　　　　D. 亲和图

    4. 一款防盗门已经生产完成，项目团队邀请质检部门进行常规质量检查。质检部门发布重要警示，称防盗门的安全性能指数与质量测量指标有差异，项目经理应该（　　）。

    A. 为了缺陷补救要求质检部门提出变更请求

    B. 召集项目相关方针对质量警示问题进行审查和分析

    C. 将该质量问题添加至待办事项列表

    D. 要求质检部门将质量问题更新进问题日志

    5. 最近公司项目管理办公室发布通知，将在本月审查项目各项活动是否和组织程序、政策以及流程都相符。一名新成员刚加入了团队，因为没有类似项目经理，该新成员向你请教该审查活动属于哪一类活动，项目经理应该回复（　　）。

    A. 属于质量审计的内容　　　　　　B. 属于质量检查的内容

    C. 属于质量测试的内容　　　　　　D. 属于质量核对单的内容

    6. 质检团队对可交付成果进行检查，发现一些数据与质量测量标准不符。由于时间紧迫，项目经理需要尽快确定先解决哪些问题，项目经理可以使用的工具是（　　）。

    A. 帕累托图　　　　B. 散点图　　　　　C. 亲和图　　　　　D. 石川图

    7. 在一项智能家电的生产项目中，团队成员已经完成了一批家电的生产。项目经理要求质检人员进行检查，在检查过程中发现部分家电的智能化程度不足，影响正常使用。若要找出产生该问题的根本原因，项目经理应该借助的工具是（　　）。

    A. 控制图　　　　　B. 因果图　　　　　C. 散点图　　　　　D. 龙卷风图

    8. 发起人在审查项目管理计划时发现质量管理中存在多个测试环节用于保证质量。然后发起人告知项目经理，过多的测试增加了项目的成本，并且不能减少未来产品出现故障时返工的成本。项目经理应该（　　）。

    A. 接受发起人的提议，减少测试环节　　B. 保留测试环节，并对质量持续进行改进

    C. 对返工成本进行把控，减少项目预算　D. 减少测试环节的成本，并增加返工的预算

    9. 一款笔记本电脑的研发项目正在进行中，键盘的灵敏度是可交付成果能够被成功验收的重要标准。项目经理想要进一步提升键盘的灵敏度，他需要确定键盘灵敏度的可接受限制的范围。下列能够帮助到项目经理的技术工具是（　　）。

    A. 控制图　　　　　B. 鱼骨图　　　　　C. 散点图　　　　　D. 帕累托图

    10. 项目经理被授权开发某款视频软件，针对该软件的开发，项目团队准备推出亚洲、欧洲、美洲、澳洲、非洲五大版本。团队需要根据版本的不同，自动设置不同的货币、语言、宗教信仰、地理位置等基础信息。为了监督自动设置的这些基础信息的品质，项目经理应该（　　）。

A. 为了确定基础信息，进行问卷调查

B. 创建核对单对基础信息实行结构化管理

C. 创建一份控制图用以核实基础信息的精准性

D. 进行统计抽样以辨别基础信息是否正确

11. 在监督项目进展情况时，项目经理希望对可交付成果做出评估，因为它们与预期不符。该复杂项目的项目经理应该（   ）。

A. 邀请外部质量专家审查可交付成果

B. 与团队成员一起讨论是否达到质量标准

C. 将可能出现的质量问题更新到风险登记册

D. 根据质量管理计划中设定的标准，使用质量控制技术测试可交付成果

12. 质量管理部门通知项目经理，上一阶段的可交付成果存在不合规，无法达到质量标准的要求。若要解决这个问题，项目经理首先应该（   ）。

A. 使用帕累托图对原因进行排序　　　　　B. 使用假设情景分析

C. 进行 SWOT 分析　　　　　　　　　　D. 与团队展开根本原因分析

13. 项目经理不熟悉项目采用的质量标准，因此项目经理检查了质量管理计划。在审查质量管理计划时，项目经理发现质量管理计划中描述的质量标准已经过时，无法满足要求。项目经理首先应该（   ）。

A. 与相关方一起审查质量管理计划

B. 提交变更请求以更新质量管理计划

C. 将新的质量标准添加进质量管理计划

D. 遵循当前的质量管理计划

三、多选题

1. 关于检查，说法错误的是（   ）。

A. 是保证质量的一种合适的方法　　　　B. 成本很高并且很消耗时间

C. 减少返工并且降低总成本　　　　　　D. 能高效地阻止有缺陷的产品到达客户手中

2. 关于质量审计，说法错误的是（   ）。

A. 如果你开始是对的，那质量审核就没有必要

B. 项目的每个过程每天都要进行审核

C. 成本太高，不值得实施

D. 跟随质量政策实施是很有必要的

四、思考题

1. 最终谁对项目的质量承担责任？为什么？

2. 你刚刚赢得了一个外部客户的合同，谁来决定质量验收标准？

延伸思考/素养话题

质量：看过程还是看结果？

在个人层面，选专业只看是否热门，选课程只看是否容易通过，选职业/工作只

看……

在组织/项目层面，只注重质量控制，而忽视质量管理（质量保证）。

在国家层面，我国重提并大力弘扬工匠精神。

思考与讨论：1）评价该现象，并分析背后原因；2）结合以上三个层面，谈谈你对质量管理与质量控制关系的看法和感悟。

应用案例

质量问题是谁的错

L公司是中国一家专注医疗设备与软件研发的高科技企业，其中医疗IT软件作为最早自主研发的产品，在医疗行业一直保持着较高的竞争力。企业主要的软件产品包括超声工作站、放射工作站、内镜工作站、医院叫号系统等医疗IT软件产品。

本项目是新产品的开发，产品是针对多排CT图像或MR图像序列，在设备图像采集满足三维数据体条件下，采取医学专业的高级图像处理与可视化技术对图像进行重建，满足医生临床诊断的2D和3D角度的观察，提高影像中心的工作效率，提高诊断精度。

前期准备主要包括需求收集和技术预研。需求收集，由产品市场部对各大医院的临床需求进行了调研，最终形成市场需求列表。两个月后，《产品可行性分析报告》经过了高层领导的审批，并进行了项目立项，整个项目的预算为80万。技术预研，由开发部陈锋对技术的难点进行了预研，两个月后，预研完成，并提交了相关的测试报告。

项目任务书规定开发周期为12个月，由于陈峰对技术很精通，公司决定任命他为项目经理，团队成员包括：项目经理1人、开发工程师5人（包括项目经理）、测试工程师2人、文档工程师1人、配置管理1人、软件质量保证（SQA）1人。

2009年7月16日，项目正式开工，该项目采用传统的瀑布模型进行开发，主要的项目计划里程碑如下：

- 需求阶段：2009.07.16—2009.07.30
- 高层设计：2009.07.30—2009.08.15
- 详细设计：2009.08.15—2009.10.15
- 编码：2009.10.16—2010.4.30
- 测试：2010.4.30—2010.6.15
- 文档准备、客户验收测试：2010.6.15—2010.6.30
- 修改BUG、发布：2010.07.15

项目开工后，大家干得热火朝天，陈峰由于既是项目经理，又是技术负责人，他非常有信心按期完成该项目，并在开工会上公布了该项目的考核与激励制度。

2009.07.30，项目组按期完成《需求规格设计说明书》。

2009.08.15，技术负责人按期完成了高层设计。

2009.08.16，市场部提出，最近有几家客户都问到这个产品了，9月份可能有客户要看演示的DEMO，需要加快开发进度，问项目经理是否可以先开发DEMO，详细设计到后面再补充，先把产品的原型做出来。

项目经理经过与项目组、项目管理部以及公司研发总监和研发副总裁共同评审后，决定去掉详细设计这个环节，直接进入产品的编码阶段。开发组的另几名小组成员根据《高层设计》负责各自模块的开发工作。

从此，5 人的开发小组进入了非常忙碌的编码阶段，陈锋由于技术精通，在技术上对各个开发人员的指导和帮助很大，通常为他们讲解技术知识，解决技术难题。他们加班加点，既不影响项目进度，又要满足市场的需要。

但由于原来制订的计划已完全被打乱，软件质量保证员（SQA）无法再根据原来的质量保证计划进行跟踪，项目的成员此时仅限于几个编码人员，其他人已无法插上手。而且产品市场部根据市场最新客户反馈的需求不停地给项目经理陈峰提意见，由于公司整体是以市场导向的，陈峰只得硬着头皮根据市场的需求进行变更，开发人员因临时的需求开发变得非常疲惫。而周边的人员如配置管理、SQA、测试人员、文档工程师都帮不上忙。

2010 年春节上班后的第一天，陈锋就向领导反映这个项目做不下去了，现在产品市场部提的需求有部分不能实现，遇到了技术瓶颈，团队有成员不想做了，要离职。由项目管理部组织会议，对新增的部分需求进行评审，包括研发总监、研发副总裁在内，最终决定产品要继续开发，陈峰承诺关键技术问题的解决时间为 2010 年 3 月 15 日。其他的工作继续进行。

遗憾的是，陈峰并没有在 3 月 15 日之前解决问题，一直到 5 月 1 日才把问题解决，这时已有 2 名开发人员因为信心问题而离职，陈锋除了要考虑项目进度外，还要考虑项目资源，由于这时研发其他项目资源也很紧张，他不得不重新招聘人手。

等陈锋招到 2 个新人后，已是 6 月 15 日，这是项目计划中系统测试的关键里程碑，但现在开发任务至少还剩下一个月，在公司的月度会议上，陈锋向包括总裁在内的各位高层领导汇报了项目情况，并因为项目进度延迟的原因受到了老板的批评。

2010 年 7 月 15 日，测试部终于拿到了三维系统的第一个测试版本，但测试人员无从下手，因为现在的系统跟原来的需求规格完全不一样，改变太多，需要项目经理重新培训，测试用例需要重新编写。

虽然关键功能都已实现，但由于团队新招聘的人员对系统架构不太熟悉，系统的稳定性很差，开发和测试人员疲于奔命，不停地发布内部测试版本，新的 BUG 不断出现。

2010 年 9 月 30 日，国庆节的前一天，系统终于开发和测试完毕，测试部输出最终的测试报告，同意该产品向市场发布，此时已延期 75 天。所有的文档包括《详细设计》《需求规格》《产品说明书》等还没有上传到配置库。

2010 年 10 月 22 日，经过两周的努力，开发人员、测试人员、配置管理终于把所有的文档完成上传，但不幸的是，产品市场部收到医生的反馈情况，该系统还存在严重 BUG，界面不符合医院的使用习惯，系统经常出现莫名的异常报错，产品手册与真实的系统操作不一致。

面对这些问题，项目经理陈锋陷入了沉思中……

思考： 1）该项目的质量管理存在哪些问题？2）建议如何解决质量问题？3）市场部提出开发 DEMO 后，选择瀑布模型开发是否还适用于当前的项目？

第8章 项目风险管理

学习目标

知识目标	能力目标	素养目标
1. 了解项目风险管理的概念、目的 2. 了解项目风险的分类 3. 理解项目风险管理的主要过程 4. 了解各过程依据和成果中的核心组件 5. 掌握风险应对的主要方法 6. 理解风险定性分析和风险定量分析的关系	能根据项目内外环境及相关方风险偏好等因素，熟练运用风险管理方法和工具，制定和实施风险应对策略，以规避或减轻项目风险	能认知到不同等级风险的特性，树立底线思维，并养成"做最坏的打算，做最好的准备"的良好心态

关键概念

风险登记册、风险报告、风险敞口、风险应对策略、风险分解结构

知识图谱

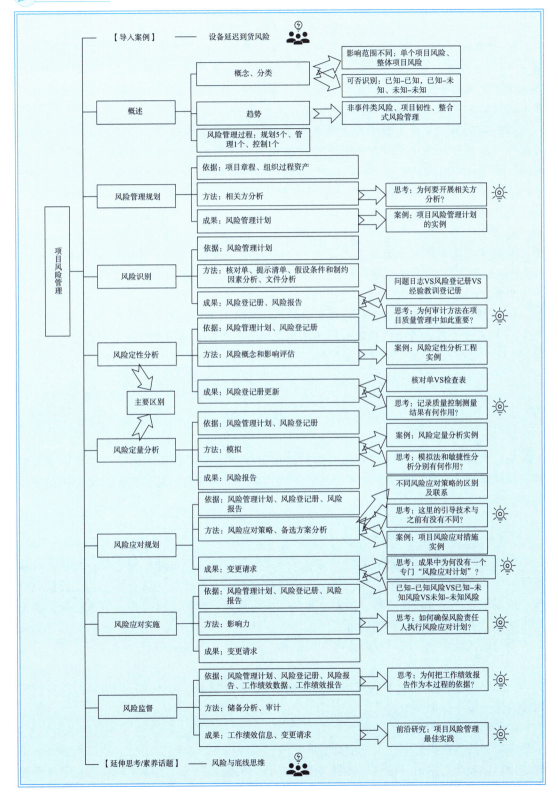

 **导入案例**

设备延迟到货风险

20世纪90年代，重庆W大厦项目，工程总投资3 000万美元，位于重庆市经济开发区，占地约20亩，建筑面积约6 415平方米，为单体三层厂房，地上2层，地下1层为车库。该大厦是当年重庆经济开发区引进的一家世界500强企业。建成后交由业主单位使用，该项目也是W（中国）公司全球供应链的一部分。

该项目是W（中国）公司与重庆经济开发区共同投资的一个合作项目。项目中的土建部分（含消防）由重庆经济开发区投资建设，W（中国）公司负责装修、设备安装的投入。由于一些因素，W（中国）公司坚持把其负责的部分分为装修、弱电、电梯等标段平行发包，并自行采购部分设备，包括无尘过滤设备是由该公司指定的供应商供货。

不过项目中途意外发生了，由W（中国）公司自行采购的无尘过滤设备，因海上运输问题将延迟1个多月才能到货。如果该设备不能及时安装，将导致该厂房无法交付使用，对该项目及合作双方造成很大损失。（改编自：http：//www. mypm. net /case/show_case_content. asp？caseID＝3461）

思考：

1. 从项目管理角度分析，能否避免采购设备延迟到货问题的发生呢？
2. 从风险管理的角度，应该如何防范此类风险或减轻此类问题带来的损失？

8.1 概 述

项目风险管理旨在识别和管理未被其他项目管理过程所管理的风险。如果不妥善管理，这些风险有可能导致项目偏离计划，无法达成既定的项目目标。因此，项目风险管理的有效性直接关乎项目成功与否。

8.1.1 概念、分类及趋势

风险包括广义风险和狭义风险，其中广义风险可解释为收益的不确定性；而狭义风险可解释为成本或代价的不确定性。其中广义风险说明风险所产生的结果可能是正收益或负收益或零收益，即可包括获利、损失、无获利或无损失，而狭义风险则说明风险带来损失的可能性，并不具备带来获利的可能性。

如果通过数学函数来对风险发生的可能性进行表达，则表示如下：

$$R = f(P, C)$$

其中，R表示风险期望值；P表示风险发生概率；C表示损失，具体解释为风险的期望值是风险发生的概率及损失的函数。

1）项目风险定义

在项目的生命周期中，由于项目所处环境、条件在不断发生变化而给项目所带来的不确定性，以及项目主体（顾客、项目实施组织等）的信息以及经验等主观和客观条件不能有效预测以及把控项目的影响因素，使得项目的发展以及结果偏离项目计划或相关方的需求或期望，从而带来项目损失或失败的可能性。

项目风险产生的一般机理主要表现为：风险因素—风险事件—损失。即人们对项目有关影响和未来发展变化的认知不足，从而导致在项目决策上无法提供有针对性的对策，进而引发了风险事件的发生，而风险事件的发生将会导致人身伤害、财产损失等。

2）项目风险分类

● 按来源划分：通过项目风险的来源将其进行划分，可以让人们充分了解引发项目风险的原因。例如：自然风险、政治风险、经济风险、技术风险、社会风险、国际风险、内部决策风险、管理风险。

● 按影响范围划分：分为单个项目风险和整体项目风险。单个项目风险是一旦发生，会对一个或多个项目目标产生影响的不确定事件或条件。整体项目风险是不确定性对项目整体的影响，包括单个项目风险在内的所有不确定性，即已识别的单个项目风险和未识别出来的不确定性来源。

● 按可否预警划分：可分为无预警项目风险和有预警项目风险。前者难以提前识别和应对，表现为突发式爆发，项目团队处于被动状态。而后者可以通过收集相关信息，提前识别和预测，并对潜在发生的风险进行影响、干预、控制，以减少或避免潜在风险所带来的损失。

● 按可否识别划分：已知-已知、已知-未知及未知-未知三类风险。已知-已知风险表示风险来源可以识别，且风险发生概率和带来的影响也可评估；已知-未知风险表示风险来源可以识别，但风险概率和影响无法评估；未知-未知风险表示风险来源、发生概率和影响都无法了解。

3）发展趋势

项目风险管理的关注面正在扩大，以便确保考虑所有类型的风险，并在更广泛的背景中理解项目风险。项目风险管理的发展趋势和新兴实践包括：

①非事件类风险。大多数项目只关注作为可能发生或不发生的不确定性未来事件的风险。例如：关键卖方可能在项目期间停业，客户可能在设计完成后变更需求，或分包商可能要求对标准化操作流程进行优化。

不过，识别并管理非事件类风险的意识正在不断加强。非事件类风险主要有两种类型：

● 变异性风险。已规划事件、活动或决策的某些关键方面存在不确定性，就导致变异性风险。例如，生产率可能高于或低于目标值，测试发现的错误数量可能多于或少于预期，或施工阶段可能出现反常的天气情况。

● 模糊性风险。对未来可能发生什么，存在不确定性。知识不足可能影响项目达成目标的能力，例如，不太了解需求或技术解决方案的要素、法规框架的未来发展，或项目内在的系统复杂性。

变异性风险可通过蒙特卡罗分析加以处理，即：用概率分布表示变异的可能区间，然后采取行动去缩小可能结果的区间。管理模糊性风险，则需要先定义认知或理解不足之处，进而通过获取外部专家意见或以最佳实践为标杆来填补差距；也可以采用增量开发、原型搭建或模拟等方法来处理模糊性风险。

②项目韧性。随着对所谓"未知-未知"因素的意识的增强，人们也越来越明确地知道确实存在突发性风险。这种风险只有在发生后才能被发现，可以通过加强项目韧性来应对突发性风险。这就要求每个项目：

• 除了为已知风险列出具体风险预算，还要为突发性风险预留合理的应急预算和时间；

• 采用灵活的项目过程，包括强有力的变更管理，以便在保持朝项目目标推进的正确方向的同时，应对突发性风险；

• 授权目标明确且值得信赖的项目团队在商定限制范围内完成工作；

• 经常留意早期预警信号，以尽早识别突发性风险；

• 征求相关方的意见，以明确为应对突发性风险而可以调整项目范围或策略的领域。

③整合式风险管理。项目存在于组织背景中，可能是项目集或项目组合的一部分。在项目、项目集、项目组合和组织这些层面上，都存在风险。应该在适当的层面上承担和管理风险。在较高层面识别出的某些风险，将被授权给项目团队去管理；而在较低层面识别出的某些风险，又可能上交给较高层面去管理（如果在项目之外管理最有效）。应该采用协调式企业级风险管理方法，来确保所有层面的风险管理工作的一致性和连贯性。这样就能使项目集和项目组合的结构具有风险效率，有利于在给定的风险敞口水平下创造最大的整体价值。

8.1.2　项目风险管理过程

项目风险管理的主要过程：风险管理规划；风险识别；风险定性分析；风险定量分析；风险应对规划；风险应对实施；风险监督。以上过程与项目管理过程组的对应关系详见表8-1。

表8-1　风险管理的过程组划分

项目管理过程组				
启动过程组	规划过程组	执行过程组	控制过程组	收尾过程组
	风险管理规划 风险识别 风险定性分析 风险定量分析 风险应对规划	风险应对实施	风险监督	

8.2　风险管理规划

本过程的主要目标是，通过相关方分析并制订风险管理计划，为识别、分析、应对及监督项目风险提供指南。该过程仅开展一次或仅在项目的预定义点开展。表8-2描述该过程的依据、方法和成果。

表 8-2　风险管理规划过程

依据	方法	成果
项目章程★ 项目管理计划 　●所有组件 项目文件 　●相关方登记册★ 事业环境因素 组织过程资产★	专家判断 数据分析 　●相关方分析★ 会议	风险管理计划★

本过程的典型操作是，规划者根据项目章程中有关风险的高层级记录（如整体风险、主要风险因素）和相关方登记册中描述相关方风险态度的信息，并参考所在组织有关风险管理的政策、程序和知识库，分析相关方对项目风险的偏好（如风险厌恶、风险偏好和风险中立），制订出与项目风险程度、项目重要程度相匹配的风险管理计划。

风险管理过程在项目构思阶段就应开始，并在项目早期完成。在项目生命周期的后期，可能有必要重新开展该过程，例如，在发生重大阶段变更时，在项目范围显著变化时，或者后续对风险管理有效性进行审查且确定需要调整项目风险管理过程时。

8.2.1　风险管理规划的依据

在本过程的依据中，项目章程提供了方向和指南，组织过程资产提供了借鉴和参考，相关方登记册提供了核心内容，其他组件会对本过程有不同程度的影响。

1）项目章程：项目章程记录了项目整体风险，甚至可能会直接列出项目主要风险因素。

2）项目文件：可作为该过程依据的项目文件是相关方登记册。相关方登记册记录了相关方的背景信息，其中包含相关方在项目中的角色和对项目风险的态度，可用于确定项目风险管理的角色和职责，以及为项目设定风险临界值。

3）组织过程资产：这里是指执行组织用于指导（或规范）风险管理规划的程序、政策和知识库。例如：组织的风险政策、风险类别（可能用风险分解结构来表示）、风险概念和术语的通用定义、风险描述的格式、风险管理计划、风险登记册和风险报告的模板、角色与职责、决策所需的职权级别、经验教训知识库（包含以往类似项目的信息）。

8.2.2　风险管理规划的方法

1）专家判断

如果个人或小组在风险管理方法或体系、裁剪风险管理以适应项目具体需求、类似项目的风险类型等方面具备专业知识、丰富经验，则可向其征求意见。

2）数据分析

这里的数据分析技术指相关方分析。相关方分析是指对项目相关方进行识别、分析和评估的过程，以便全面了解相关方的需求、期望、利益及对项目的潜在影响，本过程中的相关方分析主要是为了确定项目相关方的风险偏好。

3）会议

风险管理计划的编制可以是项目开工会议上的一项工作，或者可以举办专门的规划会议来编制风险管理计划。参会者可能包括项目经理、指定项目团队成员、关键相关方，或负责管理项目风险管理过程的团队成员；如果需要，也可邀请其他外部人员参加，包括客户、卖方和监管机构。熟练的会议引导者能够帮助参会者专注于会议事项，就风险管理方法的关键方面达成共识，识别和克服偏见，以及解决任何可能出现的分歧。在此类会议上确定开展风险管理活动的计划，并将其记录在风险管理计划中。

 思考

在制订项目风险管理计划时，为什么需要分析相关方对项目风险的偏好？如何根据相关方的风险偏好制订相应的风险管理计划？

8.2.3　风险管理规划的成果

风险管理计划描述如何安排与实施风险管理活动，是项目管理计划的组成部分。风险管理计划可包括以下（部分或全部）：

● 目的范围。阐明该计划的目的和范围，受该文件影响的其他事物。

● 方法策略。用来识别风险的方法，对风险进行分析和确定优先级的方式，采用的风险管理策略（例如只对最严重的（"前10个"）风险采取降低、规避和（或）预防策略），对待重大风险的状态及其降低活动进行监测的方式，风险审计和报告时间表。

● 角色职责。列出项目风险管理活动所涉及的群体及个人，并说明各自的任务和职责。

● 资金预算。确定用于项目风险管理活动的预算（如果总项目预算中未包括这一部分），并制定应急储备和管理储备的使用方案。

● 工具技术。列出将用于保存风险信息、评估风险、跟踪风险和生成风险报告的工具和方法。

● 风险类别。风险分解结构是将潜在风险来源以层级结构的方式呈现，详情见表8-3。风险分解结构有利于项目团队分析项目风险的来源，识别风险或对风险进行归类。项目组织可从以下三种方式中选择一种使用：①适用于所有项目的通用风险分解结构；②针对不同类型项目使用几种不同的风险分解结构；③根据自身情况量身定制专用的风险分解结构。假设组织未使用风险分解结构，组织则可能采用某种常见的风险分类框架，即简单的类别划分或基于项目目标进行划分的类别结构。

表8-3　风险分解结构

RBS0 级	RBS1 级	RBS2 级	RBS…级
项目风险潜在来源	技术风险	需求	…
		技术	…
		复杂性和界面	…
		性能和可靠性	
		质量	…
	管理风险	估算	…
		规划	…
		控制	…
		沟通	…

续表

RBS0 级	RBS1 级	RBS2 级	RBS…级
项目风险潜在来源	商业风险	合同	…
		供应商	…
		分包	…
		客户	…
		合伙、合资企业	
	外部风险	汇率	…
		法规	…
		市场	…
		监管	…
		环境、天气	…

● 相关方风险偏好。不仅要在该计划中记录关键相关方的风险偏好，而且要将该偏好转述为风险临界值，从而决定整体项目风险敞口水平。相关方风险偏好可能也会影响风险概率和影响的分级。

● 风险概率和影响分级。项目采用组织（或 PMO）提供的通用分级，或自行制定分级。表 8-4 针对时间、成本和质量这三个目标进行概率和影响分级。实际使用时，视项目风险管理的详细程度需要，风险分级可更多或更少（如三级），以便满足不同项目的风险管理要求。

表 8-4　概率和影响分级示例

量表	概率/%	对项目目标的影响		
		时间	成本/万元	质量
很高	>70	>6 个月	>500	对整体功能影响非常重大
高	51~70	3~6 个月	100~500	对整体功能影响重大
中	31~50	1~3 个月	50~100	对关键功能领域有一些影响
低	11~30	1~4 周	10~50	对整体功能有微小影响
很低	1~10	1 周	0~10	对辅助功能有微小影响
零	<1	不变	不变	功能不变

（来源：PMBOK 指南第 6 版）

● 概率和影响矩阵。可在项目开始前确定优先级排序规则，概率和影响矩阵中通常只针对威胁，也可同时列出机会和威胁。概率和影响可用定性表述（如很高、高、中、低和很低）或数值来表示。使用数值表示时可以将概率数值和影响数值相乘，得到每个风险的概率-影响综合分值。

● 报告格式。确定将如何记录、分析和沟通项目风险管理过程的结果。在这一部分，描述风险登记册、风险报告以及项目风险管理过程的其他成果的内容和格式。

「扫码」查看项目风险管理计划的实例

8.3　风险识别

本过程的主要目标是，通过识别、记录单个及整体项目风险来源，为分析和应对风险奠定基础。具体过程见表8-5。

表8-5　项目风险识别过程

依据	方法	成果
项目管理计划★ ●需求管理计划 ●进度管理计划 ●成本管理计划 ●质量管理计划 ●资源管理计划 ●风险管理计划 项目文件★ ●假设日志 ●成本估算 ●持续时间估算 ●问题日志 ●经验教训登记册 ●需求文件 ●资源需求 ●相关方登记册 协议★ 采购文档★ 事业环境因素 组织过程资产	专家判断 数据收集 　●头脑风暴 　●核对单★ 　●访谈 数据分析 　●根本原因分析 　●假设条件和制约因素分析★ 　●SWOT分析 　●文件分析★ 人际关系与团队技能 　●引导 提示清单★ 会议	风险登记册★ 风险报告★ 项目文件更新 　●假设日志 　●问题日志 　●经验教训登记册

风险识别的典型操作是，项目团队根据风险管理计划的预先安排，要将几乎所有的计划、文件及协议做全面的审查，例如那些与需求、进度及成本有关的计划和估算等方面，运用文件分析法识别出风险（例如模糊性、不确定性、不一致或相互矛盾等）；同时还要考虑并分析假设日志中记录的项目假设条件和制约因素，识别其中隐藏的风险来源，为避免遗漏风险，还应参考以往类似项目的风险清单（核对单）和所在组织已开发的风险清单（提示清单），以便进一步完善风险清单，并记录在风险登记册中，为后续风险分析奠定基础。

识别风险时，要同时考虑单个项目风险和整体项目风险的来源。风险识别活动需要诸多相关人员共同参与，可能包括项目经理、项目团队成员、项目风险专家、客户、项目团队外部的主题专家、最终用户、其他项目经理、运营经理、相关方和组织内的风险管理专家。另外还应鼓励所有项目相关方参与单个项目风险的识别工作，尤其是项目团队成员，以便培养他们对项目风险及其应对措施的主人翁意识和责任感。

在整个项目生命周期中，单个项目风险可能随项目进展而不断出现，整体项目风险的级别也会发生变化。因此，风险识别是一个迭代的过程。迭代的频率和每次迭代所需的参与程度因情况而异，应在风险管理计划中做出相应规定。

8.3.1 风险识别的依据

在本过程的依据中，风险管理计划提供了方法指南，其他项目计划、文件、协议等提供了潜在风险来源的广泛信息。

1）项目管理计划

● 需求管理计划。需求管理计划可能会指出特别有风险的项目目标，因为项目目标通常是通过需求来实现的。如果某些需求被认为可能会对项目目标产生特别大的影响，那么这些需求就被认为是高风险需求或具有较大的不确定性。在需求管理计划中，项目团队可以识别这些高风险需求，并制订相应的风险管理计划，以减少项目风险的影响。

● 其他计划和基准。所有的计划和基准都应当仔细查看，因为它们中可能隐藏着较大的不确定性或模糊性，例如设定的目标、标准、假设因素和制约条件可能存在风险，应考虑将风险因素识别出来。

2）项目文件

● 假设日志。该文件中的假设条件和制约因素本身可能存在不确定性，不仅会引发单个项目风险，而且会影响整体项目的风险级别。如果假设条件无法得到确认或证实，那么相应的风险可能会成为项目中的一个潜在问题。例如，某汽车门锁研发项目（表 4-11）的假设条件之一是：团队具备开发技术。不过这也隐含着项目风险，一旦发现项目的任何一个细分领域（如数据加密技术）缺乏技术储备时，就会引发项目的风险，甚至可能成为整个项目的技术瓶颈。

● 成本估算。在进行成本估算的过程中，项目团队需要考虑可能会影响成本的风险因素。例如，某些风险事件可能导致项目成本增加，例如人工成本增加、设备维护成本增加等。因此，在进行成本估算时，项目团队应该考虑到风险事件可能对成本估算造成的影响，并将这些风险因素考虑到成本估算中。同时，在识别风险的过程中，项目团队也需要考虑风险事件可能会对项目成本造成的影响。例如，某些风险事件可能导致项目成本增加或延迟，例如材料价格上涨、劳动力短缺等。因此，在识别风险时，项目团队需要考虑到风险事件可能对项目成本造成的影响，并制定相应的风险管理策略，以减少项目成本的影响。

● 持续时间估算。持续时间估算本身是一种估计，意味着存在一定的不确定性和风险，如果持续时间估算包含了区间范围，这代表已经将风险明确了。另外，通过结构化的细致审查也可能还会发现估算依据、估算方法或估算结果等方面存在不合理，会引发项目风险。

● 问题日志。问题日志所记录的问题可能会引发单个项目风险，也可能影响整体项目风险的级别。如果一个问题在项目实施过程中没有得到及时解决，可能会成为一个潜在的风险，对项目目标产生负面影响。因此，对于已经记录在问题日志中的问题，项目团队需要对其进行风险评估，并制订相应的风险管理计划。同时，在项目实施过程中，新出现的问题也需要及时记录在问题日志中，并进行相应的风险评估和管理。

● 经验教训登记册。为提高风险识别的有效性，可将项目早期风险识别的相关经验教训用于项目后期，从而避免犯重复性错误。

● 需求文件。需求文件详细描述了项目的功能、性能、界面、安全性等方面的需求，团队成员可以根据这些需求进行分析和评估，确定哪些需求可能存在风险。例如，某个需求可能涉及技术上的挑战，或者可能会导致项目进度延迟。

● 资源需求。对资源需求文件进行结构化审查，可能显示当前估算不足，从而引发项目风险。如果项目团队在资源需求文件中记录的资源数量、类型、规格、特性等信息有误，可能会导致资源不足或者浪费，从而影响项目的进度、成本、质量等方面。这些问题可能会导致项目风险的出现，因此，在识别风险时需要考虑资源需求文件中记录的资源信息，以识别与资源有关的风险。

3）协议

如果从外部获取项目资源，采购合同中的里程碑时间（例如设计完成、正式投产、产品完工、物流到货、安装调试成功等）、合同类型、验收标准和奖罚条款等，都可能面临风险和不确定性。这里包括合同条款本身的风险（如合同条款中的漏洞）和合同执行的风险（例如，产品完工时间延迟、费用超支、部分验收不合格等）。

4）采购文档

相比自制来说，从外部获取项目资源，可能提高（或降低）整体项目风险，尤其当面临与卖方开展首次合作时更是如此，并可能引发更多的单个项目风险，例如外购增加了一个运输环节，可能面临交付周期延长、运输过程的质量损伤等风险。

8.3.2　风险识别的方法

1）专家判断

如果个人或小组在单个项目风险或整体项目风险等方面具备专业知识、丰富经验，则可向其征求意见。

2）数据收集

● 头脑风暴：作为数据收集方法的头脑风暴，让团队成员或专家们围绕一个风险来源，在遵循自由畅想、多多益善、不作评价、创意叠加的原则下收集信息，以识别项目中尽可能多的风险因素。头脑风暴法可充分发挥群体的智慧，确保风险识别的全面性，并提高识别效率。

● 核对单：本过程中的核对单，通常是从类似项目和其他历史信息和知识中获取风险信息（清单），并在参考这些风险信息（清单）的基础上，把那些与当前项目相关且过去曾出现的单个项目风险列入核对单，以便能够吸取过去的经验教训。当然，这个核对单毕竟来自其他项目且风险发生在过去，它可能只是当前项目风险的一部分，所以核对单不是风险识别的全部，仍需要对不在核对单中的风险进行识别。

● 访谈。访谈是通过与相关方直接交谈，向他们了解项目风险的各种来源，访谈内容可以是结构化或非结构化，访谈方式可以是正式或非正式，采用一对一或团体访谈。

3）数据分析

适用于本过程的数据分析技术包括：

● 根本原因分析：根本原因分析是一种分析技术，用来识别、探寻导致问题的根本性原因。例如从导致项目不良后果（项目延误、成本超支）出发，逐步深入分析可能导致这一后果的原因或原因背后的原因。

● 假设条件和制约因素分析。每个项目及其项目管理计划的构思和开发都基于一系列的假设条件，并受一系列制约因素的限制。这些假设条件和制约因素往往都已纳入范围基准和项目估算。假设条件和制约因素分析是指分析项目各种假设条件和制约因素（即记录项目章程或假设日志中的清单内容）的有效性，从中识别项目风险。具体来说，就是从假设条件的不准确、不稳定、不一致或不完整等现象中识别出风险的可能来源。举例：分析团队成员职责分工时，发现项目的某关键岗位的人选具有唯一性，没有第二个人能够替代。尽管通常会假设项目团队成员会保持稳定，但是考虑到现实中人员离职的可能性仍然存在，加之该岗位人员一旦离职对项目的威胁和影响较大，因此这一风险不可忽视。

● SWOT 分析：该方法是一种对组织内部优势、劣势和外部机会、威胁进行综合分析的框架，从内部的劣势中可识别出风险因素（包括面对外部威胁时的风险）及是否会妨碍机会的利用，也可以识别利用组织内部优势化解外部威胁的可能性。

● 文件分析。通过审核和评估相关的文件，识别出风险来源的信息。这里相关文件包括计划、假设条件、制约因素、以往项目档案、合同、协议和技术文件等。如果文件中存在不确定性或模糊性、同一文件内部或不同文件之间存在不一致，可能预示着项目风险。

4）人际关系与团队技能

适用于本过程的人际关系与团队技能包括引导。引导能提高用于识别单个项目风险和整体项目风险来源的许多技术的有效性。熟练的引导者可以帮助参会者专注于风险识别任务、准确遵循与技术相关的方法，有助于确保风险描述清晰、找到并克服偏见，以及解决任何可能出现的分歧。

5）提示清单

提示清单是可以作为单个项目风险或整体项目风险来源的一个预设清单。其作用是帮助项目团队以结构化形式开展风险识别。识别单个项目风险可以用风险分解结构（RBS）底层的风险清单作为识别的通用模板。识别整体项目风险可使用某些战略框架，如PESTLE（政治、经济、社会、技术、法律、环境）、TECOP（技术、环境、商业、运营、政治），或 VUCA（易变性、不确定性、复杂性、模糊性）等。

提示清单、核对单虽然都可用于风险识别，但有明显差异，大体上两者在用于项目风险识别时的关系如图 8-1 所示，使用核对单识别风险时，既要考虑项目的共性，又要考虑该项目与以往项目的差异性。使用提示清单识别风险时，通常是先借助提示清单这一通用框架再针对项目具体情况进行风险识别。

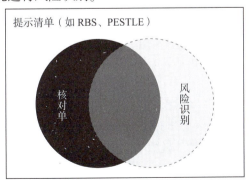

图 8-1 提示清单、核对单与项目风险识别的关系

6）会议

为了识别出风险，通常需要召开专门的风险研讨会，而且多数时候都会用到头脑风暴。当然，风险管理计划可能还会要求采用指定的其他风险识别方法。不过，这类会议对会议主持人的专业和经验要求较高，经验丰富的会议主持人能够显著提高风险识别的效果；与此同时，会议参与者的选择是否适当也会直接影响会议效果。

8.3.3 风险识别的成果

1）风险登记册

风险登记册是一个用于详细记录单个项目风险信息的文件。它通常是在项目规划阶段开发的，但也可以在项目执行期间进行更新和修改，并且后续的风险分析、应对规划和实施及风险监督等过程的相关结果也会记录在该文件中。

风险登记册中可能包括以下内容：

• 已识别的单个项目风险清单。如表8-6所示，风险登记册中记录了风险的编号、风险事件的简要描述、风险发生概率、风险影响程度、风险等级划分及其他相关信息（如原因、发生条件、时间信息）。当然，表8-6仅用于表示风险登记册的代表性样例，并不能代表本过程完成所有信息的记录，事实上，随着后续风险活动的依次展开，很多信息才会逐步得以补充和完善。

• 风险责任人。本过程中如果能识别出风险责任人，可以将其记录在对应的风险描述中，在人员尚未明确前，可以先以岗位名称代替，一旦落实岗位人员后，应记录具体责任人姓名。

• 风险应对措施清单。一旦本过程识别出了单个项目风险的应对措施，就应将其记录在风险登记册中，并在后续过程中做进一步确认。

表8-6 某工程项目的风险登记册（部分）

风险编号	风险事件	因素	概率	影响/威胁	等级划分	应对措施	责任人
D-1	临边和洞口作业无安全防护	人的因素	极小的	危险的	D	系挂安全带	安全员
D-2	基坑坑边荷载超标	管理因素	很可能	危险的	C	基坑周边3米内限制堆载，严禁人员和车辆通行	安全员
D-3	机械设备传动部位无防护装置	材料因素	极小的	危险的	C	加装防护装置	设备管理员
D-4	无消防措施、制度和灭火器材	管理因素	极小的	严重的	C	制定消防措施、制度并配备灭火器材	安全员
D-5	特种作业人员未持证上岗	人的因素	偶然的	危险的	C	提供培训教育，严格管理制度	行政部主管

注：1. 因素划分：人的因素、材料因素、管理因素、技术因素、组织与协调因素。2. 概率划分：偶然的、很可能、极小的。3. A：可忽略的；B：次要的；C：危险的；D：严重的。

2）风险报告

本过程阶段，风险报告主要记录有关整体项目风险的信息和已识别单个项目风险的概述信息，前者是指影响项目成功的所有潜在威胁。风险报告的编制是一项渐进式的过程，风险识别结束时，风险报告的内容可能包括：

● 整体项目风险的来源。说明哪些是整体项目风险敞口的最重要驱动因素。例如常见的整体项目风险可能是技术风险、市场风险、资金风险、组织风险、环境风险等中的一个或几个。

● 已识别单个项目风险的概述信息。如已识别的风险数量、已识别风险在风险类别中的大致分布、测量指标和发展趋势。

按照风险管理计划的规定，风险报告可能还包括其他方面的信息。

思考

项目风险识别过程中，有哪些典型操作可以帮助项目团队识别出潜在风险？

8.4　风险定性分析

本过程的主要目标是，通过分析单个项目风险的概率、影响程度及优先级排序，为后续分析和行为奠定基础。具体过程见表 8-7。

表 8-7　风险定性分析过程

依据	方法	成果
项目管理计划 ● 风险管理计划★ 项目文件 ● 假设日志 ● 风险登记册★ ● 相关方登记册 事业环境因素 组织过程资产	专家判断★ 数据收集 　● 访谈★ 数据分析 　● 风险数据质量评估 　● 风险概率与影响评估★ 　● 其他风险参数评估 人际关系与团队技能 　● 引导★ 风险分类 数据表现 　● 概率和影响矩阵 　● 层级型 会议★	项目文件更新 ● 风险登记册★ ● 风险报告 ● 假设日志 ● 问题日志

风险定性分析过程的典型操作是，项目团队根据风险管理计划的预先安排，通过访谈团队成员（依对不同风险类型的熟悉程度）和外部专家，对风险登记册中的单个风险进行评估，并获取风险概率及影响的评估信息。如果评估者对风险概率和影响的判断存在明显差异，可以召开专题研讨会，由经验丰富的引导者帮助参会者找出差异产生的原因、消除

偏见并建立共识；在此基础上，对单个项目风险进行优先级排序，明确风险的责任人；最后将以上获得的新信息记录在风险登记册和其他相关文件中。

8.4.1 风险定性分析的依据

在本过程的依据中，风险管理计划提供了方法指南，风险登记册提供了基本的风险信息，其他组件对本过程有不同程度的影响。

1）项目管理计划

• 风险管理计划。在本过程中，可能会用到风险管理计划中的相关部分，例如有关风险管理的角色和职责、风险活动预算、风险分类、概率和影响的分级、概率和影响矩阵、风险临界值及风险分析评估的工具和技术等。如果该计划中并没有这些内容，则可以在本过程临时编制，并经项目发起人批准之后用于指导本过程。

2）项目文件

• 风险登记册。风险登记册中记录了已经识别出来的项目风险清单，以及单个项目风险的详细信息，为本过程开展分析和评估奠定了内容基础。

8.4.2 风险定性分析的方法

1）专家判断

如果个人或小组在以往类似项目、定性风险分析等方面具备专业知识、丰富经验，则可向其征求意见。

2）数据收集

数据收集包括访谈法，指通过与相关方直接交谈，来获取信息的正式或非正式的方法。通过访谈了解项目风险因素发生的概率和影响，访谈内容可以是结构化或非结构化，采用一对一或团体访谈。

3）数据分析

适用于本过程的数据分析技术包括：

• 风险数据质量评估。风险数据质量评估就是评估项目风险数据的可靠性、准确性。考虑到风险定性分析效果与数据可靠性的紧密关联，不可靠的风险数据带来的后果是难以想象的，低质量的数据会导致错误的分析结果及错误的风险应对。可以请专家或相关方对数据质量进行评价，包括数据的完整性、客观性、相关性和及时性，并且通过加权对风险数据质量进行综合评价。如果数据质量不可接受，就需要收集更好的数据。

• 风险概率和影响评估。即评估单个项目风险发生的可能性及风险对项目的潜在影响。风险评估可以采用访谈或会议的形式，选择参与者时，无论来自项目内部还是来自项目外部，重点是他们对风险登记册中风险类型有足够的知识和经验储备。应参考风险管理计划中的概率和影响分级（表8-4）来评估项目风险的概率和影响。如果评估时存在明显差异，则应对差异进行探讨。最后，还应记录评估的重要细节说明，作为评估的补充，例如，评估的关键假设条件。

• 其他风险参数评估。对风险进行优先级排序时，除了概率和影响外，项目团队可能还会考虑风险的其他特征，如：紧迫性、邻近性、潜伏期、可管理性、可控性、可监测性、连通性、战略影响力、密切度等，从而得到更加可靠的优先级排序。

4）人际关系与团队技能

这里的人际关系与团队技能主要是指引导。熟练的引导者会帮助参会者聚焦于风险分析任务本身，严格遵守技术规则、程序方法，克服认知偏见和分歧，对风险概率及后果评估达成共识，从而提高对单个项目风险的定性分析的有效性。

5）风险分类

项目风险的分类有多种方式，例如可按照风险来源、受影响的项目领域（如 WBS）、项目阶段等方式，目的是确定哪些项目领域最易被不确定性影响，以便将团队的主要注意力和精力集中在风险敞口最大的那些方面，或针对一组相关的风险制定一套组合式的风险应对措施，从而有效地开展风险应对。

6）数据表现

适用于本过程的数据表现技术包括：

• 概率影响矩阵。概率影响矩阵（P–I 矩阵）是将概率与影响这两种因素结合考虑的常用方法，也就是对项目风险发生的可能性、风险的影响后果进行评估，并以此为依据建立对风险的评定等级。概率影响矩阵可以用来反映已经识别的项目风险，并根据风险发生的概率大小，对项目的潜在负面影响进行排序，有了该矩阵，项目团队就能集中精力处理具有高危害性的风险。在常见的概率影响矩阵中，概率和影响可以表示程度的描述语言（图 8-2）或其他描述性术语（如很高、高、中、低和很低）或用数值来表达，即概率以及影响的取值范围在 0~1 之间。在图 8-2 中，风险从高到低被划分为 Ⅰ 级、Ⅱ 级、Ⅲ 级、Ⅳ 级，共四个等级。

影响程度

A.灾难性　B.非常严重　C.严重　　D.需考虑　E.可忽略

概率	A.灾难性	B.非常严重	C.严重	D.需考虑	E.可忽略
1.频繁	Ⅰ 级	Ⅰ 级	Ⅰ 级	Ⅱ 级	Ⅲ 级
2.可能	Ⅰ 级	Ⅰ 级	Ⅱ 级	Ⅲ 级	Ⅲ 级
3.偶尔	Ⅰ 级	Ⅱ 级	Ⅲ 级	Ⅲ 级	Ⅳ 级
4.罕见	Ⅱ 级	Ⅲ 级	Ⅲ 级	Ⅳ 级	Ⅳ 级
5.不可能	Ⅲ 级	Ⅲ 级	Ⅳ 级	Ⅳ 级	Ⅳ 级

图 8-2　概率影响矩阵示例

• 层级图。气泡图（Bubble Chart）是可用于展示三个变量之间关系的图形。绘制气泡图时将一个变量放在横轴，另一个变量放在纵轴，第三个变量则用气泡的大小来表示。这里把气泡图用于展示风险分析结果，即把每个风险都绘制成一个气泡，图 8-3 是气泡图的示例，横轴表示可监测性（即对风险发生或即将发生进行监测的容易程度，如果风险发生很容易监测，可监测性就高），纵轴表示邻近性（即风险在多长时间后会影响一项或多项项目目标，时间短就说明邻近性高），影响值则以气泡大小表示。

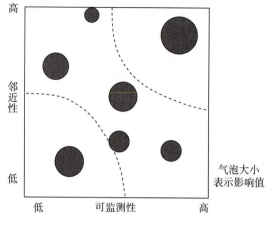

图 8-3　气泡图示例

7）会议

风险定性分析也可以通过专门的风险研讨会议进行，会议围绕已识别的单个项目风险进行审查确认，然后对风险概率和影响进行评估，并进行分类和优先级排序。最后为单个项目风险指定风险责任人。后续单个项目风险的具体应对规划措施和实施进展报告可交由风险责任人独立完成。

「扫码」了解项目风险定性分析案例——某钢轨伤损检测项目

8.4.3　风险定性分析的成果

◆项目文件更新

更新的项目文件包括：风险登记册、风险报告、假设日志、问题日志。重点是更新和补充风险登记册和风险报告中的信息，前者包括补充、添加、更正风险登记册中风险的特征和评估信息；后者包括更新报告中有关重大单个项目风险、风险优先级排序及结论等内容。

思考

　　在项目风险定性分析过程中，评估者对风险概率及影响的判断存在明显差异时，如何处理？

8.5　风险定量分析

本过程的主要目标是，通过定量分析单个项目风险对整体项目目标的影响，量化整个项目风险敞口①。项目风险定量分析是指在定性分析的基础上，对具有较大影响的项目风险进行量化分析，计算风险评价值，定量评价各项风险的影响水平，并提供额外的定量风险信息，以支持风险应对规划。具体的过程见表 8-8。

表 8-8　风险定量分析过程

依据	方法	成果
项目管理计划 ●风险管理计划★ ●范围基准 ●进度基准 ●成本基准 项目文件 ●假设日志 ●估算依据 ●成本估算 ●成本预测 ●持续时间估算 ●里程碑清单 ●资源需求 ●风险登记册★ ●风险报告 ●进度预测 事业环境因素 组织过程资产	专家判断 数据收集 　●访谈 人际关系与团队技能 　●引导 不确定性表现方式★ 数据分析 　●模拟★ 　●敏感性分析★ 　●决策树分析 　●影响图	项目文件更新 ●风险报告★

本过程的典型操作是，项目团队根据风险管理计划的安排，在风险定性分析的基础上，一方面，通过模拟法（例如蒙特卡罗法）对整体项目风险进行量化分析，即分析已识别的风险因素对项目整体成本风险（或进度风险）的影响，包括概率和后果，从而量化整体项目风险敞口；另一方面，利用敏捷性分析可以明确哪些单个项目风险对项目结果的影响最大。最后，将整体项目风险敞口的评估结果（例如项目实现主要目标的概率、项目结果的分布区间）、项目详细概率分析结果（例如 S 曲线、龙卷风图、关键性指标）、单个项目风险优先级清单、定量分析结果的趋势及风险应对建议等信息记录在风险报告中。

8.5.1　风险定量分析的依据

在本过程的依据中，风险管理计划提供了方法指南，风险登记册提供了定量分析的基础内容，其他组件对本过程有不同程度的影响。

1）项目管理计划

●风险管理计划。该计划明确了项目是否需要开展风险定量分析，还会详述可用于分析的资源、方法和工具，以及预期的分析频率。

2）项目文件

●风险登记册。该文件记录了单个项目风险的详细信息，包括上一过程的定性分析结

---

①　风险敞口，是指未加保护的风险，即对于风险未采取任何防范措施而可能导致出现损失的部分。已知风险的风险敞口是从零至该风险最大损失之间；而未知风险的风险敞口是从零至无穷大。

果，为本过程开展定量分析提供了内容基础。

8.5.2 风险定量分析的方法

1）专家判断

如果个人或小组在将单个项目风险的信息转化成用于定量风险分析模型的数值输入、以适当方式为特定风险建立模型、用适合项目环境的技术建立模型、识别最适用于所选建模技术的工具、解释定量风险分析的成果等方面具备专业知识、丰富经验，则可向其征求意见。

2）数据收集

通过与相关方或专家直接面对面或电话交谈，向他们了解项目风险的信息和意见，评估风险的概率和影响，尽量营造信任和保密的环境氛围，鼓励访谈对象提供诚实且无偏见的意见。

3）人际关系与团队技能

这里的人际关系与团队技能是指引导。在由项目团队成员和其他相关方参加的专门风险研讨会中，配备一名熟练的引导者，有助于更好地收集数据。可以通过阐明研讨会的目的，在参会者之间建立共识，确保持续关注任务，并以创新方式处理人际冲突或偏见来源，来改善引导式研讨会的有效性。

4）不确定性表现方式

风险定量分析需要建立能反映单个项目风险的定量风险分析模型，并为之提供输入。不确定性（如活动持续时间、成本估算等）可以在模型中用概率分布来表示其数值的可能区间。常用的概率分布包括：三角分布、正态分布、对数正态分布、贝塔分布、均匀分布或离散分布。

5）数据分析

（1）模拟

在定量风险分析中，通过建立模型，来综合分析各种不确定性因素，评估这些因素对目标的潜在影响。模拟通常采用蒙特卡罗法。模拟的主要步骤包括：识别核心风险因素、建立概率统计模型、收集风险变量数据、确定风险因素分布函数及参数、根据精度要求确定模拟次数。模拟法常常用于对进度风险或成本风险进行评估和分析，或同时模拟成本–进度风险的影响，以便制订相应的风险应对策略和计划。例如，利用蒙特卡罗模拟，在计算机上进行模拟，得到可能工期（从短到长）或成本（从低到高）累计概率分布图。

 「扫码」了解项目风险定量分析案例——某 EPC 项目和某高速公路项目

在进度的风险定量分析中，可通过关键性分析来确定项目中哪些活动对关键路径的影响最大。具体来说，就是在模拟过程中，计算每一活动的关键性指标，即该活动出现在关键路径上的频率（百分比），频率最高的活动就是风险管理的重点。通过关键性分析，项目团队就能够重点针对"关键性"活动制定风险应对措施。

（2）敏感性分析

敏感性分析就是分析系统或模型中输入参数变化对输出结果的影响，以便识别系统中哪些参数对输出结果具有较大的影响，从而帮助开展风险评估和决策制定。在本过程，敏感性分析有助于确定哪些项目风险对项目结果具有最大的潜在影响。敏感性分析的结果通常用龙卷风图来表示。如图 8-4 所示，图中标出每个因素与其对项目影响之间的关联系数，并按关联强度的从高到低排列，形似龙卷风形状，故称龙卷风图。

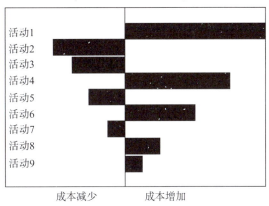

图 8-4　龙卷风图示例

（3）决策树分析

决策树分析是进行定量分析的有效方法。是将有关决策进行分解，形成若干备选方案或分支，并分析不同分支事件的发生概率及产生的风险后果（包括威胁和机会），计算每条路径净值，最后根据预期收益选出最优路径（图 8-5）。决策树分析能够解决单阶段以及多阶段的决策问题，它具有多层次清晰、不遗漏、不易错的优点。

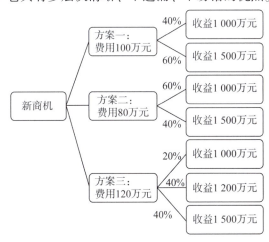

图 8-5　决策树分析示例

（4）影响图

影响图是不确定条件下决策制定的图形辅助工具。它将一个项目或项目中的一种情境表现为一系列实体、结果和影响，以及它们之间的关系和相互影响，如图 8-6 所示。如果因为存在单个项目风险或其他不确定性来源而使影响图中的某些要素不确定，就在影响图中以区间或概率分布的形式表示这些要素；然后，借助模拟技术（如蒙特卡罗分析）来分析哪些要素对重要结果具有最大的影响。影响图分析可以得出类似于其他定量风险分析的结果，如 S 曲线图和龙卷风图。

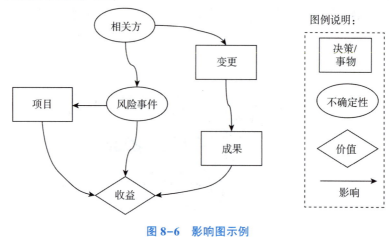

图 8-6   影响图示例

8.5.3 风险定量分析的成果

◆项目文件更新

这里的项目文件主要指风险报告。经本过程的定量分析后，风险报告需要做出相应的更新，具体可能涉及以下方面：

●整体项目风险敞口。表现在两个方面：

–项目成功的可能性。依据给定的已识别项目风险和其他不确定性来源，量化分析后得出的项目进度和成本目标的概率。

–项目变异性程度。项目量化分析时，项目内在变异性的程度由可能项目结果的范围表示，例如项目预算内完工和进度的概率分布。

●项目的详细概率分析。展示风险定量分析的关键成果，如 S 曲线（模拟的结果）、龙卷风图（敏感性分析的结果）、关键性分析，及结果的解释。风险定量分析的其他结果可能包括：

–所需的应急储备数量。

–对项目关键路径影响最大的单个项目风险（或项目活动），即通过关键性分析识别出来的重点风险管理活动。

–对项目结果的不确定性影响最大的因素，即整体项目风险的驱动因素。

●单个项目风险优先级清单。根据敏感性分析的结果，列出对项目造成最大威胁或产生最大机会的单个项目风险。

●风险定量分析结果的趋势。在整个项目期间，重复多次开展风险定量分析后，结果可能会呈现趋势性的信号，这些趋势将影响风险应对措施。

●风险应对措施建议。根据本过程的量化分析结果，风险报告可能针对优先级较高的单个项目风险或整体项目风险提出对策建议。

8.6　风险应对规划

本过程的主要目标是，为处理项目整体风险敞口及单个项目风险，制定应对策略并将其融入项目管理计划和项目文件的过程。具体过程见表 8-9。

表 8-9　风险应对规划的过程

依据	方法	成果
项目管理计划 • 资源管理计划 • 风险管理计划★ • 成本基准 项目文件 • 经验教训登记册 • 项目进度计划 • 项目团队派工单 • 资源日历 • 风险登记册★ • 风险报告★ • 相关方登记册 事业环境因素 组织过程资产	专家判断 数据收集 　• 访谈 人际关系与团队技能 　• 引导 风险应对策略★ 应急应对策略 数据分析 　• 备选方案分析★ 　• 成本效益分析 决策 　• 多标准决策分析	变更请求★ 项目管理计划更新 • 进度管理计划 • 成本管理计划 • 质量管理计划 • 资源管理计划 • 采购管理计划 • 范围基准 • 进度基准 • 成本基准 项目文件更新 • 假设日志 • 成本预测 • 经验教训登记册 • 项目进度计划 • 项目团队派工单 • 风险登记册 • 风险报告

本过程的典型操作是，项目团队根据风险管理计划的安排，以风险登记册和风险报告中的单个和整体项目风险信息为基础，针对不同优先级的风险采取不同的应对策略，例如针对高风险可采取规避策略，针对中风险可采取转移或减轻策略，针对低风险采取接受策略等；如果同一风险有多种可选应对策略，通过备选方案分析，比较各自优劣势后选择最优策略；最后需要将制定的风险应对措施整合到项目管理计划（基准）和项目文件中，因此会提出变更请求，并通过整体项目变更控制过程对变更请求进行处理，另外还须将单个项目风险应对措施和整体项目风险应对措施分别记录在风险登记册、风险报告中。

8.6.1　风险应对规划的依据

在本过程的依据中，风险管理计划提供了方法指南，风险登记册和风险报告分别提供了内容基础，其他组件对本过程有不同程度的影响。

1）项目管理计划

• 风险管理计划。本过程会用到该计划中的风险管理角色和职责。例如在整个风险管理任务中，项目经理的角色和职责、专职安全副经理的角色和职责、安全员的角色和职责、各部门的角色和职责及其他相关方的角色和职责等。还会用到计划中的风险临界值，它不仅影响风险分级，而且也影响应对策略。

2）项目文件

• 风险登记册。该文件中记录了单个项目风险的详细信息，包括风险优先级排序或风险等级评估信息。这一部分信息可用来为选择不同的应对策略提供参考，例如，高风险可能采取规避策略，低风险采取接受策略，中风险采取减轻策略。该文件还可能记录其他相关信息，如初步的应对措施、责任人、根本原因、风险触发因素和预警信号等，从而为本过程制定应对规划措施提供内容基础。

• 风险报告。该报告中对项目整体风险敞口级别的描述，会影响整体风险应对策略的选择。

8.6.2　风险应对规划的方法

1）专家判断

如果个人或小组在威胁应对策略、机会应对策略、应急应对策略、整体项目风险应对策略、单个项目风险等方面具备专业知识、丰富经验，则可向其征求意见。

2）数据收集

适用于本过程的数据收集技术是指访谈。访谈是通过与相关方（例如风险责任人）直接交谈，向他们了解项目风险的应对措施，访谈过程应尽量营造信任和保密的环境氛围，让访谈对象提供诚实且无偏见的意见。

3）人际关系与团队技能

适用于本过程的人际关系与团队技能包括引导。开展引导能够提高单个项目风险和整体项目风险应对策略制定的有效性。熟练的引导者可以帮助风险责任人理解风险、识别并比较备选的风险应对策略、选择适当的应对策略，以及找到并克服偏见。

4）风险应对策略

根据风险评估结果，制定相应的风险应对策略，包括上报、规避、转移、减轻或接受等方式。应该优先考虑减轻或消除高优先级的风险。

> **思考**
>
> 前文中，"引导"技术用来改善关系、建立信任和达成一致意见，或在研讨会中用于引导与会者遵守会议规则程序，专注于任务，以提高会议的有效性。这里的引导在作用上有什么不同吗？

• 上报。如果项目团队认为某一风险不在项目范围内，或者风险应对措施超出了项目经理的权限，应采用上报策略。该风险无法在项目层面进行管理，可能需要上升到项目集、项目组合层级或组织的相关部门，并由其进行管理。

• 规避。通过采取措施避免风险的发生，将风险从根本上避免或消除，避免承担潜在的风险。这是一种最为彻底的风险应对策略，可将风险因素消除在风险发生之前。通常当项目风险潜在威胁的概率大、后果严重且损失无法转移又无法承受时，采取主动放弃或加以改变，以避开与该项活动相关的风险。具体方法有两种：一是放弃或终止某项活动的实施，即在尚未承担风险的情况下拒绝风险；二是改变某项活动的性质，即在已承担风险的情况下通过改变工作地点、工艺流程等途径来避免未来生产活动中所承担的风险。

●转移。通过向其他方转移风险，将风险转移到更能承受风险的人或组织身上，从而减轻自身风险的影响。具体方式有购买保险、使用履约保函（担保书、保证书等），或通过签订协议将风险转移出去。例如，建筑整体承包商与门窗供应商可能在合同中约定：门窗在安装前、安装中及安装后至验收前出现的各种风险（部件丢失、安装过程中人员伤亡、门窗损坏等）均由供应商承担，从而将部分风险转移至供应商。

●减轻。通过采取一系列措施降低风险的发生概率和影响程度，从而减少潜在风险对组织的影响。例如要求所有设备必须进行规范保养和定期检修，可降低设备故障发生的概率；要求进入工地现场的所有人员必须佩戴安全帽，以减轻事故致伤或致亡的程度。应急措施通常也能降低风险带来的负面影响。

●接受。接受潜在风险的存在，并准备承担可能的损失，同时采取措施减少风险的影响。

在实际应用中，针对单个项目风险选择风险策略时，可以参考通用的决策流程进行（图8-7），该流程有助于决策者理顺思路并做出正确的选择。针对整个项目，组织可能需要综合运用多种风险应对策略来应对复杂的风险环境。通过制定恰当的风险应对策略，组织可以更有效地规划和管理风险，从而保护组织的利益，提高组织的韧性和稳定性。

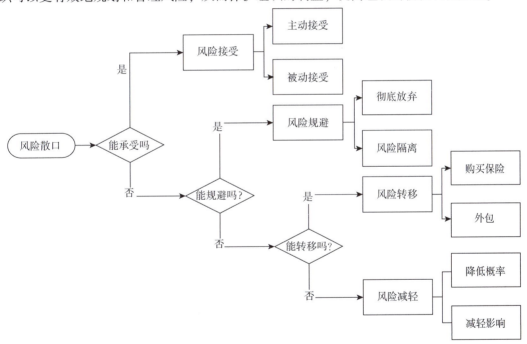

图 8-7 风险应对策略的决策流程

5）应急应对策略

应急应对策略是指在突发事件或紧急情况下制订的应对措施和计划。这些策略旨在迅速、有效地应对危机，保障人员和财产的安全，最大限度地减少损失。应急应对策略通常包括预防措施、应急响应计划、危机管理和恢复措施等内容。如果项目团队认为某些风险的发生前会释放一些预警信号，那么就应该做好应急应对计划，该计划只在特定事件发生时才会采用，即应急应对的触发条件，例如，项目中的一个里程碑未达成。

6）数据分析

可以考虑多种备选风险应对策略。可用于选择首选风险应对策略的数据分析技术包括：

•备选方案分析。备选方案分析是一种对潜在方案进行评估的技术和方法，即通过评估各种方案的利弊得失，找出执行项目的最佳方案。例如，对备选风险应对方案的特征和要求进行简单比较，进而确定哪个应对方案最为适用。

•成本效益分析。理论上，各个备选风险应对策略在成本效益上会有差别，通过成本效益分析就能确定差别。具体来说，就是计算风险应对策略导致的风险影响级别变更与策略实施成本的比值，即（应对前风险影响级别-应对后风险影响级别）÷策略实施成本，从而可以衡量应对策略的成本效益。比值越高，代表策略的有效性越好。不过，以上成本效益分析需要一个前提：单个项目风险的影响可以用货币进行量化。

7）决策

这里的决策技术是指多标准决策分析，如果风险应对策略有多个，多标准决策技术可用来将这些风险应对策略排定优先序。选择标准可能包括：应对成本、应对策略在改变概率和（或）影响方面的预计有效性、资源可用性、时间限制（紧迫性、邻近性和潜伏期）、风险发生的影响级别、应对措施对相关风险的作用、导致的次生风险等。

如果原定的应对策略被证明无效，可在项目后期采取不同的应对策略。

「扫码」了解项目风险应对措施实例——某钢轨检测项目

8.6.3　风险应对规划的成果

◆变更请求

风险应对规划过程中，可能会就项目基准或项目管理计划提出变更请求，应该通过实施整体变更控制过程对其审查和处理。

考虑到不同类型的风险可识别的程度不同，风险应对规划的重点和策略也不尽相同，例如已知风险和未知风险，既要全面兼顾，又要区别对待，这些风险在管理上的差异表现详见表8-10。

表8-10　已知风险和未知风险在管理上的区别

区别	已知-已知风险	已知-未知风险	未知-未知风险
风险事件	已识别出	已识别出	未识别出
风险概率及影响	清楚	不完全清楚	完全不清楚
应对策略	规避、转移、减轻	接受并提高项目韧性	接受并提高项目韧性
应对措施	纳入时间估算、成本估算中（活动或工作包）	设立应急储备（时间、费用）	设立管理储备（时间、费用）
损失的处理	直接计入项目成本	用应急储备开支	用管理储备开支

8.7 风险应对实施

风险应对实施是按计划执行已经制定好的风险应对策略的过程。本过程的主要作用是，将风险应对策略付诸实施，以便管理整体项目风险敞口和最小化单个项目风险。本过程需要在整个项目期间开展。

风险应对实施的具体过程见表 8-11。

表 8-11 风险应对实施过程

依据	方法	成果
项目管理计划 ●风险管理计划★ 项目文件 ●经验教训登记册 ●风险登记册★ ●风险报告★ 组织过程资产	专家判断 人际关系与团队技能 ●影响力★ 项目管理信息系统	变更请求★ 项目文件更新 ●问题日志 ●经验教训登记册 ●项目团队派工单 ●风险登记册 ●风险报告

本过程的典型操作是，项目团队根据风险管理计划的预先安排和商定的项目风险的应对措施（记录在风险登记册及风险报告中），利用各种影响力，确保责任人即便是受到竞争性任务冲突的影响或不在项目经理管辖范围内，仍然能够将风险应对计划和措施执行到位。

8.7.1 风险应对实施的依据

在本过程的依据中，风险管理计划提供了方法指南，风险登记册和风险报告提供了单个项目风险及整体项目风险应对实施的内容依据，其他组件对本过程有不同程度的影响。

1）项目管理计划

●风险管理计划：该计划明确了风险管理任务中的团队成员和其他相关方的角色和职责，可据此为风险应对措施分配责任人。风险管理计划中描述的风险管理方法论可用于指导相关责任人规范化地开展风险应对活动。该计划规定的风险临界值为风险应对措施确立了最终的目标。

2）项目文件

●风险登记册。该文件记录了单个项目风险的风险应对措施和具体责任人。

●风险报告。该报告记录了整体项目风险敞口和整体项目风险的应对策略，还记录了重要的单个项目风险及其应对措施。

8.7.2 风险应对实施的方法

1）专家判断

如果个人或小组在确认或修改（如必要）风险应对措施以及决定如何以最有效率和最有效果的方式加以实施等方面具备相应专业知识，应征求其意见。

2）人际关系与团队技能

这里的人际关系与团队技能是指影响力，影响力指一个人或组织对他人、群体或社会产生的影响和改变的能力。它是通过言行、观点、权威、领导力等方式来影响他人的态度、行为和决策。本过程中的风险应对措施可能会由项目团队以外的人员去执行，即不在项目经理管辖范围内，或由存在其他竞争性需求的人员去执行，这些人员可能同时面临其他任务或目标，因此在执行任务时出现时间、资金、注意力等竞争或冲突。这时候，项目经理或项目风险专员就需要利用个人影响力鼓励相关执行人员采取必要的行动。

思考

在项目风险应对的实施过程中，项目团队需要如何确保责任人能够执行风险应对计划和措施，即使受到竞争性任务冲突的影响或不在项目经理管辖范围内？

3）项目管理信息系统

项目管理信息系统在风险应对实施中扮演着重要的角色。PMIS 是一种数字化的工具，它帮助项目团队对项目进行规划、执行、监控，并在整个项目生命周期中提供关键信息和数据支持。项目管理信息系统可能包括进度、资源和成本软件，用于确保把商定的风险应对计划及其相关活动，连同其他项目活动，一并纳入整个项目。它可以帮助项目团队更好地管理和应对风险，并确保项目在规定的时间、成本和质量限制内实现预期目标。因为项目风险应对实施活动通常来说会直接纳入相关的进度、成本、资源和质量管理过程中，并没有独立的一套风险应对实施活动。因此，风险应对实施活动更多要依靠相关实施活动去进行。

8.7.3 风险应对实施的成果

◆变更请求

风险应对实施过程中，可能需要对项目基准或项目管理计划提出变更请求且通过实施整体变更控制过程对其审查和处理。

8.8 风险监督

本过程的主要目标是，通过持续监督风险应对实施过程、跟踪已识别风险的变化及识别新风险，及时调整和优化风险应对措施，以确保风险管理的有效性。具体监督过程见表8-12。

表8-12 风险监督过程

依据	方法	成果
项目管理计划 ●风险管理计划★ 项目文件 ●问题日志 ●经验教训登记册 ●风险登记册★ ●风险报告★ 工作绩效数据★ 工作绩效报告★	数据分析 ●技术绩效分析 ●储备分析★ 审计★ 会议	工作绩效信息★ 变更请求★ 项目管理计划更新 ●所有组件 项目文件更新 ●假设日志 ●问题日志 ●风险教训登记册 ●风险登记册 ●风险报告 组织过程资产更新

本过程的典型操作是，项目团队根据风险管理计划的安排和商定的风险应对措施（来自风险登记册和风险报告中的记录），一边监督风险对应措施的执行，一边收集风险管理的绩效数据（例如已实施的风险应对措施、已发生的风险、仍活跃风险及已关闭风险等），同时跟踪已识别风险的变化情况并识别出新的风险，还要（通过储备分析）评估当时项目的应急储备和管理储备是否不足或过剩。另外利用项目的工作绩效报告（如挣值数据、偏差分析结果和预测结果），监督项目整体的绩效风险。不仅如此，成熟企业还会利用结构化的风险审计，确保整个风险管理过程的规范性和风险应对的有效性（包括分析工作绩效数据和从工作绩效报告中获取信息）。综合以上工作绩效信息，必要时提出变更请求，并经整体项目变更控制过程的处理，调整和优化与项目风险有关的应对措施及相关计划和文件。

8.8.1　风险监督的依据

在本过程的依据中，风险管理计划提供了方法指南，风险登记册和风险报告提供了风险应对措施和责任人等信息，工作绩效数据提供了项目风险管理绩效的实际数据，工作绩效报告提供了项目整体绩效的表现数据，其他组件对本过程有不同程度的影响。

1）项目管理计划

• 风险管理计划。该计划规定了与本过程有关的角色和职责，如何监督风险，遵守哪些政策和程序，以及报告格式，可以为风险监督提供指导。

2）项目文件

• 风险登记册。该文件为风险监督提供了具体的依据，包括：已识别项目风险清单、责任人、应对策略及措施。可能还包括对风险计划有效性的控制措施、风险的征兆和预警信号、残余风险及次生风险，以及待观察的风险清单等。

• 风险报告。该报告为监督整体项目风险提供了依据，包括整体项目风险敞口、整体风险应对策略、重要的单个项目风险及应对信息。

3）工作绩效数据

本过程的工作绩效数据主要指关于项目风险本身的状态信息和应对实施的状态信息，例如已发生的风险、仍活跃的风险、已关闭的风险、已实施的风险应对措施。

4）工作绩效报告

该报告是在分析评估项目绩效数据的基础上，对项目绩效信息做进一步汇总处理，以供项目决策使用，包括项目各方面绩效的综合信息，如偏差分析结果、挣值数据、原因分析、趋势和预测数据等。

💡 **思考**

考虑到工作绩效数据、工作绩效信息及工作绩效报告的关系，解释一下为何在本过程的依据中同时出现工作绩效数据和工作绩效报告？

8.8.2　风险监督的方法

1）数据分析

适用于本过程的数据分析技术包括：

• 技术绩效分析。技术绩效分析是指以客观的、量化的指标作为技术绩效测量指标，并通过比较分析项目实际技术成果偏离技术成果计划的程度来判断潜在风险。技术绩效测量指标可能包括：重量、处理时间、缺陷数量、储存容量等。

●储备分析。风险监督过程中，储备分析可以用来监督储备的消耗和使用情况，随着一些项目风险的发生，应急储备可能会产生消耗或节约，实际情况可能会有多种，这时候就需要通过储备分析判断：是否存在储备不足并需要额外的储备？或者剩余储备足以应对剩余风险且无须调整？抑或者存在储备过多（节约）且有必要将节约的储备剥离出去？

2）审计

审计是一种系统性、结构化且独立的审查和评估过程，并提供独立和客观的意见和建议，目的是确保相关活动的规范性和有效性，本过程的风险审计主要用于评估项目风险管理计划的落实情况及计划有效性。风险审计可以在日常项目审查会上开展，可以在风险审查会上开展（见本节下一方法"会议"），团队也可以召开专门的风险审查会，有必要的话以上三种方式可以灵活使用。在实施审计前，应明确定义风险审计的程序和目标。

3）会议

风险监督过程可能会以风险审查会的形式进行，通常需要定期召开，以确保各项风险应对是否在依计划实施及实施是否有效。风险审查会还应重新评估当前风险，关闭已过时风险，并识别出新的单个项目风险，总结风险管理的经验教训。

风险审查会既可以放在定期项目状态会/阶段报告会里合并进行，也可以单独召开专门风险审查会。

8.8.3 风险监督的成果

1）工作绩效信息

工作绩效信息是指项目风险管理方面的绩效信息，包括风险应对规划的落实情况和执行效果，例如单个风险（或整体项目）风险应对规划的实施情况、变更数量及应对的有效性。

2）变更请求

风险监督过程中，根据监督结果，尤其是针对存在的不足，可能会修改项目计划和基准并提出纠正与预防措施等建议，为此提出变更请求。

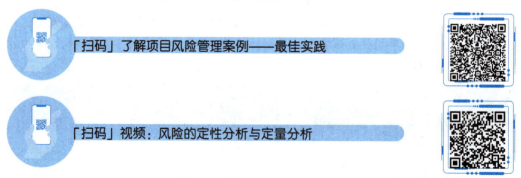

「扫码」了解项目风险管理案例——最佳实践

「扫码」视频：风险的定性分析与定量分析

本章小结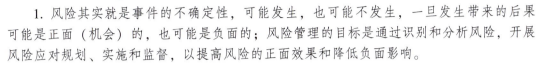

1. 风险其实就是事件的不确定性,可能发生,也可能不发生,一旦发生带来的后果可能是正面(机会)的,也可能是负面的;风险管理的目标是通过识别和分析风险,开展风险应对规划、实施和监督,以提高风险的正面效果和降低负面影响。

2. 了解项目风险的分类:单个项目风险与整体项目风险、事件类风险和非事件类风险、已知-已知、已知-未知、未知-未知。

3. 理解项目风险管理的主要过程,包括项目风险管理规划、识别、分析、应对规划、应对实施和监督等。

4. 每个项目都是独特的,考虑到不同项目在重要性、规模、复杂性及开发方法等方面的不同,项目风险管理方式可以做出适应性的调整,即对项目风险管理的过程和内容进行裁剪。

5. 风险定性分析和风险定量分析:前者是主要针对单个项目风险的分析且通常所有项目都要开展定性分析;后者是针对整体项目的风险分析(即所有单个项目风险对项目整体的影响)且并非所有项目都需要进行,前者是后者的基础。

6. 针对不同的项目风险可采取相应的措施,例如不属于项目经理管辖范围的风险采取上报策略,难以承受或转移且发生概率极大的高风险应当避开,无法规避的项目风险采取减轻或转移策略,减轻后在项目可承受范围内的风险或低风险予以接受。

习 题

一、判断题

1. 项目风险管理规划过程中的相关方分析主要是为了确定项目相关方的风险偏好。
( )

2. 识别风险时,只需要考虑单个项目风险,不需要考虑整体项目风险的来源。
( )

3. 蒙特卡罗模拟分析主要用于风险的定性分析。 ( )
4. 定义风险的高、中、低,属于风险定性分析。 ( )
5. 即便某一风险不在项目范围内也应采取积极应对策略。 ( )
6. 风险审计主要用于评估项目风险管理计划的落实情况及计划有效性。 ( )

二、单选题

1. 您获悉供应商因其工厂发生灾难而无法交付产品。以下属于风险转移的是( )。
A. 违反合同 B. 承担损失
C. 利用外部储备 D. 向保险公司提出索赔

2. 项目执行过程中,政府即将颁布新的法律法规,这将会对现有项目造成影响。项目经理已经对该风险进行了识别,项目经理想把该风险的影响降至最低。那么项目经理下一步应该( )。
A. 创建 RBS B. 分析该风险的严重级别

C. 实施风险应对   D. 实施整体变更控制流程

3. 某基建项目的一部分项目物料，是使用供应商 A 的货运系统。项目执行中，一名团队成员提出，之前做过一个项目，也是使用该供应商的货运系统，多次出现物料运输不及时，影响项目进度。项目经理下一步应该（   ）。

A. 查看组织过程资产，识别出类似风险

B. 将潜在风险上报发起人，并申请更多资源

C. 申请更换供应商

D. 更新经验教训，以供未来使用

4. 项目经理负责一款新型智能冰箱研发项目，有成员提出，目前使用的压缩机在长时间运作下，压缩机内的吊簧可能会出现极易断裂的情况。要是这个风险真实存在，不仅会影响目前研发的这款新型智能冰箱，同时也会影响使用该型号压缩机的其他研发产品。项目经理应该（   ）。

A. 暂时停止项目工作，并更换压缩机供应商

B. 对该风险实施定性定量分析

C. 参照整合式风险管理原则，向高级管理层汇报该风险

D. 压缩机的质量不属于新型智能冰箱研发项目的范围，不用担忧

5. 某大型商场建设项目中，关键相关方非常重视风险的管理，极力告知团队风险管理的重要性。在团队成员的努力下，已经识别出多个风险，下一步项目经理准备给风险划分等级，他可以借助的工具是（   ）。

A. 决策树分析   B. 概率与影响矩阵

C. 亲和图   D. 敏感度分析

6. 项目经理负责一项建造办公大楼的项目，选用一家供应商提供部分材料，一名相关方告知之前和这家供应商合作过，有多次延迟交付的情况出现，团队经讨论分析之后把它识别成一项风险。在项目执行期间，供应商在约定日期未交付材料并表示要延迟两周才能交付，但这会对项目的进度造成严重的影响。项目经理应该优先选用的措施是（   ）。

A. 审查合同，向供应商索赔   B. 查看风险登记册，使用应急储备

C. 查看风险登记册，使用管理储备   D. 向第三方担保公司理赔

7. 团队正在进行高性能玻璃的研发工作，但是根据近日的行业新规，目前采用的某项技术不符合要求，准备引用一项新技术，由于时间紧急，项目需要快速完成管理风险，并为每条风险制定相应应对措施，项目经理应该（   ）。

A. 和发起人开会告知并让其审核风险   B. 和不同相关方沟通以识别风险

C. 组织团队成员进行头脑风暴   D. 和风险管理的专家进行会议

8. 项目经理负责一个新型手机开发项目，项目经理安排某团队成员跟进项目风险。一段时间后，该团队成员找到项目经理，反馈有许多风险发生概率和影响都很小，对于该如何管理风险表示困惑，项目经理应要求该成员（   ）。

A. 所有风险都可能造成影响，都需要持续关注

B. 定期对风险进行优先级排序，优先管理概率和影响更大的风险

C. 不需要关注，等风险发生了再处理

D. 每 7 天管理大风险，每 15 天管理其他风险

9. 一个软件开发项目已经进入了执行阶段，一名成员因为私人原因退出了项目，新

成员接替了他的工作，项目经理让该成员给相关方发送一份报告，该报告显示了已识别的风险被按照由高到低的顺序排列，表示了风险的变化对项目最终绩效产生的影响力程度。制作这份报告时使用的技术是（　　　）。

A. 挣值分析　　　　B. 蒙特卡罗分析　　C. 龙卷风图　　　　D. SWOT 分析

10. 项目经理正在管理一个复杂的项目，在进行自制和外购分析之后，决定其中一些组件从供应商处采购，在项目的执行过程中，一位负责与供应商对接的团队成员告知项目经理，该供应商有可能会破产，导致无法提供所需的组件，若要更换供应商，需要一个月时间，在更换供应商之前，项目经理应该（　　　）。

A. 停止现有工作，等待更换供应商

B. 审查风险应对策略，为该风险增加预算

C. 供应商还未破产，按原计划执行工作

D. 审查现有策略是否仍然有效，并评估风险发生的可能性

三、多选题

1. 风险审计可以采取的方式有（　　　）。

A. 在日常项目审查会上开展　　　　　　B. 在风险审查会上开展

C. 召开专门的风险审计会　　　　　　　D. 只能采取专门的风险审计会方式

2. 以下哪些属于外部风险？（　　　　）

A. 项目资金不足　　B. 政策变化　　　C. 人员流失　　　　D. 自然灾害

3. 项目经理负责一个建筑办公大楼的项目，在执行期间，团队成员报告发现了一项新风险，经过分析发现，该风险的优先级非常高而且极有可能发生，并且一旦发生，将会造成项目停工。项目经理针对该情况应该更新的文件是（　　　　）。（选 2 项）

A. 风险管理计划　　　　　　　　　　　B. 项目管理计划

C. 风险登记册　　　　　　　　　　　　D. 风险报告

E. 问题日志　　　　　　　　　　　　　F. 项目章程

四、思考题

某公司计划开发一款新产品，该产品需要在 12 个月内开发完成并上市。该项目当前的潜在风险包括以下 5 个方面：

- 技术风险：新产品的技术含量较高，可能会面临技术上的困难和挑战。

- 市场风险：新产品进入市场的竞争激烈，可能会遇到销售不佳的风险。

- 供应链风险：项目需要依赖一些关键的供应商和合作伙伴，可能会面临供应链中断的风险。

- 资源风险：开发该产品需要大量的资源和资金，可能会面临资源和资金不足的风险。

- 时间风险：由于项目时间紧迫，可能会面临时间进度延误的风险。

根据以上潜在风险，使用以下公式计算每个风险的风险优先级：风险优先级 = 可能性 × 影响程度。其中，可能性和影响程度均采用 1~5 的五级量表进行评估，数字越高表示可能性或影响程度越大。同时在规划项目风险时，他们列出了以下对于生产的潜在风险及其概率和影响（表 8-13）：

表 8-13 潜在风险及其概率和影响表

风险	概率	影响
竞争对手推出同类产品	0.3	高
生产成本增加	0.2	中
市场需求下降	0.25	高
技术问题导致产品延期	0.15	高
资金不足	0.1	中

1）对以上 5 个风险进行可能性和影响程度的评估，并计算每个风险的风险优先级。

2）根据风险优先级制定具体的应对策略，包括风险规避、风险转移、风险降低和风险接受策略，并确定具体的措施和责任人。

3）设计监测和控制计划，包括监测风险、评估应对策略的有效性和更新风险应对计划的频率和方式。根据每个风险的可能性和影响程度，确定监测和控制的优先级和频率。

4）确定相关方参与控制的计划，包括如何协调和沟通、如何识别和解决问题、如何提供支持和资源等。根据每个风险的风险优先级，确定相关方参与控制的优先级和方式。

5）根据以上步骤，撰写一份项目风险管理计划，以确保项目能够按计划顺利实施。

6）请为以上风险设计一个概率影响矩阵，并解释矩阵的作用。

延伸思考/素养话题

风险与底线思维

关于风险，有不同理解：

一种观点："撑死胆大的，饿死胆小的"，所以干事胆子要够大，才能挣大钱；

一种观点：现在经济形势不太好，还是得考一个公务员、事业编制或进国企才稳定，不会选择去外企、私企工作，因为不稳定；

一种观点：我是一个遵纪守法的人，我绝不会干那些违法犯罪的事，只是偶尔一次考试作弊（或闯一次红灯、收了一次贿赂等），那都是小事而已。

思考题：1）从风险角度，评价上述观点；2）结合"底线思维"，重新评价上述"风险"观点并谈谈个人感悟。

应用案例

火电建设 EPC 项目风险

HD 公司成立于 1978 年，是一家大型国有企业，主营电站投资建设、高端制造及系统工程、环保水务和清洁能源等业务。公司在 2003 年成立了"综合项目部"，后重组为总承包公司，在工程设计、项目管理、运行服务等方面拥有专业人才队伍，承建大量国内外总承包工程。作为电站 EPC 建设平台，HD 公司 2004—2010 年间在火电、水电、燃机等工程总承包业务方面取得了可观业绩，在 2017 年工程总承包完成合同额排名中位居第 11位。公司计划到 2020 年，实现工程总承包业务占比 40%。

江陵火电工程项目是湖北省"壮腰工程"的重要能源建设项目，由 HD 公司采用 EPC总承包模式承建。相比传统施工总承包模式，EPC 模式能更好地控制项目成本、缩短建设周期、提高工程质量，但承包商承担的风险也更高，包括设备材料价格上涨、分包商管理等。面对项目的高风险，HD 公司需要发挥其在工程设计、项目管理等方面的专业优势，建立健全的风险管控体系，提高风险预防和应对能力，确保江陵项目顺利实施，为公司未来发展奠定基础。

HD 公司负责江陵项目的总经理找来了公司风险管理专家老王，希望他能够运用丰富的经验，为这个高风险的 EPC 项目提供有力的风险管控支持。老王深知江陵项目的重要性，迅速展开了全面的风险管理体系建设工作，并将其延伸至各部门及项目部（图 8-8）。作为总风险管理师，老王在项目开始之初就准备了相关文件，召集各部门经理贯彻风险管理流程，希望大家共同重视风险管理，增强风险管理意识。

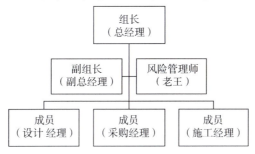

图 8-8 项目部风险管理组织架构

会上，老王详细介绍了公司的风险管理系统和流程，表达了自己为江陵项目提供优质服务的决心。会后，他将风险识别清单（表 8-14）、应急处理模板等文件发放到各部门，要求大家仔细学习相关流程（表 8-15）。HD 公司希望通过老王的全面风险管控能够有效应对江陵项目的各种风险，确保项目如期顺利交付，为公司未来发展奠定基础。

表 8-14 风险识别清单示例

序号	风险因素	风险事件
1	设计风险	工程量清单项目缺项；工程量比施工图纸少；设备计列有遗漏
2	采购风险	辅机设备和装材采购不及时；采购价格高于概算价格
3	施工风险	单位较多，交叉作业面造成的成本增加
4	工期风险	建安工程工期紧
5	分包转包风险	施工单位违法对工程进行分包转包
6	资金风险	业主拖欠工程款
7	文明施工	现场文明施工管控
8	税务风险	建安、增值税重复纳税或增加税率
9	社会风险	征地土地纠纷等问题
10	人员风险	业主、设计、监理、供货商及施工各方管理人员管理素质

表 8-15　火电建设项目风险管理流程

序号	风险管理过程	项目实际风险管理措施
1	风险识别	各单位收集总承包项目相关的风险信息，识别潜在风险事件、影响后果，形成风险清单，并定期（每年至少一次）对两项内容进行更新维护及上报
2	风险定性	分析根据国资委《中央企业全面风险管理指引》中的五类风险进行划分，分别为战略风险、财务风险、市场风险、运营风险、法律风险。再根据特点细分到二、三、四级。风险评估标准包含风险发生的可能性、影响程度及管控成熟度三个维度
3	风险定量	分析对二级风险进行定量的分析，区分重大、重要、中等和低风险，如有多个处于同一风险等级，进一步确定其管理优先顺序
4	规划风险应对	风险归口管理部门结合发展战略、风险偏好等，权衡风险与收益，合理确定各类各级风险的应对策略和解决方案，采用规避、转移、减轻、接受等策略，确保将风险控制在可承受范围之内，建立自己的应急管理系统
5	控制风险	管理小组定期召开会议、及时跟踪风险管理运行、实施情况，识别新风险
6	考核与问责	科学可行的考核问责标准，纳入绩效考核和各类创先争优指标体系中

A 分包商的工期滞后

2017 年 1 月，A 公司承建的厂内输煤系统建筑工程严重滞后于合同要求的工期。项目经理长期不在现场，计划工期滞后 47 天以上，严重影响了施工进度。项目部总经理担心无法按期完工，立即召集风险管控小组展开分析。统计显示，A 公司现场施工月度工作计划完成率仅为 52.57%，人力、材料、机械配置均远不能满足需求。由于输煤系统迟迟不能交付，整体工程 168 小时试运也受到 2 个月以上影响。

风险管理小组认为这属于重要的合同风险。1 月 27 日，发包方向 A 公司发出"警告"函，要求其 3 日内采取有效措施，否则将要求其承担赔偿责任。但总经理担心打官司会损害双方关系，建议先与 A 公司沟通。2 月 5 日，双方见面沟通后，HD 公司决定从技术、资金等方面全面支持 A 公司，并持续跟踪监督合同履约情况。在 HD 公司的帮助下，A 公司于 2 月 10 日续开保函，工程得以重新展开。

通过及时沟通、提供专业支持，HD 公司化解了合同风险，避免了长期纠纷，维护了双方合作关系，确保了工程按期完成。

多个分包商的工作重合及责任不清

时间来到 2017 年 4 月，正值基建施工高峰期。现场近 20 个分包商施工，总人数近 3 000 人。但输煤系统工期严重延误，总承包商总经理不得不催促分包商加快进度。

4 月 12 日，积累的矛盾终于爆发了。许多分包商找到总经理诉苦，表示责任划分不清，工作存在重合，难以完成任务。B 分包商和 C 分包商的工作重合，D 分包商承担的部分通风工程技术难度大。总经理要求老王尽快解决问题。

经分析，这个问题属于重大运营风险中的工期风险。老王组织风险小组展开讨论，提出了一系列应对措施：将煤水澄清池和部分通风工程重新分包给其他有能力的分包商；重新划分 B、C 两家分包商的工作任务。同时，对相关发包人员进行了问责。

在老王的带领下，风险小组迅速实施了应对措施。通过重新分包、调整任务分工，以及加强监管等措施，成功将这一重大风险转移。在各方通力合作下，工程进度得到了有效控制，确保了合同期限的完成。

B 厂家的设备供应问题

2017 年 6 月，HD 公司基建项目进入了关键的安装期，但关键设备供应商 B 厂家的设备一直未能按时供应到位，严重影响了工程进度。老王非常焦虑，他已经很久没有睡个好觉了。

经过风险小组的分析，这个设备供应问题被认定为是一个重要的供应风险。为了尽快解决问题，保证工程进度，老王采取了一系列措施：

首先，他要求 B 厂家每天召开专题会议，加强双方的沟通和协调。同时，公司派出了专门的催交人员赵燕和张辉，驻扎在 B 厂家进行实时跟踪。张辉每天汇总催交信息，与工程进度需求对比分析，及时发现问题并协调解决。赵燕则与 B 厂家设备供应人员保持密切沟通，一旦出现严重滞后情况，立即向上级汇报，共同制定应对措施。

此外，老王还适时安排了主管设备的各级领导与 B 厂家进行沟通协商，要求 B 厂家在现场派驻服务人员，加强监督。在多方面的持续跟踪和督促下，B 厂家终于加快了生产进度。

虽然工期还是被耽误了一些时间，但通过及时有效的风险应对措施，将这一重要供应风险的不利影响降到了最低。此后，HD 公司在整个工程建设中持续跟踪催交工作，尽量提早发现和解决供应问题，确保了工程顺利推进。（改编自：马军平，等，江陵项目 EPC 总承包模式的"贴身保镖"：风险管理 [J]. 中国管理案例共享中心，2020（10）.）

思考：

1. 该项目选择 EPC 模式的原因是什么？相比较于传统承包模式，EPC 模式下的项目风险有何不同？

2. 该项目在开展过程中出现了哪些风险？采取的应对措施是什么？

3. 该项目风险管理的过程是如何进行组织的？优势是什么？有何启示？

第四篇　关系篇

第9章　项目沟通管理

知识目标	能力目标	素养目标
1. 了解项目沟通管理的概念和作用 2. 了解并区分沟通管理的各个过程 3. 理解各过程依据和成果中核心组件 4. 掌握沟通的基本工具和方法	能根据项目内外环境和相关方的信息需求，熟练运用各种沟通方法和技术，制定和落实沟通管理规划并解决项目中的沟通问题	能认知沟通的多层次、多维度特性，并根据个人的特征，选择适合自己的沟通方式，培养自信心，促进心理健康

关键概念

　　沟通需求分析、沟通技术、沟通模型、沟通方法、项目报告发布、政治意识、文化意识、沟通风格评估

知识图谱

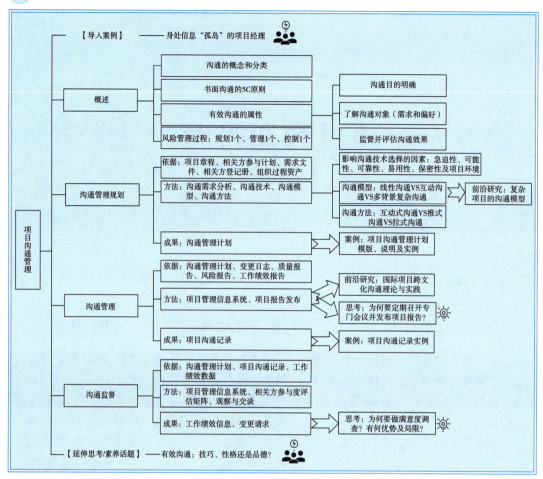

导入案例

身处信息"孤岛"的项目经理

A公司成立于2004年，前身是中冶集团下属设计研究院，是从事焦化、耐火、城镇燃气、环境治理等工程设计研究的大型综合性甲级设计研究单位。A公司在改制后对其主营业务进行了扩充，并转型成为一家工程公司，为客户提供项目规划、咨询、设计、工程监理、设备成套、工程总承包等技术管理服务。作为国内第一批引进项目管理的企业之一，A公司也是国内最早开展EPC总承包业务的企业之一。

为了提高效率和质量，A公司不断寻找新的方法，2008年引入了工程管理系统（PMS）、企业资源计划系统（ERP）、办公自动化系统（OA）、企业内容管理系统（ECM）、电子商务平台和用友财务软件等信息化软件，辅助项目管理。这些软件的熟练使用和网络系统的运行使用，极大地改善了公司的项目运行，并进一步提高了劳动效率。A公司的发展和转型，以及信息化软件的引入，使得项目管理流程更加清晰，业务流程也得以固化到信息系统中。

周先生是A公司的一名项目经理，他在大学时学习了项目管理专业，并在毕业后加入了 A 公司的项目管理部门。周经理作为项目经理，通过使用公司的软件和系统，能更好地管理和协调项目，提高了 A 公司的综合竞争力。

几年前，周经理从项目管理部的一名撰写规章制度、致力于提升项目管理综合水平的职能部门员工，成长为一名真正带队实操的项目经理。作为项目负责人，周经理需要与设计经理、采购经理、施工经理、试运行经理以及分包商、供应商和业主等各方进行及时准确的沟通，以确保项目的高效率和高质量。他需要协调和配置人力、财务、物资、信息和技术等资源，以实现项目的顺利进行。

中午，周经理就接到了 A 项目业主的电话："周经理啊，距离我们上次讨论设计情况已经过去一个月了，为什么我现在还没有收到设计图纸的反馈啊？"

"赵总，实在不好意思，您稍等一下，我去问一下设计管理部的同事。"周经理急忙道歉道。这种事情已经发生好几次，不同的设计经理经常在不同的系统中上传材料或者设计进度，使得周经理需要经常打开所有的系统来找不同设计经理的留言，多个系统同时应用让周经理感觉无力招架。

刚拨通，电话那边的设计经理就回复说，"我在 OA 系统上给你发消息了啊，业主有一个设计参数一直没有提给我，我看你没回复我，还以为你一直在催业主，没有那个参数我们没有办法进行设计。"

"啊，这样啊，实在不好意思，我最近在出差，交流主要用的是 ERP 系统，OA 系统上没看见你给我发的消息。我去问问他们发没发参数，麻烦你了！"周经理说完急急忙忙挂了电话又给业主打过去道："我刚刚问了一下我们的设计经理，他说您有个参数一直没给我们，我们这边没有办法进行设计。"

"我们在半个月前就把参数发到你们设计经理的邮箱了。周经理啊，你这个理由就有点牵强了。"周经理听着电话那头的语气越来越不对劲，急忙道："赵总，这个我还真不知道，设计经理那边也没及时给我传消息，我这也不太清楚具体情况，我一定会尽快敲定具体时间告诉您，等我回去请您吃饭，咱们当面聊聊啊！"

"噢，我看到了，是发过来了。我们部门最近的设计任务太多了，没有时间检查邮箱，咱们公司这么多系统每天处理完所有系统的消息活就不用干了，我们这边收到参数了，可以开始干了。"周经理联系完设计经理之后，瘫在椅子上……（改编自：孙秀霞，黄宝龙. 何去何从，ACRE 的项目"信息孤岛"困局 [J]. 中国管理案例共享中心，2021（10）.）

思考： 试分析该项目在沟通上存在什么问题？对此你有何建议。

9.1　概　述

项目沟通管理包括通过开发工件，以及执行用于有效交换信息的各种活动，来确保项目及其相关方的信息需求得以满足的各个过程。项目沟通管理由两个部分组成：第一部分是制定策略，确保沟通对相关方行之有效；第二部分是执行必要活动，以落实沟通策略。

项目沟通活动占据了管理人员大部分时间，沟通形式多种多样：内部沟通或外部沟通，正式或非正式沟通，向上沟通、向下沟通或横向沟通，单向沟通或双向沟通，书面沟通或口头沟通等。综合运用以上方式，将大大提升项目人员的沟通效果。

在编制传统（非社交媒体）的书面或口头信息的时候，应用书面沟通的 5C 原则，可以减轻但无法消除理解错误：

● 正确的语法和拼写。语法不当或拼写错误会分散注意力，还有可能扭曲信息含义，降低可信度。

● 简洁的表述和无多余字。简洁且精心组织的信息能降低误解信息意图的可能性。

● 清晰的目的和表述（适合读者的需要）。确保在信息中包含能满足受众需求与激发其兴趣的内容。

● 连贯的思维逻辑。写作思路连贯，以及在整个书面文件中使用诸如"引言"和"小结"的小标题。

● 受控的语句和想法承接。可能需要使用图表或小结来控制语句和想法的承接。

有效的沟通活动通常具有如下属性：

● 沟通目的明确；

● 尽量了解沟通对象，满足其需求及偏好；

● 监督并衡量沟通的效果。

项目沟通管理过程包括沟通管理规划、沟通管理和沟通监督三个过程，其中沟通管理规划属于规划过程组，沟通管理属于执行过程组，最后的沟通监督属于控制过程组。具体如下（表9-1）：

表 9-1　沟通管理的过程组划分

项目管理过程组				
启动过程组	规划过程组	执行过程组	控制过程组	收尾过程组
	沟通管理规划	沟通管理	沟通监督	

9.2　沟通管理规划

本过程的主要目标是，在分析相关方信息需求的基础上，通过为项目沟通活动制订合理的策略和计划，为后续沟通的管理和监督提供指南。本过程应根据需要在整个项目期间定期开展。表9-2描述本过程的依据、方法和成果。

表 9-2　沟通管理规划过程

依据	方法	成果
项目章程★ 项目管理计划 ● 资源管理计划△ ● 相关方参与计划★ 项目文件 ● 需求文件★ ● 相关方登记册★ 事业环境因素 组织过程资产★	专家判断 沟通需求分析★ 沟通技术★ 沟通模型★ 沟通方法★ 人际关系与团队技能 ● 沟通风格评估 ● 政治意识 ● 文化意识 数据表现 ● 相关方参与度评估矩阵 会议	沟通管理计划★ 项目管理计划更新 ● 相关方参与计划 项目文件更新 ● 项目进度计划 ● 相关方登记册

本过程的典型操作是，规划者根据项目章程中有关沟通的高层级信息和相关方信息（相关方登记册），再参考组织与沟通相关的政策、程序和知识库，既要考虑相关方的需求（需求文件），而且也要结合相关方参与计划中已经安排的参与活动，对相关方的信息需求进行分析，确定沟通的内容、形式及频率；为项目选择沟通技术时需要考虑多种因素（例如需求紧迫性、技术可用性、易用性、可靠性、信息保密性、环境复杂性等），区分不同沟通方法（如推式、拉式和互动式）的优劣势，选择最适合的沟通模型，如简单的线性沟通（例如发布通知）、带反馈的互动式沟通（例如交流、研讨）或是考虑人性和背景的复杂沟通模型（例如跨文化沟通），并在此基础上进一步制订沟通管理计划。

　　需在项目生命周期的早期，针对项目相关方多样性的信息需求，制订有效的沟通管理计划。应该定期审核沟通管理计划，并进行必要的修改，例如在相关方群体发生变化或每个新项目阶段开始时。

　　在大多数项目中，都需要很早就开展沟通规划工作，例如在相关方识别及制订项目管理计划期间。

　　虽然所有项目都需要进行信息沟通，但是各项目的信息需求和信息发布方式可能差别很大。此外，在本过程中，需要考虑并合理记录用来存储、检索和最终处置项目信息的方法。应该在整个项目期间，定期审查沟通管理规划过程的成果并做必要修改，以确保其持续适用。

9.2.1　沟通管理规划的依据

　　在本过程的依据中，项目章程提供了方向和指南，组织过程资产提供了借鉴和参考，需求文件、相关方登记册和相关方参与计划提供了核心内容，其他组件会对本过程有不同程度的影响。

　　1）项目章程

　　项目章程可能包含一个主要相关方清单，有时还描述相关方的角色和职责，这些可帮助项目团队识别相关方的信息需求。

　　2）项目管理计划

　　• 资源管理计划。参考 11.2，该计划对项目资源如何分类、分配、管理和释放进行了规划。可能会产生沟通需求，应该在沟通管理计划中列出。

　　• 相关方参与计划。该计划明确了相关方参与项目的具体策略，如出席项目会议、参加项目里程碑仪式、参与项目问题解决等，这些策略往往需要通过沟通方式来实现。

　　3）项目文件

　　• 需求文件。需求文件包含了与相关方直接或间接相关的需求，由此也会引出与需求及其实现过程的沟通要求，即需求的层级和范围、需求的实现方式和程度、需求的验收与确认等方面，这些无一不需要运用沟通来实现。

　　• 相关方登记册。该文件用于记录并展示涉及相关方沟通活动的相关安排。

　　4）组织过程资产

　　这里是指执行组织用于指导（或规范）项目沟通管理的程序、政策和知识库。例如：媒体发布政策及程序、组织沟通的标准化指南、历史信息和经验教训知识库、以往项目的相关方及沟通数据和信息。

9.2.2 沟通管理规划的方法

1) 专家判断

如果个人或小组在组织的政治和权力结构、环境和文化、组织变革管理方法和实践、沟通技术、与沟通有关的法律要求、与安全有关的组织政策与程序、相关方等方面具备专业知识、丰富经验，则可征求其意见。

2) 沟通需求分析

收集相关方及项目相关背景信息，识别并确定相关方对项目信息的内容、形式及频次的需求。

影响沟通需求的背景信息包括：相关方登记册及相关方参与计划、潜在沟通渠道数量、组织结构图、项目组织与相关方的职责及关系、项目开发方法、项目所涉及的学科和专业、法律要求等。

3) 沟通技术

沟通技术是指交流和传递信息时所使用的各种工具、方法和技巧，目的是促进有效的沟通和信息传递。项目传递信息的常见方法有对话、会议、书面文件、数据库、社交媒体和网站等，选择沟通技术时可能要考虑以下因素：

● 信息需求的紧迫性。即沟通技术是否能够满足及时传递和获取信息的要求。不同的沟通技术在信息传递的及时性方面有较大差异，例如打电话比发电子邮件传递信息更及时。

● 技术的可用性与可靠性。技术是否易于获取和使用，并且能够稳定地传递信息。

● 易用性。即沟通技术是否简单易懂、易于操作，以便用户能够快速上手并有效地使用。例如，手机软件通常比电脑软件设计更简单，也更容易操作。

● 项目环境。不同的项目环境可能需要不同的沟通技术来满足。例如，团队会议与工作是面对面还是在虚拟环境中开展，成员处于一个还是多个时区，他们是否使用多语种沟通，是否还有能影响沟通效率的其他环境因素（如与文化有关的各个方面）。

● 信息敏感性和保密性。一方面需要考虑信息是否属于敏感或机密信息？如果是，可能需要采取必要的安全措施。另一方面要为团队成员制定社交媒体政策，以确保大家使用社交媒体的行为是合理的、安全的。

4) 沟通模型

沟通模型可以是最简单的，也可以是最复杂的，或者介于两者之间。可以采用最简单的线性沟通模型，只包括发送方和接收方；可以采用互动式的沟通模型，包括增加的反馈环节；也可以采用更为复杂的沟通模型，例如还要考虑发送方或接收方的人性因素或其他复杂元素（如文化）。

● 线性沟通模型。该模型最为简单，通常只包括发送方和接收方，沟通的基本步骤为：（发送方）编码—传递信息—（接收方）解码。此模型的主要目标是确保信息的送达，而不是信息的理解。

● 互动沟通模型。此模型虽然也只包括发送方和接收方，但它还要确保接收方对信息的理解。考虑到沟通过程可能面临干扰或阻碍因素，如接收方注意力不集中、接收方的认知差异，或缺少适当的知识或兴趣。此模型在线性沟通模型基础上增加了两个环节：确认已收到（不一定理解）—反馈/响应。在此模型中，发送方负责信息的编码和传递，并确认信息已被正确理解；接收方负责确保完整地接收信息，正确地理解信息，并为此作出适当回应。

●考虑更多背景因素的复杂沟通模型。不同文化或沟通各方的背景差异会表现出沟通风格上的显著差异，也会给沟通带来巨大挑战。这些差异可能源于工作方法、年龄、国籍、专业学科、民族、种族或性别差异，并对信息发送方和接收方均会产生影响（图 9-1）。识别这些差异，理解并尊重差异基础上开展合理沟通，将有助于减轻或消除沟通风格差异带来的障碍。

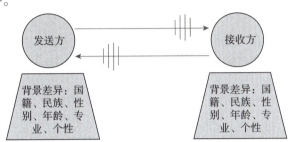

图 9-1　兼顾多种背景因素的复杂沟通模型

针对更为复杂的交付要求（如项目集成交付 IPD）和大型复杂项目，沟通的复杂程度也远超常规项目，因此有必要在沟通模型上进行针对性的优化。

　「扫码」了解复杂项目的沟通模型——前沿研究　

5）沟通方法

项目相关方之间用于分享信息的沟通方法有几种。这些方法可以大致分为：

●互动沟通。在两方或多方之间进行的实时多向信息交换。如会议、电话、社交媒体、视频会议等沟通，具有实时性、参与性、有效性、个性化等优点，缺点是时间成本高、沟通技巧要求高。

●推式沟通。发送者向接收者传递信息，信息的传递是单向的，而接收者没有机会直接回应或反馈。例如信件、通知、报告、电子邮件、传真、博客、新闻稿。优点是传递效率高、信息一致性高，缺点是存在信息不对称、难以满足复杂或个性化的沟通需求。

●拉式沟通。拉式沟通指信息的接收者主动获取信息的一种沟通方式，适用于大量复杂信息或大量信息受众的情况，如门户网站、企业内网、电子在线课程、数据库或知识库。优点是接收信息的时间和地点不受限制，方便灵活，且可按照自己需要获取信息，避免了信息过载。缺点是获取的信息可能不充分、不全面、不可靠，获取过程可能比较费时费力。

6）人际关系与团队技能

适用于本过程的人际关系与团队技能包括：

●沟通风格评估。沟通风格评估是指对相关方的沟通风格进行评估以识别其沟通方法、形式和内容偏好的一种技术。该技术一般用于不支持项目的相关方。通常是先进行相关方参与度评估，当相关方参与度达不到预期时，就有必要开展沟通风格评估，将沟通活动进行针对性的调整，以便满足相关方的期望并改善相关方参与水平。

●政治意识。政治意识是指对于正式和非正式权力关系的认知，并且愿意在这些关系中工作。政治意识的范畴包括理解组织战略、了解谁有权力和影响力，并培养与这些相关方进行沟通的能力。项目经理应该具备政治意识，以便根据项目环境和组织的政治环境来制订沟通计划。沟通管理和相关方管理都要用到政治意识。

●文化意识。文化意识指一个人或一个群体对自己所属文化（包括对文化的价值观、信仰、习俗、传统、语言、艺术、历史和社会结构等方面）的认同、理解和关注程度。文化意识还涉及对其他文化的理解和尊重，以及在跨文化交流和互动中的适应能力。本过程中，项目经理要理解个人、群体和组织之间的差异，并据此采用与文化相适应的项目沟通策略。项目经理应具备文化敏感性，以便能够根据相关方和团队成员的文化差异和文化需求来规划沟通工作，且在后续行动中也能够最大限度地减少因文化差异而导致的误解和沟通错误。

7）数据表现

适用于本过程的数据表现技术包括相关方参与度评估矩阵。它是一种将相关方当前参与水平与期望参与水平进行比较的矩阵方法。其中将相关方不同的参与水平（例如：不了解、抵制、中立、支持、领导等）列为表格的行，项目的各相关方列为表格的列，然后针对同一相关方评估出期望水平和当前水平（图10-2）。在本过程中，在找出相关方参与度差距的基础上，进一步识别额外的沟通需求。

8）会议

项目会议可包括虚拟（网络）或面对面会议，且可用文档协同技术进行辅助，包括电子邮件信息和项目网站。召开沟通规划会议的目的是制订项目的沟通计划和策略，项目经理和团队成员将讨论和确定项目的沟通需求、沟通目标、沟通方式、沟通频率、责任人等。

9.2.3 沟通管理规划的成果

◆沟通管理计划

该计划描述将如何规划、执行与监督项目沟通，以提高沟通的有效性。该计划包括如下信息：

●信息沟通方式和途径。主要说明在项目的不同实施阶段，针对不同的相关方及不同的沟通要求，拟采用的信息沟通方式和沟通途径。即说明信息（包括状态报告、数据、进度计划、技术文件等）流向何人、将采用什么方法（包括书面报告、文件、会议等）分发不同类别的信息。

●信息收集归档格式。用于详细说明收集和储存不同类别信息的方法。应包括对先前收集和分发材料、信息的更新和纠正。

●信息的发布和使用权限。

●发布信息说明。具体包括格式、内容、详细程度以及应采用的准则或定义。

●信息发布时间。即用于说明每一类沟通将发生的时间，确定提供信息更新依据或修改程序。

●更新和修改沟通管理计划的方法。

●约束条件和假设。

沟通管理计划中还包括关于项目状态会议、项目团队会议、网络会议和电子邮件等的指南和模板。如果项目要使用项目网站和项目管理软件，那就要把它们写进沟通管理计划。

 「扫码」查看项目沟通管理计划：模板、内容说明及实例

9.3　沟通管理

本过程的主要目标是，依据沟通管理计划，通过及时、准确地处理（收集、生成、发布）项目信息，确保相关方的信息需求得以满足。本过程需要在整个项目期间开展。

沟通管理过程会涉及与开展有效沟通有关的所有方面，包括使用适当的技术、方法和技巧。此外，它还应允许沟通活动具有灵活性，允许对方法和技术进行调整，以满足相关方及项目不断变化的需求。表 9-3 描述本过程的依据、方法和成果。

表 9-3　沟通管理过程

依据	方法	成果

项目管理计划
  ●资源管理计划
  ●沟通管理计划★
  ●相关方参与计划
项目文件
  ●变更日志★
  ●问题日志
  ●经验教训登记册
  ●质量报告★
  ●风险报告★
  ●相关方登记册
工作绩效报告★
事业环境因素
组织过程资产
	沟通技术
	沟通方法
	沟通技能
	  ●沟通胜任力
	  ●反馈
	  ●非言语
	  ●演示
	项目管理信息系统★
	项目报告发布★
	人际关系与团队技能
	  ●积极倾听
	  ●冲突管理
	  ●文化意识
	  ●会议管理
	  ●人际交往
	  ●政治意识
	会议★
		项目沟通记录★
		项目管理计划更新
		  ●沟通管理计划
		  ●相关方参与计划
		项目文件更新
		  ●问题日志
		  ●经验教训登记册
		  ●项目进度计划
		  ●风险登记册
		  ●相关方登记册
		组织过程资产更新

本过程的典型操作是，项目团队依据沟通管理计划的预先安排，将相关方需要或关心的信息（例如项目的变更、质量、风险、工作绩效等信息），定期或不定期通过项目管理信息系统传递给相关方。例如，将项目变更申请的受理、审核、审批或驳回等流程信息通过 OA 系统或邮件发布给相关方。通常会定期发布项目报告，为此召开专门会议（线下或线上），将事先制作好的项目阶段性报告（介绍项目状态和进展），以书面、PPT 等方式，展示给受邀参会的相关方（如客户、项目发起人、关键供应商、项目总监），并听取相关

方的反馈意见。必要时项目团队还要将这一过程及结果编写成内部简讯或新闻，通过外部媒体公开发布，以满足其他相关方的信息需求。

9.3.1　沟通管理的依据

在本过程的依据中，沟通管理计划提供了方法指南，变更日志、质量报告、风险报告及工作绩效报告提供了沟通的主要内容，即相关方关心的项目信息，其他组件对本过程有不同程度的影响。

1）项目管理计划

• 沟通管理计划。该计划明确了对本项目沟通将要如何规划、实施和监督，为本过程具体实施沟通提供指南。

2）项目文件

• 变更日志。该文件记录了整个项目或阶段期间发生的变更，包括变更请求及处理情况。本过程中，变更日志用于向相关方传达变更信息（如变更请求的发生、批准、驳回等情况）。

• 质量报告。该报告是用于报告质量管理问题、纠正措施建议以及在质量控制活动中所发现的其他情况的一种项目文件，其中也可以包括对过程、项目和产品改进的建议。本过程中，质量报告包含了项目质量方面的重要信息，应传递给那些对质量产生影响的相关方，以便达成项目的质量要求。

• 风险报告。该报告提供有关整体项目风险信息和已识别单个项目风险的概述信息。这些信息应通过本过程向风险责任人及其他受影响的相关方传递，以实现风险管理的预期目标。

3）工作绩效报告

工作绩效报告的典型示例包括项目的状态报告和进展报告。工作绩效报告可以包含挣值分析结果、趋势和预测、储备分析结果、缺陷信息、合同绩效信息以及风险概述信息。在本过程中，工作绩效报告将传递给项目相关方，以便引起相关方的关注，并为制定决策和采取行动提供依据。

9.3.2　沟通管理的方法

1）沟通技术

沟通技术指交流和传递信息时所使用的各种工具、方法和技巧，目的是促进有效的沟通和信息传递。影响沟通技术选择的因素有：团队是集中办公或分散各地、需要分享的信息是否需要保密、团队成员的可用资源，以及组织文化会如何影响会议和讨论的正常开展。

2）沟通方法

选择沟通方法时，对不同相关方采用不同的沟通方法，而且应保持灵活性以适应相关方及其需求和期望的变化。因为随着项目的推进，可能会出现新的相关方，原有相关方需求也可能会变化，项目团队应持续跟踪变化情况，并对沟通做出调整。

3）沟通技能

适用于本过程的沟通技能包括：

● 沟通胜任力。经过裁剪的沟通技能的组合，有助于明确关键信息的目的、建立有效关系、实现信息共享和采取领导行为。

● 反馈。反馈是指收到信息或行为后对其进行评价和回应的过程。在各种情境下，反馈都是非常重要的，它可以帮助项目团队改进自己的表现，促进团队合作，以及提高工作效率。沟通管理中，及时和有效的反馈都是至关重要的。

● 非口头技能。例如，通过示意、语调和面部表情等适当的肢体语言来表达意思。镜像模仿和眼神交流也是重要的技能。团队成员应该知道如何通过说什么和不说什么来表达自己的想法。

● 演示。演示是信息和/或文档的正式交付。运用实例、图表、视频等方式向项目相关方演示项目的相关信息，例如，项目进度和信息更新、支持决策制定的背景信息、有关项目及其目标的通用信息以及提升对项目理解和支持的具体信息。

4）项目管理信息系统

项目管理信息系统能够确保相关方及时便利地获取所需信息。用来管理和分发项目信息的工具很多，包括：

● 电子项目管理工具。项目管理软件、会议和虚拟办公支持软件、网络界面、专门的项目门户网站和状态仪表盘，以及协同工作管理工具。

● 电子沟通管理。电子邮件、传真和语音邮件，音频、视频和网络会议，以及网站和网络发布。

● 社交媒体管理。网站和网络发布；以及为促进相关方参与和形成在线社区而建立博客和应用程序。

5）项目报告发布

项目报告发布是收集和发布项目信息的行为。项目信息应发布给众多相关方群体。应针对每种相关方来调整项目信息发布的适当层次、形式和细节。从简单的沟通到详尽的定制报告和演示，报告的形式各不相同。可以定期准备信息或基于例外情况准备。虽然工作绩效报告是监控项目工作过程的成果，但是本过程会编制临时报告、项目演示、博客，以及其他类型的信息。

6）人际关系与团队技能

适用于本过程的人际关系与团队技能包括：

● 积极倾听。积极倾听是指以积极的态度倾听他人说话，关注对方的需求和感受，尊重对方的意见和想法，消除妨碍理解的各种障碍，从而促进有效沟通并建立良好的人际关系。

● 冲突管理。冲突管理指为限制冲突产生的负面影响同时增加正面影响，处理和解决团队或组织中出现的冲突或分歧的过程。包括识别冲突的存在、了解冲突的原因和影响、采取措施处理冲突，并寻求冲突各方的共识和解决方案。更多详情参见 11.6.2。

● 文化意识。项目经理应增强文化意识和文化敏感性，准确识别和理解相关方和团队成员的文化差异和文化需求，据此采用与文化相适应的沟通策略，并减少因文化差异而导致的误解和沟通错误。为此，可以进一步了解跨文化沟通的解决办法及跨文化背后的理论探索，如文化维度理论和文化智力理论。

「扫码」了解跨文化沟通的方法及理论依据——前沿研究

● 会议管理。会议管理是指对会议的组织、安排和执行进行管理，以确保会议顺利进行并达到预期的目标。会议管理过程应抓住以下几个重点：明确会议目的、制定会议议程、邀请合适的与会人员、处理会议问题和冲突、跟进会议决议。

● 人际交往。人际交往指人与人之间的交流和互动。有效的人际交往有助于项目团队通过非正式组织解决问题，影响相关方的行动，并提高相关方对项目工作和成果的支持，从而提升绩效。

● 政治意识。政治意识是指对于正式和非正式权力关系的认知，包括对政治行为和政治权力的敏感度和理解能力，在沟通管理中，政治意识有助于项目经理理解相关方的各种行为和举动，合理引导相关方的参与。

7）会议

通过召开会议来支持沟通策略和沟通计划中的行动，可以提高沟通的效率和准确性，避免误解和信息不对称的问题。此外，会议还可以增强团队成员之间的联系和凝聚力，促进合作和协作，从而提高整个组织的绩效和成果。

 思考

在沟通管理中，为什么需要定期发布项目报告并召开专门会议展示给相关方？

9.3.3 沟通管理的成果

◆项目沟通记录①

项目沟通工件包括：绩效报告、可交付成果状态、进度的进展、已发生成本、演示文稿以及其他利益相关者所需的信息。沟通不仅包括对信息进行收集、生成、发布的过程，还包括对信息后续的储存、检索、管理、追踪和处置等过程，因此项目团队应对沟通的信息做好存储和管理，必须让项目沟通"留痕"。

「扫码」查看项目沟通记录示例

9.4 沟通监督

本过程的主要目标是，通过监督沟通过程的绩效信息（沟通的执行情况和效果）及必要时提出变更请求，改进项目沟通。本过程需要在整个项目期间开展。表9-4沟通监督过

---

① PMBOK 指南中，项目沟通记录的原文是 Project communications，直译为"项目沟通"。

程描述本过程的依据、方法和成果。

表 9-4　沟通监督过程

依据	方法	成果
项目管理计划 　●资源管理计划 　●沟通管理计划★ 　●相关方参与计划 项目文件 　●问题日志 　●经验教训登记册 　●项目沟通记录★ 工作绩效数据★ 事业环境因素 组织过程资产	专家判断 项目管理信息系统★ 数据分析 　●相关方参与度评估矩阵★ 人际关系与团队技能 　●观察/交谈★ 会议	工作绩效信息★ 变更请求★ 项目管理计划更新 　●沟通管理计划 　●相关方参与计划 项目文件更新 　●问题日志 　●经验教训登记册 　●相关方登记册

本过程的典型操作是，项目团队依据沟通管理计划的安排，通过项目管理系统（PMIS）存储和处理项目沟通记录，同时收集和整理沟通活动的绩效数据，监督沟通管理计划的落实情况（工作绩效信息），然后利用满意度调查，评估相关方参与水平是否达到了项目预期，进而对参与度达不到预期的相关方进行观察和交谈，找出更好的沟通方案，通过变更请求并经整体项目变更控制过程的处理后，调整和优化沟通的内容和形式。

9.4.1　沟通监督的依据

在本过程的依据中，沟通管理计划提供了方法指南，项目沟通记录提供了沟通实施的内容及结果，工作绩效数据提供了沟通管理过程的绩效数据，其他组件对本过程有不同程度的影响。

1）项目管理计划

●沟通管理计划。该计划包含了项目如何沟通的规划、实施和监督，明确了团队及相关方在项目沟通中的角色和职责，因而该计划既是沟通监督的内容依据，又是沟通监督者的方法指南。

2）项目文件

●项目沟通记录。该文件记录并储存了已开展的沟通活动的相关信息。例如沟通活动记录清单、沟通详细记录及相关附件等。

3）工作绩效数据

本过程的工作绩效数据主要是指在项目沟通计划实施过程中，项目各种沟通活动开展的数据，例如实际已开展的沟通类型和数量的数据。

9.4.2　沟通监督的方法

1）专家判断

如果个人或小组在与公众、社区和媒体的沟通，在国际环境中的沟通，以及虚拟小组之间的沟通、沟通和项目管理系统等方面具备专业知识、丰富经验，则可征求其意见。

2）项目管理信息系统

项目管理信息系统为项目经理提供一系列标准化工具，以便根据沟通计划为内部和外部的相关方收集、储存与发布所需的信息。应监控该系统中的信息以评估其有效性和效果。

3）数据分析

适用的数据分析技术包括相关方参与度评估矩阵。它是一种将相关方当前参与水平与期望参与水平进行比较的矩阵方法。本过程中用于评估沟通活动效果，据此对沟通进行适当调整。

4）人际关系与团队技能

这里的人际关系与团队技能是指观察/交谈。通过观察和交谈，例如与项目团队进行讨论和对话，有助于项目经理找到最佳方法来沟通项目绩效，并回应相关方的信息需求。这种方法有助于发现团队内部问题、人员冲突或个人绩效问题。

5）会议

面对面或虚拟会议适用于制定决策，回应相关方请求，与提供方、供应方及其他项目相关方讨论。例如，如果有项目相关方提出了问题或要求，项目经理和团队可以邀请与之（问题或要求）有关的提供方、供应方及其他相关方一起以专题会的形式来回应并商讨解决方案。

9.4.3　沟通监督的成果

1）工作绩效信息

工作绩效信息包括沟通管理计划的落实情况及执行效果，前者代表计划的执行水平和变更数量，后者代表沟通后的效果反馈。沟通管理的效率和效果可以采取系统性的评估方法，除相关方参与度评估矩阵外，还可以使用满意度评估、预设沟通效率效果评估指标等。通过横向或纵向对比或与计划目标相比，分析沟通效率和有效性的达成和改善状况。

2）变更请求

通过对沟通过程的观察和分析，项目团队可能需要对沟通管理计划所规定的沟通方式、内容及相关方等内容进行调整，包括必要的预防、纠正或补救措施。为此提出变更请求且需要通过实施整体变更控制过程进行审查和处理。

 思考

在沟通监督过程中，为什么要进行满意度调查？满意度调查有哪些优势和局限性？

本章小结

1. 项目沟通是为了满足相关方对项目信息的需求，如果相关方的信息需求得不到满足（如不及时、不准确、以不适当方式），可能会引发相关方不满进而影响相关方的参与度水平，最终损害项目利益。

2. 为了制定整个项目的沟通策略和沟通计划，需要在参考项目章程、需求文件、相关方参与计划、相关方登记册及组织过程资产等材料的基础上，先分析相关方的信息需求，然后结合项目内外环境，从不同的沟通技术、沟通模型和沟通方法中进行合理选择，特殊情况下需要开展沟通风格评估和强化政治意识、文化意识。

3. 沟通管理的主要任务是将沟通计划付诸实施，以便及时、准确的处理和传递项目信息，为此需要利用项目管理信息系统高效地传递信息（项目变更信息），同时还需要借助会议并发布项目阶段性报告，如质量报告、风险报告和项目状态和进展报告等，以书面或 PPT 方式向特定的相关方展示项目的进展信息，于是，就需要提前准备和整理上述文件和报告。

4. 沟通管理监督就是了解项目沟通计划的执行情况，并分析和评估相关方的参与度水平，如果没有达到预期效果，还需要通过观察和交谈了解原因并优化沟通方案，为此就要参考项目沟通记录。

5. 沟通管理与相关方管理、范围管理、质量管理、风险管理之间存在重要接口。

习　题

一、判断题

1. 利用项目管理信息系统（PMIS）能够确保相关方获取信息更加及时、更加便利。
（　　）

2. 项目进展报告是项目沟通的重要形式。（　　）

3. 只要明确沟通目标，即便不了解沟通对象，也能实现有效沟通。（　　）

4. 判断沟通效果主要看相关方的参与度水平是否达到预期。（　　）

5. 沟通监督过程是监督沟通的绩效表现，并在必要时提出变更请求，以改进项目沟通。
（　　）

二、单选题

1. 客户提出了一项新的需求，项目经理随后提交了变更请求，经批准后，项目经理要求团队成员满足该项新需求。在一次相关方会议上，项目经理发现一名相关方不知道已经发生了该项变更。项目经理应该审查以下（　　）文件来解决。

A. 风险管理计划　　B. 相关方参与计划　C. 沟通管理计划　　D. 范围管理计划

2. 项目经理得知一次定期项目团队会议上的沟通渠道中断，项目经理应该（　　）来确保所有项目团队成员都同样了解项目情况。

A. 会后将整理的会议记录发送给每位团队成员

B. 了解所有参会人员对会议的了解程度

C. 再次规划一次具有适当沟通渠道的团队会议

D. 将重新召开会议加入待办事项列表

3. 项目经理负责管理一个集设计、生产、加工与投放于一体的广告牌项目。在项目进行到设计阶段时，设计师将设计手稿发送给客户确认，客户表示不符合要求，并将其要求发送给设计师。而设计师表示应该与客户一起开会解决，这样才能了解到一些细致的设计要求。项目经理应该（　　）。

A. 引导沟通风格评估，并与相关方一起确定沟通准则

B. 要求客户与设计师一起开会解决，因为更能考虑到客户的利益

C. 要求设计师接受客户发送的要求，尊重客户的选择

D. 在定期状态会议上解决该问题

4. 项目团队新加入一名团队成员，项目经理准备将项目文件发送工作交给她，但是她表示自己给某位相关方发送文件时并不清楚应该通过何种渠道进行文件分发，她应该先参考（   ）再进行工作开展。

A. 沟通管理计划   B. 资源管理计划   C. 需求跟踪矩阵   D. 相关方参与计划

5. 客户的项目经理发生了变化，他是项目的一名重要相关方。原来的项目经理很配合项目工作，但是新来的该项目经理对项目工作不予理睬。约翰作为公司的项目经理希望得到相关方的理解和支持，如果要更好地与该项目经理进行沟通，约翰首先应该（   ）。

A. 进行沟通需求分析，以确定与该相关方沟通的最佳方式

B. 带领团队主动认识该相关方

C. 修订沟通管理计划

D. 修订相关方管理计划以满足相关方需求

6. 项目经理正在管理一项地质勘探项目，在项目第一阶段的项目状态会议中，所有的高层管理人员均参与了会议。在项目开始进行到第二阶段时，一位高层管理人员想要在每次项目状态会议前提前获取项目状态信息。项目经理应该（   ）。

A. 告知该高层管理人员可以在项目状态会议上获取到

B. 在每次项目状态会议前将项目状态信息汇总成报告通过电子邮件的形式发送给该管理人员

C. 与该高级管理人员一起开会讨论该要求并更新沟通管理计划

D. 要求团队成员在每次状态会议前向该高层管理人员发送项目状态信息

7. 在一个全球性的项目中，因为线上会议的不方便，相关方之间采取每周一次电子邮件进行沟通，在一次全体相关方参加的进度大会中，多位关键相关方表示对项目的状态感到吃惊，并表示他们最近一个月没有收到项目状态的报告了。为了避免这种情况的发生，项目经理应该（   ）。

A. 在接下来的沟通中重点关注几位关键相关方

B. 确保沟通按照计划进行

C. 将每次的状态报告通过电子邮件发送给相关方

D. 制定需求跟踪矩阵

8. 项目经理就项目进展情况召开了团队会议，团队成员反映目前关键路径上的某一活动进度已经落后，幸好团队已经商讨出了解决办法，预估一天后就能着手开始追赶进度。项目经理应该（   ）。

A. 为了预防类似的问题发生为团队申请更多的资源

B. 召集所有干系人开会，以讨论该问题的解决

C. 按照沟通管理计划，联系需要通知的干系人

D. 将项目的进度情况上报项目发起人

9. 项目经理领导虚拟团队，执行一个多阶段项目的最后一个阶段，在项目进行期间，一位团队成员报告，位于异地的工程设计专家总是无法配合项目团队的工作，双方的合作

屡屡出现障碍，导致设计无法按时完成。项目经理应该（　　）。

A. 依据当前的专家工作，改变项目团队的工作内容

B. 更新沟通管理计划，以确保项目信息的及时交换

C. 上报项目发起人协助，要求专家做属于他的工作

D. 与职能经理协商资源，以替换该名工程设计专家

三、多选题

1. 项目会议期间的管理方法有（　　）。

A. 指定会议记录　　　　　　　　B. 先说明会议目的和议程

C. 掌握和控制会议　　　　　　　D. 结束时要总结会议成果

2. 有效沟通的活动通常表现为（　　）。

A. 沟通目的明确　　　　　　　　B. 尽量了解沟通对象，满足其需求及偏好

C. 监督并衡量沟通的效果　　　　D. 高超的语言技巧

3. 项目沟通计划就是针对项目当事人的沟通需求进行分析，它主要包括（　　）。

A. 确定向谁发布信息　　　　　　B. 发布什么信息

C. 什么时候发布信息　　　　　　D. 采取何种方式发布信息

4. 采用何种沟通技术，取决于哪些因素？（　　）

A. 对信息需求的紧迫程度　　　　B. 沟通技术的可用性

C. 项目执行情况　　　　　　　　D. 信息的保密性

5. 某相关方想要了解项目的进度情况，项目经理安排了一名团队成员使用推式沟通来与该相关方沟通项目进度状态，以下（　　）属于推式沟通。（选2项）

A. 语音邮件　　　　　　　　　　B. 电子在线课程

C. 传真　　　　　　　　　　　　D. 电话会议

E. 经验教训数据库

6. 项目经理可以通过什么来促进项目沟通？（　　）

A. 运用多种沟通渠道　　　　　　B. 进行信息的追踪与反馈

C. 成为一个沟通联络者　　　　　D. 主持有效的会议

延伸思考/素养话题

有效沟通：技巧、性格还是品德？

有的人说，沟通是一种口才，表现为能说会道、口若悬河。有的人说，沟通是一种技巧，针对不同的人，在不同的场合，选择不同时机，说不同的话。有的人说，沟通是一种性格，表现为：外向开朗、喜欢说话。有的人说，沟通是一种做人之道，表现为正直、诚实、友善，这样的人所说的话，自然让人心悦诚服。

思考：1. 分别评价以上观点；2. 结合"沟通三角：需求、信任、价值"，重新评估以上观点；3. 评估自己：倾向于（喜欢或擅长）哪一种沟通？哪些方面有待加强？

应用案例

智慧农贸项目开发中的"乱象"

"智慧云称"是H公司智慧农贸项目中的子项目（简称项目），该项目旨在通过更换设备和软件升级，提升智慧农贸项目中的收银与支付功能，改善消费者体验。新模块实现了聚合支付功能，解决了单一支付方式的问题，同时新增了报表统计、小票和追溯功能，有利于商户管理和数据分析，为商户提供最优的决策建议。

2021年H公司启动了"智慧云称"项目，由项目总监万先生宣布启动并宣布刘先生为项目经理。万总利用微信创建了管理群和内部执行群，还创建了客户群和合作伙伴群，项目团队通过微信交流信息。

忙乱的会议

项目开始后不久，由于没实时关注微信群，刘经理多次差点错过重要的会议。有一次，刘经理正外出进行项目调研，突然接到同事的电话。通过电话得知，万总二十分钟前通过微信群发布通知，召集项目成员开会讨论需求。同事发现刘经理长时间没回应，因此电话通知刘经理。

刘经理匆忙查阅群里的内容后就赶回公司，结果到达会议室已迟到。刘经理发现不少项目成员迟到，也有不少成员因其他任务临时请假。当会议进行到一半时，团队开始讨论技术方案，此时万总突然发现忘记通知技术经理参会，于是立即通知技术经理。万总先将前面会议信息复述给技术经理然后继续主持会议。会议结束后，项目成员将会议简报发至微信群用于存档。

刘经理回忆起自己的项目经历，发现类似的事情经常发生。这些临时会议的时间不确定，无法明确开始时间和结束时间。除会议时间不确定之外，会议甚至频繁漏掉重要项目干系人，例如评审会议遗漏技术工程师导致会议无法继续的事件多次发生。很多项目成员认为，项目团队通过微信群通知重要项目信息，随意召开会议等是不合理的，这些行为会给项目的后续发展带来很大的风险。项目成员在推进项目过程中，不可避免地要与招商部、市场部、研发部及运营部等各部门沟通，此外还需与商户、政府监管人员及居委会等众多外部成员进行沟通。这些项目涉及的干系人分布在不同公司和不同地域，增加了沟通难度。部分项目成员认为现有沟通方式很容易导致信息不足、沟通不及时等问题。

需求矛盾

客户负责人罗总非常重视"智慧云称"这一项目，该项目的新功能将有利于集中化管理，对业务来说很重要。在项目的推动过程中，罗总多次和负责人万总沟通，表示"旧系统存在学习成本高、无法集中管理商品等问题，希望能尽早体验新系统以及了解项目的进度"，然而一直没得到响应。

项目接近尾声时，项目经理刘先生向客户演示了新系统并对系统功能详细讲解。然而，刘经理感受到客户的困惑和无奈。

例如，一些普通客户体验新系统之后，直言不讳地表示，由于系统过于复杂，导致店长和店员根本无法使用。部分品牌商客户表示，如果按照新系统的费用结算方式，费用比旧系统多，这将导致这些客户体验与原招商合同有较大差异，这让他们无法接受。农贸市场管理方认为，新系统依旧需要手工方式录入数据，无法通过新系统实现集中化和自动化管理。这导致罗总也强烈不满，拒绝验收，表示"旧系统的问题依然没有解决，该新系统功能与原始需求偏差非常大，达不到自己预期"。

新系统除引起客户的不满之外，还导致项目团队其他成员不满。有项目成员表示，已经多次反馈过系统的问题，但每次相关部门都是以"流程使然"为由搪塞过去。

最终此次验收工作暂时被搁置。项目经理刘先生回到公司后，组织复盘会议。项目经理调取客户需求记录，反复检查用户反馈的问题。经过核对后刘经理发现，客户原始需求在需求文档中仅是几条简单的记录，备忘事项仅仅简单地标注"需求未经确认需参考微信记录"。

与此同时，刘经理回忆起上次会议。万总提及相关需求，会后将信息发到项目微信群中，但是后续再无项目成员对此信息跟进和反馈。在整个过程中，项目成员不但没有和万总确认，也没有和客户沟通，项目成员根据未确认的需求推进项目，最终导致交付成果与客户的原始需求有很大的偏差。随后刘经理找到其他项目参与者，希望了解更多的细节。

项目经理首先找到负责售后服务的 F 工程师，想要弄清楚为什么在客户多次反馈不可行的情况下，售后部门没有及时反馈并向团队确认细节。然而，售后工程师的第一反应就是推卸责任，根据售后工程师的说法，按照 H 公司的流程和制度，只有通过了测试部门的验收，才能进入售后部门，售后部门负责实施，测试部门负责测试，售后部门根本不知道项目的原始需求。此外，售后部门反馈上述问题，测试部门给出的答复是："响应流程就是这样的"。几番沟通无果，售后部门便只能按照旧有流程按部就班行事。

然后，项目经理来到测试部门了解情况。测试经理表示本部门已经按照项目要求，将产品交给了客户，并且有相关的测试材料，包括测试案例、验收报告等，表明测试部门按照流程办事，没有任何问题。

于是，项目经理找到了技术经理，技术经理说的和前面两个部门一模一样，都是按照公司的流程来做的，相关的需求都是经过流程审核的，每个部门都已经确认过了。此外，技术部多次质疑文档中未确认的需求，多次找生鲜事业部沟通。然而，需求频繁变更，最终只能通过与生鲜事业部负责人×经理的沟通邮件佐证。

最后，项目经理去找生鲜事业部负责人×经理了解情况。×经理表示，项目刚开始的时候，就已经召开了相关的会议，将项目的需求告知技术部门，并且通过微信群通知各部门。与之不同，技术部表示，本部门是按照正式邮件执行的。×经理多次与技术部沟通，指出原先需求理解存在偏差，希望能调整需求。而技术部门表示，技术上可以调整需求，但时间来不及，如果需要变更的话，交付周期会延长。因此事业部表示无奈，只能同意按原需求执行。

刘经理回到自己办公室后长叹一口气，没想到项目即将结束时，出现这样的情况，怎么办。他突然想到自己正准备考证的项目管理教材，于是快速拿出教材，翻到"沟通管理"这一章……（改编自：陆文斌 . H 公司智慧农贸项目沟通管理案例研究 [D]．大连理工大学，2022. DOI：10. 26991/d. cnki. gdllu. 2022. 003905.）

思考： 1）分析该项目沟通管理过程存在哪些问题？2）如何解决这些问题？

第 10 章　项目相关方管理

知识目标	能力目标	素养目标
1. 了解项目相关方管理的概念、目的和重要性 2. 了解相关方管理各过程的关键组件 3. 掌握项目相关方管理的实际应用，能够独立开展相关方规划、管理和监督工作。 4. 理解相关方管理与相关方监督的关系 5. 理解相关方管理与沟通管理的关系	能根据相关方的复杂性、多样性等因素，熟练运用沟通和人际关系技能，制订和实施相关方参与计划并解决相关方参与中的问题	理解并认同以人为本的管理理念，进而培养人文关怀的意识和品质

关键概念

相关方、冲突管理、相关方参与度评估矩阵

知识图谱

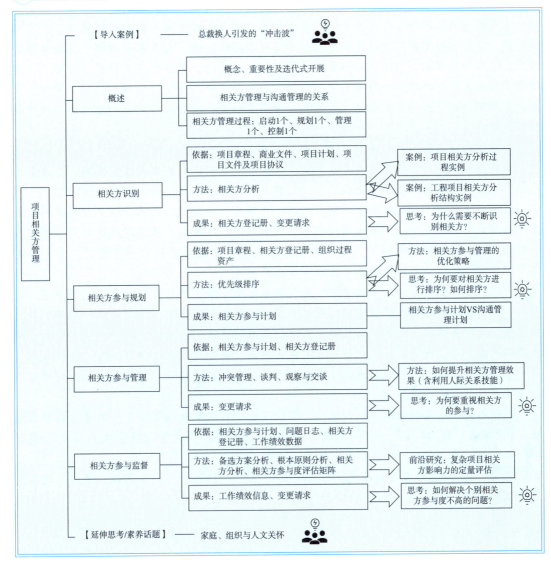

导入案例

总裁换人引发的"冲击波"

在一个内部产品开发项目中，项目经理邓文生经历了一次高层管理人员的大规模调整。首先，公司董事会解雇了现任总裁，聘请了一位来自知名科技公司的新总裁。这位新总裁随后从他的旧公司引进了十几名同事，其中一部分被安排到公司高层管理部门，另一部分则加入了研究和开发团队，包括两名资深科学家加入了邓经理所负责的产品开发小组。这些变动无疑给项目执行带来了很大挑战，需要团队成员迅速适应新的领导和团队结构。

邓经理向新组建的高管层汇报了他负责项目的任务、团队和实施状况。高管层认为这个项目的任务和进度都有很多问题，于是提出了新的项目目标和完成时间。新总裁毫不犹豫地批准了所有项目变更。这样的调整，彻底改变了项目方向，把项目搞得一团糟。

两名资深科学家加入后，邓经理的团队由原有的 6 名工程师扩大到现在的 8 名。突然间，原有的 6 名工程师士气一落千丈。这些变化，导致之前做的一切都付之东流。为了突破困境，邓经理组织团队中的资深工程师开了一个团队会议。大家深入讨论了前期取得的成绩，以及面对新的高管团队必须要做的事情。与此同时，邓经理极力说服高管团队，强调新产品的发展符合增强公司未来竞争力的方向，而且产品开发方面做得很好。另外，邓经理也强调老成员必须开放胸怀，欢迎并接受两名新成员的加入，让他们在新的环境里找到家的感觉。

为确保新老工程师之间没有敌意，邓经理开了一个小组会议，集思广益地讨论新项目、新任务和团队成员的责任。会议期间，邓经理有意识地向两名新成员表明：他才是团队的领导者，两名新成员尽管是新总裁的好朋友，也必须与其他团队成员密切合作。

最初一段时间，项目进展很顺利。然而，几周后，两名新加入的高级工程师开始在没有通知邓文生的情况下，偏离他们的任务目标和规范。很明显，两名新成员得到了新总裁的授意。他们的行为影响到了项目的其他 6 位成员，老成员开始抱怨项目实施方向的突变。邓经理意识到，必须立即纠正这种不和谐的状况。

为此，邓经理直接约见了新总裁，并礼貌地向他汇报了项目管理方面遇到的问题，并得知，新总裁每周都会跟邓经理团队中的两名新成员一起吃午饭，并讨论这一项目，新总裁通常会提一些建议。但是，新总裁没有意识到他的建议已经对项目执行产生了影响。两人最终达成共识，新总裁如果对该项目有任何建议，会先发邮件给项目经理。在项目经理做出最终决策之前，会评估总裁的决策对项目进度和成本的影响，之后再把相关的项目调整决策产生的影响汇报给他。

过后不久，项目就回到了正常轨道，邓经理也暗自庆幸自己化解了一次重大的项目危机。（改编自：M. 凯末尔·阿特斯曼. 观千剑而后识器：项目管理情景案例［M］. 越丽坤，刘心男，译. 北京：中国电力出版社，2020.）

思考： 1）新总裁及其高层管理团队对项目的影响有哪些？2）如何评价项目经理在高层管理人员变动后的应对措施和效果？

10.1 概　述

10.1.1　相关方概念及相关方管理的重要性

相关方是指在项目中受到项目实施和项目成果影响、关注，和利益相关的人员或组织。他们可能会对项目产生积极或者负面的影响。相关方包括但不限于以下几种：

（1）内部组织——如高层管理层、职员、团队成员等；

（2）客户——如顾客、用户、业主等；

（3）合作伙伴——如合作公司、联盟成员等；

（4）政府机构——如监管机构、税务局等；

（5）媒体——如传媒、评级机构等；

（6）供应商——如设备提供商、物流公司等。

每个项目都有相关方，他们会受项目的积极或消极影响，或者能对项目施加积极或消极的影响。有些相关方影响项目工作或成果的能力有限，而有些相关方可能对项目及其期望成果有重大影响。关于重大项目灾难的学术研究及分析强调了结构化方法对识别所有相关方、进行相关方优先级排序，以及引导相关方参与的重要性。项目经理和团队正确识别并合理引导所有相关方参与的能力能决定项目的成败。为提高成功的可能性，应该在项目章程被批准、项目经理被委任，以及团队开始组建之后，尽早开始相关方识别并引导相关方参与。

相关方满意度应作为项目目标加以识别和管理。有效引导相关方参与的关键是重视与所有相关方保持持续沟通（包括团队成员），以理解他们的需求和期望、处理所发生的问题、管理利益冲突，并促进相关方参与项目决策和活动。

为了实现项目收益，识别相关方和引导相关方参与的过程需要迭代开展。虽然在项目相关方管理中仅对这些过程讨论一次，但是，应该经常开展相关方识别、排列其优先级以及引导其参与等活动。至少要在以下时点开展这些活动：

- 项目进入其生命周期的不同阶段；
- 当前相关方不再与项目工作有关，或者在项目的相关方群体中出现了新的相关方成员；
- 组织内部或更大区域的相关方群体发生重大变化。

10.1.2 相关方管理和沟通管理

相关方管理和沟通管理是项目管理中非常相关的两个方面，它们之间存在着密切的关系。

相关方管理是指识别、分析、规划、执行和监控与项目相关的各方利益相关者的需求、期望、利益和影响，并通过适当的沟通和参与来管理这些相关方，以确保项目成功实施。相关方管理的核心在于了解和满足各方利益相关者的需求和期望，以达到项目目标。

沟通管理是指规划、编制、实施和监控项目信息的传递和交流，以满足项目相关方的需求和期望，并确保项目成功实施。沟通管理的核心在于确保项目信息的传递和交流是及时、准确、清晰和有效的。

在项目管理中，相关方管理和沟通管理之间存在着相互依存的关系。相关方管理需要通过适当的沟通来实现，而沟通管理则需要了解各方利益相关者的需求和期望，以便有效地传递和交流信息。因此，在进行相关方管理时，需要考虑如何通过适当的沟通来满足各方利益相关者的需求和期望；而在进行沟通管理时，需要了解各方利益相关者的需求和期望，以便制订适当的沟通策略和计划。

因此，相关方管理和沟通管理是项目管理中非常相关的两个方面。通过有效的相关方管理和沟通管理，可以满足各方利益相关者的需求和期望，从而确保项目成功实施。

10.1.3 相关方管理过程

项目相关方管理过程包括相关方识别、相关方参与规划、相关方参与管理及相关方参与监督四个过程，其中相关方识别属于启动过程组，相关方参与规划属于规划过程组，相关方参与管理属于执行过程组，最后的相关方参与监督属于控制过程组。具体如下（表10-1）：

表 10-1　相关方管理的过程组划分

项目管理过程组				
启动过程组	规划过程组	执行过程组	控制过程组	收尾过程组
相关方识别	相关方参与规划	相关方参与管理	相关方参与监督	

10.2　相关方识别

本过程的目标是，通过定期识别项目相关方，分析和记录他们的利益、相互依赖性、影响力、参与度和对项目成功的潜在影响，以便项目团队能够建立对每个相关方（或相关方群体）的适度关注。本过程应根据需要在整个项目期间定期开展。

具体的相关方识别过程见表 10-2。

表 10-2　相关方识别过程

依据	方法	成果
项目章程★ 商业文件★ ●商业论证 ●效益管理计划 项目管理计划★ ●沟通管理计划 ●相关方参与计划 项目文件★ ●变更日志 ●问题日志 ●需求文件 协议★ 事业环境因素 组织过程资产	专家判断 数据收集 ●问卷调查 ●头脑风暴 数据分析 ●相关方分析★ ●文件分析 数据表现 ●相关方映射分析 会议	相关方登记册★ 变更请求★ 项目管理计划更新 ●需求管理计划 ●沟通管理计划 ●风险管理计划 ●相关方参与计划 项目文件更新 ●假设日志 ●问题日志 ●风险登记册

本过程的典型操作是，规划者依据项目章程中有关相关方的描述（如相关方清单、职责等），从相关的项目计划、文件及协议中（不同时期使用的依据可能不同）识别出项目相关方名录，然后通过相关方分析，全面深入地了解相关方的利益、期望、影响力等信息，并记录在相关方登记册中，后续当相关方及内外部环境发生改变（例如进入下一个生命周期阶段）时，通常还需要再次识别相关方，以免因忽略相关方合理参与让项目陷入被动或不利的状态，而且后续的相关方识别可能会进一步引发项目计划和文件的变更请求。

10.2.1　相关方识别的依据

相关方识别是一个贯穿项目始终的过程，首次相关方识别可能会用到项目章程、商业文件和需求文件，后续当项目计划制订后，从沟通管理计划和相关方参与计划中获取相关方的信息，还有在项目实施过程中动态地从问题日志、变更日志及协议中获取相关方信息。

1）项目章程

项目章程会列出关键相关方信息，可能还包含相关方角色和职责的信息。

2）商业文件

商业文件中记录了项目的商业目标、战略和需求，这些信息对于确定项目的利益相关者是非常关键的。通过分析商业文件，项目管理人员可以识别出与项目相关的各种利益相关者，了解他们的需求和期望，以便更好地管理他们的利益。

在首次开展相关方识别过程时，商业论证和收益管理计划是项目相关方信息的来源。

●商业论证。商业论证文件中描述了影响项目的相关方和受项目影响的相关方的最初清单。

●收益管理计划。该文件描述了将从项目实施和成果中获得收益的相关方个人和组织。

3）项目管理计划

●沟通管理计划。考虑到相关方与沟通之间有密切联系，可以从已制定好的沟通管理计划中获取相关方的信息。

●相关方参与计划。相关方参与计划确定了用于有效引导相关方参与的管理策略和措施，再次识别相关方时需要重新审查这一计划。

4）项目文件

●变更日志。该文件中记录的变更可能引入新的相关方（如某一部件由自制改为外购，供应商成为项目相关方），或改变相关方与项目的现有关系的性质。

●问题日志。该文件记录的问题可能为项目带来新的相关方（如项目遇到一个 IT 技术问题，需要借助外部专家或专家团队来解决），或改变现有相关方的参与类型。

●需求文件。需求文件可以提供关于潜在相关方的信息。例如表 4-8 中，"来源"一栏中会记录提出需求的相关方信息。

5）协议

项目中已经签订的协议，合同签署方都是项目的相关方，还可能涉及其他相关方。

10.2.2　相关方识别的方法

1）专家判断

如果个人或小组在理解组织内的政治和权力结构、了解所在组织和其他受影响组织（包括客户及其他组织）的环境和文化、了解项目所在行业或项目可交付成果类型、了解个体团队成员的贡献和专长等方面具备相应专业知识、丰富经验，应征求其意见。

2）数据收集

适用于本过程的数据收集技术包括：

●问卷调查。问卷调查指设计一系列书面问题，向众多受访者快速收集信息。问卷调查可以包括一对一调查、焦点小组讨论，或其他大规模信息收集技术。

●头脑风暴。作为数据收集方法的头脑风暴，让团队成员或专家们围绕相关方，在遵循自由畅想、多多益善、不作评价、创意叠加的原则下收集数据信息，以便全面识别相关方及其特征。

3）数据分析

●相关方分析：相关方分析会生成一个相关方清单，并包含关于相关方的各种信息，如：相关方在组织内的位置、在项目中的角色、与项目的利害关系、期望、利益、权力、态度（对项目的支持程度）以及对项目信息的兴趣。

「扫码」查看某工程项目相关方分析结果

● 文件分析：评估现有项目文件及以往项目的经验教训，以识别相关方和其他支持性信息。

4）数据表现

这里的数据表现技术主要是指相关方映射分析/表现。相关方映射分析/表现是一种利用不同方法对相关方进行分类的方法。分类有助于团队与已识别的项目相关方建立起融洽的协作关系。常见的分类方法包括：

● 权力利益方格/权力影响方格。权力利益方格也称为权力利益矩阵，是指由相关方权力大小和相关方利益构建的二维分类框架，如图 10-1 所示。其中相关方权力是指职权大小和级别高低；相关方利益可以理解为相关方从项目成功中获取收益或从失败中承担损失的大小程度，且能从相关方在项目中的角色（如投资方、项目发起人、项目承包商、项目供应商、项目客户等）及相对地位（如大股东与小股东，主供应商与次供应商，大客户与小客户）中反映出来，相关方利益决定了相关方对项目的关心程度。与此类似，权力影响方格是基于相关方权力和对项目成果的影响力构建的另一个分类框架，用于对相关方进行分类。

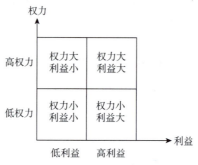

图 10-1　权力利益方格

● 相关方立方体。所谓相关方立方体就是从三个不同维度构建的相关方分类框架。如图 10-2 所示，把权力、利益及影响三个维度组合成立方体模型，从而获得更多维度的相关方分类，从而帮助项目经理和团队开展相关方分析。相比二维的方格（矩阵），三维适用于相关方数量众多且情形较为复杂的项目。

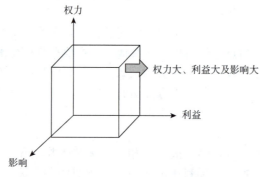

图 10-2　相关方立方体示例

●凸显模型。凸显模型是指从相关方权力、紧迫性和合法性这几个维度对相关方进行分类，以便识别相关方的相对重要性。其中权力包括职权级别或对项目成果的影响能力；紧迫性是指需要立即关注，要么是受制于时间约束，要么是因为相关方与项目成果存在高度利益上的关联；合法性是指相关方参与项目的适当性（例如是否适合以官方、正式场合或公开方式参与项目）。图 10-3 是凸显模型的一个具体示例。该模型适用于大型复杂的相关方群体，或相关方群体内部的关系网络非常复杂。

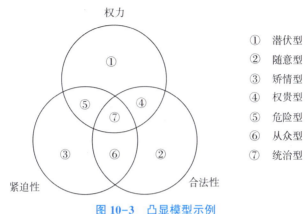

图 10-3 凸显模型示例

●影响方位。可以根据对项目工作或项目团队本身产生影响的相关方方位（图 10-4），对相关方进行分类。相关方分为：上方（执行组织或客户组织的高级管理层、发起人和指导委员会）；下方（以临时身份贡献知识或技能的团队或专家）；外面（项目团队外的相关方群体及其代表，如供应商、政府部门、公众、最终用户和监管部门）；侧方（项目经理的同级人员，如其他项目经理或中层管理人员，他们与项目经理竞争稀缺项目资源或者合作共享资源或信息）。

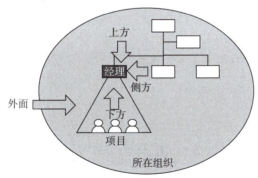

图 10-4 相关方影响方位示意图

●优先级排序。对于拥有大量相关方的项目，当相关方群体的成员频繁变化时，或者当相关方与项目团队之间或相关方群体内部的关系复杂时，可能需要对相关方进行优先排序。

「扫码」查看项目相关方分析——全景视图

5）会议

通过会议方式进行相关方识别，在确定好会议目的和参与者的基础上，应制定相关方识别的具体步骤和方法，并选择适当的工具和技术（如头脑风暴、问卷调查、访谈等），然后通过集体讨论、小组活动、个人反馈等方式，收集和记录相关方的名称、角色、利益、需求等信息。会议方式可以确保相关方的信息得到全面收集和整理。同时利用会议这个讨论和决策的平台，帮助项目团队更好地理解和应对相关方的需求和期望。

10.2.3　相关方识别的成果

1）相关方登记册

相关方登记册是相关方识别的重要成果，通常包括以下基本信息：

● 基本信息。记录相关方的姓名、职位、地点、联系方式及项目角色等身份信息。

● 评估信息。记录相关方的需求、期望、影响项目成果的潜力及主要影响的项目生命周期阶段等信息。

● 分类信息。可以按内部、外部分类，也可以按相关方的作用、影响、权力或利益进行分类，还可以从上级、下级、外围或横向等维度进行分类，或使用其他分类维度对相关方分类，并记录相关方的分类信息。

2）变更请求

前期的相关方识别通常不会提出变更请求。不过后期当管理计划和项目文件已经处于受控状态时，后续识别的新相关方或有关现有相关方的新信息可能需要就项目管理计划或项目文件提出变更请求。

 思考

　　在项目管理过程中，为什么项目经理及团队需要不断识别项目相关方并更新相关方登记册？

10.3　相关方参与规划

本过程的目标是，通过制订相关方参与项目的方法及有效互动的可行计划，以便为管理、监督相关方参与过程提供指南。本过程应根据需要在整个项目期间定期开展。具体的相关方管理规划过程见表10-3。

表 10-3　相关方参与规划过程

依据	方法	成果
项目章程★ 项目管理计划 • 资源管理计划 • 沟通管理计划 • 风险管理计划 项目文件 • 假设日志 • 变更日志 • 问题日志 • 项目进度计划 • 风险登记册 • 相关方登记册★ 协议 事业环境因素 组织过程资产★	专家判断 数据收集 • 标杆对照 数据分析 • 假设条件和制约因素分析 • 根本原因分析 决策 • 优先级排序★ 数据表现 • 思维导图 • 相关方参与度评估矩阵 会议	相关方参与计划★

本过程的典型操作是，项目团队依据项目章程中有关项目目标的描述和相关方登记册中记录的相关方信息，参考所在组织相关方管理方面的政策、程序及知识库，对相关方进行优先级排序，通常会将有最大利益和最高权力的相关方放在最为优先位置，并安排参与项目的重大决策、关键节点或解决重大问题，而其他相关方应安排与其优先级相适应的参与活动。

为满足项目相关方的多样性信息需求，应该在项目生命周期的早期制订一份有效的计划；然后，随着相关方群体的变化，定期审查和更新该计划。在通过相关方识别过程明确最初的相关方群体之后，就应该编制第一版的相关方参与计划，然后定期更新相关方参与计划，以反映相关方群体的变化。会触发该计划更新的典型情况包括：

• 项目新阶段开始；

• 组织结构或行业内部发生变化；

• 新的个人或群体成为相关方，现有相关方不再是相关方群体的成员，或特定相关方对项目成功的重要性发生变化；

• 当其他项目过程（如变更管理、风险管理或问题管理）的成果导致需要重新审查相关方参与策略。

这些情况都可能导致已识别相关方的相对重要性发生变化。

10.3.1　相关方参与规划的依据

在本过程的依据中，项目章程提供了目标和方向，组织过程资产提供了借鉴和参考，相关方登记册提供了内容基础，其他组件会对本过程有不同程度的影响。

1）项目章程

项目章程描述了项目目的、目标和成功标准等信息，在制订相关方参与计划时应着眼于项目目标这些关键信息，并以此来引导相关方参与项目。

2）项目文件

•相关方登记册：该文件记录了项目相关方的清单，还包括相关方的基本信息、评估信息、分类信息及其他信息。

3）组织过程资产

这里的组织过程资产包括：所在组织的社交媒体、道德和安全政策；企业的问题、风险、变更和数据管理政策；组织对沟通的要求；制作、交换、储存和检索信息的标准化指南；经验教训知识库，包括与相关方偏好、行动和参与有关的信息；支持有效相关方参与所需的软件工具。

10.3.2　相关方参与规划的方法

1）专家判断

如果个人或小组在组织和组织外部环境和文化、相关方参与过程分析和评估技术、沟通手段和策略、以往项目关于相关方特征知识等方面具备专业知识、丰富经验，则可征求其意见。

2）数据收集

包括但不限于标杆对照，运用标杆对照就是要找到相关方管理方面具有可借鉴经验的标杆项目，识别出最佳实践，将相关方分析结果与其比较。

3）数据分析

适用于本过程的数据分析技术包括：

•假设条件和制约因素分析。可能需要分析当前的假设条件和制约因素，以合理剪裁相关方参与策略。

•根本原因分析。开展根本原因分析，识别是什么根本原因导致了相关方对项目的某种支持水平，以便选择适当策略来改进其参与水平。

4）决策

适用于本过程的决策技术包括优先级排序或分级。应该对相关方需求以及相关方本身进行优先级排序或分级。具有最大利益和最高影响的相关方，通常应该排在优先级清单的最前面。故针对不同优先级的相关方应采取与之相称的管理策略，具体可参考相关资料。

「扫码」了解相关方分析及差异化管理策略

5）数据表现

适用于本过程的数据表现技术包括：

•思维导图。思维导图是一种可视化工具，用于组织和展示思维过程中的概念、想法和关系，目的是帮助人们整理复杂的思维内容。在本过程中，思维导图可用来将相关方信息、相互关系及与组织的关系进行可视化整理。

•相关方参与度评估矩阵。它是一种将相关方当前参与水平与期望参与水平进行比较的矩阵方法。其中将不同的参与水平（如：不了解、抵制、中立、支持、领导等）列为表格的行，项目的各相关方列为表格的列，然后针对同一相关方评估出期望水平和当前水平。如表 10-4 所示，D 代表相关方参与的期望水平，即为确保项目成功所必不可少的参与度。C 代表相关方的当前参与水平，如果两者不存在差距（如相关方 3），表明相关方的参与达到预期，无需干预；如果存在差距（如相关方 1 和相关方 2）则需要对相关方参与进行必要的调整。

表 10-4　相关方参与度评估矩阵

相关方	不了解	抵制	中立	支持	领导
相关方 1	C			D	
相关方 2			C	D	
相关方 3				CD	

6）会议

会议的主要目的是讨论和分析与规划过程相关的输入数据。在会议中，参与者可以共同讨论和分析这些数据，以便更好地了解相关方的需求和期望，从而制订出更好的相关方参与计划。

思考

在相关参与规划的过程中，为什么要对相关方进行优先级排序，以及如何确定相关方的优先级？

10.3.3　相关方参与规划的成果

◆相关方参与计划

该计划是项目管理计划的一部分。它对相关方有效参与决策与执行的策略和行动进行了安排。相关方参与计划可包括调动个人或相关方参与的特定策略或方法。例如，让相关方直接参与项目计划和实施过程，内部相关方直接参与项目决策、实施和监督，外部相关方参与部分相关的环节；建立与相关方的沟通机制，通过参观项目现场，参加问题分析会、座谈会、总结会、表彰会、项目里程碑仪式等，让相关方能够了解项目进展情况、提出意见和建议并得到及时反馈；在重大决策和变更之前，征求相关方的意见和建议，以便更好地了解他们的需求和利益。

考虑到相关方参与计划与沟通管理计划之间相互交叉、相互融合的密切联系，有必要对两者进行适当区分，以免混淆。

相关方参与计划是根据相关方的需求、期望、利益和对项目的潜在影响，制定项目相关方参与项目的方法的过程。主要是拟定关键相关方的管理策略，侧重点是相关方需求期望，类似公关计划。要确定如何与相关方打交道，如何引导他们合理参与项目。在执行阶段，要根据相关方参与计划，引导管理相关方合理参与项目，解决实际出现的相关方问题，满足相关方的需要和期望。发现问题，记录问题，可以要求变更修改相关方参与计划。监控阶段，要把相关方参与计划与相关方实际参与的程度做比较，发现并分析偏差，形成工作绩效信息，可以要求变更修改相关方参与计划。

　　沟通管理计划更多的针对沟通需求信息的传递、发布和异常升级，沟通管理计划的具体内容包括确定在何时，以何种方式，给谁，发送什么样信息（频率），以及上报步骤或问题升级流程。例如当存在沟通方式的问题、没收到报告、没收到通知、信息不能有效共享、有新的信息需求等，需要查看或更新沟通管理计划。当新成员加入后，应查看沟通计划来确定如何沟通。然后通过沟通去获取其他资源或处理任务。沟通管理计划还包括关于项目状态会议、项目团队会议、网络会议和电子邮件信息等的指南和模板。项目状态会议的目的是交换信息，向每位受众适度地提供信息，可以是简单的状态报告，也可以是详尽的报告。另外，项目状态报告可以包括质量审计报告。

10.4　相关方参与管理

　　与相关方进行沟通和协作以满足其需求与期望、处理问题，并促进相关方合理参与的过程。本过程的主要作用是，让项目经理能够提高相关方的支持，并尽可能降低相关方的抵制。本过程需要在整个项目期间开展。

　　通过管理项目相关方的参与，项目经理和项目团队可以更好地管理和控制项目，确保项目得到各方利益的平衡，并最终取得项目的成功。具体的项目相关方参与管理过程见表10-5。

表 10-5　相关方参与管理过程

依据	方法	成果
项目管理计划 ● 沟通管理计划 ● 风险管理计划 ● 相关方参与计划★ ● 变更管理计划△ 项目文件 ● 变更日志 ● 问题日志 ● 经验教训登记册 ● 相关方登记册★ 事业环境因素 组织过程资产	专家判断 沟通技能 　● 反馈 人际关系与团队技能 　● 冲突管理★ 　● 文化意识 　● 谈判★ 　● 观察/交谈★ 　● 政治意识 基本规则 会议	变更请求★ 项目管理计划更新 　● 沟通管理计划 　● 相关方参与计划 项目文件更新 　● 变更日志 　● 问题日志 　● 经验教训登记册 　● 相关方登记册

　　本过程的典型操作是，项目团队依据相关方参与计划，开展与相关方的沟通与协作，并在此过程中，利用观察和交谈了解相关方的态度和工作状态，利用谈判取得相关方对项目的支持，及时化解团队内部或与相关方的冲突，当然，相关方参与过程中可能会引发相关方的需求变化，从而导致项目范围或产品范围的变更，并以变更请求的形式提出且通过组织的变更控制过程进行处理。

10.4.1　相关方参与管理的依据

在本过程的依据中，相关方参与计划提供了方法指南，相关方登记册提供了有关管理对象的信息，其他组件会对本过程有不同程度的影响。

1）项目管理计划

●相关方参与计划。该计划明确了相关方参与项目的具体策略和方法，为管理相关方期望并引导相关方的参与提供了指南。

●变更管理计划。该计划是项目管理计划的一部分，用以建立变更控制委员会，记录其具体权限，并说明如何实施变更控制系统，具体明确项目变更如何提交、审批和执行。

2）项目文件

●相关方登记册。该文件提供项目相关方名录及其身份信息、评估信息和分类信息，为执行相关方参与计划提供了必要的基础信息。

10.4.2　相关方参与管理的方法

1）专家判断

如果个人或小组在以下方面：组织内外部的政治和权力结构、组织及组织外部的环境和文化，相关方参与过程使用的分析和评估技术、沟通方法和策略，可能参与过以往类似项目的相关方、相关方群体及相关方组织的特征、需求管理、供应商管理和变更管理等，具备专业知识、丰富经验，则可征求其意见。

2）沟通技能

在开展相关方参与管理过程时，应该根据沟通管理计划，针对每个相关方采取相应的沟通方法。项目管理团队应该使用反馈机制，来了解相关方对各种项目管理活动和关键决策的反应。反馈的收集方式包括：

●正式与非正式对话；

●问题识别和讨论；

●会议；

●进展报告；

●调查。

3）人际关系与团队技能

适用于本过程的人际关系与团队技能包括：

●冲突管理。相关方参与过程中，冲突不可避免，项目经理应确保及时有效地化解冲突，获得相关方对项目的支持。更多详情参见 11.6.2。

●文化意识。具备文化意识，项目经理和团队能够更好地理解和尊重不同文化的差异，避免误解和冲突，并能更有效地与团队成员和相关方进行沟通和协作。

●谈判。谈判是指在双方或多方之间进行协商和讨论，以达成共识、解决争议或达成协议的过程。在管理相关方参与时，与相关方展开谈判有助于化解团队内部或与其他相关方之间的冲突，获得相关方支持（承诺）。

●观察/交谈。把观察与交谈相结合，可以及时了解相关方在项目中的工作情况和态度，以便必要时做相应的调整和决策。

● 政治意识。一个具有高度政治意识的项目经理通常对政治权力保持关注，能够理解项目内外的权力关系及相关方政治行为的动机和影响，引导相关方的参与。

人际关系技能的应用对相关方管理效果和项目成功至关重要，进而也关乎项目经理职业发展的成功，然而人际关系技能并不容易掌握，考虑到项目管理者大多是理工科出身，因为公司通常把技术能力最强的团队成员直接提升为项目经理，故人际关系技能可能是项目经理需要重点提升的技能之一，为此可参考相关的资料。

 「扫码」了解如何提升相关方管理效果（含利用人际关系技能）

4）基本规则

根据团队章程中定义的基本规则，来明确项目团队成员和其他相关方应该采取什么行为去引导相关方参与。例如在章程中明确团队成员在相关方管理中的分工、责任及相关方重要信息上报要求等。

5）会议

会议用于集合相关方（包括个人、团体、组织等）来讨论和处理与其有关的问题或关注点。在本过程中需要召开的会议类型包括：决策、问题解决、经验教训和回顾总结、项目开工、迭代规划、状态更新。上述会议不仅满足了相关方对项目合理行使决策权、建议权和知情权的需要，也为项目争取到相关方的更大支持。

10.4.3　相关方参与管理的成果

◆ 变更请求

本过程中，相关方参与项目可能会引发项目范围或产品范围的变更，需要经整体变更控制过程的审查和处理才能变更。

> **思考**
> 在项目管理中，相关方参与过程中可能会引发哪些问题？为什么要重视相关方的参与过程？

10.5　相关方参与监督

本过程的主要目标是，通过监督相关方关系，并在必要时优化参与策略和调整计划，维持或提升相关方参与项目的效率和效果。本过程需要在整个项目期间开展。该过程的依据、方法及成果详见表10-6。

表 10-6　相关方参与监督的过程

依据	方法	成果
项目管理计划 ●资源管理计划 ●沟通管理计划 ●相关方参与计划★ 项目文件 ●问题日志★ ●经验教训登记册 ●项目沟通记录 ●风险登记册 ●相关方登记册★ 工作绩效数据★ 事业环境因素 组织过程资产	数据分析 ●备选方案分析★ ●根本原因分析★ ●相关方分析★ 决策 ●多标准决策分析 ●投票 数据表现 ●相关方参与度评估矩阵★ 沟通技能 ●反馈 ●演示 人际关系与团队技能 ●积极倾听 ●文化意识 ●领导力 ●人际交往 ●政治意识 会议	工作绩效信息★ 变更请求★ 项目管理计划更新 ●资源管理计划 ●沟通管理计划 ●相关方参与计划 项目文件更新 ●问题日志 ●经验教训登记册 ●风险登记册 ●相关方登记册

本过程的典型操作是，项目团队依据相关方参与计划的预先安排，持续监督相关方参与过程并收集绩效数据，评估相关方参与水平，如果参与水平达不到预期（如个别相关方对项目有抵触心理、不配合工作），分析问题和原因，一方面利用相关方分析跟踪相关方需求、态度的变化，另一方面寻找并评估解决参与度问题的备选方案，并运用多标准决策或投票方式选择最佳方案，最终提交变更请求且通过整体项目变更控制过程加以审查和处理。

10.5.1　相关方参与监督的依据

在本过程的依据中，相关方参与计划提供了方法指南，相关方登记册提供了需求和期望等信息，工作绩效数据提供了相关方参与方面的绩效数据，问题日志提供了相关方参与中存在的问题，其他组件对本过程有不同程度的影响。

1）项目管理计划

●相关方参与计划。该计划指明了如何管理相关方需求和期望及引导相关方参与项目的策略和方法。

2）项目文件

●问题日志。该文件记录了项目执行过程中出现的各种问题和挑战，包括相关方参与方面的问题。在相关方参与监督过程中，项目团队需要分析问题日志，以确定哪些相关方参与不足或存在问题，并采取相应措施解决问题。

●相关方登记册。该文件是一个记录项目所有相关方信息的文件，包括基本的身份信息和对相关方的需求、期望、利益、影响力等评估信息。在本过程中，项目团队将要根据该文件中的信息来确定相关方参与的内容和方式。

3）工作绩效数据

过程中的工作绩效数据主要是各相关方参与的实际数据，例如，哪些相关方支持项目，哪些相关方不支持项目，这些相关方的参与水平和类型。

10.5.2 相关方参与监督的方法

1）数据分析

●备选方案分析。备选方案分析是一种对潜在方案进行评估的技术和方法，即通过评估各种方案的利弊得失，找出执行项目的最佳方案。例如，在相关方参与效果没有达到期望要求时，评估其他备选方案，以便应对偏差。

●根本原因分析。根本原因分析是一种分析技术，用来识别、追溯并最终确定导致问题（偏差、缺陷或风险等）的根本性原因。这里是指通过对相关方参与过程的监督，分析相关方参与效果不佳的根本原因。例如相关方参与效果达不到预期的可能原因来自三个方面中的一个或多个：相关方参与意愿低、相关方参与能力不足、项目提供的支持和资源条件不够。并从这三个方面进一步去追寻，会识别出更加深层次的原因。

●相关方分析。相关方分析指对项目相关方进行识别、分析和评估的过程，目的是全面了解相关方的需求、期望、利益及对项目的潜在影响，以便更好地管理与他们的关系，提高项目成功率。本过程的相关方分析可以帮助项目团队了解相关方群体和个人特定时间的表现，以便更好地管理他们的参与。

在复杂项目中可能面临更为复杂的相关方，为了尽可能满足不同相关方的利益需求，减少冲突、平衡各方利益，可能需要用到更为复杂的分析技术，包括定量分析，这方面可参考最新的研究材料。

 「扫码」查看复杂项目相关方影响力定量评估方法——前沿研究

2）决策

在相关方参与监督的过程中，决策是一个重要的工具和技术，它可以帮助项目团队做出决策，从而推动相关方参与的实施和改进。

适用于本过程的决策技术包括：

●多标准决策分析。利用多标准决策分析，为相关方参与水平制定多维度标准（例如：参与意愿、参与能力、参与水平等），并对此进行优先级排序和加权，最后用这些标准对相关方参与水平展开评估，以便找出相关方参与的偏差和问题。

●投票。投票是通过表决的方式让人们就多个可选方案表达自己的意见或选择的一种决策方法，在本过程中，通过投票选出应对相关方参与水平偏差的最佳方案。

3）数据表现

在此，相关方参与度评估矩阵用来跟踪和判断每个相关方当前参与水平的变化，以及与期望水平是否一致。

4）沟通技能

适用于本过程的沟通技能包括：

- 反馈。详见 9.3.2，反馈用于确保发送给相关方的信息被及时接收和准确理解。
- 演示。详见 9.3.2，演示向相关方提供需要的项目信息。

5）人际关系与团队技能

适用于本过程的人际关系技能包括：

- 积极倾听。详见 9.3.2，积极倾听有助于减少误解和冲突，并增进信任。
- 文化意识。通过增强文化意识和文化敏感性，项目经理可以更准确地认识和理解相关方和团队成员之间的文化差异和文化需求，并根据这些差异和需求调整沟通策略。
- 领导力。领导力是指一个人在组织或团队中展现出的领导能力和影响力。一个具有领导力的人能够有效地指导和激励团队成员，推动团队达成共同的目标。领导力包括领导者的人际关系技巧、决策能力、沟通能力和团队管理能力等方面。描绘愿景、引导相关方参与并激励相关方支持项目工作和成果，需要强有力的领导技能。
- 人际交往。人际交往有助于项目团队了解相关方参与水平的信息。
- 政治意识。政治意识有助于理解组织战略，理解谁能行使权力和施加影响，以及培养与这些相关方沟通的能力。即识别"关键先生"并借助其力量向特定的相关方施加影响，从而解决某个相关方的参与问题。

6）会议

会议的类型包括：为监督和评估相关方的参与水平而召开的站会、状态会议、回顾会，以及相关方参与计划中规定的其他任何会议。站会是指短暂的日常会议，用于分享讨论相关方的最新动态；状态会议通常定期举行，用于评估最近一个阶段相关方的参与表现；回顾会则是对过去相关方的参与水平进行全面评估和总结，周期更长一些。

> **思考**
>
> 在项目管理中，如果发现部分相关方对项目有抵触心理或不配合工作，你会采取怎样的措施来解决参与度问题？

10.5.3　相关方参与监督的成果

1）工作绩效信息

工作绩效信息是指管理相关方参与的绩效信息，包括相关方参与计划的执行情况及有效性。例如，相关方对项目的支持水平，相关方的参与度与期望水平的差距。

2）变更请求

在本过程中，可能会需要调整包含了纠正和预防措施的参与计划、更新沟通渠道等，以改善相关方参与水平。为此提出变更请求，并经过整体变更控制程序的审批。

 「扫码」视频：沟通管理与相关方管理

本章小结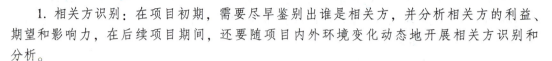

1. 相关方识别：在项目初期，需要尽早鉴别出谁是相关方，并分析相关方的利益、期望和影响力，在后续项目期间，还要随项目内外环境变化动态地开展相关方识别和分析。

2. 相关方参与规划：针对各个相关方的利益、需求和期望，按照权力－利益等维度划分优先级，并针对不同优先级分别进行区别对待，尤其是要确保最高权力－最大利益的相关方放在参与项目决策及执行最优先位置。

3. 相关方参与管理：与相关方保持沟通与合作，观察并了解他们的态度和工作状态，识别和解决冲突，并利用协商谈判获取相关方对项目的支持。

4. 相关方参与监督：监督相关方的参与并评估相关方的参与水平，针对低于预期的相关方开展原因分析，优化参与策略和计划。

总之，项目相关方管理需要与相关方建立良好的沟通、合作关系，增加相关方的参与度和协同度，以确保项目进展顺利。

习 题

一、判断题

1. 相关方管理和沟通管理在项目管理中存在相互依存的关系。 （   ）
2. 在相关方管理中，重要相关方的利益和需求可以被忽视，只需满足项目的目标即可。 （   ）
3. 相关方管理的目的是消除所有相关方的不满和抵触。 （   ）
4. 相关方分析可以帮助项目经理更好地理解相关方之间的相互关系和相互作用。 （   ）

二、单选题

1. 项目经理正在管理一项园区绿化维护的项目。在审查项目成本和进度绩效时发现，成本绩效指数和进度绩效指数均小于1。在经过根本原因分析后了解到有部分园区高级管理人员未被识别，而且未获得应有的管理。项目经理应该（   ）。
    A. 查看权利/影响方格　　　　　　B. 改进相关方参与计划
    C. 审查沟通管理计划　　　　　　　D. 控制相关方参与程度

2. 项目经理正在管理一个建筑施工项目，项目章程已获得批准，进入规划阶段后，关键相关方需要项目经理提供相关方参与的方法，并且是根据相关方的利益和作用来提供，项目经理应该参考（   ）。
    A. 相关方映射分析　　　　　　　　B. 相关方参与计划
    C. 相关方登记册　　　　　　　　　D. 相关方分析

3. 项目经理被任命管理一项软件开发项目。在项目正式执行前，项目经理得知有一名干系人并不认可该项目，而且不愿意参加一些必要的项目会议，因此该干系人在项目执行过程中也可能会抵制项目活动。项目经理首先应该（   ）。

A. 告知项目发起人来解决

B. 更新相关登记册以及相关方参与度评估矩阵

C. 将商业论证信息发给该名干系人查看

D. 通知高级管理人员此事并要求他们不受此事的干扰

4. 项目经理负责开发一款新能源智能汽车的研发项目，由于公司组织战略改革，原发起人被调离到另一个项目，新发起人上任之后对该项目增加了几项需求，但这可能会对项目的进度和成本造成巨大的影响。此时，项目经理应该（　　）。

A. 请求新发起人支持现有需求

B. 通知所有干系人可能会存在项目延期和成本增加的情况

C. 要求原发起人与新发起人进行沟通

D. 与新发起人分析项目进度延迟和成本超支的影响

5. 项目经理被任命管理一项复杂的大型项目。项目经理已经获得了大部分干系人的承诺与支持，但是技术部经理对项目计划持反对意见，而技术部经理的支持对项目计划的开展非常重要。虽然项目经理已经与技术部经理当面沟通多次，还是不能改变其想法。项目经理接下来应该（　　）。

A. 与技术部经理协商并满足其一切要求，以便获得支持

B. 寻求其他影响力较大且支持项目的干系人的帮助，以影响该干系人支持项目

C. 按项目计划实施项目，不再与技术部经理沟通

D. 与职能经理协商替换技术部经理

6. 项目经理负责一个火车站改造项目，项目涉及多个干系人，项目初期，各干系人都能准时参加项目会议，项目进入执行阶段，几位干系人通过邮件通知项目经理，他们将不再参加之后的项目会议，项目经理首先应该（　　）。

A. 寻找其他干系人替代他们参加项目会议

B. 通过权力影响方格的映射关系分析干系人

C. 在会议开始之前，提前把会议内容发送给他们

D. 要求干系人准时参会，避免遗漏重要会议信息

7. 项目经理负责的一个跨区域医疗系统项目顺利进行中，一位客户方主任总是联系项目经理问询项目进展情况。项目经理注意到，该关键相关方对项目参与程度跟预期不符。项目经理针对该情况应当（　　）。

A. 更新问题日志，并将该情况记录下来

B. 让其定期查看项目汇报文件

C. 审查相关方参与计划，实施相关方管理策略，并影响该相关方

D. 更新相关方参与评估矩阵，将其参与度修改为支持

8. 相关方会议正在召开，项目的相关方正在进行项目管理计划的审批。其中的一位关键相关方并不认可成本基准的内容，他认为项目管理计划的成本基准过高，项目最终实现的收益将会很少。其他相关方无法说服他，项目管理计划最终并没有通过。项目经理应该（　　）。

A. 说明成本基准的详细情况，并从规划过程开始评估相关方意见数据

B. 让该相关方在执行阶段提交变更请求

C. 按照少数服从多数的原则重新通过项目管理计划

D. 先获得项目管理计划的批准后，凭经验说服该相关方

9. 项目经理刚结束一个项目，该项目的发起人很不满意，因为项目预算超出了很多，究其原因，是因为项目经理没有在项目前期识别到是关键干系人导致的。此时项目经理又被任命管理一个新项目，若要避免出现同样的问题，项目经理应该（　　）。

A. 执行商业论证，了解干系人的主要需求和期望

B. 查阅公司组织结构，识别干系人的主要需求和期望

C. 审查事业环境因素

D. 更新风险登记册

10. 项目经理正在管理一个大型的施工项目，该项目的相关方众多，而且关系网络复杂。项目经理要高效地管理所有相关方应该使用（　　）。

A. 凸显模型 　　　　　　　　　　B. 权力/影响方格

C. 影响/作用方格 　　　　　　　　D. 相关方立方体

11. 项目经理负责一个内部系统升级项目，该项目的实施能够很好地管理外出作业人员的出勤信息，项目团队已完成项目管理计划，在获得相关方批准项目管理计划的会议上，一名工程部经理在会议上对项目提出诸多质疑，并且反对该项目。项目经理应该（　　）。

A. 更新相关方登记册 　　　　　　B. 上报高级管理层

C. 更新风险登记册 　　　　　　　D. 更新相关方参与计划

12. 在一个软件项目中，评价可交付成果时，一位公司高级管理层认为当前可交付成果不能完全满足需求，并提出自己的改进意见，因此导致项目进度延期。项目经理对该高级管理层提出的意见非常惊讶，因为在之前的所有会议中该相关方一直没有发表任何意见。为了使项目按照项目管理计划完成，项目经理事先应该（　　）。

A. 制订相关方参与计划 　　　　　B. 制订风险管理计划

C. 就可能出现的问题编制问题日志 　D. 上报发起人

三、多选题

1. 在相关方识别的过程中，以下哪些是需要考虑的因素？（　　）

A. 相关方的利益和权力 　　　　　B. 相关方的职责和责任

C. 相关方的个人爱好和兴趣 　　　D. 相关方的需求和期望

2. 关于项目相关方管理，下列说法不正确的是（　　）。

A. 与相关方的沟通要持续进行

B. 相关方满意度是一个关键的项目目标

C. 为了节约时间和精力，应该把相关方管理局限于最重要的相关方

D. 受项目影响或能对项目施加影响的人都是项目的相关方

3. 在相关方管理中，以下哪些是需要避免的行为？（　　）

A. 忽略相关方的利益和需求 　　　B. 与相关方建立密切的合作关系

C. 向相关方隐瞒项目信息 　　　　D. 不尊重相关方的权力和职责

4. 某项目经理正在负责管理一个客户的项目，在项目签订合同时，项目经理了解到客户方负责该项目的人对项目的质量要求苛刻，而在项目开工大会结束后，项目经理收到通知，客户方负责人不再负责该项目，负责人被替换，此时项目经理应该（　　）。（选2项）

A. 更新相关方登记册　　　　　　　　B. 更新质量管理计划

C. 更新问题日志　　　　　　　　　　D. 更新风险登记册

E. 更新沟通管理计划

四、思考题

某公司计划开展一个新的市场营销项目，该项目的目标是在 3 个月内提高品牌知名度和销售额。该项目涉及多个相关方，包括公司管理层、市场部门、销售团队、供应商、客户等。为了确保项目能够按计划成功实施，需要进行有效的相关方管理。

1）根据项目目标和项目涉及的相关方，列出所有相关的相关方，并确定他们的角色和利益。

2）为每个相关方制订一个相关方管理计划，包括沟通计划、参与计划、利益管理计划和风险管理计划。对于每个计划，明确计划目标、计划内容、实施方式、负责人和时间安排。

3）确定相关方的优先级和重要性，根据这些信息制订相关方管理的优先级和计划。优先级和重要性可以根据相关方的利益、权力、参与度、依赖度、风险等因素进行评估。

4）制订相关方参与计划，包括如何协调和沟通、如何识别和解决问题、如何提供支持和资源等。根据每个相关方的优先级和重要性，确定相关方参与计划的优先级和方式。

5）设计监督和控制计划，包括监测相关方的参与和反馈、评估相关方管理计划的有效性、更新相关方管理计划等。根据每个相关方的优先级和重要性，确定监督和控制的优先级和频率。

延伸思考/素养话题

家庭、组织与人文关怀

材料一：刘慈欣科幻小说《三体》中，科技高度发达的三体人，建立了一种乌托邦式的专制社会。整个社会是一部高效而又冷酷的机器，每个人都是其中的一个齿轮。个人思想透明，没有秘密，个人的一切行动都要听从组织的安排，凡是反抗组织或者不能为组织做贡献的人，都会惨遭消灭。原本该为个人谋幸福的组织，变成了压迫每一个人的怪兽！

材料二：三次问鼎中国首富的宗庆后，曾被人亲切地称作"布鞋首富"。每年年底，公司组织团拜会，宗老会邀请员工一起吃饭，还给厂里的外来员工现场发红包。朴素，没有架子，是员工对他的一致评价。他举着酒杯，忽然报出了自己的私人手机号码，很坦诚地对所有人说，工作中如果有什么问题可以直接找他。他在接受知名主持人杨澜的采访中表示，娃哈哈不会辞退 45 岁以上的员工。当杨澜追问如果员工做得不好时是否会被辞退，宗庆后称人的能力有差异很正常，只要肯干就行，总有合适的岗位，只要员工不违纪违法。

材料三：2019 年 11 月一则关于《北大博士后失联 20 年不与家人联系，母亲病危仍不愿相见》的社会新闻引发广泛关注，整个网络为此争论得不可开交，这究竟是怎么回事？王永强已经出国多年，他母亲在弥留之际想见一次儿子，几番周折后，才终于联系上了王永强，得到的回复却是：希望家人不要再通过媒体寻找他。对于是否会和母亲相见的问题，他只答复了七个字："清官难断家务事"。王永强的舅舅郭学武说："现在，我们不抱什么希望了，也觉得没什么意思了。我们一家人也不想再找他了"。而对于王永强的回复，有的网友认为是忘恩负义，有的网友认为另有隐情。

结合以上材料，对于家庭、组织是否需要更多的"人文关怀"谈谈你的看法。

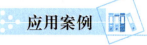 **应用案例**

潜在相关方管理之痛

周六上午 7 点，H 公司研发部总经理魏延发一大早就被电话从梦中惊醒！"还让不让人活了，不知道昨晚上我们又加班到 3 点嘛！""真的对不起，魏总，我这不是没办法吗"工程部李帆怯怯地说到，"昨晚校方网络中心的李处找我开会，把我骂的狗血喷头，因为前几天他们提出的那个消防集成的功能至今咱们不是没有给人家做出来吗，人家又给我急了，这个功能什么时候能够实现，李处让我早上 9 点前给回话呢。另外，保卫处想把校园内一个银行的报警监控也接入到我们平台上，但这个系统不是咱们做的，还得和系统供应商协调索要 SDK。您能不能出面协调一下……"

挂完电话，魏总疲惫的同时困惑不已：明明是一个长期合作的老客户的安保系统升级改造项目，公司重视，客户关系良好，行动方案明确，为什么项目建设实施中会蹦出这么多意料之外的人和事？

高校是 H 公司一直依赖的主要客户来源。然而公司一直没有推出新产品，老的产品很明显已经不能适应目前的市场了，如果不能下定决心建设属于自己的平安校园综合管理平台，H 公司就可能会面临被行业逐渐淘汰出局的命运，最近连续丢了两个项目就是证明。公司老板王总对此忧心忡忡。不过，12 月月初，销售总经理张总给王总带来了好消息：老用户 Y 高校有一个 800 万元左右的平安校园升级改造项目。

Y 高校是以工科为主、多学科协调发展的国家"211 工程"重点建设大学，是 H 公司多年的老用户了，一直由张总亲自维护。学校的不少信息化建设项目都是由 H 公司承建的。虽然学校建有监控、门禁、门口管理等系统，但这些系统落后且都各自为战，不能及时互通联动。因此这次学校领导下定决心要把几个校区的安保系统全面升级，并把这几个相关系统集成到一个平台上来，统一管理。初步预算 800 万元人民币，前期综合设计和调研准备由 H 公司进行，年底前招完标，明年上半年建设。要求在明年 8 月新生入学前建设完毕并投入使用。

12 月月底的一天，H 公司临时会议。

在请张总介绍项目情况后，老板王总还是一贯的作风，直奔主题："最近两年我们关于高校的市场份额在急剧降低，公司校园安全方面的产品亟待转型，Y 高校这个项目对公司具有重要意义。我希望借助这个契机，搞出自己的有特色的平安校园产品出来。下面请大家谈谈想法。"

对于该项目，公司中各部门领导也相继发表了看法。工程技术部刘总："一、学校学区非常分散、对后面的施工和相关工作会带来不少的麻烦；二、功能要求比传统的安防监控项目复杂很多，需要研发部门在公司原有的平台基础上开发一套综合管理平台，把学校现有和即将建设的几个主要系统融合在一个平台上运行管理。"

研发部魏总："项目目前的用户需求信息还不很详细，同时还要分析技术的研发难度、看有没有市场前途、看综合成本是否合算，并且开发部目前的工作量已经非常饱满，开发计划已经排到明年年底了，大家都在超负荷地工作。"

采购部贾总："项目涉及厂家众多，用户以前的其他公司建设的系统协调起来困难。"

工程技术部项目经理李帆："关系协调复杂、时间要求紧、目前的需求不详细、施工难度大，变数大。"

销售部张总："校方保卫处承诺原有的系统供应商，他们负责联络协调。"

对此，老板一锤定音，"平安校园系统势在必行，这没有什么可犹豫的。调研肯定要做，但是调研如何做！这个项目下个月的上旬就要招标了，鉴于时间紧任务急，我决定成立一个特别项目小组，由销售部的张总任组长，在座的各部门负责人都在小组内，齐心协力先把项目拿下再说！其他的项目都要为这个项目让路，你们会后马上行动，自己组织研讨。"

H 公司运气不错，因为报价有优势而且技术方案完全响应了用户的需求，最终顺利拿下了这个项目。不过，项目启动后却遇到了一系列的问题。

先是研发部的魏总要的一堆的合作厂商的研发资料，张总和采购部的贾总白天晚上地忙活、协调，好话坏话都说了不知道多少遍，终于把博世安保、天地伟业等几个合作伙伴的相关研发资料要到了，研发部可以启动了。当然这其中有几家公司是付出了不小的代价人家才给的东西。

项目进入实施阶段，学校各部门相互踢皮球，对于监控网络所需要使用的学校原来的部分接入交换机，网络中心李处却说红桥区的网络不归他管，这事得找红桥校区的后勤处，可是红桥校区的后勤处说不知道这事，交换机不给用。同时也发生了现场施工一会后勤处的说破坏了他们的绿化要罚款；一会教务处的说施工噪声干扰了他们的正常教学，要求停工。

张总接到了李帆的电话，"张总，我这工程进行了大约一半了，可这核心的设备浪潮的服务器至今未到啊，后面我要安装软件啊。找采购部，可采购部说这个项目款到账晚了，前期占用了别的项目上的资金，财务没有办法给你做付款计划了，没有办法付款了，人家浪潮总代就不给发货啊"。挂了电话，张总匆匆走进财务室进行协调。

研发部魏总也找上门来："张总，我们的软件平台开发正在关键时期，可是一个关键的厂家给的东西不好用啊。我和他们沟通过几次了，人家说也就支持到这种程度了，想请他们的一个开发人员来协助我两天，可没费用人家不愿派人。如果他们不派人来，我们不知道搞到什么时候去，这隔行如隔山啊，消防报警的东西咱们以前没有碰过啊。

看看这个表格和你们当初列出的相关合作伙伴差多少？这个项目到现在我投入了多少精力啊，其他的项目我都几乎没有时间去管，我还整天被你们和用户埋怨。你说我冤不冤？"魏总抱怨道。

考虑到项目当前的困境，8 月月初老板王总专门召开项目紧急协调会，会上老板承诺该项目会特殊对待，无论是考核要求还是各种资源保障，都会得到公司层面的全力支持，困难是暂时的，这个项目对公司来说意义重大，希望大家能通力合作、全力以赴。会后大家心里舒服了很多，脸上的表情也轻松了不少。

经过了近一个月的奋战，终于在新生开学前整个项目基本完成了。NPE 的问题还是没有完全解决，销售部只能和用户协商暂且砍掉它的部分功能，先进行综合调试和试用。随后，把 NPE 的接入问题列入了项目遗留问题，这才勉强通过了初验，项目进入了试用阶段。

"张总不错啊，你们干得不错！虽然工期推迟了 20 多天，毕竟在新生开学前我们可以使用了。我也知道这项目难度比较大，难为你们了！"保卫处孙处拍了拍张总的肩膀赞扬到，"遗留问题还得抓紧解决啊。另外，试用期间你们要派工程师培训我们的值班人员，整理详细的使用手册、维护手册，协助我们办理固定资产登记。这个没有问题吧？"

"培训和整理这些资料没有问题！派工程师在这待一个月，这个我估计有困难啊。孙处你看咱们这个项目过程中追加了不少的功能，为此我们增加了很多成本啊，财务算了算这个项目成本增加了 60 多万，要赔钱了。你看看，后面追加的这些功能能不能给走个增项啊？"

"增项？我估计很难啊……"孙处安慰着张总。

"可……"张总不由地叹了口气，走出了孙处办公室，抬头看了看天，夏日的骄阳虽然已经西斜，但是仍然发出毒辣的光芒。(改编自：邹艳，等. 潜在干系人管理之痛——Y 智慧平安校园案例 [J]. 中国管理案例共享中心，2016 (7).)

思考题：

1. 整个项目生命周期内 Y 平安校园项目涉及哪些相关方？H 公司在项目启动阶段估计出了哪些相关方？

2. H 公司在建设开发 Y 平安校园项目中遭遇了哪些项目相关方管理问题？

3. 针对 Y 平安校园项目中遭遇的这些干系人问题，你将如何解决？

第五篇　保障篇

第 11 章　项目资源管理

知识目标	能力目标	素养目标
1. 了解项目资源管理的概念和作用 2. 了解并区分资源管理的各个过程 3. 理解各过程依据和成果中核心组件 4. 了解资源管理与其他相关领域管理的接口 5. 理解团队建设与团队管理的关系	能根据项目内外部环境差异和变化，熟练运用沟通、人际关系及团队技能，制订和实施资源管理计划并解决资源和团队管理过程中的问题	理解并认同以人为本的管理理念，相信人的潜能，建立和谐人际关系，培养团队精神

关键概念

资源分解结构（RBS）、责任分配矩阵、团队章程、资源日历、预分派、虚拟团队、团队建设、团队绩效评价

知识图谱

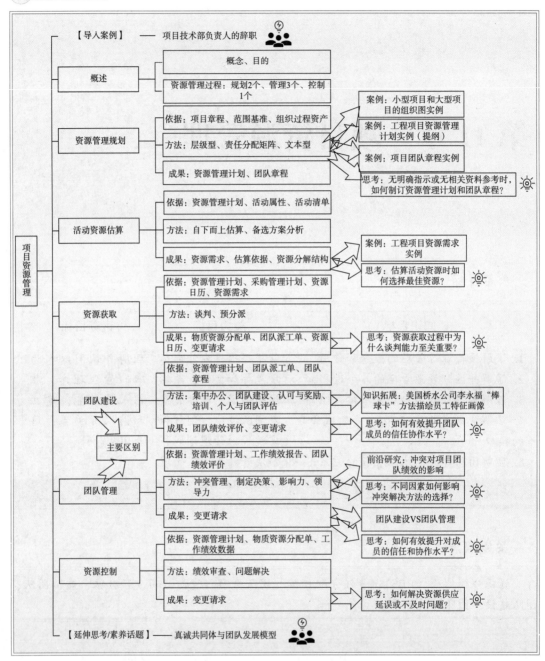

导入案例

项目技术部负责人的辞职

窗外蓝天白云，不远处水塘中一群群鸭子在幸福地游来游去。人事部张经理却心烦意乱，这一段时间项目部人员频繁离职，刚开始时是5个毕业生集体离职，后来又是一线的工人三三两两地离开，项目经理一再叮嘱要做好思想工作，张经理也认真地与他们沟通交流，讲清利害得失，想办法挽留他们，但最终都是去意已决，无力挽留。今天上午技术部刘经理递交了辞职书，这让他感到很意外，现在工程进度赶得正紧，设备技术部经理一旦辞职，好多工作就得推迟，势必导致更大的工期延误。张经理与刘经理谈了近两个小时，了解到其主要辞职原因有三个。

首先，刘经理反映项目刚开始时工程师们尽职尽责，做得不错，但渐渐地工作开始出现差错，有一次碎石机出现问题，停机两天，施工进度推迟两天，后来碎石机修理好，恢复施工。但三天之后又出现问题了，油管爆裂，油箱的液压油损失了一大半，项目经理追查此事，准备对责任工程师实行罚款，负责此事的是设备技术部的张工，他工作了四年，以前勤勤恳恳，工作认真负责，最近几个月一直闹情绪，一直要求调到其他项目上去，他们同学一起来到公司的，在其他项目上要么升职了，要么待遇提高了，唯独他在这个项目上也没升职，待遇也没提高。如果对他进行罚款，估计他又要辞职了。最近又有小谢、小牛也在给他反映同类问题，同时，个人奖金部分每个月基本是固定的，部门浮动奖金也由项目经理内定，每次都是那么两三个人，其他人意见很大。

其次，项目经理一直把项目施工进度滞后的责任归咎于设备技术部，刘经理认为这很不公平。工程部值班工程师注浆作业指导书出现差错，导致尾刷被损坏，停机十天，项目经理为何没说工程部该负主要责任。还有工程部值班工程师乱指挥设备技术部的司机操作，司机当时认为那样很危险，拒绝了值班工程师的要求，事后工程部值班工程师反映到项目经理那里，司机被罚款，此后，司机按工程部值班工程师的要求操作，直接导致泥浆管破裂，变频柜里充满泥浆，两台变频器烧毁，直接经济损失达五十多万元，施工进度滞后五天，而工程部值班工程师却没被究责，刘经理当时就与工程部陈经理发生了争执。

最后，刘经理认为他们部门执行任务困难重重，工程师按照施工进度计划的每项工作做技术交底，执行工作的是电工班和维保班，而电工班和维保班的业绩考核由生产部决定，他们部门工程师没有权利去参加评估，生产部人员对班组工作人员平常工作的表现又不清楚，电工班和维保班内部值班人员工资奖金相差很小。有一次，电工班小张直言不讳地说："工资奖金都是生产部给发的，凭什么听你们技术部的啊？"刘经理还说，自己以前是在制造公司做技术副总，现在待遇还不如以前，项目经理一直给他施压，责怪他团队没带好，进度滞后，他想辞职去其他公司了，那儿给他的待遇是这里的两倍。

面对这种情况，张经理感到很为难。项目进度紧张，关键岗位人员频繁离职，给工作带来了很大压力。因为不知道该如何应对，于是他只好去向项目经理请示。

思考：1）项目负责人辞职的主要原因是什么？2）要避免这类问题，你建议项目经理该怎么做？

11.1　概　述

项目资源管理包括团队资源管理和实物资源管理，前者是指人力资源，后者指设备、设施和材料等。项目资源管理的目的是确保项目团队在正确的时间和地点使用正确的资源。资源管理不当可能会引导很多问题，如因资源提供不及时导致进度延误，质量不达标导致返工，资源过量导致浪费等。

项目资源管理过程包括资源管理规划、活动资源估算、资源获取、团队建设、团队管理、资源控制六个过程，前两个归属于规划过程组，资源获取、团队建设和团队管理归属于执行过程组，最后的资源控制归属于控制过程组。具体如下（表11-1）：

表11-1　资源管理的过程组划分

项目管理过程组				
启动过程组	规划过程组	执行过程组	控制过程组	收尾过程组
	资源管理规划 活动资源估算	资源获取 团队建设 团队管理	资源控制	

11.2　资源管理规划

本过程的主要目标是，通过制订资源管理计划和团队章程，为估算、获取、管理和利用项目资源提供指南。本过程仅开展一次或仅在项目的预定义点开展。表11-2描述本过程的依据、方法和成果。

表11-2　资源管理规划过程

依据	方法	成果
项目章程★ 项目管理计划 　●质量管理计划 　●范围基准★ 项目文件 　●进度管理计划 　●需求文件 　●风险登记册 　●相关方登记册 事业环境因素 组织过程资产★	专家判断 数据表现 　●层级型★ 　●责任分配矩阵★ 　●文本型★ 组织理论 会议	资源管理计划★ 团队章程★ 项目文件更新 　●假设日志 　●风险登记册

本过程的典型操作是，规划者依据项目章程中有关资源管理的高层级描述，结合所在组织有关资源管理的政策、程序和知识库，为确保项目范围内的每个工作包都有人负责，通常将团队成员的角色和职责用层级型（WBS、OBS、RBS）、矩阵型或文本型，从上到下分别表现高层级角色、活动-资源的分配关系及详细的职责信息。在此基础上进一步制订资源管理计划和团队章程。

资源规划用于确定和识别一种方法，以确保项目的成功完成有足够的可用资源。项目资源可能包括团队成员、用品、材料、设备、服务和设施。有效的资源规划需要考虑稀缺资源的可用性和竞争，并编制相应的计划。

这些资源可以从组织内部资产获得，或者通过采购过程从组织外部获取。其他项目可能在同一时间和地点竞争项目所需的相同资源，从而对项目成本、进度、风险、质量和其他项目领域造成显著影响。

11.2.1　资源管理规划的依据

在本过程的依据中，项目章程提供了方向和指南，组织过程资产提供了借鉴和参考，范围基准提供了核心信息，其他组件会对本过程有不同程度的影响。

1）项目章程

该文件描述了项目的高层级信息，包括可能影响项目资源获取的主要相关方名单（如财务审批人、采购审批人、人力资源审批人等）、总的里程碑及预先批准的财务资源（如项目人员数量、设备数量、场地面积等）。

2）项目管理计划

●范围基准。范围基准明确了项目和工作包层级的可交付成果，可交付成果从根本上决定了所需的资源类型和数量。

3）组织过程资产

这里是指项目所在组织用于指导（或规范）资源管理规划的程序、政策和知识库。例如：人力资源政策和程序、物质资源管理政策和程序、安全政策、安保政策、资源管理计划模板、类似项目的历史信息等。

11.2.2　资源管理规划的方法

1）专家判断

如果个人或小组在协调组织内部资源、人才管理和员工发展、为实现项目目标确定所需投入水平、根据组织文化确定报告要求、根据经验教训和市场条件评估资源获取所需的提前量、与资源识别获取留用和遣散计划有关的风险、遵循政府和工会法规、管理卖方和物流工作等方面具备专业知识、丰富经验，则可征求其意见。

2）数据表现

为确保每个每一项目工作都有明确的责任人，需要使用各种图表方式来明确团队各成员的角色和职责，通常有层级型、矩阵型及文本型。

◆层级型

●工作分解结构（WBS）。利用 WBS 将项目逐层分解出控制账户、工作包或其他中间层次的项目组件，并将项目每一任务与责任人关联，从而确保项目所有工作都有人负责（图 11-1）。

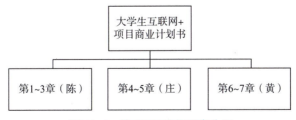

图 11-1　按 WBS 进行职责分工

●组织分解结构（OBS）。组织分解结构指在组织结构图的原有框架中，将各部门负责的项目任务（控制账户或工作包）列在对应位置，以便各部门能集中快速找出自己负责的项目任务。如采购部，只需要找到其所在的 OBS 位置，就能看到自己的全部项目职责

（图 11-2）。

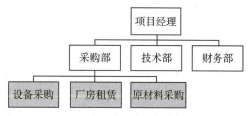

图 11-2　按组织结构进行职责分工

● 资源分解结构（RBS）。该结构是一种依照资源类别逐级分解的层级结构。RBS 可以分为多个级别，每一级都代表项目所需的资源的更细化的分解。例如，一级 RBS 可能包括人员、材料和设备。二级 RBS 可能包括不同类型的人员（如经理、工程师和技术人员）、不同类型的材料（如钢材、混凝土和木材）以及不同类型的设备（如起重机、推土机和卡车）。

◆ 责任分配矩阵。责任分配矩阵用于确定项目中每个人的责任和任务。该矩阵列出了项目中的各项任务，并指定了每个任务由哪个团队成员来负责完成。这有助于确保每个任务都有专人负责，避免责任模糊和任务重叠。责任分配矩阵通常用于项目计划阶段，以便在项目执行过程中更好地跟踪和管理团队成员的工作。表 11-3 中的矩阵也称 RACI 矩阵，即将职责划分为四类：R（Responsible）代表执行、A（Accountable）代表负责、C（Consult）代表咨询和 I（Inform）代表知情。矩阵中的首列表示项目活动，首行表示项目责任人员。当然，该矩阵可以根据项目实际需要对其适应性修改，例如职责的内容及分类、项目任务的粗细、承担职责的团体和个人，均可作调整。

表 11-3　职责分配矩阵

人员 活动	张莎	李斯	王武	赵勇	唐芬
媒体宣传	A	R	I	I	I
节目编排	I	A	R	C	C
服装道具	I	A	R	R	C
行政后勤	A	C	I	I	R

◆ 文本型。文本型一般用于详细描述职责的具体内容，例如记录职责、职权、能力和资格等方面的信息，文本型文件通常以文字为主，辅以表格和图形进行表现。现实中，可能会要求使用组织内部统一的模板，否则使用或开发项目自己的模板。

3）组织理论

组织理论是研究组织结构、组织行为和组织变革的理论。它旨在理解组织如何运作，以及如何通过改变组织结构、行为和文化来提高组织绩效。合理运用组织理论可以提高项目的资源效率。例如何时分工和何时合作，何时分权和何时集权，何时采用标准化和何时允许个性化，何时组织结构采用职能式/项目式/矩阵式，等等。而且随着外部环境变化、项目生命周期或团队发展阶段不同，组织理论可以指导项目经理灵活调整组织结构和文化，以提升或保持项目组织效率。具体详见 3.1 节。

4）会议

项目团队可能以会议形式就资源管理规划内容进行讨论和交流，以便拟定、补充和完善资源管理计划和团队章程。

11.2.3　资源管理规划的成果

1）资源管理计划

该计划也是项目管理计划的组成部分，它对项目团队将要如何估算、获取、管理和释放项目资源进行了安排。通常可分为团队管理计划和实物资源管理计划。资源管理计划可能包括：

①识别和估算资源。明确项目团队和实物资源的识别和估算方法。

②资源获取。项目团队和实物资源的获取方法。

③角色与职责。角色就是项目成员在项目中承担的职务，如副总经理、经理助理、项目秘书、市场研究员、设计工程师、报建员、土建工程师、电气工程师、给排水工程师、成本管理员、销售员等。职责是团队成员在职位上必须承担的工作范围、工作任务和工作责任，以完成项目活动。

④项目组织图。项目团队成员及其报告关系通常以层级结构图方式呈现，又称组织结构图或架构图。根据项目的不同，项目组织图可能会非常详细或较为简略，通常大型项目的组织图要比中小项目更为复杂、更加详细。

「扫码」查看小型项目和大型项目的组织图

⑤项目团队资源管理。关于如何定义、配备、管理和最终遣散项目团队资源的指南，可能还包括：

• 培训。项目成员的培训策略，可能需要依据员工类型（如入职培训、上岗培训、在岗培训等）、部门的属性（生产培训、技术培训、质量培训、财务培训等）、工作要求（安全培训、技能培训、制度培训等）、项目生命周期阶段分别开展不同针对性的培训。

• 团队建设。项目团队建设的方法。如人际交往法、角色界定法、价值观法、任务导向法和社会认同法。

• 认可计划。将给予团队成员哪些认可和奖励，以及何时给予。

• 资源控制。可能包括那些确保有足够的实物资源可供使用而且实物资源的获取针对项目需求进行优化的方法，还包括资源控制所需要的管理库存、设备和用品的信息。

「扫码」查看某工程项目资源管理计划（提纲）

2）团队章程

章程是组织、社团经特定的程序制定的关于组织的规程和办事条例，是一种根本性的规章制度。团队章程是为团队创建内部规程和工作条例的规范性文件，是后续开展团队建设的核心依据（见 11.5 节）。团队章程可能包括：

• 团队愿景、价值观或宗旨；

• 团队共识；

- 沟通机制；
- 决策标准和过程；
- 会议要求。

团队章程明确规定了项目团队成员应遵守的行为标准，应尽早让团队成员熟知并认可这些规则，从而有助于提高工作效率。创造机会，让团队公开讨论行为规范、沟通方式、决策程序和会议礼仪等，可促进团队成员更加了解彼此的核心价值观。如果团队章程由团队共同制定或参与制定，这样可以产生最佳效果。所有成员都有责任确保章程中的规则得到遵守，并主动帮助新成员顺利融入团队，以确保团队始终了解基本规则。必要时审查并更新团队章程，以满足团队建设和发展需要。

「扫码」查看某项目团队章程实例

💡 思考

进行资源管理规划时，如果项目章程中有关资源管理的高层级描述不明确，或者所在组织有关资源管理的政策、程序和知识库不健全，那么规划者应该如何制订资源管理计划和团队章程？

11.3 活动资源估算

活动资源估算是估算执行项目所需的团队资源，以及材料、设备和用品的类型和数量的过程。本过程的主要作用是，明确完成项目所需的资源种类、数量和特性。本过程应根据需要在整个项目期间定期开展。表11-4描述本过程的依据、方法和成果。

表11-4 活动资源估算过程

依据	方法	成果
项目管理计划	专家判断	资源需求★
●资源管理计划★	自下而上估算★	估算依据★
●范围基准	类比估算	资源分解结构★
项目文件	参数估算	项目文件更新
●活动属性★	数据分析	●活动属性
●活动清单★	●备选方案分析★	●假设日志
●假设日志	项目管理信息系统	●经验教训登记册
●成本估算	会议	
●资源日历		
●风险登记册		
事业环境因素		
组织过程资产		

本过程的典型操作是，项目团队依据资源管理计划的预先安排，在活动清单和活动属性描述的基础上，先估算每个工作包（或活动）的资源需求；如有多种可选资源，使用备选方案分析法比较不同资源的优劣势（例如，招聘新手或熟练工、采购大型或小型挖掘机、使用塑料或金属材料）后选择最佳资源；再运用自下而上估算法，将各活动、工作包的资源汇总至控制账户，直至得到整个项目层级的资源需求；为了方便资源的后续管理，需进一步将所有资源依照类别以层级结构呈现（即 RBS）；最后将整个估算方法、过程、基本假设等记录在估算依据文件中，便于今后进行追溯和复盘。

11.3.1　活动资源估算的依据

在本过程的依据中，资源管理计划提供了方法指南，活动清单和活动属性提供了估算所需的基础信息，其他组件会对本过程有不同程度的影响。

1）项目管理计划

●资源管理计划。该计划指明了识别和量化估算项目资源的方法，包括指定单一方法或不同情形下使用不同方法的指南。例如，依据资源分解结构 RBS 识别，或参考类似项目资源清单识别；使用参数估算或自下而上估算，或给出不同方法使用时机的建议。

2）项目文件

●活动清单。该文件记录了已识别的项目活动，本过程的估算任务主要围绕该清单展开。

●活动属性。该文件包含了活动所需资源的相关信息，例如资源需求、强制日期、活动地点、假设条件和制约因素，从而为资源识别和估算提供了关键性信息。

11.3.2　活动资源估算的方法

1）专家判断

如果个人或小组在团队和物质资源的规划和估算等方面具备专业知识、丰富经验，则可征求其意见。

2）自下而上估算

用该方法估算，要先从下层活动开始，然后逐级往上汇总。即团队和实物资源先从最底层的活动级别开始估算，然后向上汇总成工作包、控制账户层级，最后汇总至总体项目层级。

3）类比估算

类比估算是一种基于类似情况的推理方法，利用两个项目的相似性，用以往类似项目的资源数据来推断当前项目的同类参数（资源类型、数量）。该方法速度快、成本低，适用于 WBS 高层级的资源估算。

4）参数估算

参数估算基于历史数据和项目参数，使用某种算法或模型，来计算活动所需的资源数量。例如，某建筑工程需要 3 000 人天的工作量，且要在 6 个月之内完成，则该工程项目需要 24 人（每人半年付出 125 人天）。参数估算的准确性取决于参数模型的成熟度和基础数据的可靠性。

5）数据分析

适用于本过程的数据分析技术包括备选方案分析。备选方案分析是一种对潜在方案进行评估的技术和方法，即通过评估各种方案的利弊得失，找出执行项目的最佳方案。例如使用能力或技能水平不同的资源、不同规模或类型的机器、不同的工具（手工或自动），以及关于资源自制、租赁或购买的决策。

6）项目管理信息系统

利用项目管理信息系统中的资源管理软件，可辅助团队规划管理资源库以及对资源进行估算。具体包括分析资源分解结构、资源可用性、资源费率和各种资源日历，从而有助于提高资源管理效率、优化资源使用效果。

7）会议

项目经理可以和职能经理一起举行规划会议，以估算每项活动所需的资源、支持型活动、团队资源的技能水平，以及所需材料的数量。其中支持型活动（Level of Effort，LOE）是一种不产生明确结果的最终产品，而是按时间流逝来度量的活动。在项目管理中，支持性活动通常用于描述一些辅助性工作，目的是提供支持、协助和资源。

举例，一个项目可能需要进行日常的沟通和协调工作，这些工作不会直接产生可交付成果，却是项目顺利进行所必需的支持型活动。在项目进展中，支持性活动的投入通常是持续的，不会随着项目阶段的变化而有明显变化。

11.3.3 活动资源估算的成果

1）资源需求

资源需求识别出每个活动所需的资源类型和数量，然后逐级向上汇总至工作包、控制账户，直至整个项目，即可得到整体项目资源需求汇总清单，如果有必要，也可以在资源需求文件中对资源的详细要求进行说明。有时候还会对这些资源做进一步分类，如人力资源需求、材料需求、机械设备需求等，以便为下一步资源获取做准备。

 「扫码」查看某工程项目的资源需求汇总

2）估算依据

资源依据要清晰地说明项目的资源是如何估算出来的，不仅便于审核和验证，也有利于项目后续的监督与复盘，当然，不同领域、不同项目对估算的支持性信息描述在详细程度上有所区别。资源估算的支持信息可包括：

- 估算方法；
- 估算依据的资源，如以往类似项目的信息；
- 估算的假设条件和制约因素；
- 估算范围；
- 置信水平；
- 有关影响估算的已识别风险的文件。

3）资源分解结构

资源分解结构（RBS）是按照资源种类和形式而划分的层级结构，它是项目分解结构的一种（图11-3）。资源种类一般划分为人员、材料、设备和其他用品等，资源形式常见的有技能水平、要求证书、等级水平等。在上一过程中（即 11.2 资源管理规划），RBS 主要用于指导和规范项目的资源分类；而在本过程中，RBS 是一份用来获取和监督资源的完整文件。

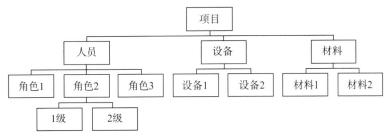

图 11-3　资源分解结构示例

 思考

在估算项目活动资源时，项目团队应如何选择最佳资源？

11.4　资源获取

资源获取是项目所需的团队成员、设施、设备、材料、用品和其他资源的获取过程。本过程的主要作用是，概述和指导资源的选择，并将其分配给相应的活动。本过程应根据需要在整个项目期间定期开展。表 11-5 描述本过程的依据、方法和成果。

表 11-5　资源获取过程

依据	方法	成果
项目管理计划 ● 资源管理计划★ ● 采购管理计划★ ● 成本基准 项目文件 ● 项目进度计划 ● 资源日历★ ● 资源需求★ ● 相关方登记册 事业环境因素 组织过程资产	决策 ● 多标准决策分析 人际关系与团队技能 ● 谈判★ 预分派★ 虚拟团队	物质资源分配单★ 项目团队派工单★ 资源日历★ 变更请求★ 项目管理计划更新 ● 资源管理计划 ● 成本基准 项目文件更新 ● 经验教训登记册 ● 项目进度计划 ● 资源分解结构 ● 资源需求 ● 风险登记册 ● 相关方登记册 事业环境因素更新△ 组织过程资产更新△

本过程的典型操作是，项目团队依据资源管理计划的预先安排，并参考采购管理计划中有关采购物资的相关安排处理，项目所需资源可能来自项目执行组织的内部或外部，内

部资源由职能经理或资源经理负责获取，外部资源则通过采购获得。上述资源的顺利获得依赖项目团队在影响资源提供方或决策人方面的谈判能力。不过，预分派的资源不受此影响，会直接列入分配单或派工单；本过程中，随着资源谈判的进展，记录资源可用性和限制性信息的资源日历需要进行动态更新。同时，无论是资源管理计划本身问题、资源的估算的问题还是资源谈判过程中遇到了困难，都可能会引出变更请求，需通过变更请求并经整体项目变更控制过程进行审查和处理。

因为集体劳资协议、分包商人员使用、矩阵型项目环境、内外部报告关系或其他原因，项目管理团队可能对或可能不对资源选择有直接控制权。重要的是，在获取项目资源过程中应注意下列事项：

• 项目经理或项目团队应该进行有效谈判，并影响那些能为项目提供所需团队和实物资源的人员。

• 不能获得项目所需的资源时，可能会影响项目进度、预算、客户满意度、质量和风险；资源或人员能力不足会降低项目成功的概率，最坏的情况可能导致项目取消。

• 如因制约因素（如经济因素或其他项目对资源的占用）而无法获得所需团队资源，项目经理或项目团队可能不得不使用能力和成本不同的替代资源。在不违反法律、规章、强制性规定或其他具体标准的前提下可以使用替代资源。

在项目规划阶段，应该对上述因素加以考虑并做出适当安排。项目经理或项目管理团队应该在项目进度计划、项目预算、项目风险计划、项目质量计划、培训计划及其他相关项目管理计划中，说明缺少所需资源的后果。

11.4.1 资源获取的依据

在本过程的依据中，资源管理计划提供了本过程需要的方法指导，采购管理计划提供了从外部获取资源的方法，资源需求和资源日历分别提供了资源需求的类型、数量及可用时段信息，其他组件会对本过程有不同程度的影响。

1）项目管理计划

• 资源管理计划。该计划为获取项目所需的团队资源和实物资源提供了操作指南。

• 采购管理计划。该计划描述了从项目外部获取项目资源的相关信息，包括把采购工作与其他相关领域工作（范围、进度、成本、质量等）协调并整合在一起的相关安排。

2）项目文件

• 资源日历。资源日历是以日历方式列出每种具体资源的可用工作日或工作班次。创建一个可靠的进度计划取决于对每种资源的可用性和时间限制的充分了解，包括时区、工作时间、假期、当地假期、维护时间表和对其他项目的承诺。为确保资源的获取能够满足项目进度要求，资源日历需要进行持续动态更新。

• 资源需求。资源需求识别了需要获取的资源。

11.4.2 资源获取的方法

1）决策

这里的决策技术是指多标准决策分析。多标准决策分析是一种用于处理含多因素的决策问题，并建立多维度评价标准（投入、收益、风险）的分析方法。在本过程中可用于对潜在资源进行评级或打分（例如，在内部和外部团队资源之间进行选择）。可使用的选择

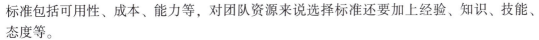

标准包括可用性、成本、能力等，对团队资源来说选择标准还要加上经验、知识、技能、态度等。

2）人际关系与团队技能

这里的人际关系与团队技能具体是指谈判。谈判就是在双方或多方之间进行协商和讨论，以达成共识、解决争议或达成协议的过程。本过程中需要就资源与各方谈判。例如与职能经理谈判，以确保项目在要求的时限内获得最佳资源，直到完成职责；与执行组织中的其他项目管理团队谈判，以便争取到某种稀缺或特殊资源（公共场地、共用实验室、设备等）的合理分配；与外部组织和供应商谈判，以获得合适的、稀缺的、特殊的、合格的、经认证的或其他特殊的团队或实物资源。

谈判能力非常重要，直接关系到能否获得及时、充足、满意的项目资源。

3）预分派

预分派指预先明确项目的实物或团队资源，可能出现预分派的情形有：竞标过程中承诺特定人员进入项目工作（例如项目客户组织可能要求派驻一名人员担任项目质量工程师，监督项目质量）；项目取决于特定人员的专有技能（例如，项目立项时发起人可能会指定一名专家担任项目技术顾问或 CTO，以确保关键技术的落地）；制定项目章程过程或其他过程已经指定了某些成员（例如，银行或投资方可能会指定一名项目监理进驻项目，以维护投资方的利益）。

4）虚拟团队

虚拟团队是指由跨地域、跨时区的成员组成的团队，他们通过互联网和其他通信技术进行远程合作。这种团队通常是由远程工作者组成，他们可以在不同的地方工作，但通过技术工具进行协作和沟通。虚拟团队的工作模式可以提高灵活性和效率，但也需要良好的沟通和协作能力。虚拟团队的优点包括：

●灵活性：虚拟团队可以跨越地理位置和时区，使得团队成员可以在不同的地点和时间进行工作，包括员工在家办公、行动不便者或残疾人或因环境原因无法出差（如疫情影响）。

●成本节约：虚拟团队可以节省办公空间和设备的成本，同时也减少了员工的通勤时间和费用。

●多样性：虚拟团队可以招募全球范围内的人才，增加了团队成员的多样性，有利于团队创新。

 思考

在项目的资源获取过程中，为什么谈判能力对于获取外部资源至关重要？

不过，虚拟团队也会带来挑战，例如社交隔离、跨时区的时间管理问题、对技术工具的依赖性增加等，因此可能需要花费更多时间做好团队规划并管理沟通过程。

11.4.3　资源获取的成果

1）实物资源分配单

项目中即将使用的材料、设备、物资、地点和其他实物资源将被记录在实物资源分配单中。

2）项目团队派工单

项目团队成员及其在项目中的角色和职责被记录在项目团队派工单中，前者通常以项目成员名单的方式体现，后者以项目组织结构图和进度计划方式体现。

3）资源日历

资源日历标识了每个特定资源可用的工作日、班次、营业时间、周末和公共假期。资源日历规定了在项目期间确定的团队和实物资源何时可用、可用多久。掌握这些资源信息并在整个项目期间动态更新的信息，可以帮助项目团队对资源进行合理的规划、监控和协调，在最大限度满足项目对资源需求的同时提高资源利用率。

4）变更请求

本过程中的有关活动一旦影响了项目管理计划或项目文件，应提交变更请求且通过实施整体变更控制过程对其审查和处理。

> **思考**
> 在项目资源获取过程中，如果项目团队在影响资源提供方或决策人方面的谈判能力不足，可能会导致哪些问题？

11.5　团队建设

团队建设是提高工作能力，促进团队成员互动，改善团队整体氛围，以提高项目绩效的过程。本过程的主要作用是，改进团队协作、增强人际关系技能、激励员工、减少摩擦以及提升整体项目绩效。本过程需要在整个项目期间开展。表 11-6 描述本过程的依据、方法和成果。

表 11-6　团队建设过程

依据	方法	成果
项目管理计划 • 资源管理计划★ 项目文件 • 经验教训登记册 • 项目进度计划 • 项目团队派工单★ • 资源日历 • 团队章程★ 事业环境因素 组织过程资产	集中办公★ 虚拟团队 沟通技术 人际关系与团队技能 • 冲突管理 • 影响力 • 激励 • 谈判 • 团队建设★ 认可与奖励★ 培训★ 个人和团队评估★ 会议	团队绩效评价★ 变更请求★ 项目管理计划更新 • 资源管理计划 项目文件更新 • 经验教训登记册 • 项目进度计划 • 项目团队派工单 • 资源日历 • 团队章程 事业环境因素更新 组织过程资产更新

本过程的典型操作是，项目团队依据资源管理计划和团队章程的预先安排，结合项目团队派工单所记录的团队成员角色和职责，考虑到团队的临时性特点和整体绩效要求，首

先创造条件让团队成员实现集中办公；其次，通过开展专门的团队建设活动（包括根据团队建设的不同阶段采取不同的建设策略），提升团队成员的信任关系和协作水平；然后，开展针对性的培训活动提升个人和团队的工作能力，利用认可和奖励鼓励员工的良好行为，最后对个人和团队绩效水平进行评估，对绩效低于预期的问题提出变更请求，以便改善项目绩效。

项目经理应该能够定义、建立、维护、激励、领导和鼓舞项目团队，使团队高效运行，并实现项目目标。团队协作是项目成功的关键因素，而建设高效的项目团队是项目经理的主要职责之一。

项目经理应创建一个能促进团队协作的环境，并通过给予挑战与机会、提供及时反馈与所需支持，以及认可与奖励优秀绩效，不断激励团队。通过以下行为可以实现团队的高效运行：

- 使用开放与有效的沟通；
- 创造团队建设机遇；
- 建立团队成员间的信任；
- 以建设性方式管理冲突；
- 鼓励合作型的问题解决方法；
- 鼓励合作型的决策方法。

项目经理在全球化环境和富有文化多样性的项目中工作；团队成员经常来自不同的行业，讲不同的语言，有时甚至会在工作中使用一种特别的"团队语言"或文化规范，而不是使用他们的母语；项目管理团队应该利用文化差异，在整个项目生命周期中致力于发展和维护项目团队，并促进在相互信任的氛围中充分协作；通过建设项目团队，可以改进人际技巧、技术能力、团队环境及项目绩效。在整个项目生命周期中，团队成员之间都要保持明确、及时、有效（包括效果和效率两个方面）的沟通。

有一种关于团队发展的模型叫塔克曼阶梯理论，其中的团队建设通常要经过五个阶段。尽管这些阶段通常按顺序进行，然而，团队停滞在某个阶段或退回到较早阶段的情况也并非罕见；而如果团队成员曾经共事过，项目团队建设也可跳过某个阶段。

- 形成阶段。在本阶段，团队成员开始相互认识，并逐渐了解项目情况及他们在项目中的正式角色与职责。但总体上团队成员对工作还不熟悉，缺乏信心，需要领导者告诉他们怎么做，给他们提供指导，故指导式领导风格适用于这一阶段的团队。
- 震荡阶段。在本阶段，团队开始从事项目工作、制定技术决策和讨论项目管理方法。如果团队成员不能用合作和开放的态度对待不同观点和意见，团队环境可能变得事与愿违。这一阶段的团队还不稳定，成员的能力还不够，领导者应将成长的空间让给团队成员，帮助他们洞察自我，发挥个人的潜能，让他们学会怎么做，而不是教他们怎么做，因此教练式领导风格适用于本阶段。
- 规范阶段。在规范阶段，团队成员开始协同工作，并调整各自的工作习惯和行为来支持团队，团队成员会学习相互信任。这时候应该采取参与式的领导风格，渐渐放权给团队成员，在必要时参与团队的决策。
- 成熟阶段。进入这一阶段后，团队就像一个组织有序的单位那样工作，团队成员之间相互依靠，有能力也有信心平稳高效地解决问题。此阶段领导者几乎不加指点，由团队自己独立开展工作并完成任务，因此适合采取授权式领导风格。

● 解散阶段。在解散阶段，团队完成所有工作，团队成员离开项目。通常在项目可交付成果完成之后，或者在结束项目或阶段过程中，释放人员，解散团队。

某个阶段持续时间的长短取决于团队活力、团队规模和团队领导力。项目经理应该对团队活力有较好的理解，以便有效地带领团队经历所有阶段。

11.5.1　团队建设的依据

在本过程的依据中，资源管理计划提供了方法指南，团队派工单和团队章程分别提供了基础信息，其他组件会对本过程有不同程度的影响。

1）项目管理计划

● 资源管理计划。该计划为团队开展系列活动提供了指南，即如何通过团队绩效评价和其他团队建设活动，给项目团队成员做出反馈，进行奖励、纪律处分及开展额外培训。

2）项目文件

● 项目团队派工单。该文件列出了团队成员名单并明确了各自角色与职责，可以为本过程分类开展针对性团队活动提供依据。

● 团队章程。该文件是为团队创建内部规程和工作条例的规范性文件，包含了团队价值观和团队工作指南，为指导团队行为和开展合作提供了依据。

11.5.2　团队建设的方法

1）集中办公

集中办公是指在一个特定的地点集中在同一个办公室或者工作区域内进行工作。对项目团队来说，既可以是自始至终集中办公，如项目式组织，也可以只在特定的一段时间内集中办公，如矩阵式组织。集中办公的好处是团队成员可以更容易地进行沟通和协作，提高工作效率。同时，集中办公也有利于更好地监督员工的工作情况，提高团队的凝聚力和协作能力。

2）虚拟团队

在团队建设过程中，虚拟团队的使用除了能够帮助项目团队获得更多优质资源、降低成本、减少出差及搬迁费用等好处，还能够拉近项目团队与供应商、客户、合作伙伴及其他重要相关方之间的心理距离，从而提升项目内外协作关系。

3）沟通技术

沟通技术是指交流和传递信息时所使用的各种工具、方法和技巧，目的是促进有效的沟通和信息传递。无论是集中办公或是虚拟团队，在团队建设方面，沟通技术的重要性不言而喻。例如共享门户、视频会议、音频会议、电子邮件/聊天软件等沟通技术，不仅可为集中办公营造出融洽的环境，而且能够促进虚拟团队相互理解。

4）人际关系与团队技能

适用于本过程的人际关系与团队技能包括：

● 冲突管理。冲突管理是指为限制冲突产生的负面影响同时增加正面影响，处理和解决在团队或组织中出现的冲突或分歧的过程，包括识别冲突的存在、了解冲突的原因和影响、采取措施来处理冲突，并寻求冲突各方的共识和解决方案。项目经理应及时地以建设性方式化解冲突，促进项目组织的和谐和合作。更多详情参见11.6.2。

● 影响力。影响力指一个人或组织对他人、群体或社会产生的影响和改变的能力，是通过言语、行为、观点、权威、领导力等方式来影响他人的态度、行为和决策。本过程可利用影响力收集关键信息，解决重要问题并达成一致意见。

●激励。激励是指通过鼓励、激发团队成员，使其产生积极的行为、态度或动力。通过言语、行动或其他方式满足团队成员的外在和内在的需要，鼓励团队克服困难和挑战，调动团队的积极性和创造性，提高团队成员开展独立工作和参与决策的能力。

●谈判。谈判指在双方或多方之间进行协商和讨论，以达成共识、解决争议或达成协议的过程。团队建设中，成员间的谈判有助于建立成员相互间的信任关系，并就项目需求达成共识。

●团队建设。团队建设是指通过各种活动和方法来促进团队成员之间的沟通、信任和合作，以达到增强团队凝聚力和提高团队绩效的目的。项目团队建设的目标可以包括：提高团队成员的知识和技能；提高团队成员之间的信任和认同感；创建富有生气、凝聚力和协作性的团队文化；提高团队参与决策的能力。团队建设活动可以包括团队合作游戏、团队分享会议、团队建设培训、情景模拟等形式，旨在改善人际关系、增强团队成员之间的合作意识和团队精神。当团队成员无法面对面时或者团队成员频繁流动、大量更替时，开展针对性的团队建设显得尤其重要。另外，针对长期项目来说，环境变化或项目任务的大幅度调整会让团队面临新的挑战，这时候的团队建设活动也必不可少。

5）认可与奖励

认可与奖励意味着承认和奖励一个人或团体的努力和成就。这包括对其工作、表现、创新或其他方面的肯定和奖励。认可与奖励可以激励人们继续努力并取得更好的成绩。团队建设中，需要对成员的良好表现给予认可与奖励。不过也不能认为"一奖就灵"，因为只有当奖励能够满足个人非常看重的某个需求时才会有效，即考虑个人的需求，不仅如此，认可与奖励时还须考虑文化差异。正式的奖励很重要，非正式的奖励也很重要；金钱和物质奖励很重要，精神奖励也很重要，团队成员会因此得到成长机会、获得成就感、得到赞赏以及用专业技能迎接新挑战而受到激励，所以两者无法完全相互替代。另外，项目推进过程中项目经理应当尽可能及时地奖励，而不是等到项目结束时。总之，当成员感受到自己在团队中的价值且通过获取奖励来兑现这种价值时就会受到极大激励。

> 💡 **思考**
>
> 为什么需要开展专门的团队建设活动？这些活动有哪些具体形式和内容？请列举 3 个或以上。

6）培训

培训是指为了提高员工的知识、技能和能力而进行的教育和训练活动。这些活动可以包括课堂培训、实地实习、研讨会等形式，旨在帮助员工适应工作需求并提高工作表现。培训也可以帮助员工更好地理解团队的目标和价值观，并为个人职业发展提供支持。项目成员的培训应作为项目工作的一部分，并纳入资源管理计划。项目推进过程中可能还要根据团队成员的表现决定是否需要开展计划外培训，培训成本通常应该包括在项目预算中，培训可以由内部或外部培训师来执行。

7）个人和团队评估

个人和团队评估是指对个人或团队的绩效、能力、表现等方面进行全面的评估和分析。这种评估可以帮助个人和团队了解自己的优势和不足，为未来的发展和改进提供指导和建议。评估工具有很多，如态度调查、专项评估、结构化访谈、能力测试及焦点小组。

知识拓展

　　例如美国桥水公司会使用一种称之为"棒球卡"的方法，既要搜集员工在会议上发言的"点数"外，还要搜集员工其他各个方面的数据（检查、测试、员工做出的选择等）。这些数据通过计算机算法，基于一定的逻辑形成关于员工特征的画像。然后，把这些特征登记在"棒球卡"中，以这种简便的方法勾勒出一个人的强项和弱点及其相关的证据（就像为职业棒球运动员建立的"棒球卡"）。

8）会议

可以用会议来讨论、交流和解决团队建设问题，参会者包括项目经理和项目团队。会议可围绕关系破冰、团队价值观讨论、沟通和协作训练、团队规则制定或修改等方面展开。

11.5.3　团队建设的成果

1）团队绩效评价

团队绩效评价既是项目上一阶段团队建设活动有效性的检验，又是下一阶段改进团队建设活动的前提和基础。为确保项目目标的顺利实现，设立团队绩效评价指标并对项目团队进行评价是必要的。评价团队有效性的指标有：

- 个人技能的提升，有利于完成个人工作任务；
- 团队能力的提升，帮助团队成员顺利开展合作任务；
- 项目成员离职率的降低；
- 团队凝聚力的加强，可能体现在团队成员互帮互助和分享意愿的提升。

对团队绩效的评价通常会参考这样一个固定的流程，即首先确定对团队层面的绩效评价维度和对个体层面的绩效评价维度，然后是划分团队和个体绩效所占的权重比例。再在评价维度的基础上，分解评价的关键要素，最后再考虑如何用具体的测评指标来衡量这些要素。也可以将团队绩效指标划分为结果指标和过程指标，给出对应的权重，并分别进行评价。

2）变更请求

团队建设过程中有关活动一旦影响到项目管理计划或项目文件，应提交变更请求并实施整体变更控制过程对其审查和处理。

思考
团队建设中，如何有效提升团队成员的信任关系和协作水平？

11.6　团队管理

团队管理是优化项目绩效的过程，它需要跟踪团队成员的工作表现，及时提供反馈，解决问题并管理团队变更。该过程的主要作用是影响团队行为，管理冲突以及解决问题。

此过程需要在整个项目期间开展。

表 11-7 描述本过程的依据、方法和成果。

表 11-7　团队管理过程

依据	方法	成果
项目管理计划 ●资源管理计划★ 项目文件 ●问题日志 ●经验教训登记册 ●项目团队派工单 ●团队章程 工作绩效报告★ 团队绩效评价★ 事业环境因素 组织过程资产	人际关系与团队技能 ●冲突管理★ ●制定决策★ ●情商 ●影响力★ ●领导力★ 项目管理信息系统	变更请求★ 项目管理计划更新 ●资源管理计划 ●进度基准 ●成本基准 项目文件更新 ●问题日志 ●经验教训登记册 ●项目团队派工单 事业环境因素更新

本过程的典型操作是，项目团队依据资源管理计划的预先安排，依据工作绩效报告中反映出来的项目整体绩效方面的差距或问题，例如项目进度延后、成本超支、范围扩大或质量表现不佳等，再结合团队绩效评价和团队成员的工作表现，找出影响绩效的团队问题和个人问题，例如存在沟通不畅、合作困难、消极怠工、情绪低落或有离职倾向，甚至出现大量员工流失等现象，需要综合运用各种技能，尤其是沟通、冲突管理、谈判和领导技能，化解冲突和矛盾，促进团队协作，激发团队士气，创建高效团队。必要时提出变更请求，并经整体项目变更控制程序处置后调整项目计划和基准。

项目经理应留意团队成员是否有意愿和能力完成工作，然后相应地调整管理和领导力方式。相对那些已展现出能力和有经验的团队成员，技术能力较低的团队成员更需要强化监督。

11.6.1　团队管理的依据

在本过程的依据中，资源管理计划提供了方法指南，工作绩效报告和团队绩效评价提供了基础信息，其他组件会对本过程有不同程度的影响。

1）项目管理计划

●资源管理计划。该计划为如何管理和最终遣散项目团队资源提供指南。

2）工作绩效报告

工作绩效报告包括项目的状态报告和进展报告。它包括从进度控制、成本控制、质量控制和范围确认中得到的信息，这些信息反馈出来的问题有助于开展针对性的团队管理，其中的预测性信息可用于确定项目将来团队资源需求、认可、奖励及资源管理计划的更新。

3）团队绩效评价

如果项目绩效达不到预期，问题的根源往往出在团队方面。因此团队管理应定期或不定期地对团队绩效进行评价。及时发现找出团队管理上的不足，从而采取有效措施解决问题，例如改进沟通方法、妥善处理冲突、加强团队互动、优化激励措施等。

11.6.2 团队管理的方法

1）人际关系与团队技能

本过程的人际关系与团队技能包括：

● 冲突管理。冲突管理指为限制冲突产生的负面影响并增加正面影响，处理和解决团队或组织中出现的冲突或分歧的过程。具体包括识别冲突的存在、了解冲突的原因和影响、采取措施处理冲突，并寻求冲突各方的共识和解决方案。在项目环境中，冲突不可避免。冲突的来源包括资源稀缺、进度优先级排序和个人工作风格差异等。利用团队章程中的团队规则、团队规范及成熟的项目管理实践（如沟通规划和角色定义），可以减少冲突的数量。角色定义是指在一个系统或组织中，对于不同的成员或参与者所扮演的角色进行明确定义和描述，包括角色名称、角色职责、角色权限和角色关系等。角色定义的目的是确保各个角色之间有清晰的分工和责任，让每个成员清楚自己的职责和权限范围，以便能够有效地协作和合作，避免冲突和混乱。

当冲突管理得当时，它能够改善工作关系并提高生产力。此外，如果能够正确管理意见分歧，它还能够促进创造力的提升和决策的改进，从这个角度看，冲突带来的并非负面影响，因此冲突对团队绩效的影响可能是复杂的，具体可参考相关研究。

 「扫码」了解冲突对项目团队绩效的影响——前沿研究

有五种常用的冲突解决方法，每种技巧都有各自的作用和用途：

-撤退/回避。当冲突无法解决或不值得进一步争论时，可以选择从冲突中撤退或回避冲突，将问题推迟到准备充分的时候，或者将问题推给其他人员解决。该方法相对而言较为消极，可能会留下隐患。

-缓和/包容。为维持和谐关系，强调共性而非差异，采取包容的态度，通过缓和紧张氛围，寻求和谐解决冲突。该方法强调冲突各方和谐关系的重要性，当冲突各方过去已经拥有和（或）未来即将开始一段较长时间的紧密关系时，该方法较为适用。

-妥协/调解。双方在冲突中做出一定的让步，达成妥协或通过第三方调解，寻找能让各方可接受的方案，目的是暂时或部分解决冲突，但这种方法有时会导致"双输"局面。

-强迫/命令。以牺牲其他方为代价，推行某一方的观点；通常是当其他方法无法解决冲突时，作为最后的手段，可以采取强制或命令的方式强行解决紧急问题，这种方法通常会导致"赢输"局面。

-合作/解决问题。综合考虑不同的观点和意见，采用合作的态度和开放式对话引导各方达成共识和承诺，这种方法可以带来"双赢"局面。

不同的项目经理可能采用不同的冲突解决方法。不过在选择这些方法时，需要考虑以下因素：

　　–冲突的重要性与激烈程度；

　　–解决冲突的紧迫性；

　　–涉及冲突的人员的相对权力；

　　–维持良好关系的重要性；

　　–永久或暂时解决冲突的动机。

思考

　　请分别用自己的话解释，各因素如何影响冲突解决方法的选择？

　　●制定决策。这种情况下，决策包括谈判能力以及影响组织与项目团队管理的能力，而不是决策工具所描述的一系列工具。有效的决策需要立足于目标并遵循团队决策流程，充分考虑环境因素并全面分析现有可用信息，既要树立风险意识，又要激发团队创造力。

　　●情商。情商指识别、评估和管理个人情绪、他人情绪及团体情绪的能力。团队管理需要运用情商来了解、评估及控制项目团队成员的情绪，预测团队成员的行为。拥有高情商通常能够更好地应对压力、处理冲突，并建立良好的团队合作关系，因此不仅项目经理需要较高水平的情商，必要时还可以通过培养团队成员的情商来改善其人际关系，融入项目团队。

　　●影响力。在有些项目环境中，例如弱矩阵组织或低优先级项目，项目经理没有或仅有很小的行政权力，因此项目经理适时运用影响力这类"软技能"就变得更加必要且关键，通过说服、表明观点和立场、倾听、综合各种观点、弥合分歧等方式影响成员和团队，对项目成功至关重要。

　　●领导力。领导力的核心是激发他人的潜能，使其能够发挥出最大的能力和创造力。领导力在项目生命周期中的所有阶段都很重要。本过程中，领导力通过鼓舞和激励项目团队以达成项目目标。

　　2）项目管理信息系统

　　可利用项目管理信息系统的资源管理或进度计划软件，管理和协调团队成员，辅助项目的人员配置、绩效评估、成员调整及跟踪等，提高项目人力资源管理效率。

11.6.3　团队管理的成果

　　◆变更请求

　　团队管理过程中相关活动一旦影响项目管理计划或项目文件，应提交变更请求且通过实施整体变更控制过程对其审查和处理。例如，无论是自愿离职还是由于不可控事件，成员变动都会对项目团队产生一定负面影响，后果就是项目进度延迟或预算超支。

　　团队建设与团队管理两者之间，既有联系也有区别，详情见表11-8。

表 11-8　团队建设与团队管理的关系

项目	团队建设	团队管理
区别	属于目标导向。它是基于项目对个人和团队绩效的目标和要求开展的有计划、有组织、系统性的建设活动	属于问题导向。它是基于对团队成员工作表现的跟踪和评估，发现偏差、问题或不足，然后通过针对性的管理活动纠正偏差、消除问题
	团队建设的主要成果是团队绩效评价，即用来记录团队建设效果的文件	团队管理的主要成果是变更请求，即关于如何解决团队成员的工作表现问题的对策措施
	在团队建设过程中，个人和团队的绩效表现通常是一个从低到高、逐步提升的过程	在团队管理过程中，个人或团队的绩效表现通常是一个解决绩效波动并巩固团队建设成果的过程
共性与联系	有共同的目标，都是为了优化和改善项目绩效 会使用相同或相似的工具和技术，例如：冲突管理、影响力等 作为团队建设成果的"团队绩效评价"，同时也是团队管理的依据之一 在实际项目管理过程中，两者存在诸多交集，无法截然分开	

11.7　资源控制

本过程的主要目标是，通过监督资源使用情况并在必要时采取纠正措施，以确保资源适时地应用于项目及不需要时被释放。本过程需要在整个项目期间开展。表 11-9 描述了本过程的依据、方法和成果。

表 11-9　资源控制过程

依据	方法	成果
项目管理计划 　●资源管理计划★ 项目文件 　●问题日志 　●经验教训登记册 　●物质资源分配单★ 　●项目进度计划 　●资源分解结构 　●资源需求 　●风险登记册 工作绩效数据★ 协议 组织过程资产	数据分析 　●备选方案分析 　●成本效益分析 　●绩效审查★ 　●趋势分析 问题解决★ 人际关系与团队技能 　●谈判 　●影响力 项目管理信息系统	工作绩效信息★ 变更请求★ 项目管理计划更新 　●资源管理计划 　●进度基准 　●成本基准 项目文件更新 　●假设日志 　●问题日志 　●经验教训登记册 　●物质资源分配单 　●资源分解结构 　●风险登记册

本过程的典型操作是，项目团队依据资源管理计划的预先安排，并对照物质资源分配单，持续监督项目资源的使用和消耗，收集相关的绩效数据；然后运用绩效审查法，分析资源管理过程的绩效表现，找出资源分配和使用过程中出现的问题，例如资源供应不及时、数量不足或过量、质量不达标、资源闲置或利用率低等，并及时解决问题，以上过程可能会影响项目计划或文件，因此应提交变更请求，经项目整体变更控制过程的审查和处理后更新相关的计划和文件。

应在所有项目阶段和整个项目生命周期期间持续开展资源控制过程，且适时、适地和适量地分配和释放资源，使项目能够持续进行。资源控制过程关注实物资源，例如设备、材料、设施和基础设施。团队管理过程关注团队成员。

更新资源分配时，需要了解已使用的资源和还需要获取的资源。为此，应审查至今为止的资源使用情况。资源控制过程关注：

- 监督资源支出；
- 及时识别和处理资源缺乏/剩余情况；
- 确保根据计划和项目需求使用和释放资源；
- 在出现资源相关问题时通知相应的相关方；
- 影响可以导致资源使用变更的因素；
- 在变更实际发生时对其进行管理。

进度基准或成本基准的任何变更，都必须经过实施整体变更控制过程的审批。

11.7.1　资源控制的依据

在本过程的依据中，资源管理计划提供了方法指南，物质资源分配单提供了项目资源分配的信息，工作绩效数据提供了项目资源实际使用的数据，其他组件对本过程有不同程度的影响。

1）项目管理计划

- 资源管理计划。该计划可用于指导本过程如何使用、控制及释放实物资源。

2）项目文件

- 物质资源分配单。该文件描述了将要使用的资源类型（如材料、设备、用品等）、数量、地点、来源（内部或外部）及资源的其他信息，为本过程的资源控制提供基础信息。

3）工作绩效数据

本过程的工作绩效数据主要是指有关项目资源分配和使用方面的实际数据，例如已使用的资源的数量和类型，以便展开数据分析。

11.7.2　资源控制的方法

1）数据分析

适用于本过程的数据分析技术包括：

- 备选方案分析。这是一种对潜在方案进行评估的技术和方法，即通过评估各种方案的利弊得失，找出执行项目的最佳方案。例如将加班和增加团队资源等方案与延期交付相比较，看看哪一方案更好。
- 成本效益分析。在项目实施过程中，可能会出现成本超出预算或者成本与预期目标不符的情况，在这种情况下成本效益分析可以帮助确定采取最佳纠正措施，具体来说就是对不同纠正措施的成本和预期效益进行评估和比较。例如，如果项目成本超出了预算，需要考虑不同的纠正措施，比如减少某些功能或者增加资金投入。通过比较这两个方案的成本和预期效益，以便做出最佳选择。

● 绩效审查。绩效审查是把项目实际的绩效表现与基准（或计划）进行对比分析的一种方法。本过程中就是测量、比较和分析计划的资源使用和实际资源使用的不同。例如通过分析成本和进度工作绩效，有助于找出资源使用问题的深层次原因。

● 趋势分析。趋势分析是一种通过观察和分析数据的变化趋势，来预测未来发展方向或做出决策的方法。这里用来分析项目绩效变化，以便预测未来的资源需求变化。

2）问题解决

可能会用到一系列工具解决资源控制过程中出现的问题。例如，组织中另一部门使用的机器或基础设施未及时释放、因存储条件不当造成材料受损、主要供应商破产或恶劣天气使资源受损等。

可以采取一系列步骤来解决问题：

● 定义问题：明确问题的性质、范围和影响，了解问题的根源和原因。

● 收集信息：收集相关的信息和数据，了解问题的背景和现状，分析问题的各个方面。

● 制定解决方案：基于收集到的信息和分析结果，制定可行的解决方案，考虑各种可能的解决方案，评估每种方案的优缺点。

● 实施方案：选择最佳的解决方案，制订实施计划，协调资源和人力，执行方案。

● 监控和评估：在实施过程中对方案进行监控和评估，及时调整和纠正方案，确保解决方案的有效性和可持续性。

3）人际关系与团队技能

人际关系与团队技能有时被称为"软技能"，属于个人能力。本过程使用的人际关系与团队技能包括：

● 谈判。谈判指在双方或多方之间进行协商和讨论，以达成共识、解决争议或达成协议的过程。在资源控制过程中，资源变更不可避免，尤其是当资源增加或调整时，原有的资源已无法满足项目当前需求，项目经理可能要为增加资源、变更资源展开谈判。

● 影响力。影响力指一个人或组织对他人、群体或社会产生的影响和改变的能力。它是通过言语、行为、观点、权威、领导力等方式来影响他人的态度、行为和决策。本过程中影响力有助于项目经理获得所需资源。

4）项目管理信息系统

可利用项目管理信息系统中的资源管理或进度计划软件，跟踪和监督项目资源的使用和回收，促进项目资源的高效利用。

11.7.3 资源控制的成果

1）工作绩效信息

这里的工作绩效信息包括项目资源分配和使用方面的最新信息，即将资源分配与实际资源使用情况进行比较，从而发现资源利用方面的差距，以便设法解决。

2）变更请求

资源控制过程有关活动一旦影响到项目管理计划或项目文件，应提交变更请求并通过实施整体变更控制过程对其审查和处理。

「扫码」视频：团队建设与团队管理

本章小结

1. 项目资源管理是指为了确保项目经理和项目团队在正确的时间和地点使用正确的资源，对所需资源进行识别、获取和管理以成功完成项目的过程。项目资源包括物质资源（设备、材料、设施和基础设施）和团队资源（担任项目角色及承担相关职责的人员），管理团队资源和物质资源需要不同的技能和能力。

2. 资源管理规划为后续的估算、获取、建设、管理和控制提供指南，活动资源估算的重点是估算资源的类型和数量，然后才是获取，团队建设目的是提高能力和团队整体绩效，团队管理是解决团队问题及变更，资源控制是监督资源的使用过程并采取纠正措施。

3. 资源管理与进度管理、采购管理、成本管理均存在重要接口。资源估算（11.3）依赖于活动定义（5.3）的成果"活动清单"和"活动属性"，资源获取（11.4）也依赖于采购管理计划（12.2），资源控制（11.7）依赖项目进度计划（5.2）；成本估算（6.3）和采购管理规划（12.2）都依赖活动资源估算（11.3）的成果组件"资源需求"。

4. 团队建设与团队管理的关系：团队建设目的是提高团队的绩效，团队管理则是运营和维护现有团队，确保绩效稳定；团队建设着眼于团队整体，团队管理则侧重于团队成员，前者为后者提供了核心组件——团队绩效评价，现实中也无法截然分开，往往是一边团队建设，一边团队管理，共同的目的是为了实现项目目标。

习　题

一、判断题

1. 团队建设和团队管理是完全独立的两个过程。　　　　　　　　　　　（　　）

2. 团队建设的目的是提高团队的绩效，而团队管理的目的是管理和维护现有团队，确保绩效稳定。　　　　　　　　　　　　　　　　　　　　　　　　　（　　）

3. 集中办公可以让团队更容易地进行沟通和协作，提高工作效率。　　（　　）

4. 认可与奖励时不用考虑文化差异，但是非正式的奖励与正式的奖励一样重要。
　　　　　　　　　　　　　　　　　　　　　　　　　　　　　　　　（　　）

二、单选题

1. 项目中的某一团队成员审查了与客户签订的合同后发现，为了满足安全需求必须让可交付成果实现行业中最精准的定位功能。但是由于组织内部缺乏相关的技术人才，导致该功能可能无法满足。项目经理应该（   ）。

  A. 组织团队成员进行相关培训   B. 发送邮件至客户方，建议裁剪这一功能

  C. 实施风险应对   D. 提交变更请求，通过外购获取资源

  2. 项目经理发现团队成员缺乏某项开发技能，准备开展一次技能培训。但是由于项目工期紧张，并不能在此培训活动上花费过多的时间，为了让团队所有的成员都能同等地享受到培训。项目经理应该（   ）。

  A. 要求参与培训的团队成员分享培训课程的 PPT 文档

  B. 将培训内容进行记录，并共享给团队成员

  C. 鼓励每一位团队成员在培训过程中及时提问并予以回复

  D. 将培训活动的简报发送给团队成员

  3. 在进行团队绩效评估会议时，项目经理发现有一位成员状态不佳，且该成员的绩效低于团队平均水平，导致项目一项重要活动的开展受到了影响。会后该成员告知项目经理，他更倾向于另一个活动的执行，认为自己并没有被安排到正确的位置。项目经理应该（   ）。

  A. 鼓励该成员要勇于挑战自我，适应环境

  B. 查阅资源管理计划，重新安排资源配置

  C. 给该成员安排培训，以获取负责活动的所需技能

  D. 与该成员单独沟通，基于成员优势进行分析并解决疑虑

  4. 某个软件开发项目团队遇到了技术瓶颈，团队中的两名成员针对解决方案发生了冲突。项目经理让这两名成员争取先完成能够达成共识的部分，不要执着于分歧的地方。项目经理使用的冲突解决策略是（   ）。

  A. 缓和/包容   B. 强迫/命令   C. 撤退/回避   D. 妥协/调解

  5. 项目经理最近接手了一个新项目，为了开展活动 A 准备让某一团队成员负责具体执行工作，但是发起人却发表了不同的意见，他认为另外一名团队成员经验更加丰富。针对项目经理和发起人之间的资源决策矛盾，项目经理应该（   ）。

  A. 审查责任分配矩阵   B. 建议职能经理出面协调

  C. 查看资源管理计划   D. 查看组织结构图

  6. 项目团队中的团队成员来自世界各地，团队成员的文化背景各不相同。在某一次项目状态会议上，一名团队成员使用了被另一个国家所禁止的词汇，另一名团队成员听到之后非常气愤。针对该冲突，项目经理应该（   ）。

  A. 建议两位成员直接在会议上解决冲突

  B. 鼓励团队成员注重共同的文化而忽略掉有冲突的部分

  C. 联系说出禁止词汇团队成员的职能经理，由职能经理解决

  D. 单独召开会议与两位成员讨论文化差异，再协调解决矛盾

  7. 项目在正式启动前，刚刚被任命的项目经理正准备查阅商业论证，以便参与项目章程的制定工作，这时却发现缺少成本分析的数据，并且没有对商业需求进行识别。项目经理首先应该（   ）。

  A. 执行成本分析，并更新商业论证 B. 将情况上报给发起人，并提出改进建议

  C. 继续制定项目章程，忽视其问题 D. 立即退出项目，等数据完善后再加入工作

  8. 项目经理负责一个开发项目，该项目的成功将提高公司在客户方的订单份额。项

目中期，客户提出了一个新的需求，这将导致项目的成本超支。经过团队讨论，项目经理跟客户协商，本次的项目可以增加该需求，但是客户需要增加下一季度的订单份额。项目经理使用的冲突解决策略是（　　　）。

A. 合作/解决问题　　B. 缓和/包容　　　　C. 妥协/调解　　　　D. 强迫/命令

9. 一个智能语音项目正在执行过程中，一名新加入的成员找到项目经理，称自己想要了解团队成员共同的价值观以及需要遵守的规则，以便快速融入团队。项目经理应该（　　　）。

A. 查阅项目章程　　　　　　　　　　B. 更新沟通管理计划

C. 更新干系人参与计划　　　　　　　D. 查阅团队章程

10. 项目执行过程中，团队成员对同一个问题总有不同的意见，彼此之间有很多的矛盾，互相不配合。经过一段时间的磨合后，项目经理发现团队成员之间的矛盾冲突在不断减少，开始学会团结协作，信任团队伙伴，这个时候，项目经理应该采取的领导风格是（　　　）。

A. 指导式　　　　　B. 教练式　　　　　C. 参与式　　　　　D. 授权式

11. 项目进行中途，项目经理发现一名团队成员经常不满足于现在的状态，该成员觉得当前的工作没有价值，而且也不被团队认同。若要真正有效地激励到该名成员，项目经理应该（　　　）。

A. 创建良好的工作环境和工作氛围　　B. 提供具有挑战性的机会并给予鼓励

C. 提供标准的社会保障性待遇　　　　D. 完成项目后给予其额外报酬

12. 项目执行过程中，发起人突然通知项目经理，管理层决定项目中的一位光学专家调到另一个项目中，由于本项目的研发工作处于关键时刻，该关键资源必不可少，项目经理应该（　　　）。

A. 让该专家自己决定要不要去另一个项目

B. 雇佣另一位专家代替他的工作

C. 找到替代的资源之前，协商继续使用该光学专家

D. 暂停这部分的工作，直到找到替代资源

13. 项目已经开展一段时间了，项目经理在管理与指导工作时，收到一些团队成员的抱怨，成员表示自己无法完成分配的任务，觉得资源分配不均，但项目经理目前无法为项目调配新资源，并且部分成员总是将自己的任务推给他们来做，说这是他们该做的，压力实在是过大。项目经理应该（　　　）。

A. 将资源不均的问题报告给职能经理　　B. 重新对所有任务进行均匀分配

C. 审查资源分解结构　　　　　　　　　D. 与团队开会讨论并审查责任分配矩阵

14. 一位初级工程师在加入你所负责的项目之初，接受了本岗位所需的必要培训，依然出现几次延迟交付工作成果的现象。这对本项目如期完成带来不良影响，也影响团队士气。项目经理接下来应该（　　　）。

A. 私下跟该工程师交流，了解情况并制定可测量的纠正措施

B. 阶段性会议中讨论应对此情况的改进措施

C. 根据本例情况提升整体培训系统

D. 与职能经理协商，更换经验更丰富的工程师

15. 项目经理被任命管理一个进度紧张的项目，在确定所需资源后，需要在组织内部选择资源，项目经理没有资源选择的直接控制权，项目经理应该（　　　）。

A. 使用谈判技术，与职能经理协商获取内部资源

B. 进行外部招聘

C. 组建虚拟团队

D. 查看资源日历获取资源

三、多选题

1. 一个设计项目刚刚结束了开工大会的召开，团队正式开始项目的执行，此项目的大部分团队成员先前都没有合作过，于是项目经理决定让团队在同一个楼层工作，且每周在一个办公室举办一次集体会议。要想增加团队凝聚力，项目经理还可以使用的建设团队方法有（　　）。（选3项）

A. 认可与奖励　　　　　　　　　　B. 作战室

C. 激励　　　　　　　　　　　　　D. 相关方参与计划

E. 培训

2. 项目团队在发生冲突之后，以合作的方式解决问题是一种最理想的状态，但是往往还需要配合使用其他解决冲突的办法。以下属于非合作的方式解决冲突问题的是（　　）。（选3项）

A. 为了提升团队凝聚力，项目经理认可了具有延期风险的进度计划

B. 所有团队成员通过投票选出了最佳方案

C. 某位团队成员提出离职请求，项目经理要求该成员继续工作到完成产品交付

D. 项目经理和客户进行讨论，接受了客户新需求，也说服客户裁剪需求文件中的一项需求

E. 就是否采用新技术问题，在项目经理的引导下，团队成员终于达成了共识

3. 项目经理作为项目的负责人，必须做好项目中各方面的管理工作，但是这并不意味着项目经理需要完成职责之外的事情。下列不该由项目经理整合的是（　　）。（选4项）

A. 对备选方案使用成本效益分析　　B. 管理多个项目的优先级顺序

C. 冲突性需求平衡　　　　　　　　D. 协调外包商之间的竞争关系

E. 解决好多个项目发起人的个人矛盾　F. 为项目获取资源

G. 帮助职能经理处理职能部门的事务　H. 相关方优先级管理

4. 在项目管理过程中，项目经理在领导项目团队达成项目目标方面发挥着至关重要的作用，拥有动用资源完成项目的权限。以下不属于项目经理权限范围内的是（　　）。（选2项）

A. 未知-未知风险发生时使用管理储备　B. 与其他项目团队或供应商谈判获取资源

C. 启动阶段制定项目章程　　　　　D. 发生严重偏差时对基准进行修正

E. 为团队成员安排培训

延伸思考/素养话题　

真诚共同体与团队发展模型

下面分别是斯科特·派克医生的真诚共同体理论和布鲁斯·塔克曼的团队发展阶段

模型。

斯科特·派克医生认为建立真诚共同体需经历四阶段：伪真诚—混沌—空灵—真诚共同体。伪真诚，是有意识的、伪装出来的真诚，为避免冲突或争执而有意隐藏自身感受，讨好、迎合或迁就对方，解决个体差异的方法往往是将其最小化、否认它或是彻底忽视它。在混沌阶段，个体差异是公开的，群体不再试图掩盖或忽视它们，而是试图抹杀它们，混沌中的抗争是杂乱无章的、嘈杂的，人们各执己见，不肯倾听对方，毫无创造性和建设性，充满无意义的争吵，立场、观念、性格等不同甚至截然相反。在空灵阶段，不再伪装出一副"完美无缺"的样子，松开紧握的双手，卸下肩上的包袱，停止控制某人或某事，与其他人分担彼此的残缺、挫折、失败、恐惧、罪恶，对一切淡然处之，当把"无所不能"转变为"无能为力"时，意味着精神成长的一次飞跃，是经历一次"死亡"后的"重生"。真诚共同体阶段：在平和、宁静的气氛中，大家轻轻地诉说自己的事情，已没有人再试图对他人进行治愈和转化，超越了狭隘和偏见，敞开心扉接纳彼此，每个人都能从中感受到温暖和治愈，于是，非同寻常的治愈和转化开始运作，真诚共同体也就此诞生。

布鲁斯·塔克曼的团队发展阶段模型：组建期、激荡期、规范期、执行期和休整期。组建期：即形成阶段，大多数团队成员表现得积极得体，有些人有些焦虑，因为他们还不完全地了解团队将要做什么，还有些人对将要完成的任务比较激动。激荡期：大家以不同的方式工作，有不同的个性，矛盾会层出不穷，主要包括团队成员之间的矛盾、经理人的矛盾还有团队规则与企业规则之间的矛盾。规范期：大家开始解决彼此之间的分歧，欣赏同事的优点，尊重领导者的权威。团队成员之间的了解更加深入，他们能够彼此交往，寻求帮助，并提供建设性的反馈意见，成员们更加坚定地完成团队目标和获得自我成就。执行期：团队成员们开始忠实于自己的团队，并且减少了对上级领导的依赖。团队在执行阶段通过无摩擦的协作和努力来实现团队目标。成员之间相互鼓励，团队成员们感到相处愉快，享受作为团队中的一员。团队领导者能够将更多的工作授权给团队成员完成，并将多数精力放在开发各个团队成员的潜力上。休整期：有些学者将第五阶段描述为"哀痛期"，反映了团队成员的一种失落感，团队成员动机水平下降，关于团队未来的不确定性开始回升。喜欢按部就班或已经与同事建立起亲密友谊的团队成员，可能会觉得这是个很难度过的阶段，尤其当他们同时还需要面对一个不确定性的未来时更是如此。

思考与讨论：分析并对比真诚共同体的四个阶段和团队发展阶段模型，谈谈你的分析结果，既可以找它们的异同，也可以是其他感悟。

 应用案例

团队骨干成员中途度蜜月

在一个设备设计和制造项目的中期阶段，团队中一位关键的软件设计工程师决定要休假一段时间用于结婚和度蜜月。在任务繁重的项目阶段中的一天，该工程师来到我的办公室，告诉我一个月后他要去墨西哥举办婚礼 1 周，然后再去澳大利亚度蜜月 3 周，他将离开项目接近 4 周，这些出乎意料的事情根本不在我制订的项目进度计划中。该工程师负责设计和开发设备控制系统的应用软件，当时正处于该任务的中期阶段。我告诉他，他这个临时决定对项目中期阶段着实是个重大变化，他离开期间正好要使用他的控制系统对设备进行初步测试。当时我也找不到其他能接替他工作的工程师，但是我必须想办法在他离开的情况下推进他负责的任务，我既不能生他的气，也不能让他推迟他的结婚计划，因为他是我最顶尖的工程师之一。我对他结婚的决定表示祝贺，但是我也告诉他，他应该至少在6个月前就计划好结婚的事情。我告诉他我要制订一个计划，在他不在的时候推进他的任务。我告诉他第二天我们再开会讨论这个问题。

在他离开去墨西哥之前，他还有4周的工作时间。但是随着婚礼日期越来越近，大量的婚礼准备活动肯定会降低他的工作效率。我让他做的第一件事是，在他离开之前将控制系统应用软件推进到一个初步的可操作阶段。他必须向我提供该软件的初步版本，并且留下他的计算机密码和软件文件的地址。因为还是一个初步版本，所以我不要求他通过文档控制的方式发布该软件。然后，让他在离开之前的最后两天对我进行软件操作的培训，因为我不想让其他的团队成员分散精力在该软件的操作上。最后，我要求他每天在澳大利亚东部夏令时间的早上9：00给我们打电话，这样我们就可以讨论操作设备控制系统应用软件时遇到的相关问题。我不想每次遇到软件问题时就给他打电话，这样会打扰他度蜜月。

第二天我和他开了长达一个小时的会议。我向他讲述了我拟订的在他离开这段时间的工作方案。他同意我的意见，并非常感激我对他处境的理解。他还告诉我，他还邀请了我项目团队中的另一名成员担任他的伴郎。

在接下来的4周里，我每天都检查他的任务进展情况。在前往墨西哥举办婚礼之前，他按照承诺完成了软件的初步版本，并对我进行了两天的培训。他也按照约定的时间从澳大利亚和我联系，有些通话只有5分钟，有些通话长达一个多小时。通过每天的电话沟通，尽管他不在项目上，项目任务也在顺利推进。从澳大利亚回国两个月后，他完成并发布了控制软件及用户操作说明书。我和团队成员任劳任怨，为我们这位新婚同事献上了一份新婚大礼。

问题思考：1）显然项目经理的做法非常成功，你认为其成功秘诀是什么？2）设想：如果该项目经理换成其他人，可能会怎么处理这一问题。

第 12 章　项目采购管理

学习目标

知识目标	能力目标	素养目标
1. 了解项目采购管理的概念、作用 2. 了解项目采购管理的主要过程 3. 理解各过程的核心组件 4. 掌握项目采购规划、实施和管理的主要方法	能结合内外部采购环境及项目需要,熟练运用采购策略,制定和实施采购管理规划,并解决项目采购中的问题	能认知诚信和契约精神的重要性,坚守契约精神,自觉做一个诚信的人

关键概念

供方选择分析、采购策略、招标文件、采购工作说明书、供方选择标准、独立成本估算、投标人会议、索赔管理

知识图谱

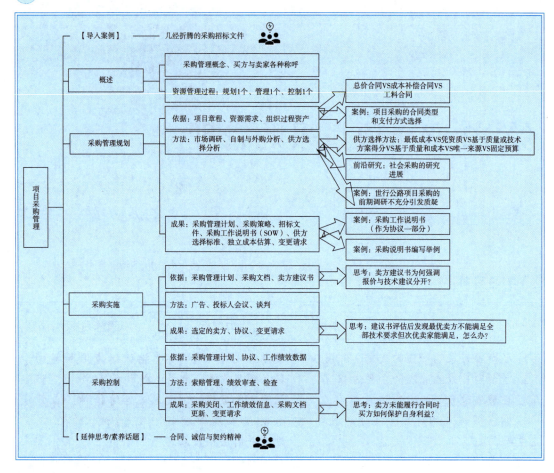

导入案例

几经折腾的采购招标文件

国内某省公路资产管理项目是该省公路局实施的第一个世行贷款项目，招标人根据需要采购的货物种类及数量以及世行的采购方式及审查限额要求，合理划分出了多个采购合同包，而计划采购 63 台预算为 6 000 万元的铣挖机即是其中采购合同包之一。

世行贷款协议一生效，项目组的申部长马上要求设备技术组在 5 月中旬前提供铣挖机技术参数，并让招标代理公司根据范本编制招标文件。整个过程中，各方密切配合，技术组按时提交参数，招标代理也按时完成了招标文件。申部长初步审查后，建议召开招标文件审查会。

2016 年 6 月，一场铣挖机招标文件审查会正式召开。会议由分管领导、主任、副主任以及相关成员处室代表参加。项目组的申部长介绍了招标文件的编制过程后，大家进行讨论。老罗建议购买下属单位正在使用的品牌，认为很耐用。小付则担心贷款资金提款手续复杂，并担心资产划转可能产生费用。其他人也提出了一些建议，如明确操作员培训要求、增加废标条款等。会议讨论较为散漫，没有提出太多实质性修改意见。最后主任总结说，为确保买到可靠耐用的好产品，需要再次集中审查修改后的招标文件。

项目组申部长根据会上建议修改了招标文件，形成第二稿并报请顾主任二次审查。申部长建议先报世行专家审查，再召开审查会，主任表示可以利用世行专家团半年的例行检查时间一起讨论该招标文件。

2016 年 9 月，世行专家团到访，申部长与世行采购专家 Mrs. H 就铣挖机招标文件进行深入讨论，尤其是商务部分。双方就潜在供方的年平均营业额（暂定 1 亿元）、合同经验金额（暂定 4 800 万元）、技术经验（暂定 1 000 台）以及是否接受联合体投标（范本默认要求：接受）等方面进行了讨论。经双方的深入交流和分析，最终将潜在供方的年平均营业额提高至 1.2 亿元，合同经验金额降为 3 500 万元，技术经验降至 800 台，且不接受联合体投标，至此，招标文件基本敲定，为后续发布招标公告奠定了基础。

思考：1）一份优秀的招标文件应该要实现怎样的采购目标？2）项目组申部长与世行专家团探讨招标文件之后，对潜在供方的各项要求中的一部分标准提高了，另一部分标准降低了，提高和降低分别是基于什么因素考虑？

12.1　概　　述

12.1.1　采购及采购管理概念

1）采购管理的概念

采购管理指在整个项目过程中，为了达到项目需求，项目组织从外部寻求和采购当前项目所需的产品或服务等的管理过程。

项目采购管理过程涉及用合同来描述买卖双方之间的关系。该合同可以编制得很简单，如特定单价、人工、供应商；也可编制得很复杂，如跨国国际采购合同。合同签署的方法和合同本身应体现可交付成果或所需人力投入的简单性或复杂性，其书写形式也应符合当地、所在国或国际法中关于合同签署的规定。采购合同中包括条款和条件，也可包括买方就卖方应实施工作或应交付产品的其他规定。在与采购相关人员协调能够确保遵守组织的采购政策的同时，项目管理团队必须确定所有采购都能满足项目的具体需要。

2）买方与卖方

因应用领域不同，卖方可以是承包商、供货商、服务提供商或供应商；买方可能为最终产品的所有人、分包商、收购机构、服务需求者或购买方。在合同生命周期中，卖方首先是投标人，然后是中标人，之后是签约供应商或供货商。

本书假设项目所需物品或服务的买方是项目团队，或者是组织内部的某个部门，同时假设卖方是为项目提供物品或服务的一方，且通常来自执行组织外部。在某些项目上，卖方可能是项目执行组织内部但属于项目外部的某个小组或部门。在大型复杂的项目上，卖方可能在授予合同后才成为整合式项目团队的一部分。

在小型组织或初创企业，以及未设置购买、合同或采购部门的组织，项目经理可以拥有采购职权，能够直接谈判并签署合同（分散式采购）。在更成熟的组织中，由专设部门开展实际的采购和合同签署工作，即采购、谈判和签署合同（集中式采购）。

12.1.2　项目采购管理过程

项目采购管理过程包括采购管理规划、采购实施、采购控制三个过程，其中采购管理规划属于规划过程组，采购实施属于执行过程组，最后的采购控制属于控制过程组。具体如下（表 12-1）：

表 12-1　采购管理的过程组划分

项目管理过程组				
启动过程组	规划过程组	执行过程组	控制过程组	收尾过程组
	采购管理规划	采购实施	采购控制	

12.2　采购管理规划

本过程的主要目标是，通过制定采购决策、明确采购方法和识别潜在卖方，为后续采购实施和控制提供指南。具体过程见表 12-2。

表 12-2　采购管理规划过程

依据	方法	成果
项目章程★ 商业文件 • 商业论证 • 收益管理计划 项目管理计划 • 范围管理计划 • 质量管理计划 • 资源管理计划 • 范围基准 项目文件 • 里程碑清单 • 项目团队派工单 • 需求文件 • 需求跟踪矩阵 • 资源需求★ • 风险登记册 • 相关方登记册 事业环境因素 组织过程资产★	专家判断 数据收集 • 市场调研★ 数据分析 • 自制或外购分析★ 供方选择分析★ 会议	采购管理计划★ 采购策略★ 招标文件★ 采购工作说明书★ 供方选择标准★ 自制或外购决策★ 独立成本估算★ 变更请求★ 项目文件更新 • 经验教训登记册 • 里程碑清单 • 需求文件 • 需求跟踪矩阵 • 风险登记册 • 相关方登记册 组织过程资产更新

本过程的典型操作是，规划者依据项目章程中与采购相关的高层级信息（财务资源、里程碑等），参考所在组织采购相关的政策、程度和知识库，针对估算好的资源需求清单，首先逐个开展自制/外购分析，以明确是否需要纳入采购范围；其次，进行供应选择分析，根据行业惯常做法，结合买方自身需求，从众多的供应商选择方法（最低成本、仅凭资

质、基于质量或技术方案、基于质量和成本、独有来源、固定预算等）中进行合理选择，并在此基础上，进一步制订采购管理计划、明确采购策略、准备招标文件、采购工作说明书、供方选择标准及独立成本估算等计划和文件。上述过程可能会影响相关的项目计划或文件，应通过变更请求且经整体变更控制过程的处理后进行更新。

12.2.1　采购管理规划的依据

在本过程的依据中，项目章程明确了总体要求，组织过程资产提供了借鉴和参考，资源需求提供了核心内容，其他组件会对本过程有不同程度的影响。

1）项目章程

项目章程包含了项目目标、项目概述、项目里程碑及预批的财务资源等信息。在规划采购内容、采购时间、采购预算及审批等方面需要考虑这些要求。

2）项目文件

●资源需求。该文件包含了需要从项目外部获取的资源信息，如可能需要采购的人力、材料、设备设施等。

3）组织过程资产

这里是指执行组织用于指导（或规范）采购管理规划的程序、政策和知识库。例如：

●预先批准的卖方清单。使用这一类卖方清单可以加快招标过程，缩短采购时间。

●采购政策和程序。项目所在组织的采购政策和程序规定了采购活动的要求、限制和指导原则。这些政策和规程可能包括采购授权程序、采购审批流程、采购合同条款等，对采购管理规划过程提供了重要指导。

●合同类型。合同类型通常可分为总价合同、成本补偿合同及两者的混合类型——工料合同，以下分别介绍：

–总价合同。这一合同为采购的产品或服务设立一个固定的总价格。该合同适合在采购需求非常明确且项目期间不会有重大变更的情况下使用。具体合同类型又分为：

固定价格合同。这是最常用的价格合同，在签订合同时已经确定商品或服务的总价，不会因项目实际成本的升降而变化，超出合同总价的费用均由卖方自行承担，除非工作范围出现变化。

固定价格加激励费用。这类合同为买卖双方增加了灵活性，允许有一定的成本费用变化，并将财务激励与实现的绩效指标挂钩，鼓励卖方在成本、进度、质量等方面超越合同要求，并给予相应的奖励。根据合同预先确定的指标，如果实际绩效高于（或低于）该指标，卖方可能会获得额外的奖励（或承担额外费用）。此外，这类合同一般会设置价格上限，超出上限的费用将由卖方承担。例如：双方签订成本激励合同，合同总价为 500 万元，当实际费用高于 500 万元，卖方要额外承担费用超出部分的 50%，当实际费用低于 500 万元时，从节省的费用中拿出 50% 奖励卖方。

固定价格加价格调整。这类合同适用于当合同履约期跨越相当长一段时间（如 3 年、5 年或更长）或者以不同货币付款。合同在固定总价的基础上，增加了特殊规定，允许因条件变化对合同价格以预先确定的方式进行调整，如通货膨胀、特定商品的成本增加（或减少），以便降低供应商和采购方的风险。

–成本补偿合同。此合同约定，卖方为完成工作发生的所有实际合规成本（成本补偿）外加一笔代表卖方利润的费用，均由买方支付。如果预计合同执行期间工作范围会有重大变化，则适用于这一类型合同。具体又可分为三种：

成本加固定费用。卖方执行合同工作所有允许列支的费用均可得到补偿，且还会得到一笔固定费用，该笔固定费用将按项目成本初始估计的百分比计算，只要项目范围没有变更，该费用金额也不会变化。

成本加激励费用。卖方执行合同工作所发生的所有允许列支的费用均可得到补偿，且在取得合同规定的绩效目标时还可获得一笔激励费用。如果最终成本低于（或高于）最初的估算成本，则买卖双方依事先商定的分摊方式来分享节省部分（或分摊超出部分）。

成本加奖励费用。卖方所有合法成本均可得到补偿，不过奖励费用中的大部分只有当卖方满足合同规定的、宽泛且主观的绩效标准的情况下才可以取得，奖励费用的确定仅仅基于买方对卖方履约的主观判断。

－工料合同。工料合同即时间和材料合同，它是一种混合类型的合同，既具有成本补偿合同特点，也有固定价格合同特点。当来不及编制准确的工作说明（SOW）时，此类合同便于项目团队灵活地增加工作人员、聘请专家及获取外部支持。

以上是三种较常用的合同类型。不过现实中，一次采购同时使用两种或以上类型的情况也会存在。

「扫码」查看采购合同类型和支付方式选择实例

12.2.2　采购管理规划的方法

1）专家判断

借助相关领域的专家知识和经验，可以提供有价值的见解和建议，帮助制定采购策略、确定采购方法、评估供应商能力等。

2）数据收集

这里的数据收集是指市场调研。市场调研是指对特定市场进行系统性的研究和分析，以了解市场的规模、竞争情况、消费者需求、价格趋势等信息。在本过程中，市场调研是考察行业情况和具体卖方的能力，为后续采购决策做准备。

「扫码」查看某项目采购调研不充分引发的质疑

3）数据分析

这里主要是指自制或外购分析。自制或外购分析是指在获取某一资源时，是选择内部自行制造还是从外部采购，展开分析并做出选择。分析过程可以从财务和非财务两个方面考虑，财务角度包括利用投资回收期、投资回报率、净现值等方法；非财务角度应考虑QCD（质量、成本和交付时间）、生产能力、供应链稳定性、知识产权保护、管理和控制以及风险因素。

4）供方选择分析

在选择供方时，采购团队需对潜在供应商在多种竞争性因素（如价格、质量、资质、技术、服务等）中进行优先级排序，并在采购文件中明确具体的评估方法，让卖方了解将会被如何评估，便于在投标过程中投标人充分展示自身的经验、能力和资源以及买方找出最佳供应商。常用的选择方法包括：

● 最低成本。该方法适合标准化采购，因为选择方法在行业内非常成熟，风险和争议少，只需比较成本即可选择。例如国标（标号 425#）水泥采购。

● 仅凭资质。该方法适合采购价值相对较小、不值得花太多时间和成本开展完整选择过程的情况。通常会在一个相对不多的供方名录中选择在信誉、资质、经验、专业、专长等方面综合最佳的一家作为供应商。如某建筑项目从附近 20 公里范围内数量不多的几家预搅拌混凝土公司中做出选择。

● 基于质量或技术方案得分。邀请一些公司提交一份包含技术和成本细节的建议书；如果技术建议书可以接受，再邀请它们进行合同谈判。先评估技术方案并对质量水平评分。如果经过谈判，只要财务成本在可接受范围，就选择技术方案得分最高的卖方。简而言之，就是质量（技术）和成本均可接受的情况下，选择质量（技术）方案表现最佳的卖方。例如，有 A、B、C、D 四家装修公司给甲方提供的装修方案和报价，方案评分和报价分别为 81 分（报价 43 万元）、90 分（报价 48 万元）、85 分（报价 45 万元）、95 分（报价 60 万元）。如果甲方认为预算不超 50 万元的情况下装修质量越高越好，那么甲方可能会最终选择 B 公司。当然，如果 D 公司与甲方协商后愿意将报价降至 50 万元或以下（装修方案不变），则甲方会最终选择 D 公司。

● 基于质量和成本。基于质量和成本的方法允许在卖家选择过程中将成本作为一个因素。通常当项目风险不确定性相对更大时，质量应该是一个比成本更为关键的因素。换言之，用该方法选择供方时，成本和质量同时考虑，但质量的权重更大一些。

● 唯一来源。买方要求卖方准备技术和财务建议书，然后双方围绕建议书展开谈判，直到建议书内容能同时满足双方要求后才会达成协议。考虑到缺乏竞争，只有在有正当理由的情况下，才能选择这一方法，即应将其视为例外情况。因此，只要不是唯一来源，采用该方法可能会损害买方的利益。

● 固定预算。该方法首先会在建议邀请书（RFP）中向卖方明确采购预算，然后卖家根据预算限制调整报价的范围和质量，最后买方会选择预算范围内排名最高的技术方案。该方法使用需要有一定的条件：一是工作说明书能够被精确定义；二是预期不会有任何项目变更；三是预算固定且不得超出。如果买方无法做到以上三点，那么使用"基于质量或技术方案得分"或其他选择方法会更好。

当然，在某些情况下选择潜在供应商考虑的因素不只是价格、技术、质量和服务等方面，甚至会将社会因素考虑进来，例如为促进弱势群体就业、环境可持续发展、照顾中小企业或社会福利型企业等，采购（尤其是政府公共采购）时会将社会福利因素纳入采购考虑，这类采购被称为"社会采购"，它是"以创造社会价值为目标的一系列产品和服务的采购"。

「扫码」查看"社会采购"的相关研究——前沿研究

5）会议

在制定采购策略时，仅仅依靠调研可能无法得到所需的具体信息。为了获得更详细的信息，采购方需要通过专门的会议与那些潜在投标人进行信息交流。会议可以用于确定管理和监督采购的策略。

12.2.3 采购管理规划的成果

1）采购管理计划

该计划是对采购过程中要开展的各种活动的预先安排。它包括如何协调采购与项目其他工作、采购活动时间表、采购有关角色和职责、影响采购的制约因素和假设条件、付款货币、是否需要编制独立估算、采购过程的风险管理等。

2）采购策略

一旦决定通过外部渠道获取资源，就应制定一套采购策略。通常需要在采购策略中明确项目交付方式、合同支付类型及怎样分阶段推动采购工作。

● 交付方式。专业服务与建筑项目的交付方式不同。专业服务的交付方式有：供方不得分包、允许供方分包，供需双方合资，供方仅作代表。工业或商业建筑项目的交付方式有：交钥匙、设计建造（DB）、设计投标建造（DBB）、设计建造运营（DBO）、建造—拥有—运营—移交（BOOT）等。

● 合同支付类型。合同支付类型需要与采购组织的内部财务相协调，但与项目交付方式没有直接关系，常见有以下几类：总价、固定总价、成本加奖励费、成本加激励费、工时和材料、目标成本等。其中，总价合同适用于工作可预知、需求界定清晰且无重大变更的采购类型；成本补偿合同适用于工作正在发展、变化或定义不明确的采购；激励和奖励费适用于平衡买卖双方的目标和利益。

● 采购阶段。分阶段推进采购工作可能需要明确以下几个方面：采购过程阶段划分，每一阶段的介绍，及每一阶段的特定目标；用来监控采购过程的绩效指标和里程碑；从一个阶段过渡到另一个阶段的标准；跟踪进度的监控和评估计划；用于后续阶段的知识转移过程。

3）招标文件

招标文件在不同行业和场景下使用的术语可能会不同，具体可以是信息邀请书、报价邀请书、建议邀请书或其他采购文件。

● 信息邀请书（RFI）。考虑到就采购的产品或服务方面，卖方掌握的信息可能比买方更丰富、更全面，尤其是卖方具有某些独特技术、方法和能力时，为此买方需要卖方提供关于拟采购产品或服务的更多信息，这时候就会使用信息邀请书。当然，后续还需要使用报价邀请书或建议邀请书。

● 报价邀请书（RFQ）。当需要更多关于供应商如何满足要求和/或成本的信息时，通常会使用报价邀请书。即买方把价格作为采购的主要决策依据时就会使用此类指标文件。

● 建议邀请书（RFP）。当项目中出现问题并且解决方案不容易确定时，会使用建议邀请书。这是最正式的"邀请书"文件，对内容、时间表和卖家回复有严格的采购规则。

4）采购工作说明书

SOW 是对所需产品或服务的详细描述，包括规格、数量、质量水平、技术要求、履约期间、工作地点和其他要求等，以便潜在卖方确定是否有能力提供此类产品或服务，并为卖方提交报价和开展工作提供指导。

「扫码」查看某项目采购工作说明书——作为主协议的一部分

「扫码」查看采购工作说明书的编写实例

5）供方选择标准

这是一个定义和说明供应商选择所需标准和要求的文档。对供应商的选择标准可能包括供应商的经验和能力、财务稳定性、技术能力、合规性要求、关键员工的资质和胜任力、知识转移计划等。该标准将作为选择供应商的依据，帮助项目团队在采购过程中做出明智的决策。针对国际项目，评估标准还可包括"本地内容"要求，例如，在提议的关键员工中要有本国人。针对不同的标准，可通过不同的表现方式来进行描述，以此来说明卖方满足采购组织需求的程度。对于跨国项目，评价标准可能包括"本地化"的要求，例如，关键岗位工作要求有本地人员参与其中。

6）自制或外购决策

项目团队针对特定产品或服务做出自制或外购的决策，该决策通常基于成本效益分析、资源可用性、技术能力等因素，分析自制与外购的利弊得失，最终确定是由项目团队完成还是由外部渠道采购完成。

7）独立成本估算

独立成本估算包括采购交付物或服务的预期成本，可以帮助项目团队评估采购活动的经济可行性，为预算编制和采购决策提供支持。大型采购中，为评估卖方报价的合理性，采购组织自行准备一份采购的独立估算，或聘外部估算专业人员编制成本估算，并以其作为评估卖方报价的参考。如果卖方报价与独立估算差距较大，则说明卖方对采购说明书的理解存在偏差和误解或者采购工作说明书本身存在缺陷。

8）变更请求

本过程涉及的采购决策和其他决策可能引发变更请求，与此同时，项目管理计划或文件的修改也会引发对采购的变更请求，以上须经整体变更控制过程的统一处理。

 思考

　项目采购管理规划中的哪些环节可能需要与项目计划进行衔接和协调？

12.3　采购实施

采购实施是指在采购管理计划和采购文件的指导下，执行和实施采购活动的过程。它涉及与供应商的沟通、合同签订、供应商管理和交付物验收等活动，旨在获得所需的产品或服务，以满足项目需求。本过程的主要作用是，选定合格卖方并签署关于货物或服务交付的法律协议。本过程的最后成果是签订的协议，包括正式合同。具体过程如表12-3所示。

表 12-3　采购实施过程

依据	方法	成果
项目管理计划 　●范围管理计划 　●需求管理计划 　●沟通管理计划 　●风险管理计划 　●采购管理计划★ 　●配置管理计划 　●成本基准 项目文件 　●经验教训登记册 　●项目进度计划 　●需求文件 　●风险登记册 　●相关方登记册 采购文档★ 卖方建议书★ 事业环境因素 组织过程资产	专家判断 广告★ 投标人会议★ 数据分析 　●建议书评估★ 人际关系与团队技能 　●谈判★	选定的卖方★ 协议★ 变更请求★ 项目管理计划更新 　●需求管理计划 　●质量管理计划 　●沟通管理计划 　●风险管理计划 　●采购管理计划 　●范围基准 　●进度基准 　●成本基准 项目文件更新 　●经验教训登记册 　●需求文件 　●需求跟踪矩阵 　●资源日历 　●风险登记册 　●相关方登记册 组织过程资产更新

　　本过程的典型操作是，项目团队依据采购管理计划的有关安排和事先准备的采购文档，首先通过广告方式扩大潜在卖方的范围并与其进行沟通，必要时，通过召开招标人会议方式来确保潜在卖方对项目的采购要求形成清楚且一致的理解；收到卖方建议书之后，组织评估团队根据供方选择标准对这些建议书进行审查和评估，然后选定最能满足需求的卖方，并通过谈判与卖方就合同条款进行讨论、确认并最终签署，以上过程可能会影响相关的项目计划或文件，应提交变更请求并通过整体变更控制过程进行处理后更新计划和文件。

12.3.1　采购实施的依据

　　在本过程的依据中，采购管理计划提供了方法指南，采购文档和卖方建议书提供了采购实施的内容依据，其他组件对本过程有不同程度的影响。

　　1）项目管理计划

　　●采购管理计划。该计划是采购管理规划过程的关键成果，其中包括了采购实施的工作安排，从而为如何开展采购提供了指南。

　　2）采购文档

　　采购文档准备了即将用来达成采购协议的各种书面文件，可包括：

　　●招标文件。这类文件包括将要发给潜在供应商的信息邀请书（RFI）、报价邀请书（RFP）、建议邀请书（RFQ），或其他文件，以便潜在供应商编制招标响应文件。

　　●采购工作说明书。采购工作说明书（SOW）向潜在供应商清晰地说明目标、需求及成果，以便潜在供应商据此做出准确应答。

● 供方选择标准。这些标准解释了投标人的建议书应如何评估，包括评估的标准和评估权重。为了减轻风险，采购方可能决定与多个供应商签署协议，以便在单个供应商出问题并影响整体项目时，降低由此导致的损失。

● 独立成本估算。该文件是关于项目成本方面的独立性估算，可用来评估投标人成本报价的合理性。

除了最后一个文件无须公开外，前面的文件应向潜在供应商公开，而且公开的这些文件可能分成多个独立文件，也可能合并成一个总文件。

3）卖方建议书

卖方建议书是潜在供应商对采购文档作出的响应性文件。该文件是由潜在供应商编制且用来展示其产品、服务、解决方案或提案，并被采购方用来作为选择中标方的基本依据。如果卖方要提交价格建议书，好的做法是要求将其与技术建议书分开。即采用两段招标的方式，评估机构根据供方选择标准审查每个提交的提案，并选择最能满足采购组织要求的卖家。

 思考

卖方建议书为什么要强调供应商的报价应与技术建议书分开？

12.3.2 采购实施的方法

1）专家判断

如果个人或小组在建议书评估、技术或相关主题事宜、相关的职能领域（如财务、工程、设计、开发、供应链管理等）、行业监管环境、法律法规和合规性要求、谈判等方面具备专业知识、丰富经验，则可征求其意见。

2）广告

广告是一种用来宣传产品、服务或想法的手段，通过各种媒体如电视、广播、互联网和印刷媒体等与用户或潜在用户进行沟通。广告能够扩大潜在卖方的可选范围。这样做可能基于以下考虑：一方面，通过扩大供应商选择范围，买方选出优质供应商的可能性更高，从而更好地维护买方利益；另一方面，可能是受制于法规、制度的要求，例如政府采购法或企业采购制度要求。

3）投标人会议

投标人会议也称投标前会议。投标人会议是指在招标过程中，招标机构（或项目发起方）组织的会议，邀请所有有意向参与投标的供应商或承包商参加。在会议上，招标机构（或项目发起方）会向投标人介绍项目的具体要求、条件和流程，同时也会统一、公开回答投标人提出的问题。这样的会议有助于投标人对招标项目的要求有着清晰和一致的理解，减少理解偏差和错误，提高投标的准确性和质量。

4）数据分析

这里的数据分析是指建议书评估。对卖方提交的建议书进行评估，确定它们是否对包含在招标文件包中的招标文件、采购工作说明书、供方选择标准和其他文件，都做出了完整且充分的响应。建议书评估是对潜在供应商提交的建议书进行综合评估和比较（例如政府采购中，由招标人依法组建评标委员会，根据评标标准和方法，对每一份标书进行评估或打分），以确定最适合项目需求的供应商。

5）人际关系与团队技能

这里的人际关系与团队技能是指谈判。采购谈判主要涉及与供应商之间进行的协商和讨论，以达成双方满意的采购协议。通常会与潜在供应商进行沟通，讨论诸如产品质量、交货时间、价格、付款方式、售后服务等方面的条件。需求方会提出自己的需求和要求，供应商则可能提出自己的条件和限制，双方为此展开协商和讨论，并就合同的结构、权利和义务，以及其他条款加以澄清，以便双方达成共识。

12.3.3 采购实施的成果

1）选定的卖方

在采购实施过程中，经评估后，确定为最适合的供应商，也就是即将与采购方签订合同并负责提供所需产品或服务的供应商。有时为审慎起见，正式协议签订前，部分（如高价值、高风险）或全部协议还要报请更高一级的管理人员批准。

2）协议

合同是一种对彼此都有约束力的协议，规定卖方有义务向买方提供特定的产品、服务或结果，买方有义务为此偿付卖方费用；并代表了一种受法院保护的法律关系。协议文件具体内容会有很大差别，不过通常会包括以下部分：

- 采购工作说明书或主要的可交付成果；
- 进度计划、里程碑；
- 绩效报告；
- 定价和付款条件；
- 检查、质量和验收标准；
- 保修和未来产品支持；
- 激励和惩罚；
- 保险和履约保证金；
- 次级分包商批准；
- 一般条款和条件；
- 变更请求处理；
- 终止条款和替代性争端解决机制。

3）变更请求

在采购实施过程中，可能会出现对协议或合同的变更请求。这些变更请求可能涉及合同条款、交付时间、产品规格等方面的调整。变更请求需要经过整体项目变更控制过程的评估和批准程序。

> **思考**
>
> 采购实施过程中，评估团队评估卖方建议书后，发现最优卖方无法满足部分技术要求，但次优卖方能满足全部要求。这种情况下，项目团队应如何处理？

12.4 采购控制

本过程的主要目标是，通过管理采购关系和监督合同绩效，且在必要时进行变更，以确保双方履行协议并满足项目需要。具体过程见表 12-4。

表 12-4 采购控制过程

依据	方法	成果
项目管理计划 • 需求管理计划 • 风险管理计划 • 采购管理计划★ • 变更管理计划△ • 进度基准 项目文件 • 假设日志 • 经验教训登记册 • 里程碑清单 • 质量报告 • 需求文件 • 需求跟踪矩阵 • 风险登记册 • 相关方登记册 协议★ 采购文档 批准的变更请求 工作绩效数据★ 事业环境因素 组织过程资产	专家判断 索赔管理★ 数据分析 • 绩效审查★ • 挣值分析 • 趋势分析 检查★ 审计	采购关闭★ 工作绩效信息★ 采购文档更新★ 变更请求★ 项目管理计划更新 • 风险管理计划 • 采购管理计划 • 进度基准 • 成本基准 项目文件更新 • 经验教训登记册 • 资源需求 • 需求跟踪矩阵 • 风险登记册 • 相关方登记册 组织过程资产更新

本过程的典型操作是，项目团队依据采购管理计划的预先安排和采购协议内容要求，监督采购协议的履行过程，通常由买方（或联合卖方一起）对卖方开展的工作及成果进行检查，并收集采购相关的绩效数据，运用绩效审查，对照协议比较分析卖方履行合同的情况并记录在工作绩效信息文件中，对协议履行过程中出现的变更（或推定变更）进行协商和谈判，因变更可能影响项目计划（如成本基准、进度基准或采购管理计划），应通过变更请求且经整体变更控制过程加以处理；如果协商不成，可能会开启索赔管理甚至会引发诉讼；以上过程可能要求更新采购文档，最后对协议履行完毕的采购进行关闭。

12.4.1 采购控制的依据

在本过程的依据中，采购管理计划提供了方法指南，协议提供了买卖双方的约定信息，工作绩效数据提供了采购工作绩效的实际表现，其他组件对本过程有不同程度的影响。

1）项目管理计划

● 采购管理计划。该计划描述了在采购控制过程中需要开展的活动。

● 变更管理计划。该计划是项目管理计划的一部分，它规定了如何管理和控制项目的变更。在采购控制过程中，可能会出现采购需求、合同条款或其他相关事项的变更。该计划提供了采购变更的识别、评估、批准和实施的系列流程和规定。

2）协议

与供应商签订的协议或合同文件。协议中包含了双方达成的共识和约定，包括交付要求、支付条件、合同条款等，这是采购控制的重要部分。

3）工作绩效数据

本过程的绩效数据是指与采购活动相关的实际执行数据，包括供应商绩效评估、交付准时性、质量问题、变更请求处理情况等。这些数据将用于数据分析。

12.4.2 实施控制的方法

1）专家判断

专家在采购过程中提供经验和专业知识的判断。他们可以帮助评估供应商的能力、确定采购合同条款和条件，并提供风险评估等方面的意见。专家判断可以通过采访采购方面的专家，收集他们的意见和建议，以及通过专家小组会议、研讨会等方式来获取专家意见。这些专家可能包括内部和外部的专家，例如公司的采购部门、供应商、行业协会等。在采购控制阶段，专家判断可以用来评估采购合同执行的情况，包括供应商的绩效、交付情况、成本效益等方面。通过对这些数据的分析，项目经理可以做出相应的调整，确保采购项目的成功完成。

2）索赔管理

索赔管理指处理索赔的过程，包括收集索赔文件、审核索赔资格、处理索赔支付等工作。当采购协议在执行过程中出现变更请求时，双方在是否变更及变更补偿问题存在分歧，或者对是否已经出现事实上的变更存在争议。理想情况下，双方可以通过协商和谈判解决这些争议问题，一旦协商无果就可能会使用其他手段（包括诉讼）。在这一过程中，应做好必要的记录并保留相关证据。

3）数据分析

用于监督和控制采购的数据分析技术包括：

● 绩效审查。绩效审查是一种项目实际的绩效表现与基准（或计划）进行对比分析的方法。这里，将采购的质量、资源、进度和成本绩效与采购合同对比分析，以便确定是否存在采购进度、成本、资源或质量问题。

● 挣值分析（EVA）。在项目采购控制中，挣值分析可以用来评估供应商或承包商的绩效。通过比较挣值与实际成本、计划价值，可以确定供应商或承包商是否按计划执行工作，并且是否按预算进行。还可以通过计算挣值指标，如成本绩效指数（CPI）和进度绩效指数（SPI），预测项目的成本和进度是否能够按计划完成。

● 趋势分析。趋势分析是一种通过观察和分析数据的变化趋势，来预测未来发展方向或做出决策的方法。用于成本方面绩效的完工估算（EAC），可以确定绩效是正在改善还是恶化。

4）检查

检查是指对承包商的工作和可交付成果的审查，目的是确保供应商工作和交付物符合要求。检查可以包括对交付物的物理检查、质量控制和验收测试等。检查可能需要需求方与供应商共同参与检查，以便对结果达成共识，避免或消除异议。

5）审计

采购审计是对采购过程进行独立的、系统性的评估和验证，是一种系统性、结构化且独立的审查和评估过程，并提供独立和客观的意见和建议，目的是确保相关活动的规范性和有效性。采购审计有助于确定采购过程是否遵循合规和有效，并发现潜在的风险和改进机会。

12.4.3　采购控制的成果

1）采购关闭

在确认采购协议全部执行完成后，买方通常通过其授权的采购员，向卖方发出合同已经完成的正式书面通知，并关闭相关的采购协议和采购订单。通常情况下，采购关闭的条件是，卖方的所有交付物都已按时提供，并符合技术和质量要求，不存在未决索赔或发票，并且买方已支付所有最终付款。

2）工作绩效信息

这里指与项目采购有关的绩效信息。包括与采购协议要求相比，供应商的工作履行情况、可交付成果的完成程度、技术绩效及为此产生的成本情况等。

3）采购文档更新

在采购控制过程中，可能需要对采购文档进行更新，采购文档更新可包括与采购合同关联的所有进度计划、已提出请求但未经批准的合同变更和已批准的变更请求。采购文档还包括那些卖方开发的技术文件和相关工作绩效信息，如可交付成果、卖方绩效报告、含发票和付款记录在内的财务文件及与合同相关的检查结果。

4）变更请求

采购控制过程中的情况，可能提出对项目管理计划、子计划和其他部分（如成本基准、进度基准和采购管理计划）的变更请求，须经整体变更控制过程的处理后才可变更。现实中，可能存在一方提出变更请求，但并未获得双方一致认可的变更，例如买方给出指示，或者卖方已经采取实际行动，另一方认为这是对合同的推定变更，即卖方认为买方给出的指示代表了事实上的变更，买方认为卖方的实际行动也代表了对原合同构成了事实上的变更。由于这些推定变更没有履行严格的变更程序，可能会引发某一方的争议以及对另一方的索赔，因此此类变更最好是在项目沟通函件中做好标识和记录，以防引发争端和纠纷。

思考

在项目采购过程中，如果卖方未能履行合同，买方应该采取哪些措施来保护自己的利益？

本章小结

1. 采购规划环节，需要项目经理确定项目采购的需求和目标，制订采购策略和计划，明确采购过程的相关程序和流程，并编制合同和采购文档。

2. 采购实施环节，通常包括广告招标、召开标前会议、收到卖方建议书、评估和选择卖方、谈判与签署合同等步骤。

3. 采购控制环节，项目经理需要定期审查和监控采购活动的进展，确保按照计划执行，并及时处理采购相关的问题和风险。进行协商和谈判以处理变更，以及管理可能引发的索赔或诉讼。这一过程可能需要更新采购文档，并最终关闭采购。同时，章节还强调了合同关闭的重要性，包括审查合同的完成情况、支付供应商费用并完成合同的正式结算。项目采购控制过程的典型操作包括监督采购协议的履行，收集绩效数据。

习　题

一、判断题

1. 当项目中出现问题并且解决方案不容易确定时，会使用信息邀请书。　　（　　）

2. 项目采购管理规划除了制订采购管理计划外，还要在正式发布招标公告前做好所有相关的准备。　　（　　）

3. 采购工作说明书（SOW）是为了让潜在供应商确定是否有能力提供所需产品或服务，并为卖方提交报价和开展工作提供指导。　　（　　）

4. 自制或外购决策的目的是分析自制与外购的利弊得失，最终确定是由项目团队完成还是由外部渠道采购完成。　　（　　）

5. 如果卖方报价与独立估算差距较大，则说明卖方对采购说明书的理解存在偏差和误解或者采购工作说明书本身存在缺陷。　　（　　）

二、单选题

1. 下列哪种合同订单的买方最能控制成本（　　）。

A. 成本加按成本百分比计算费用合同　　B. 确定的固定总价合同

C. 时间和材料费用合同　　　　　　　　D. 固定总价加激励费用合同

2. 下列哪种合同订单的买方最不能控制成本（　　）。

A. 成本加按成本百分比计算费用合同　　B. 确定的固定总价合同

C. 时间和材料费用合同　　　　　　　　D. 固定总价加激励费用合同

3. 项目经理在查看成本数据时，发现项目中采购螺丝钉的预算已经超支，而供应商却未如期提供足额的产品。并且与供应商签订的是成本加固定费用合同，现在还未完成产品所带来的成本也需要支付。面对这种情况，项目经理应该（　　）。

A. 把合同类型更改为固定总价合同，降低成本

B. 要求供应商尽快提供足额的产品，否则不予支付

C. 提交变更请求，更改项目预算

D. 开展采购绩效审查，并与团队讨论解决措施

4. 乔治是一个智能手机开发项目的项目经理，目前已接近尾声。但是在验收过程中，客户方表示不接受交付成果，原因是电池的规格没有达到客户事前提出的要求。乔治在执行根本原因分析之后，发现是因为公司高级管理层先前分析决定将智能手机的电池外包给某供应商。现在供应商方面声称电池满足标准，不存在问题。面对这种情况，乔治应该（　　）。

A. 选择与其他供应商合作，以满足客户的要求

B. 向公司高级管理层申请自制电池

C. 向客户解释缘由，阐明责任在于供应商

D. 和公司的采购经理一起审查采购协议

5. 项目经理负责一个复杂产品项目，经过分析后，决定把部分难以解决的技术模块分包出去。在对外包项目工作视察的过程中，团队成员报告有一家外包公司做了一些额外的工作。项目经理应该（　　）。

A. 审查项目章程　　　　　　　　B. 审查采购工作说明书

C. 审查工作分解结构　　　　　　D. 审查项目范围说明书

6. 项目经理承接了一个互联网+医疗的项目，在执行期间，项目经理确定项目缺乏设备无法开展项目，经分析计划采购一批设备。项目经理与供应商签订合同后，项目经理提出采购设备的变化，需要更改一批设备。供应商确定合同中不包含处理变化的内容。项目经理应该（　　）。

A. 与相关方沟通，由于合同不包含变更的处理流程，无法更换设备

B. 要求供应商更换设备，并支付多余的款项

C. 与供应商协商修改合同，将合同中的变更控制程序补齐，以便后续的变更处理

D. 删除供应商合同中原有的设备，将新设备的要求添加进去

7. 某公司为了适应互联网时代的信息飞速发展启动了一个全新的项目，任命你为该项目的项目经理。这个项目一旦成功，将使得公司业务呈指数增长。所以公司对此非常重视，并许诺了你要求的项目团队成员（包含了特定技能的技术专家）。不过因为互联网信息变化的特殊性，发起人无法给出确切的项目工作说明书（SOW）。该项目可能会选用的合同类型为（　　）。

A. 固定总价合同　　　　　　　　B. 成本加固定费用合同

C. 工料合同　　　　　　　　　　D. 总价加经济价格调整合同

8. 一个复杂项目实施过程中，出现了技术问题，团队尝试后发现无法解决。如果希望供应商提供解决办法，应该使用的招标文件类型是（　　）。

A. 信息邀请书（RFI）　　　　　B. 报价邀请书（RFQ）

C. 建议邀请书（RFP）　　　　　D. 工作说明书（SOW）

9. 项目经理被任命负责一个大型项目，团队经过自制或外购分析，决定采购一部分复杂组件。发布报价邀请书后，项目经理收到了各潜在供应商的报价，为了确保供应商报价的合理性，项目应该使用（　　）。

A. 独立估算　　　B. 建议书评价　　　C. 专家判断　　　D. 投标人会议

10. 某公司计划开展车载导航系统项目，项目经理决定将此项目进行外包给更富有经验的供应商。项目经理发布了招标文件后，收到了多个投标文件，项目经理从技术和质量两个方向对项目进行了分析，但是最终无法选择投标文件，项目经理要解决此问题应该事先制定的文件是（　　）。

A. 采购工作说明书　　　　　　　B. 采购管理计划

C. 供方选择标准　　　　　　　　D. 合格卖方名单

三、多选题

1. 在采购过程中，以下哪些因素需要考虑？（　　　）

A. 供应商能力和信誉　　　　　　B. 采购物品的品质要求

C. 采购成本和预算　　　　　　　D. 项目进度要求

2. 下列哪项是合同主管的任务（　　　）。

A. 合同变更管理　　　　　　　　B. 采购工作说明书解释

C. 违约处理　　　　　　　　　　D. 选择项目经理

3. 某公司承接了一个政府项目，该项目是一个道路施工项目，项目正在执行过程中，需要采购施工的原材料，今天所有卖方提交了建议书，在这之前，项目团队应该完成的工作包括（　　　）。（选4项）

A. 举行投标人会议　　　　　　　B. 对建议书开展评估

C. 独立成本估算　　　　　　　　D. 选出中标的建议书

E. 确定供方选择标准　　　　　　F. 发布招标广告或招标文件

四、思考题

在项目采购管理中，风险管理是一个重要的考虑因素。假设你是一个项目经理，负责采购一批关键设备。你的团队已经完成了供应商选择，并签订了合同。然而，在项目执行期间，你发现供应商无法按照合同要求交付设备。这可能对项目的进度和成本产生重大影响。请思考以下问题：

1. 根据项目采购管理知识领域，你会如何处理这个问题？请列出至少三个行动步骤。

2. 你如何与供应商沟通和协商解决这个问题？请提供一些建议。

3. 你认为在项目采购过程中如何预防和应对类似的风险？请提出至少两个措施。

延伸思考/素养话题

合同、诚信与契约精神

一、个人层面

孔子曰："人而无信，不知其可也"。翻译为现代文：人要是失去了信用或不讲信用，不知道他还可以做什么。

曾子曰："吾日三省吾身：为人谋而不忠乎？与朋友交而不信乎？传不习乎？"，翻译为现代文：我每天多次反省自己，为别人办事有没有尽力呢？同朋友交往有没有不真诚呢？老师传授的知识是不是温习了呢？

二、组织层面

材料1：从全国"诚信兴商宣传月"启动仪式上，许昌市胖东来商贸集团有限公司《以诚信为消费者带来更多美好》案例入选全国"诚信兴商"20个典型案例，并位居榜首。在2023年河南省"诚信兴商宣传月"活动举办启动仪式上，胖东来商贸集团有限公司介绍了企业七大"诚信之道"。第一，尊重、关爱、成就员工。胖东来充分发挥其主观能动性让每个员工成为"诚信兴商"的践行者和传播者，让顾客信任。胖东来设立了"员工委屈奖""员工好建议奖"，为了激励员工践行真善美，传播正能量，胖东来设立了"爱的力量奖""勇敢正义奖""阳光智慧奖"等。第二，优选供货商和服务商。胖东来优选供货商和服务商，精心打造自主品牌，确保所售商品品质和服务质量，真正让消费者放心。胖东来在食品类和非食品类开发出自主品牌单品有 300 余种，代表着品质与信任。胖东来投资 400 余万元，在超市仓储加工配送中心设立了 3 个食品安全检测室，配置有专业检测设备、专业专职检测人员，所有产品未经检测并出具合格检测报告，一律不准配送至商场超市门店销售，真正让消费者放心。第三，营造人性化经营服务环境。胖东来始终把安全作为头等大事来抓，旗下每个商场超市门店都建立了双重预防体系，配备有专业的安全管理人员，如发现险情或安全隐患，快速反映并第一时间进行处置。第四，不折不扣履行承诺，主动接受公众监督。胖东来公开向社会作出并不折不扣地履行"用真品换真心，假一赔十""不满意就退货""商品和服务质量有问题就赔款"等承诺。第五，从顾客角度考虑问题。①小小商品标识显诚信，让顾客明明白白购物。2021 年 3 月胖东来大众自营服装在所有商品标价签上写明"进货价、毛利率、售价"等丰富的商品基础信息。②把细节做到极致。需称重的有外包装的商品，实行"去皮（去除外包装物重量）称重"。购水产品实行"沥水称重"，不让顾客多花冤枉钱。③开通急购热线。只要顾客有特殊原因电话联系急需商品的，不论数量多少，也不论路途远近，服务人员都按顾客要求配送到位。④倡导理性消费。各门店柜台醒目处放置理性消费的提示牌，服务人员会以"只买对的、不选贵"的理性消费观念，引导顾客选购商品。⑤购物不满意就退换货。顾客在胖东来任何一家门店购买的商品，只要不满意，只要不影响二次销售的商品，不论有无质量问题，胖东来相关门店无理由退换。有质量问题的，按《客诉处理标准》补偿 500 元并真诚道歉。第六，尊重商户。免收商户 2021 年 1 月至 2022 年 5 月共计 17 个月租金及费用，帮助众多商户度过了最艰难的一段时光。第七，主动承担社会责任。胖东来从 1996 年捐款支援国家造航母开始先后累计捐款 1 亿多元，每次灾情发生后，胖东来超市发挥应急保供主力军作用，实行蔬菜按成本价销售，确保物价稳定、供应充足，尽到了胖东来应尽的社会责任。

材料 2：2024 年 315 晚会曝光名单：①制造水军的"主板机"，主板机黑灰产业链曝光，网络水军利用主板机随意更改 IP。②防火玻璃竟然"不防火"，假防火玻璃黑产链曝光。③灭不了火的灭火器，商家公然兜售非标灭火器。④梅菜扣肉预制菜原料竟是劣质"槽头肉"。⑤神乎其神的听花酒，宣传违法。⑥婚恋平台套路深，多家婚恋公司被点名利用话术忽悠消费者。⑦令人不安的宝马传动轴异响。⑧网络借贷中的礼品卡猫腻，同程金融 App 礼品卡套路曝光。

三、国家/政府层面

子贡问政。子曰："足食，足兵，民信之矣。"子贡曰："必不得已而去，于斯三者何先？"曰："去兵。"子贡曰："必不得已而去，

于斯二者何先?"曰:"去食。自古皆有死,民无信不立"。翻译为现代文:一次,子贡问怎样执政,孔子说:"粮食充足,军力充足,政府遵守与民众的契约。"子贡又问:"如果三者必须要去掉一项,是什么?"孔子回答:"去掉军力。"子贡又问:"如果还要去掉一个呢?"孔子说:"去掉粮食。自古以来,如果政府破坏和百姓的契约,就一定要垮台。"

汉·司马迁《史记·商君列传》:"令既具,未布,恐民之不信,已乃立三丈之木于国都市南门,募民有能徙置北门者予十金。民怪之,莫敢徙。复曰:'能徙者予五十金'。有一人徙之,辄予五十金,以明不欺。卒下令"。翻译为现代文:商鞅变法的条令已准备就绪,还没公布,(商鞅)担心百姓不相信自己,于是(命人)在都城市场南门前放置一根高三丈的木头,招募(能)搬到北门的人,给予十金。百姓看到后对此感到奇怪,没有人敢去搬木头。(商鞅)又说:"能搬木头的人赏五十金。"有一个人搬了木头,就给了他五十金,以此来表明没有欺骗(百姓)。最终颁布了法令。此典故引申出成语"徙木立信"。

思考与讨论:1) 无论是个人、组织还是国家层面,诚信的现代意义是什么? 2) 在市场化、法制化环境下,如何看待诚信的代价与不诚信的代价?

应用案例

J 酒店项目空调风口的问题

2018 年 3 月,正是初春时节,J 公司合约部、工程部、财务部负责人齐聚会议室内。总经理汪先生(以下简称"汪总")刚才发火,把一堆文件摔在了会议桌上,这在公司里可是罕见的事情。散落的文件中,隐约可见《风口材料检测报告》的字样。也许是意识到自己的行为影响了会议,汪总双手用力地搓了搓脸颊,叹了口气说道:"不好意思,我有些激动了。大家还是说说,接下来该怎么处理 JD 酒店项目空调风口的问题吧!"

背景:

J 公司是一家隶属于 H 公司的外商独资企业。其母公司 H 公司成立于 2001 年,专业从事房地产开发,主要开发高端住宅、商业广场,在中国大陆已有十多年的房地产开发经验。J 公司的区位战略定位在中国西南部,利用西南地区的生态环境资源优势,以"健康生活"为主题,以"休闲、度假、疗养"为切入点,融合自然、人文与建筑,打造超高端度假区,首个项目就是 JD 酒店。

"酒店+地产"模式将酒店的服务理念移植到房产的开发建设中来。对于做房地产的企业而言,为了满足现代人对住宿的高标准服务要求,使其能住得舒心、安全、方便、健康和有尊严,就要融入酒店非常精细化和标准化的管理理念。

问题:

历经五年时间,精心打磨的 JD 酒店项目一期工程完工,让身为负责人的汪总松了一口气。这个项目,不仅关系到 J 公司的经营,也是 H 总公司涉水"地产+酒店"行业的标杆性项目。

满以为会在 OA 系统中收到各种赞美和祝福的汪总,不想先迎来了老朋友张总的电话,说他住的套间空调咔咔响动,实在影响睡眠。"这应该是个小问题吧!"汪总在向张总致歉后,拨通了工程部的电话,要求派维修工解决空调风口异响的问题。

结果在其 OA 系统邮箱中存在着足以把汪总的脸打肿的 175 封邮件,而导致该问题的原因则是"风口材料质量不达标"。

不合格的项目采购：

"事情已然发生了,现在你们谁能解释一下,为什么风口材料的质量不达标?"平复了一下情绪,汪总继续引导会议的讨论。

合约部负责人阮勇立马接过了话题,他先是把一份招标计划书复印件交给汪总和各位与会同事,然后开始讲述"风口组件"的来源。

由于 JD 酒店一期工程中每幢建筑的情况都不一样,因此就加剧了项目采购组的负担,光项目所需风口就 764 个,型号 224 种,两种颜色,其中 316 个回风口,448 个送风口。而为了符合公司的采购管理流程,采购部首先进行了供应商市场调研工作,电话咨询了多家厂商。但大部分厂家都表示所需采购的风口型号多,加工工期较长,成本也比常规产品要高,无法满足 J 公司的项目工期。

由于招标时间紧急,标底只有 65 万元,同时结合供应商市场调查情况,合约部负责人阮勇请示汪总后,确定由不少于三家单位进行议标的方式进行招标采购。

在通过采购会议后,合约部负责人阮勇向三家竞标单位指定官方邮箱发放了电子版的招标文件,要求在 7 月 27 日前回标。在 28 号召开的评标会议中,由于 HL 公司与 J 公司在 JD 酒店一期项目中央厨房的排烟管道采购中有过供货及安装工程合作,因此 HL 公司以 90% 的支持率成功中标。

但是在第一批到货期限到来之时,HL 公司却延期交货了,实际交货时间将会比预期交货时间晚 4 天,而原定于 8 月 15 日到货的第二批次产品实际到货时间为 9 月 9 日。当货物进行交付时,由于种类多、时间赶,因此无法对所有的产品进行全面的检测,于是就草草验收了,所以就没有检测出 HL 公司产品以及工程部安装质量不达标。

"J 公司合约部多次函告 HL 公司,要求按合同规定进行整改或退货,但 HL 公司以 J 公司已签字验收为由,拒绝整改、更是拒绝退货,一来二去,几个月的时间很快就过去了。"阮勇颇有些无奈地说道。

结尾：

会议还在继续,各部门先就处理 JD 酒店一期空调风口采购不力的遗留问题达成一致意见,由行政部协同律师,整理资料,提起诉讼,走法律程序保障公司利益。

但是汪总的心久久不能平静。因为一个投资过 7 亿的项目,差一点就因为区区 60 万的风口招标项目而让声誉严重受损。但是在同事看来,这只是 HL 公司的问题,难道我们 J 公司就没有问题吗?JD 项目按设计还有后续的两期需要推进,今后的小件采购该如何进行呢?(改编自：张宏亮,等. 反求诸己——J 地产公司的空调风口之痛 [J]. 中国管理案例共享中心,2019 (9).)

思考：

1. J 公司在项目采购管理中存在哪些不足?

2. 在紧迫的时间内,J 公司采购空调风口面临的主要问题是什么?为什么通过招投标采购空调风口?

3. J 公司投标采购空调的风险的依据是什么?

4. 假设你是合约部负责人阮勇,你会如何进行风口的采购?

5. 假设你是汪总,你会如何进行项目采购的管理?